Chapter 1

コードを知り尽くすための基礎と応用

初心者のための コードの基礎知識

Chapter 1-1では、ギター初心者のためにコードの基礎知識、コード・ネームのルール、ダイアグラムの見方、さらにはバレーコードを押えるコツについて解説します。

音名について

■英語表記とイタリア語表記を覚えよう

音の名前、つまり音名はギターを弾くためだけではなく、音楽を理解するためにも必須の知識です。一般的には英語表記を使います。コード・ネームも英語表記です。お馴染みのドレミはイタリア語表記で、こちらもよく目にします。クラシック音楽では日本語表記とドイツ語表記を使うことが多いですが、ロック、ポップス、ジャズを演奏するなら英語表記とイタリア語表記を覚えておきましょう（**図1**）。

■#と♭

音名は7種類ですが、半音上がる#（シャープ）と半音下がる♭（フラット）を組み合わせると合計で12音になります。

図1 音名表記の種類

英語表記	C	D	E	F	G	A	B
イタリア語表記	ド	レ	ミ	ファ	ソ	ラ	シ
日本語表記	ハ	ニ	ホ	ヘ	ト	イ	ロ

図2 異名同音

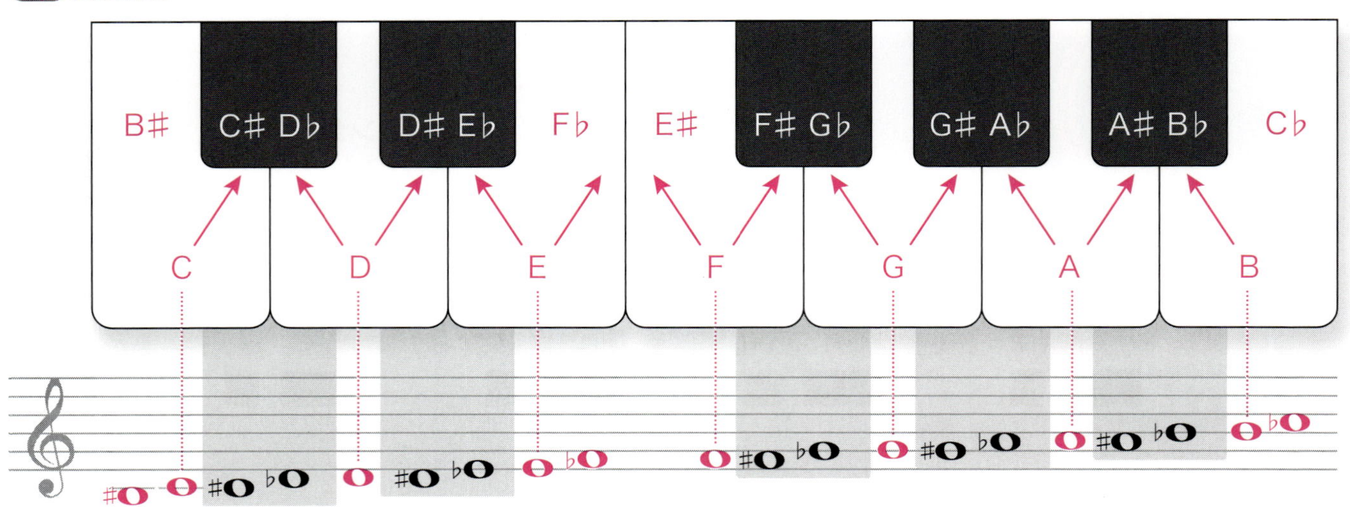

このようにピアノの鍵盤で見るとわかりやすいでしょう（**図2**）。ピアノの黒鍵にあたる音には2つの呼び方があります。例えば、C#とD♭は同じ音です。これを異名同音といいます。白鍵にも2つの名前を持つ音がありますが、これらは例えばKey=C#やKey=C♭といったあまり使われないキーでのみ使用される音名です。

コード・ネームにもこの表記が使われるので、音名の構造をここでしっかり理解してください。

指板上の音の配置

コード・ネームを読むために、そして、コードを自在に使いこなすためにも、特に4、5，6弦の指板上の音の配置を覚えることが大切です（**図3**）。

多くのギターには指板にポジション・マークが付いています。ポジション・マークの位置と音名を関連付けると覚えやすいでしょう。

図3 ギターの音の配置

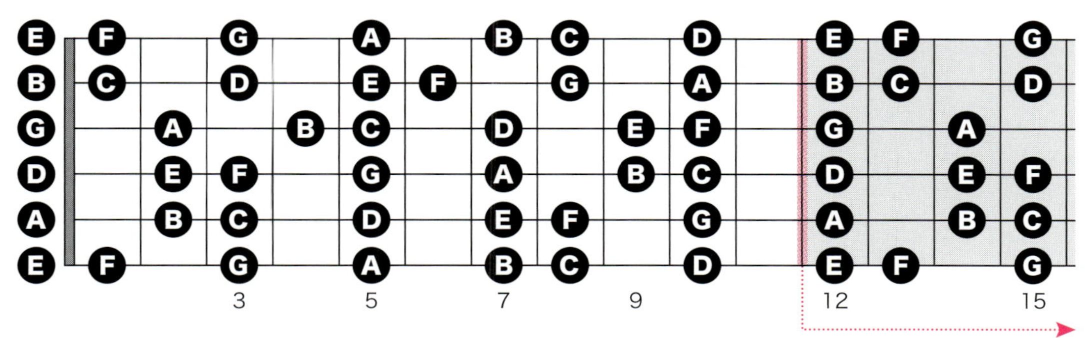

通常は、3、5、7、9、12、15、17、19、21 フレットにポジション・マークが付いています

12フレット以降は
0フレット（ナット）からの音の配置の繰り返し

ダイアグラムの見方

コード・フォームを示すためにダイアグラムと呼ばれる指板のイラストを使用します。ここでダイアグラムの見方を確認しておきましょう。慣れれば素早く読めるようになります（**図4**）。

図4 ダイアグラムの表記

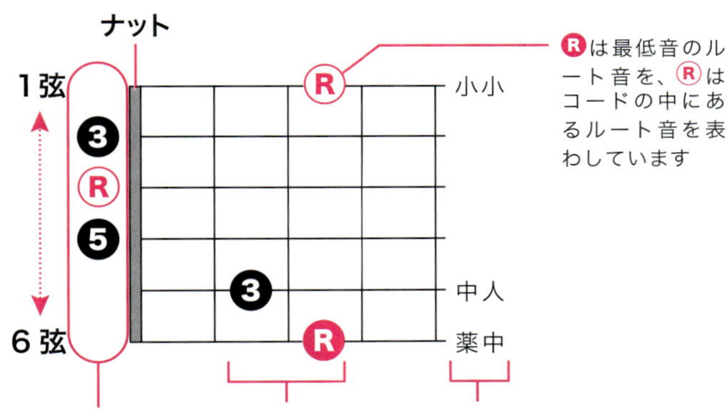

開放弦
ナットの左に数字があるときは開放弦を鳴らす

フレット（F）
6弦3F、5弦2F、1弦3Fを押える

指使いの指定
複数の押え方があるコードもあります。押えやすい指使いを選ぶか、前後のコードの流れで臨機応変に対応しましょう

（ ）は省略可能な音を表わしています

(5)
人人
薬小
薬薬
薬中
人人

ミュート
この場合は5弦を押えている人差し指の先端で6弦をミュートします

セーハ
1弦と5弦を人差し指で押える場合、1～5弦をベタッとすべて押えます。これをセーハと言います。このフォームでは薬指でも2～4弦をセーハします

度数について

■度数の種類と読み方

コードを深く理解するために、また、コードを素早く効率的に覚えるためにも度数の知識が必要になります。まずは度数の種類と読み方を覚えましょう（**図5**）。

POINT

書籍によって表記方法はまちまちですが、本書では、メジャーをM、マイナーをmと表記します。

図⑤ 度数の種類

度数	読み方	度数	読み方	度数	読み方
R	ルート				
2nd	セカンド（トゥー）				
M3rd	メジャー・サード	m3rd	マイナー・サード		
4th	フォース（フォー）				
5th	フィフス	♭5th	フラット・フィフス	♯5th	シャープ・フィスス（オーギュメント）
6th	シックス	♭6th	フラット・シックス		
M7th	メジャー・セヴンス	m7th	マイナー・セヴンス		
9th	ナインス	♭9th	フラット・ナインス	♯9th	シャープ・ナインス
11th	イレヴンス	♯11th	シャープ・イレヴンス		
13th	サーティーンス	♭13th	フラット・サーティーンス		

■もっと深く度数を知ろう

度数とは起点となる音（ルート）から数えて何番目の音かを表したものです。10種類の度数があるので少々厄介ですが、数え方のルールは簡単なので一気に覚えてしまいましょう。ピアノの鍵盤で見ると理解しやすいです（**図6**）。

図⑥ ドをルートとする度数の数え方

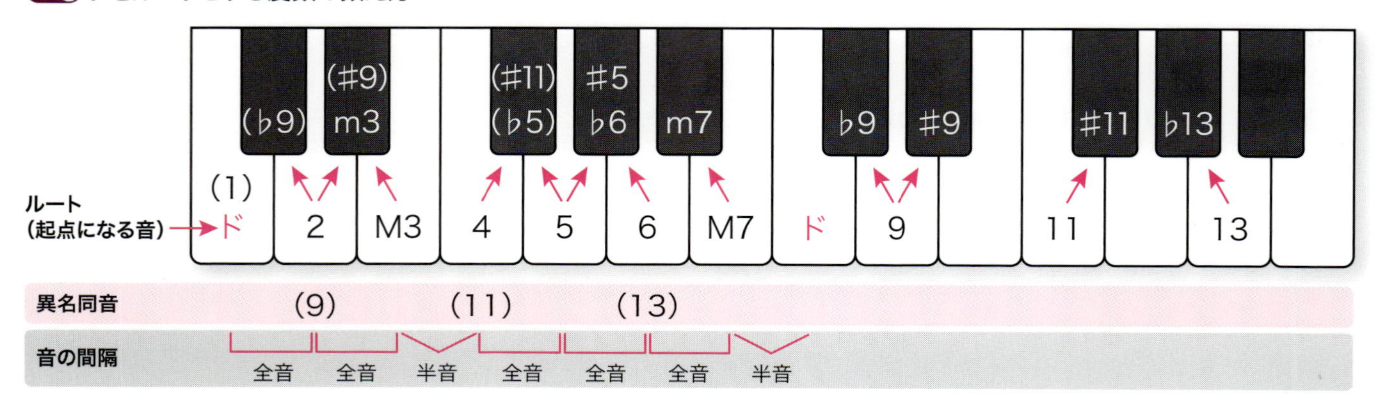

ド（C音）を起点（ルート）とすると、ド自身を1と数えます。次に、黒鍵を通過して次の白鍵が2です。後は白鍵に順番に番号を振っていきます。

注意したいのは音の間隔です。ルートと2は黒鍵をまたぐので全音の間隔です（半音＋半音）。M3と4、そしてM7とルートは半音間隔になっています。

同じ音を2種類の度数で呼ぶことがあります。レはドから見て2番目ですが、1オクターブ上のレは9番目になります。コード・ネームとしては多くの場合9thを採用するため、2＝9と覚えておきましょう（7を足す）。4thと6thも同様にコード・ネームでは1オクターブ上の度数を採用することがあり、4＝11、6＝13となります。

コードの種類とコード・ネームのルール

コードはその性質によって3タイプに分類できます。そして、この基本となる3タイプのコードに音を加えたり、音の一部を変更することで様々なコードが生まれる仕組みです（図7）。

図7 基本コード3種類

コードのタイプ	基本コードネーム	コード・トーン	解説
メジャー・コード	C（シー）	R、M3、5［トライアド］	ルートを大文字アルファベットで書く C＝ド、ミ、ソ
マイナー・コード	Cm（シー・マイナー）	R、m3、5［トライアド］	ルートの右隣りに小文字のmが付くとマイナーコードになる。 Cm＝ド、ミ♭、ソ
ドミナント・コード	C7（シー・セヴンス）	R、M3、5、m7	コード・ネームではm7を単に7と書く。 C7＝ド、ミ、ソ、シ♭

POINT
大文字のアルファベットがルートを表しています。例えば、Cだけならそれはメジャー・コードになり、マイナー・コードは右隣にmが付きます。

◉メジャー・コード

メジャー・コードはルート、M3rd、5thの3音構成が基本形です。3音がコードの最小単位で、これをメジャー・トライアドと呼びます。

◉マイナー・コード

マイナー・コードはルート、m3rd、5thです。メジャー・コードのM3rdを半音下げるとマイナー・コードになります。この基本形をマイナー・トライアドと呼びます。

◉ドミナント・コード

ドミナント・コードはセヴンス・コードとも呼ばれ、C7のようにかならず7が付くのですが、これはm7thのことです。M7thではないので注意しましょう。

■セヴンスとテンション・ノート

度数で学んだ9th系（♭9th／9th／#9th）、11th系（11th／#11th）、13th系（♭13th／13th）の7音はテンション・ノートと呼ばれる音で、これらの音を3タイプの基本コードに加えることで様々な響きのバリエーションが生まれます。ドミナント・コードではm7thを単に7と書きましたが、もうひとつのセヴンスであるM7thはルートの右にM7と書きます（**図8**）。

図8 3タイプの基本コードに音を加える

●M7を加えたコード

メジャー・コード	マイナー・コード
CM7 **CにM7を加える**	CmM7 **CmにM7を加える**
ド、ミ、ソ、シ	ド、ミ♭、ソ、シ

●テンション・ノートを加えたコード

メジャー・コード		
CM7 (13) **CM7に13を加える**	Cadd9 **Cに9を加える** （addは加えるという意味）	C6 **Cに6を加える** （M7がない場合は13ではなく6と書く）
ド、ミ、ソ、シ、ラ	ド、ミ、ソ、レ	ド、ミ、ソ、ラ

マイナー・コード		
Cm7 (11) **11を加える** （この7はドミナント・コードと同じくm7のこと）	Cmadd11 **Cmに11だけを加える**	Cm6 **Cmに6を加える** （m7がない場合は13ではなく6と書く）
ド、ミ♭、ソ、シ♭、ファ	ド、ミ♭、ソ、ファ	ド、ミ♭、ソ、ラ

ドミナント・コード	
C7 (9) **C7に9を加える**	C7 (9、13) ドミナント・コードでは複数の テンション・ノートを加えることも多い
ド、ミ、ソ、シ♭、レ	ド、ミ、ソ、シ♭、レ、ラ

数字（度数）は小さい数字から積み重ねることが基本ルールです。例えば、C6はC（ルート、M3rd、5th）に6thを加えます。数字が2つ付くケースでは、小さい方の数字をまず書き、大きい数字をカッコ内に書き加えていきます。add（アド）は加えるという意味で、指定された音だけをコードに加えます。Cadd9の場合、addがないと9より小さい6th、M7thを入れるのかどうか悩んでしまうため、9thだけを加えるという意味でaddを使用します。

また、コード・ネームは少ない数字を優先して書くというルールがあります。例えば、Cコードにシ（M7）とラ（6thまたは13th）を加える場合はM7を優先するので13thを使い、CM7 (13) と書きます。しかし、単にCコードにラを加えるだけならC6と書きます（**図9**）。

図9 コード・ネームは少ない数字を優先する

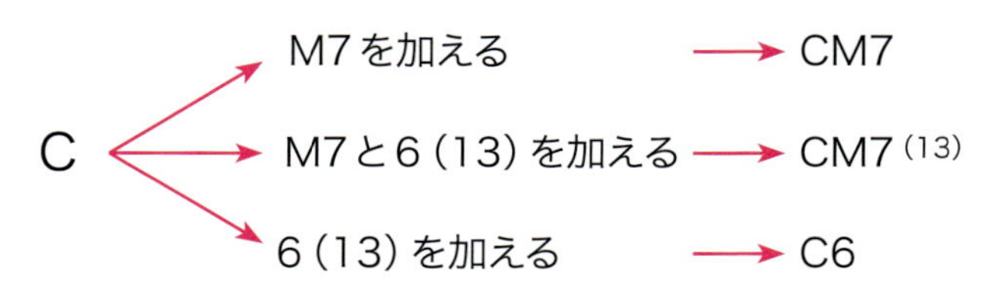

■サス・フォー（sus4）と サス・ツー（sus2）

susとは「保留する」という意味のsuspendedの略です。sus4は、M3rd／m3rdを一時保留して4thに変化させるという意味です。

図⑩ sus4

C
ド、ミ、ソ
【R M3 5】
→ 4に変化させる →
Csus4
ド、ファ、ソ
［R 4 5】

sus2も意味は同じで、M3rd ／ m3rdを一時的に2ndに変えたコードです。このコード・ネームは日本ではほとんど見かけないのですが、海外ではよく使われています。

※本書では、Chapter2でsus2として掲載しています。

図⑪ sus2

C
ド、ミ、ソ
［R M3 5］
→ 2に変化させる →
Csus2
ド、レ、ソ
［R 2 5】

susコードは3rdがないためメジャー・コードでもマイナー・コードでもない特殊なコードです。実際のコード進行の中では、Csus4-Cとして4thがM3rdに戻る形で使われることが多いのですが、Csus4-Cmのように4th→m3rdの形でも使うことができます。

POINT

Cadd9
ド、ソ、レ
【R 5 9】

日本ではこれをCadd9と表記することが多いのですが、厳密には間違いです。
3rdがある場合はadd9、3rdがない場合はsus2が正しいコード・ネームです

■マイナー・セヴンス・♭5（ハーフ・ディミニッシュ）

マイナー・セヴンス・コードの5thが半音下がったコードです。後で解説するディミニッシュ・コードと1音違うだけなのでハーフ・ディミニッシュという呼び方も一般的です。

図⑫ ハーフ・ディミニッシュ

Cm7(♭5) → Cø
ド、ミ♭、ソ♭、シ♭
【R m3 ♭5 m7】

このように表記することもある

■オーギュメント・コード（aug）

♯5thのことをオーギュメントといいます。メジャー・コードの5thが半音上がったものがオーギュメント・コードです。

図⑬ オーギュメント・コード

Caug
ド、ミ、ソ♯
【R M3 ♯5】

■ディミニッシュ・コード（dim7）

m3rd（全音＋半音）の間隔で1オクターブを等分するという変わったコードです。コード・トーンはルート、m3rd、♭5th、13thなのでマイナー・コードに分類できそうですが、実際にはディミニッシュ・コードはメジャー・コードでもマイナー・コードでもなく、あくまでディミニッシュ・コードとして認識されています。また、ディミニッシュ・コードでは13thのことを♭♭7th（ダブル・フラット）と表記します。

コード・ネームとしては、ルート、m3rd、♭5thの3音ならdim[＝m（♭5）]、ルート、m3rd、♭5th、♭♭7thの4音ならdim7と書きますが、実際にはほとんどの場合は後者が使われます。

図⑭ ディミニッシュ・コード

Cdim7
ド、ミ♭、ソ♭、ラ
【 R m3 ♭5 ♭♭7】

1オクターブを等分するというシンメトリカルな構造のため、コードの構成音は3パターンしかありません。

図⑮ ディミニッシュ・コードの3パターン

①Cdim7 ＝ E♭dim7 (D♯dim7) ＝ G♭dim7 (F♯dim7) ＝ Adim7

②C♯dim7 (D♭dim7) ＝ Edim7 ＝ Gdim7 ＝ B♭dim7 (A♯dim7)

③Ddim7 ＝ Fdim7 ＝ A♭dim (G♯dim7) ＝ Bdim7

オン・コード／スラッシュ・コード／分数コード

C (onG) やG/Aといったコード・ネームがあります。実は、出版社や国によって表記が統一されていないため戸惑うことがあるのですが、このようなコード・ネームの意味と本書での表記について解説します。

■転回型　オン・コード

Cメジャー・トライアドのコード・トーンはドミソですが、コード進行の中ではルートの動きを滑らかにする目的でミソド (第一転回型)、ソドミ (第二転回型) のように音の配置を変化させることがあり、これをオン・コードとして表記します (**図16**)。第一転回型のミソドはベース音 (最低音) がE音になるのでC (onE)、第二転回型のソドミはベース音がG音なのでC (onG) と書きます。

図16 オンコード表記

これらは言い換えれば、第一転回型は3度 (3rd) が、第二転回型は5度 (5th) がルートになるので、Chapter 2ではこの表記を使っています (**図17**)。

図17 ダイアグラム表記

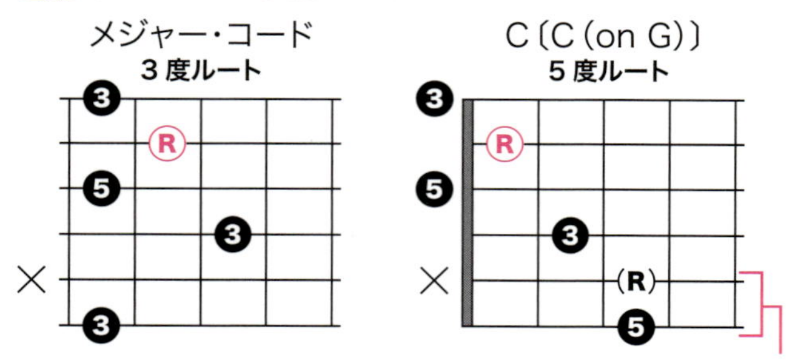

5弦のⓇを6弦3フレットに移動させると5度ルートになるという意味

■スラッシュ・コード

複数のテンション・ノートが付くコード・ネームは読むのが大変です。そこで、コード・ネームを読みやすくする目的でスラッシュ・コードを使います (**図18**)。

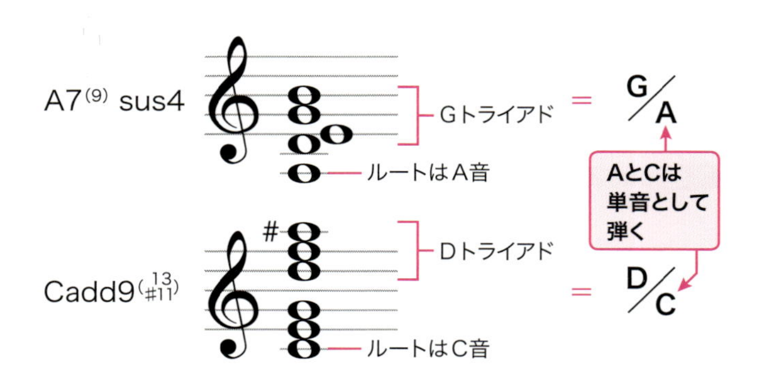

コード・ネームはパッと見て直ぐに理解できる表記でないと伴奏ができないため、このようにスラッシュ・コードとして表記することが一般的です。つまり、スラッシュ・コードはテンション・コードを読みやすくしたコード・ネームということです。先程の転回型とは意味が違うことを理解しておきましょう。

■表記の違い

楽譜によってはオン・コードとスラッシュ・コードを同一のものとして扱っていたり、分数コードとして書いている場合もありますが、本来は本書のように表記を使い分けるべきです。しかし、どのような表記であってもコード・フォームは同じなので実用面では特に問題にはなりません (**図19**)。

図19 表記の違い

オン・コード	C (on G) =	C/G =	$\frac{C}{G}$
スラッシュ・コード	G/A =	G (on A) =	$\frac{G}{A}$

バレーコードを押えるコツ

昔から、ローコードのFが押えられずギターを諦めたという話はよく聞きます。確かにFコードは初心者にとって最大の難関でしょう。ここでは、Fコードを上手く押えられない原因とその対策を明確にしてから、攻略法と回避策を提案します。

■ナットの高さ

買ったままのギターは必ずしもベストの状態になっているとは限りません。むしろ、ある程度手を加えてあげないと理想的な状態にならないことの方が多いでしょう。ギターの弾きやすさには弦高、弦の太さがかかわってきますが、Fコードに関してはナットの高さが最大のポイントです。

図20 ローポジションのFコード

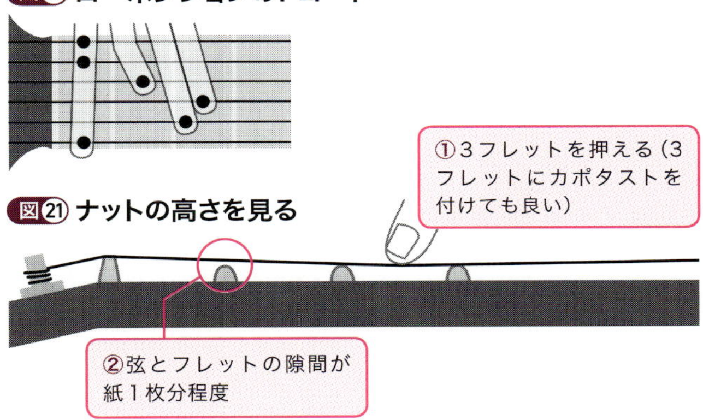

図21 ナットの高さを見る

3フレットを指で押えるかカポタストを装着し、1フレットと弦の隙間を確認します。紙1枚が入る程度のほんのわずかな隙間が空いている状態が理想です。明らかに隙間が大きいとしたらナットが高すぎます。その状態では低いポジションの弦のテンションが強くなるためプロ・ギタリストでもFコードを押えることが困難になります。逆に、1フレットと弦が接触している場合はナットが低すぎるため、開放弦が綺麗に響かないなど、ギター本来の鳴りを充分に引き出すことができません。

ナットを低くする場合は弦が乗っかる溝を深くするのですが、専用工具が必要であったり、溝の切り方によってギターの響きが変わるため、自分では行わず楽器店に依頼した方が確実です。

■人差指の状態

1本の指で複数の弦を同時に押えることをセーハと言います。人差指のセーハは指の側面で押えたほうが力が入りやすく、1～6弦を均等な力で押えることができます。人差指の腹で押えると関節の凹みと弦の位置が一致したとき、どんなに力を入れても弦を強く押えつけることができなくなってしまいます。

図22 指の向き

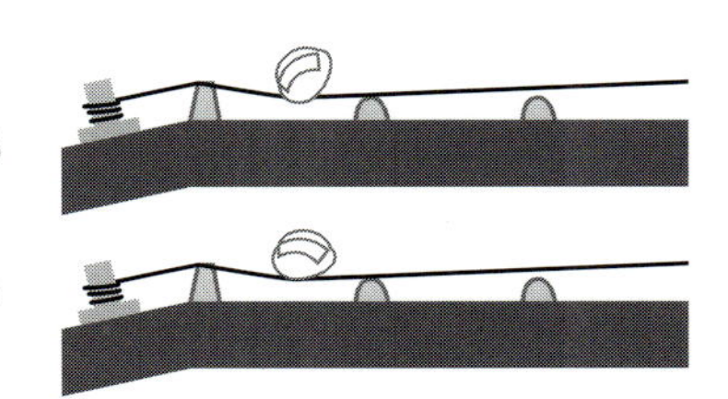

○ 人差し指の側面で押える

× 人差し指の腹で押えると力が入りにくい

■力の入れ方

Fコードを握力だけで押えようとすると左手がすぐに疲れてしまいます。押弦した状態で腕の重みを利用しながら下方向へ少しだけ腕を落とすような感じで力を入れてみましょう。さほど握力を使わずにFコードを押えることができるはずです（図23）。

図23 押え方のコツ

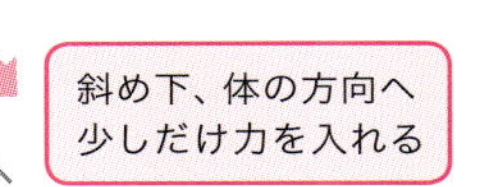

■フォームを変える

ローポジションのFコードが押えられないからといってギターを諦めることはありません。手の大きさ、握力には個人差があるので、できないことを頑張っても仕方がありませんし、それでギターを諦めるなんて勿体ないですよね。Fコードには色々な押え方があるので、あなたが押えやすいフォームで弾けばOKです。（図24①）は6弦ルートを省略したフォームです。少し響きの印象は変わりますが、Fコードとしての機能には問題ありません。（図24②）はハイポジションのFコードです。セーハがないのでこれなら押えられるでしょう。

図24 フォームの変更

① 1弦と6弦を省略したFコード

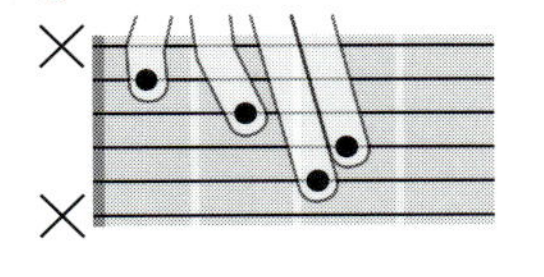

② ハイポジションのFコード

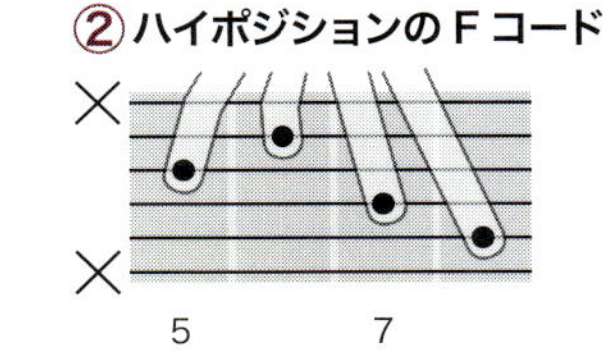

コード・フォームをカンタンに覚え、さらに自分で作る方法！

Chapter 2で多くのコードを掲載していますが、それらすべてを記憶することは到底不可能です。コード・ネームのルールと度数を知った今、あなたはコード・フォームを簡単に覚え、そして自分で作ることもできるようになっています。その方法を解説しましょう。

メジャー・コードとマイナー・コードの必須基本フォーム

■トライアドのオープン・コードを覚えよう

オープン・コードとは、開放弦を含むローポジションのコードのことです。オープン・コードはメジャー・コードに5種類、マイナー・コードに3種類あり、これらは問答無用に覚えるべき必須基本フォームです（**図25**、**26**）。

図25 メジャー・トライアドのオープン・コード

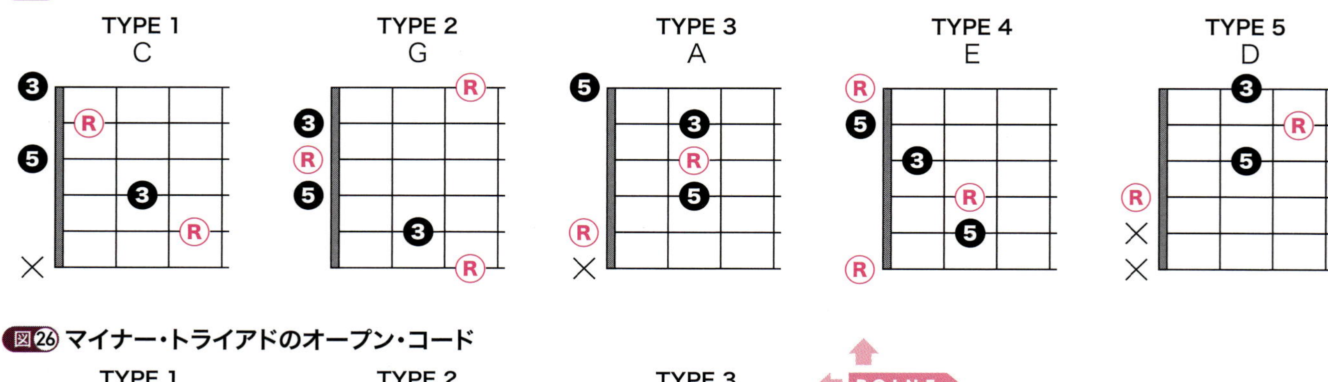

図26 マイナー・トライアドのオープン・コード

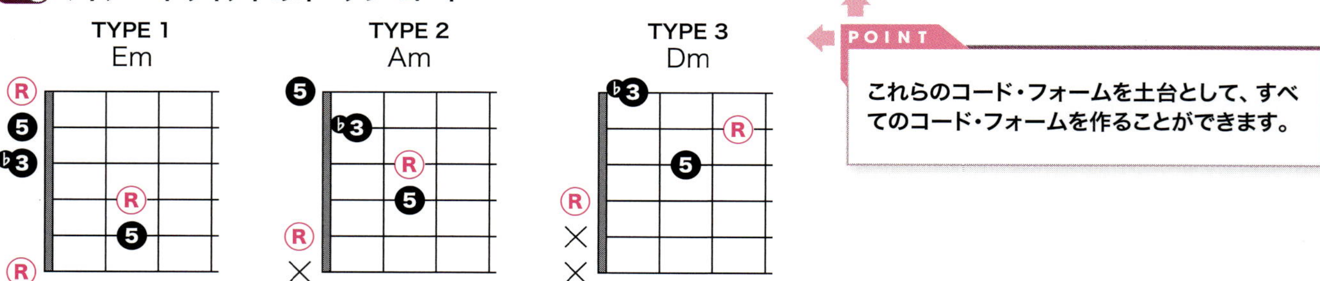

■指板上の度数の配置を知ろう

図27 度数の配置

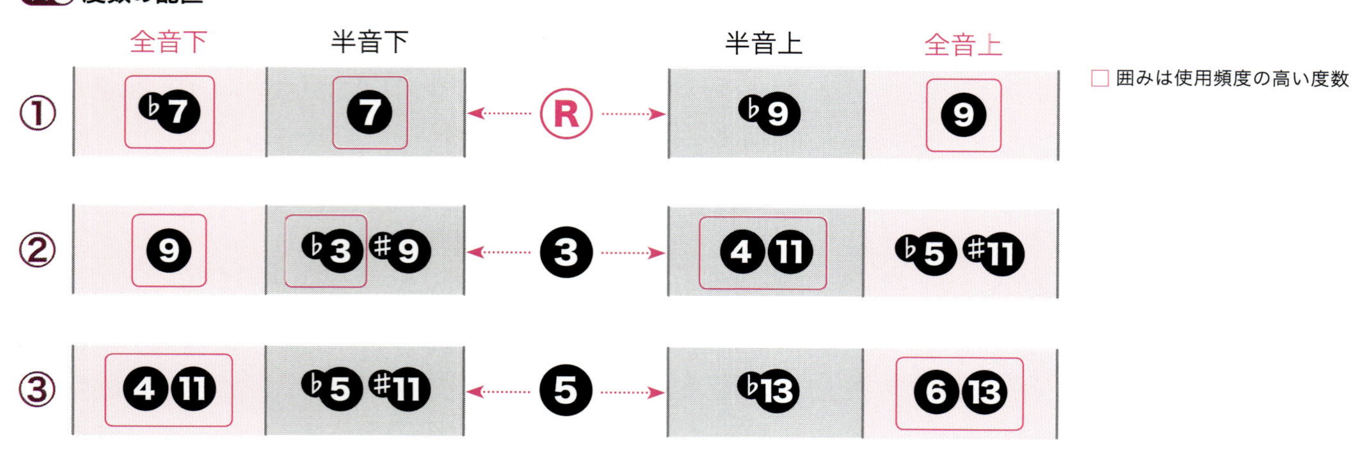

ルート(R)の半音下がM7thです。弦によってこの法則が変わることはありません。そしてM7thの半音下がm7thです。ルートの全音上(フレット2個)が9thと、このように(図27)を見てください。そして再度、度数の意味を思い出しながら、この度数の配置を納得しながら暗記することが大切です。

自分でコードを作る手順

■オープン・コードの1音を変化させて別のコードを作る

それでは早速、メジャー・コードのTYPE 1からCM7を作ってみましょう。

図28 一音変えて別のコードを作る

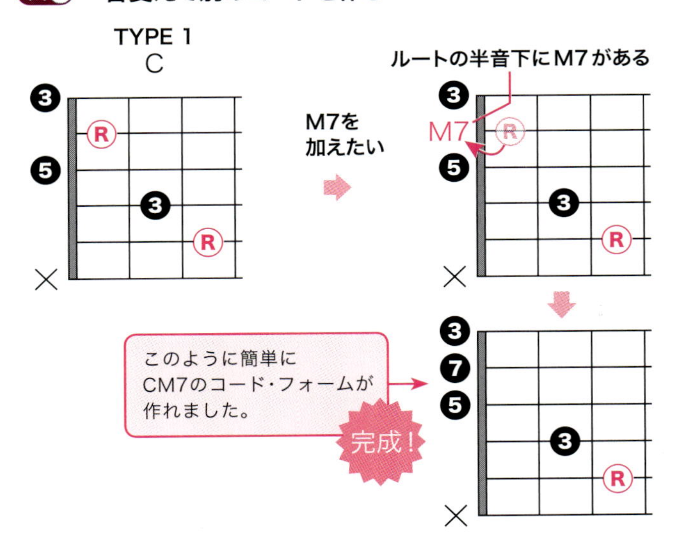

図29 次に、このCM7のルートを変えてみましょう

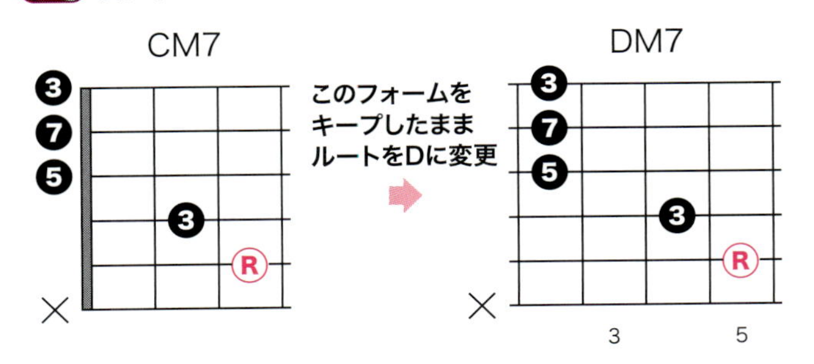

この例ではDM7を作りましたが、このようにCM7のフォームを平行移動させればルートが違う□M7が11個作れます。

図30 Cadd9を作ってみましょう

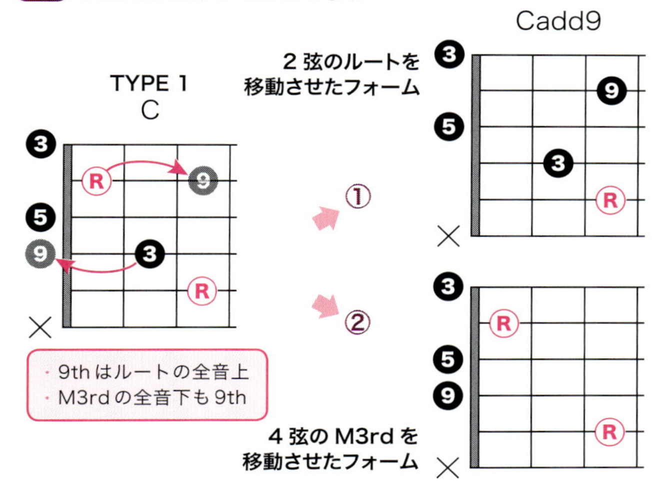

ルール1
・最低音のルートは動かさない

このようにTYPE 1から2つのCadd9のフォームが生まれました。注意点として、テンション・ノートを加えるときに最低音のルートを動かすのはNGです。これを動かしてしまうと別のコードになってしまいます。

図31 このフォームからEadd9を作ってみましょう

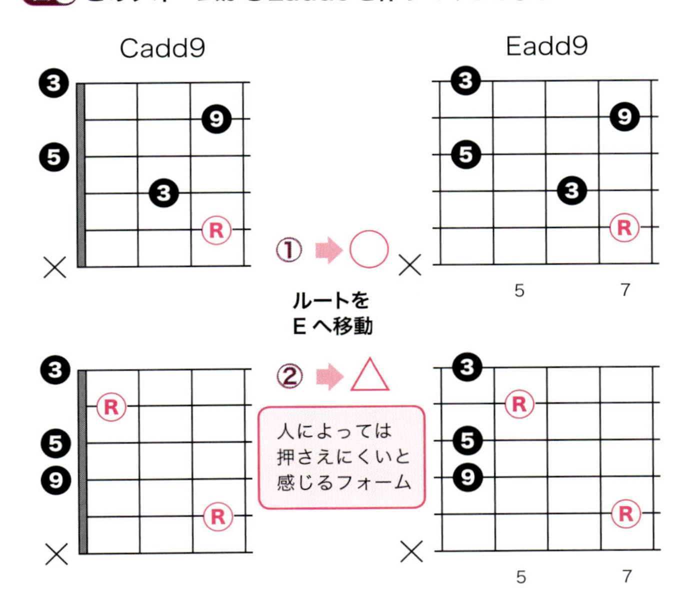

Cadd9のフォームを平行移動して5弦のルートをE音(7F)へ移動させればOKです。Eadd9②は手が小さい人や初心者にとっては押えにくいフォームかもしれませんね。

ルール 2

・場合によってはルートを省略しても良い

ルート込みのフォームが押えられないときはルートを省略してしまいます。ただし、最低音のルートはそのコードのボスなので鳴らさないわけにはいきませんから、バンドにベーシストかもう一人のギタリストがいて低いE音を鳴らしてくれる場合に限り、ルート省略形のEadd9を使うことができます（**図32①**）。

つまり、弾き語りではルート省略形は使わない方が良いということです。

図32 ルートの省略

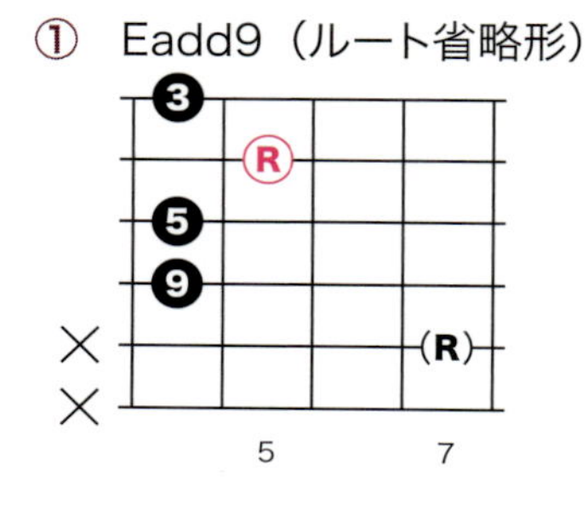

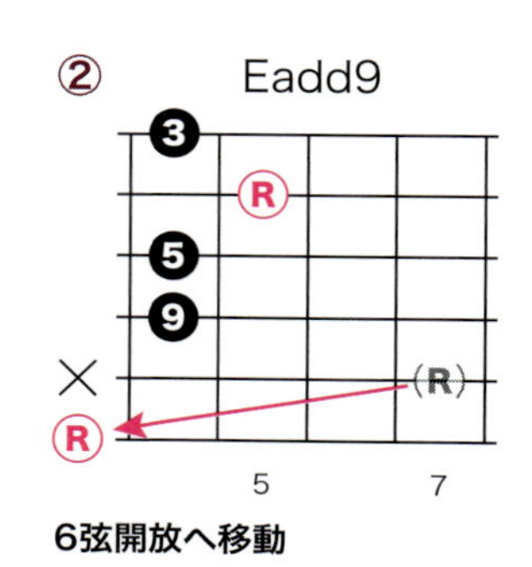

6弦開放へ移動

ここで少し視点を変えてみましょう。5弦7FのE音の代わりに6弦開放のE音を使えば問題解決ですね（**図32②**）。

このようにギターでは押えにくい、または押えられないコード・フォームもあるのですが、4弦、5弦、6弦の開放弦を使うことで押えられるようになることが多いのです。言い換えれば、開放弦を使いたいがためにギターが中心の楽曲ではKey=C、G、D、Aを採用することが多いとも言えます。

どうしてもこれらのキーでは歌えないという場合は、この4つのキーに変更（移調）するためにカポタストを使います。キーやカポタストについてはChapter 3で詳細に解説します。

もう少し練習してみましょう。次はTYPE 3でAadd9を作ってください。

図33 TYPE 3でAadd9を作ってみよう

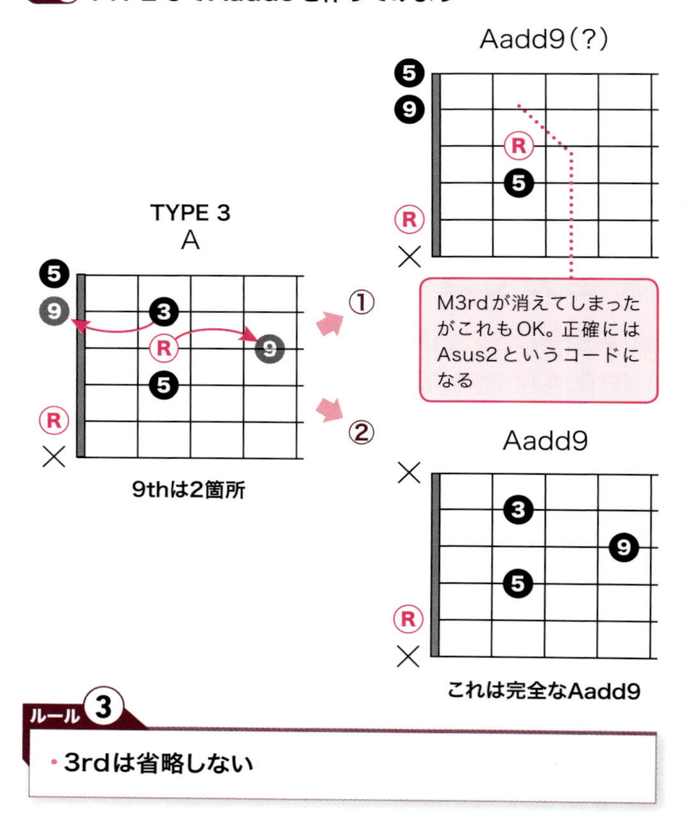

9thは2箇所

これは完全なAadd9

ルール 3

・3rdは省略しない

メジャー・コードとマイナー・コードを区別するためには3rdが必要ですが、（**図33①**）ではM3rdが消えてしまいました。しかし、ギターで完全なコードを作らなくても音楽としては特に問題はありません。例えば、メロディにM3rdが入っていれば音楽全体としてはAadd9になっているわけです。ということで、一般的にはM3rdがないAadd9①のフォームも使われています。正確なコード・ネームはAsus2となりますが、日本ではこれを特に区別していないのが現状です。

■オープン・コードの2音を変えて別のコードを作る

コード・ネームに2個の数字が付くタイプのコードが良く使われます。そんなコードをトライアドのオープン・コードから作ってみましょう。

マイナー・コードのTYPE 1からEm7(9)を作ります。m7thと9thの2音を加えるパターンですね。

図34 オープン・コードの2音を変えて別のコードを作ってみよう

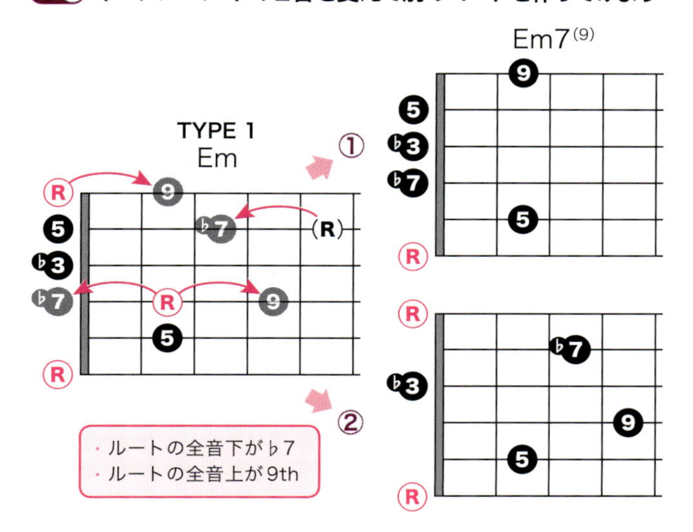

手順としては、m7thと9thを指板上でイメージして、その2音を同時に押えられるフォームはあるかな?と考えます。いろいろと考えた結果、m7thと9thが共存するフォームはこの2パターンでしょう(**図34**)。先に結果を示してしまいましたが、ここは時間をかけてゆっくり考えてください。

図35 Em7(9)を平行移動してAm7(9)にしてみよう

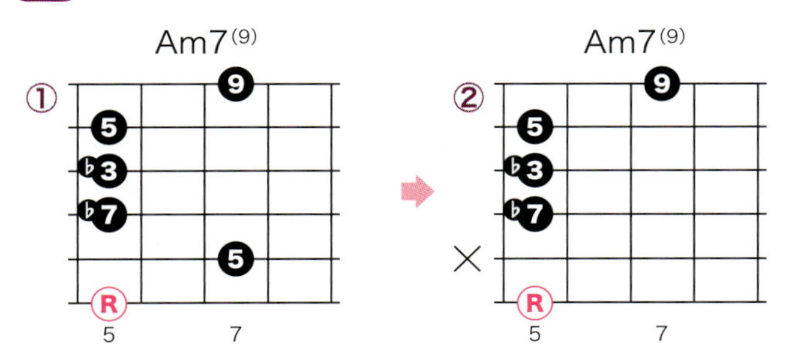

まずEm7(9)②を平行移動するとワイドストレッチ(指を大きく開く)過ぎて押えることは不可能です。よって、このフォームはEm7(9)専用となります。

Em7(9)①は問題なく平行移動できますが、5弦が少し押えにくいと感じるかもしれません。

・5thと重複している音は省略しても良い

Am7(9)①は2弦に5thがあるので5弦の5thは省略しても構いません。これでずっと押えやすくなりました(**図35②**)。

次に、オープン・コードを大きく変化させるパターンも見てみましょう。マイナー・トライアドTYPE 2のオープン・コードを使います。オープン・コードは開放弦を使用しているので、ヘッド側にはみ出した音がイメージしにくいのですが、そんなときはまずオープン・コードをあらかじめ平行移動させてから音を加えていきます。

図36 Amを平行移動してEm7(9)にしてみよう

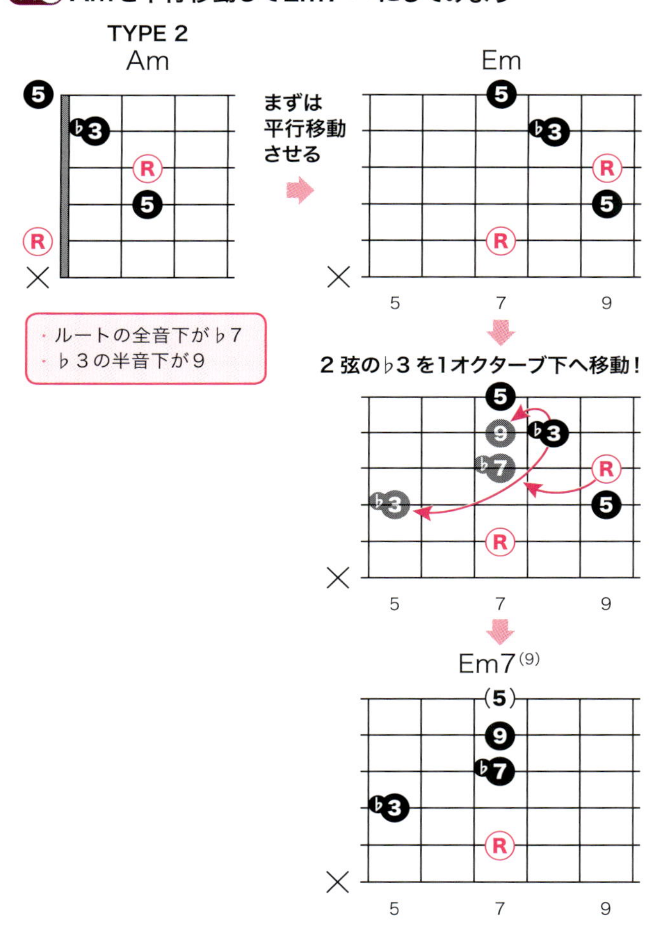

このように考えればオープン・コードの状態では見えにくかった下方向の音も有効に使うことができるようになります。ポイントは、2弦で9thを鳴らすことで♭3がなくなってしまったから、別の弦で鳴らせないかな?という発想です。4弦の5thはなくなってしまいましたが、先程のルールからも5thは真っ先に省略可能なので問題ありません。

POINT

1弦の5thにはカッコが付いていますね。これは鳴らしても鳴らさなくてもどちらでも良いと言う意味です。Chapter 2のダイアグラムも同じルールで表記しています。

■ドミナント・コードの基本オープン・コードを覚えよう

図37 ドミナント・コードの基本オープン・コード

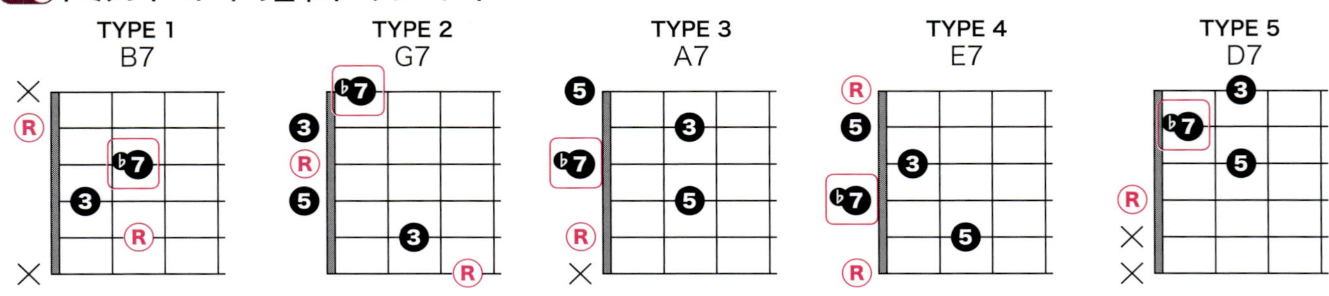

POINT

これらはメジャー・コードの各TYPEの1音を変化させたものです。多くは1〜4弦にあるルートを全音下の♭7に変更しています。

図38 TYPE 4に♭9thと♭13thを加えてみよう

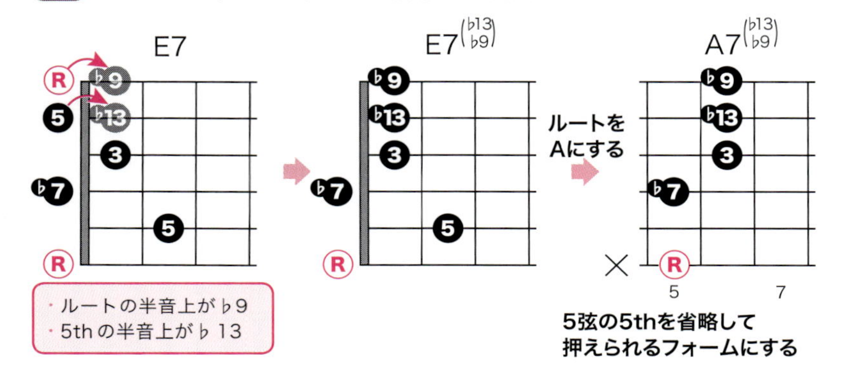

一見すると難しそうな♭が付くコードでも方法はこれまでと同じです。簡単にできましたよね？完成したE7(♭9、♭13)のルートをAに平行移動すると、またしても押えられないフォームになってしまいます。もちろん、ここで先程のルール④を適用してください。5弦の5thを省略すればA7(♭9、♭13)の完成です。

Column 自力でコードを作る際の4つのルール

ルール① 最低音のルートは動かさない

ルール② 場合によってはルートを省略しても良い

ルール③ 3rdは省略しない

ルール④ 5thと重複している音は省略しても良い

左記のルールを維持しつつ、押えやすく実用的なコード・フォームにアレンジすることが大切です。このようにして、自力でコード・フォームが作れるようになるということは、コードの構造を理解していることになり、結果としてコード・フォームを覚えるのがとても早くなり、しかも忘れることがなくなります。

コードの解釈が劇的に変化する! 中級者のためのコード理論

ここでは、中級者に向け、コードを本当の意味で正しく理解するための考え方を解説します。初心者にとってはすぐに理解できない内容だと思いますが、今後、多くのコードを覚え、自分で作曲をするようになったときに必ずぶつかる壁を打ち破るための知識です。このページを読み込み覚えることでコードの知識を深めてください。

ドレミはどこから来た?

コードを解説するときに、スケールに一切触れない、またはコードとスケールを別モノとして扱うような表現が多くの解説書で見受けられます。確かに、いきなり初心者にコードとスケールの関係を理解させることは難しいかもしれませんが、中途半端な知識を読者に伝えることでコードの扱いに限界が生じたり、思うようにアドリブができない、作曲に限界を感じてしまうことにもなりかねません。先のChapter 1-1・2は、従来のコード解説に類似したものでありスケールについては一切触れていません。しかし、そこで終らせるといずれコードの扱いに限界を感じることになってしまいます。本書は単にギターのコード・フォームを掲載するだけでなく、あなたが音楽的に成長するための確かなヒントを提示することを目的としています。

ここでは、本当の意味でコードを理解し自在に操るための考え方を解説していきます。そもそもコードとは何か、ということから確認していきましょう。

図40 ダイアトニック・コードの成り立ち (key=C)

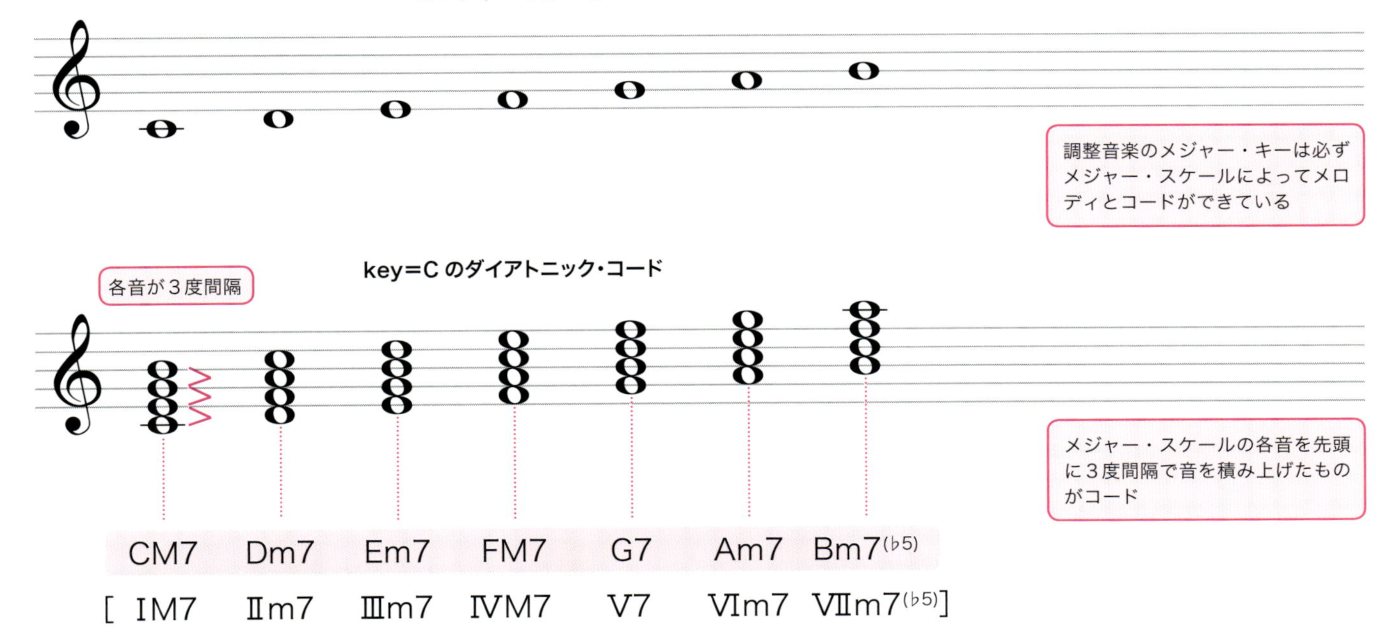

POINT

調性音楽で使われるコードはこのようにしてできたものです。これをダイアトニック・コードと呼び、メジャー・スケール内の音の組み合わせでできています。

次に、ダイアトニック・コードにアヴェイラブル・ノート・スケールという考え方を適用します。

図41 アヴェイラブル・ノート・スケール

ダイアトニック・コード	スケール
CM7（ⅠM7）	C イオニアン（Ionian）
Dm7（Ⅱm7）	D ドリアン（Dorian）
Em7（Ⅲm 7）	E フリジアン（Phrygian）
FM7（ⅣM7）	F リディアン（Lydian）
G7（Ⅴ7）	G ミクソリディアン（Mixolydian）
Am7（Ⅵm7）	A エオリアン（Aeolian）
Bm7（♭5）（Ⅶm7（♭5））	B ロクリアン（Locrian）

これは例えば、CM7（ⅠM7）ではCイオニアン・スケールが使用可能という意味で、このスケールでメロディを作りアドリブ演奏をしましょうという理解が一般的です。

ここに登場するスケールの成り立ちはダイアトニック・コードと同様で、メジャー・スケールの各音を先頭として並び替えたものです。

図42 ダイアトニック・コードに対応する各スケール

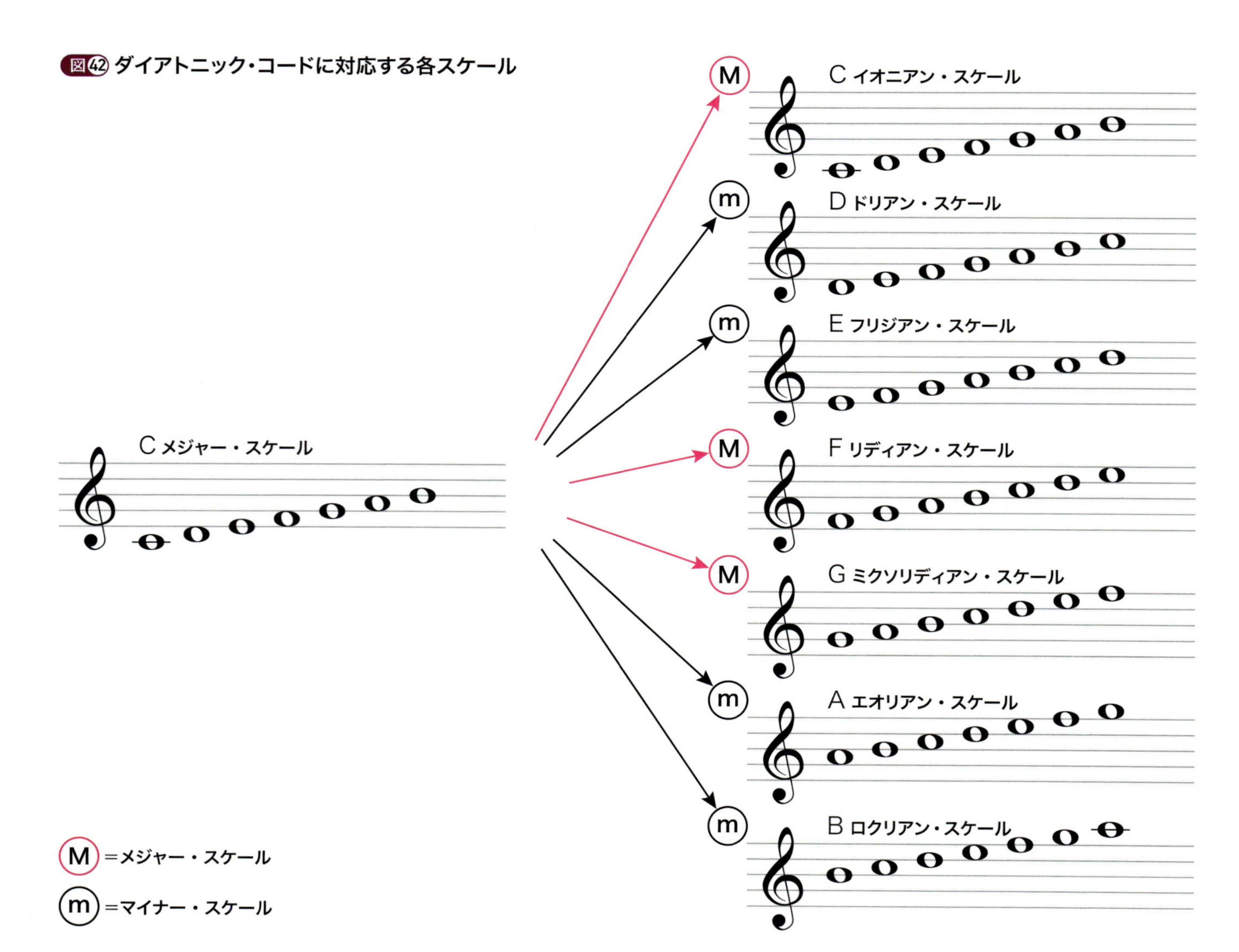

ダイアトニック・コードに対応する各スケールは、名前は違えど結局はCメジャー・スケールと構成音は同じです。では、なぜこのような考え方を適用するのでしょうか。

ここまでの解説では、まるでコードとスケールは別モノのように見えてしまうのですが、ここで少し視点を変えてみましょう。

POINT

■コードはスケールから生まれる

例えば、Key=CのCコード（ドミソ）はメジャー・スケールから生まれるのではなく、Cイオニアン・スケールから生まれると考えます。DmはDドリアン・スケールから生まれたコードです。

つまり、コードは必ずあるスケールから生まれるという考えを持ってください。ドミソ（Cコード）が何の根拠もなく存在することはありません。この考え方を持っておくとテンション・コードを自在に操れるようになり、セカンダリー・ドミナントやサブドミナント・マイナーといった一時転調にも迷わずに対応できるようになります。

次項から詳しく解説していきます。

テンション・ノートは加えるものではない

ある程度の作曲経験を積むとテンション・コードを活用するようになるでしょう。Chapter 1-1・2では便宜上、基本コードにテンション・ノートを加えたものがテンション・コードだと表現してきましたが、実はそれはコード・ネームのルールを説明するためのものであり、コードの構造や本当の意味を無視したものです。コードの真の意味と構造を理解してもらうためにここで改めて詳しく解説しましょう。

アヴェイラブル・ノート・スケールの考え方は、「あるコード上でそのスケールが使用できる」と解釈できそうですが、実は違います。「そのコードはこのスケールから生まれたもの」と理解してください。

図43 アヴェイラブル・ノート・スケールの本当の意味を理解しよう

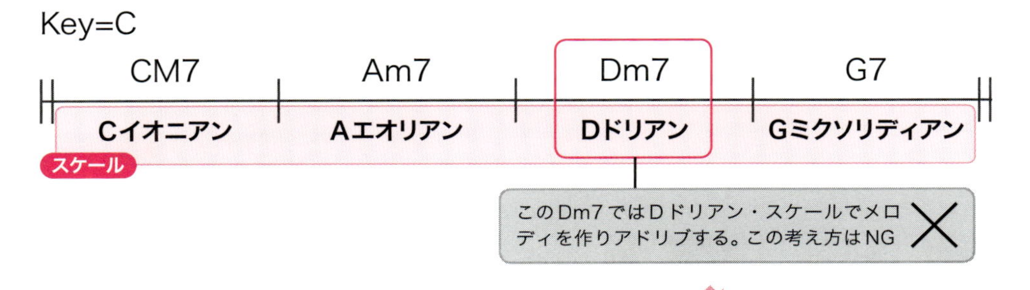

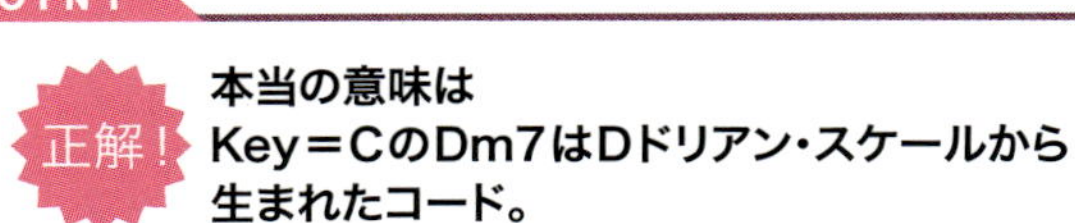

このように正しく理解するとコードの世界が一気に広がります。

それでは、Key=CのDm7とは何者なのかを解説します。

図44 Key=CのDm7

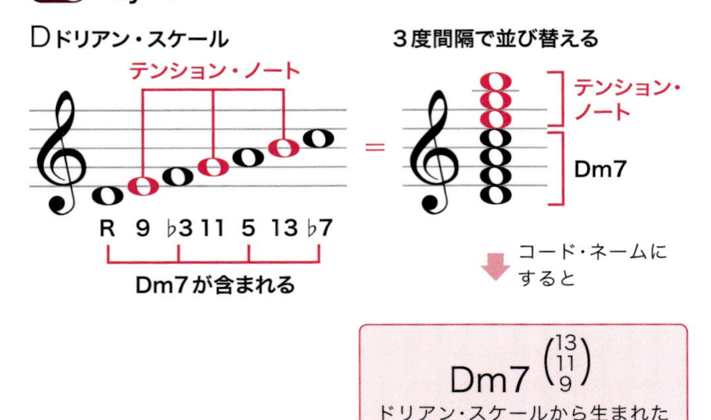

スケールとコードは同じものです。スケール＝コード、この考えを徹底してください。譜面にはDm7としか書かれていなくても、これはDドリアン・スケールから生まれたコードであり、自動的にテンション・ノートは9、11、13になります。これを正しく表記するなら「ドリアンのDm」です。譜面にコード・ネームとしてわかりやすく書くなら「Dm (Dorian)」、スケールをよく知っている人なら「D Dorian」と書くだけでも通じます。

図45 Dorianはマイナースケール

ドリアンといった時点でマイナー・スケールが確定しているので、そこから生まれるコードも必ずマイナー・コードになります。

それでは、テンション・コードについて考えてみましょう。

図46 Dorianのテンション・コード

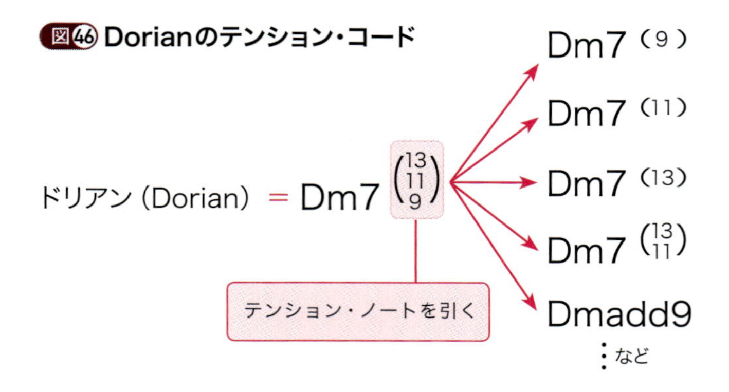

すべてのテンション・ノートを含むDm7 (9、11、13) がドリアンのDmの真の姿ですから、あとはここからテンション・ノートを引けばいいだけです。これは単に順列組み合わせです。これが「テンション・ノートは加えるものではない」という意味です。

マイナー・コードは常にドリアン・スケールから生まれるのかと言えばそうではありません。一般的なポップス、ロックでは3種類のスケールからマイナー・コードが生まれます。

図47 フリジアン・スケールとエオリアン・スケール

①フリジアンのDm

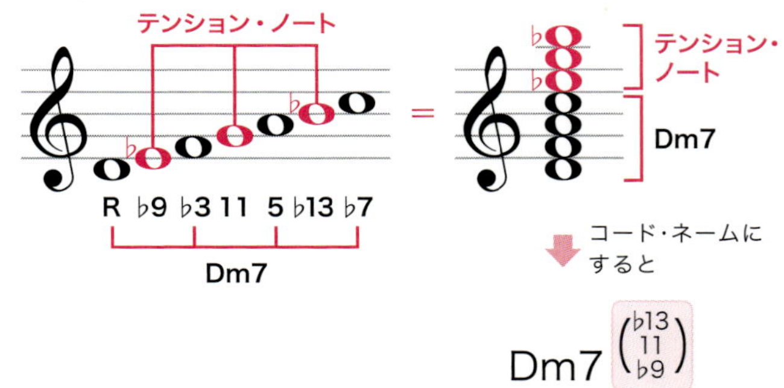

②エオリアンのDm

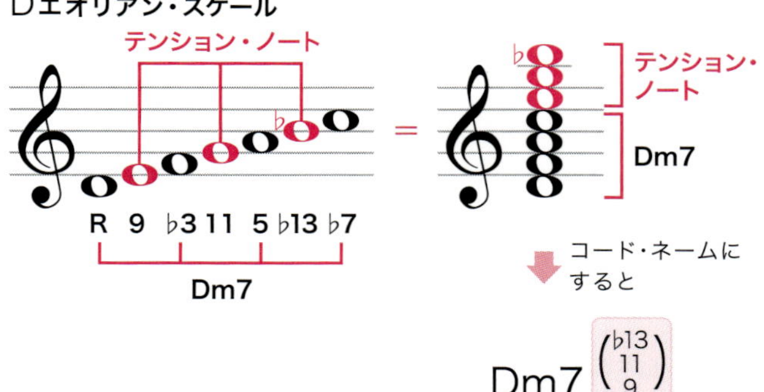

①フリジアン・スケールにも②エオリアン・スケールにももちろんDm7が含まれていてます。そして、テンション・ノートの違いによってそのスケール（＝コード）の響き、性質が特徴付けられるのです。これが本当のアヴェイラブル・ノート・スケールの理解の仕方です。

この考え方を理解したとき、あなたは指定されたコード上で自在にテンション・ノートを操れるようになります。

図48 本来の意味を理解しよう

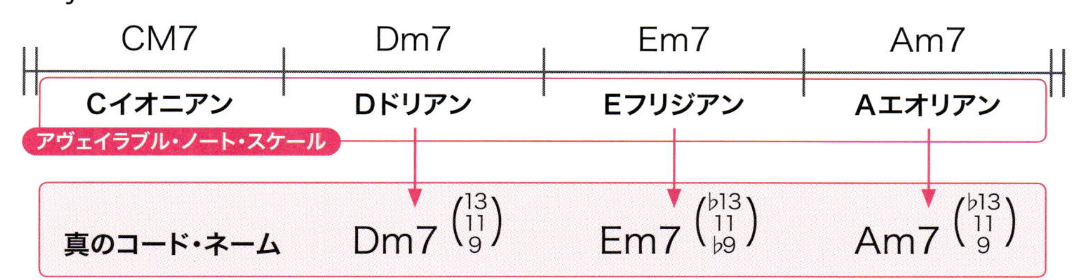

ここで使われるDm7、Em7、Am7はどれも見た目はマイナー・セヴンス・コードなので単にルートが違うだけとしか見えませんが、実はそれぞれが生まれたスケールが違いますから別の種類のコードです。コード・ネームとは手軽に伴奏をするために作られたものなので、コードの本質までは見えないようになっています。

■アヴォイド・ノート

真のコード・ネームからテンション・ノートを引くことを解説しました。モード・ジャズではこの考え方をそのまま適用するのですが、ポップスやロックなどのポピュラー・ミュージックではテンション・ノートの使い方に制約があり、「そのコード上で使用できないテンション・ノート」があります。これをアヴォイド・ノートと言います。

各スケールの真のコード・ネームとアヴォイド・ノートをまとめておきましょう。ルートはCで統一しています。

図49 アヴォイド・ノートの種類

	スケール	真のコード・ネーム	アヴォイド・ノート
メジャー・コード	イオニアンのC	CM7 (13, 11, 9)	11th
	リディアンのC	CM7 (13, ♯11, 9)	なし
	ミクソリディアンのC	C7 (13, 11, 9)	(11th)
マイナー・コード	ドリアンのC	Cm7 (13, 11, 9)	なし
	フリジアンのC	Cm7 (♭13, 11, ♭9)	♭9th　♭13th
	エオリアンのC	Cm7 (♭13, 11, 9)	♭13th
	ロクリアンのC	Cm7 (♭13, 11, ♭9, ♭5)	♭9th

例えば、イオニアンのCでCM7$^{(11)}$とすることは好ましくないため、テンション・ノートから11thを省いたCM7$^{(9,13)}$が実用的な真のコード・ネームと考えてください。ドリアンの13thをアヴォイド・ノートとする考え方がありますが、それはかなり古い感覚のものです。現代では、ドリアンの13thはむしろカッコいい響きの代表ですから積極的に使いましょう。他では、ミクソリディアンのアヴォイド・ノートである11thを近年の音楽では使用する傾向があります。例えばC7$^{(11)}$ですが、以前は避けられていたアヴォイド・ノートも時代とともに感じ方が変わってきたのでしょう。

コードのディグリー表記とChapter 2のスケール表記

コード・ネームは単なる伴奏のためのシンボルです。Cというコードを単にCコードとして捉えている限りはいずれ作曲やアドリブで悩むことになります。本書ではこの問題を回避するためにChapter 2のコード・フォーム一覧にスケール名を表記しています。例えば、メジャー・トライアドはルート、M3rd、5thを含むスケールから生まれるので、それはイオニアン、リディアン、ミクソリディアン、リディアン・ドミナント、ミクソリディアン♭6、フリジアン・ドミナントの各スケールから生じたものである可能性があります。

この2つのコード進行にあるCはこのように元となるスケールが異なります。(図50①)のCは「イオニアンのC」なのでCM7(9、13)が、(図50②)は「リディアンのC」なのでCM7(9、#11、13)が真のコード・ネームです。②では#11thが使えるのですが、コード・ネームからはそれを読み取ることができません。この問題を解決するためにはコード進行をディグリー表記で理解することが大切です。

図50 コード・ネームのスケール表記

①イオニアンCの場合

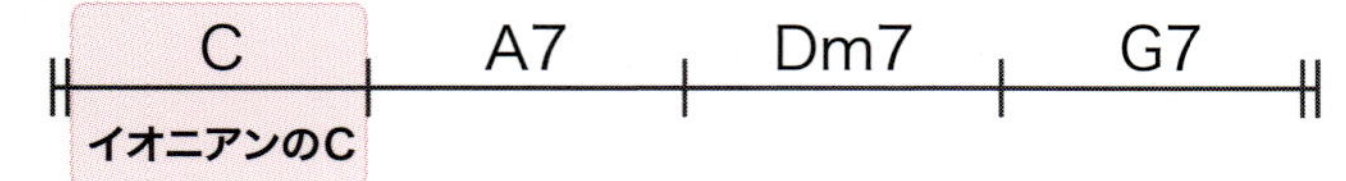

②リディアンCの場合

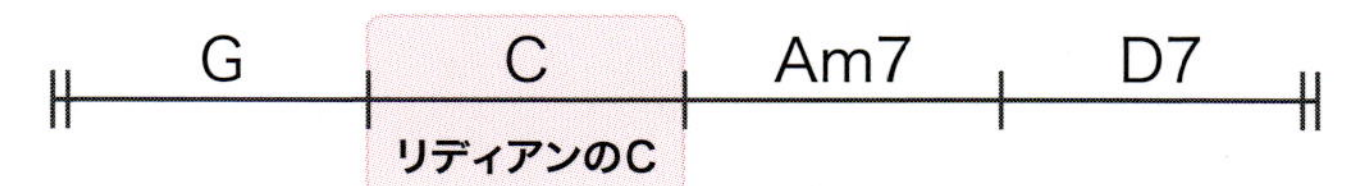

■コード進行のディグリー表記

ダイアトニック・コードを思い出してください。

図51 キー Cのダイアトニック・コード

	CM7	Dm7	Em7	FM7	G7	Am7	Bm7(♭5)
ディグリー表記	I△	IIm	IIIm	IV△	V7	VIm	VIIφ
スケール	イオニアンの C	ドリアンの Dm	フリジアンの Em	リディアンの F	ミクソリディアンの G	エオリアンの Am	ロクリアンの Bφ

△＝メジャーの意味

メジャー・キーではこのようになります。ディグリー＝度数で、Key=CのCM7はそのキーの1番めのコード、Dm7は2番めのコードという意味です。このように、ディグリーによって元となるスケールが決まっています。正確には、I△をイオニアンのCにするかどうかは作曲者が決めることなので絶対的なルールではありませんが、少なくともポップスではほとんどの場合、I△＝イオニアンとして作曲されます。

(図50①)のCはI△なのでイオニアンのC、②はIV△なのでリディアンのCです。

Chapter 2では、そのコードがどのスケールから生まれるかを表記しているので、例えば(図50②)のCにテンションを加えたいとき、Lydian(リディアン)が付いているコードを弾くことができます。

■ディグリーと対応スケールの一覧

ここで解説していることはコード理論の一部ですが、そのすべてを本書で網羅することは誌面の都合上、残念ながらできません。音楽は必ずひとつのキーに収まるように作られているわけではなく、元となるキーの中に一時的に別のキーのコードを挿入して刺激的な響きを作ったりしています。

そしてもちろん、そんな一時転調されたコードにも元となるスケールがあります。ここでは理論面は置いておき、一般的な音楽の中で使われるコードのディグリー表記と元となるスケールを一覧表としてまとめておきました。

これは今後、あなたがコード理論を勉強するときに、そして作曲をするときに必ず役に立つ知識です。

図52 ディグリー表記と元となるスケール

メジャー・キー	スケール	マイナー・キー
Ⅰ△	イオニアン	♭Ⅲ△
Ⅱm	ドリアン	Ⅳm
Ⅲm	フリジアン	Ⅴm
Ⅳ△	リディアン	♭Ⅵ△
Ⅴ7	ミクソリディアン	♭Ⅶ7
Ⅵm	エオリアン	Ⅰm
Ⅶφ	ロクリアン	Ⅱφ
Ⅲ7	フリジアン・ドミナント	Ⅴ7
♭Ⅱ△	リディアン	
Ⅱφ	ロクリアン♮2	
#Ⅳ7	リディアン・ドミナント	Ⅵ7
Ⅲφ	ロクリアン	
Ⅵ7	フリジアン・ドミナント	Ⅰ7
#Ⅳφ	ロクリアン	Ⅵφ
Ⅶ7	フリジアン・ドミナント	Ⅱ7
Ⅳm	ドリアン	
♭Ⅵ△	リディアン	
♭Ⅶ△	リディアン	♭Ⅱ△
Ⅰ7	ミクソリディアン	♭Ⅲ7
♭Ⅱ7	リディアン・ドミナント	Ⅲ7
Ⅱ7	リディアン・ドミナント	Ⅳ7
♭Ⅲ7	リディアン・ドミナント	♭Ⅴ7
Ⅳ7	リディアン・ドミナント	♭Ⅵ7
♭Ⅵ7	リディアン・ドミナント	Ⅶ7
♭Ⅶ7	リディアン・ドミナント	♭Ⅱ7
	フリジアン	Ⅱm

図53 表の見方その1

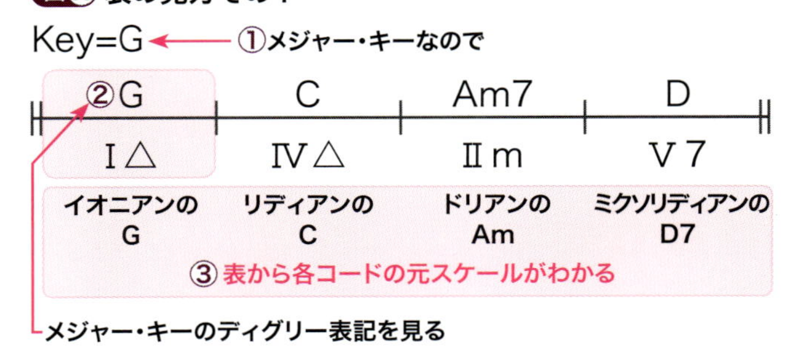

図54 表の見方その2

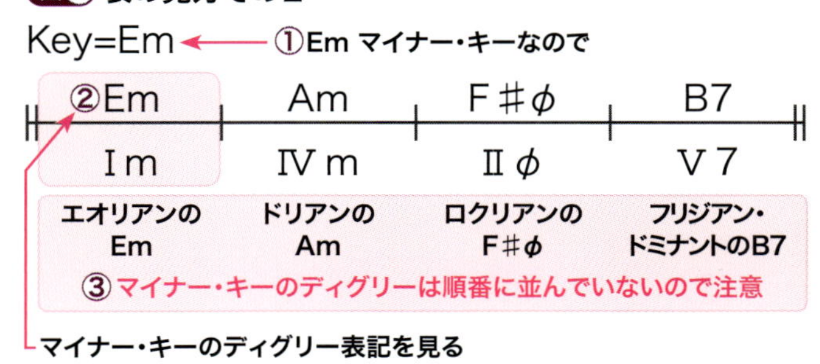

このようにディグリーとスケールを確認します。

ギターでディグリーを確認するために下の2つのダイアグラムを活用してください。

図55 ディグリーの確認

メジャー・キーのディグリー

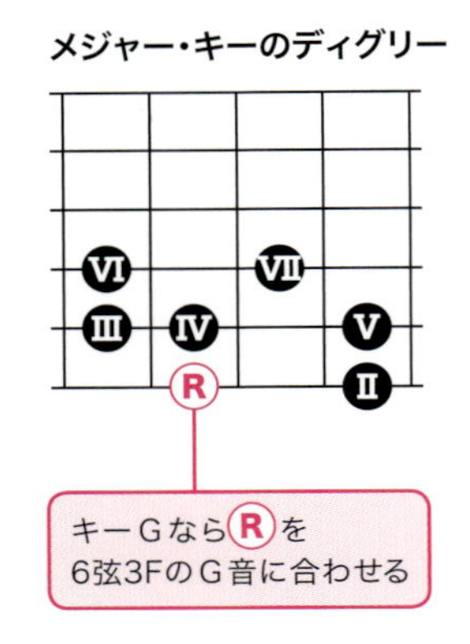

マイナー・キーのディグリー

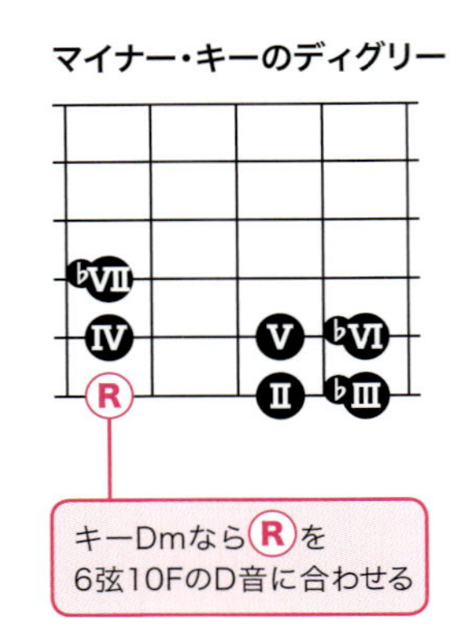

(**図52**)は一般的なスケールのみを書いていますが例外もあります。特にドミナント・コードは元となるスケールの選択肢が多いのでこの後で解説しましょう。

ここで初登場したロクリアン♮2・スケールから生まれる真のコード・ネームは(**図56**)です。

図56 ロクリアン2・スケールから生まれる真のコード・ネーム

マイナー・コード

ロクリアン♮2

□m7(♭13 11 9 ♭5)

自由奔放なドミナント・コード

キーの中だけで音楽を作っていては響きのバリエーションが限られてしまうため、コード進行にサブドミナント・マイナー、セカンダリー・ドミナントといった一時転調を取り入れるコード理論が確立しているのですが、このようにコード自体を転調させるのではなく、ダイアトニック・コードに別のスケールを当てはめてキーの世界から抜け出そうとする表現があります。そしてそれは主にドミナント・コード(V7)で使われる手法です(**図57**)。一般的に使われるドミナント・スケールは以下の通りです(**図58**)。

図57 コードを借りてくる

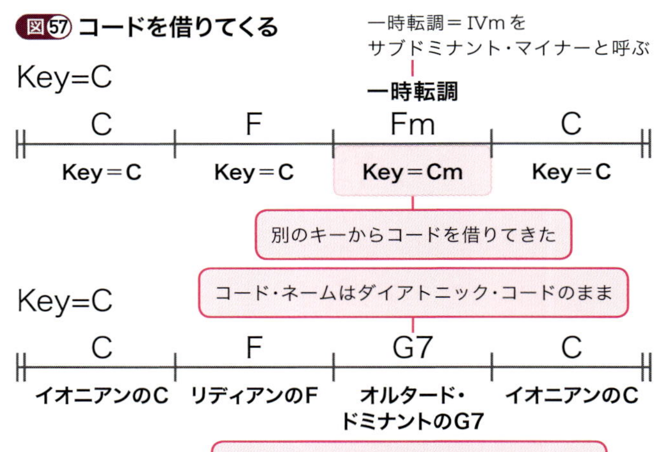

図58 一般的に使われるドミナント・スケール

スケール	構成音	真のコード・ネーム
フリジアン・ドミナント【Phrygian Dom.】	R ♭9 3 11 5 ♭13 ♭7	□7(♭13 11 ♭9)
リディアン・ドミナント【Lydian Dom.】	R 9 3 #11 5 13 ♭7	□7(13 #11 9)
ミクソリディアン ♭6【Mixolydian ♭6】	R 9 3 11 5 ♭13 ♭7	□7(♭13 11 9)
オルタード・ドミナント【Altered Dom.】	R ♭9 #9 3 #11 ♭13 ♭7 5thがない	□7(♭13 #11 #9 ♭9)

V7のアヴェイラブル・ノート・スケールはミクソリディアンです。このスケールはメジャー・スケールを並び替えたものなので臨時記号は付きません。しかし、ここで紹介したドミナント・スケールには臨時記号が含まれているため、V7でこれらのスケールを弾くとキーから外れるのです。しかし、この外れた響きを楽しむのがジャズの醍醐味だったりします。ドミナント・コードを制する者はジャズを制す、といっても過言ではありません。

本書でジャズ理論を解説することはできませんが、ジャジーなポップスやボサノヴァ、AOR（ネオ・シティ・ポップ）などではこの表現が使われるため、勉強をする価値は大いにあります。

これらドミナント・スケールの使い方ですが、ほぼルールはないといって良いでしょう。音を外すことが目的なので、どんな外し方にしようかなという程度の理由で使い分けます。ジャズでの一番人気はオルタード・ドミナント・スケールです。これがブッチ切りで良く使われます。ただし、オルタード・ドミナント・スケールには5thが含まれていないためこのスケールでドミナント・コードを作ることができません。つまり、厳密にはコードの元スケールとしては機能しないのですが、そこは臨機応変にということであまり深く考えなくても大丈夫です。

ジャズの楽譜ではコード・ネームとしてG alt.という書き方があります。これは、コードはG7でテンションに♭9、#9、#11、♭13を自由に組み合わせてOKという意味です。

図59 Gオルタード・ドミナント・スケールのテンション・ノート

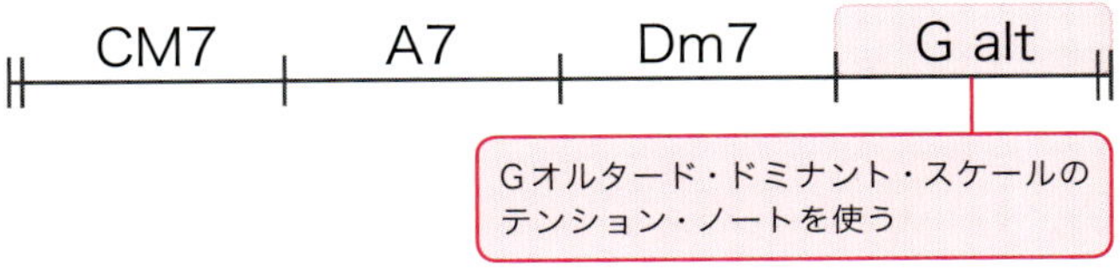

不完全なコード　アッパー・ストラクチャー・トライアド

アレンジ面からコードを見たとき、必ず指定されたコードを完全な状態で演奏しなければならないということはありません。

図60 不完全なコード

ギターがコードを弾かずにメロディでコードを表現するケース（図60①）や、メロディにコード感が皆無であってもギターでコードを奏でるケース（図60②）など、このどちらも音楽としてはCコードとして聴こえます。ここでは①の可能性について解説します。

先の①と②はコード感という意味では同じですが、音楽としての印象が大きく違うことは容易に想像できるでしょう。ギターで完全なコードを鳴らす②はいきなり正解を示している状態ですが、①は1拍目ではまだCコードかどうかはわからず、2拍目でメロディがE音を歌ったときにようやくCコードが確定します（ドミソが出揃った）。これはコードの特定を焦らしているようなもので、聴く者にとってはある種の期待感が芽生えると言えるでしょう。このように、ギターで完全なコードを鳴らさないという選択肢もあるのです。具体的な弾き方はアレンジの分野なので本書では触れませんが、不完全なコードを作り、それを使う方法に絞って解説します。

■アッパー・ストラクチャー・トライアド

真のコード・ネームを思い出してください。多くのコードは7音の積み重ねによってできていましたね。これを別の視点から眺めてみます。

図61 リディアンのC

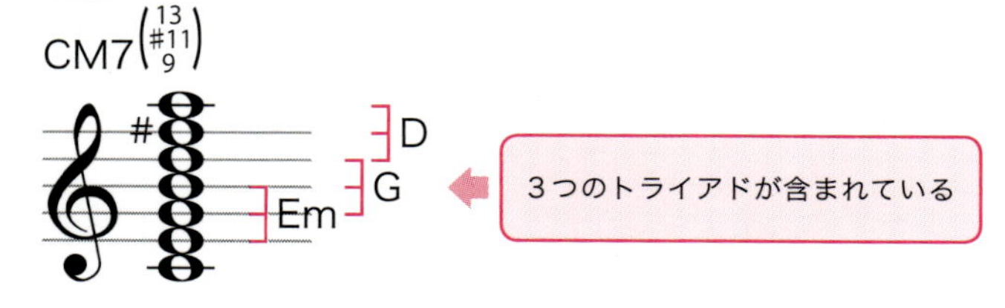

このように真のコード・ネームの中にはトライアドが含まれていることがわかります。

図62 リディアンのC

Em／C ＝ ドミソシ ＝ CM7――完全コード
G／C ＝ ドソシレ ＝ M3rdがない
D／C ＝ ドレファ♯ラ ＝ M3rdと5thがない
不完全コード

リディアンのCなのでルートはかならずC音です。単音のC音の上にトライアドを乗せるようにスラッシュ・コードで書き直したものが(**図62**)です。Em／CはCM7と同じですから完全なコードです。しかし、G／CとD／Cにはメジャー・コードを決定するためのM3rdがないのでそれ単体では不完全なコードなのです。

リディアンのCの真のコード・ネームであるCM7(9、#11、13)は7音なのでギターで弾くことはできず、必ずどれかの音を省略して使用します。通常は5thを真っ先に省略して3rdは残すという考え方になるのですが、もう3rdも省略してルート＋トライアドの形で使ってしまえ、という考え方もあります。これは本項の最初で解説した「ギターで完全なコードを鳴らさなくても音楽として成立する」という考えに基づいたものです。このケースでは、M3rdは他のパートに弾いてもらえば音楽全体としては完全なリディアンのCを表現できますし、一方、M3rdがないままでも音楽としては特に問題はなく、メジャーかマイナーかがわからないあやふやなコード感がむしろ新鮮に聴こえるという音楽表現とも言えます。

このように、真のコード・ネームの中にあるトライアドをルートの上に乗せることをアッパー・ストラクチャー・トライアドと言います。

図63 アッパー・ストラクチャー・トライアド

②上部にトライアドがある（アッパー）

③構造（ストラクチャー）＝アッパー・ストラクチャー・トライアド

D／Cはリディアンのとして使われることが多い不完全コードです。ポップスでは、Key=Gの曲のBメロの最初のコードとして一般的に使われています。

アッパー・ストラクチャー・トライアドをディグリーで表記するとき、ルートをIとしてそこから何番目のトライアドが乗っかかるかを書き添えます。

図64 アッパー・ストラクチャー・トライアドの表記

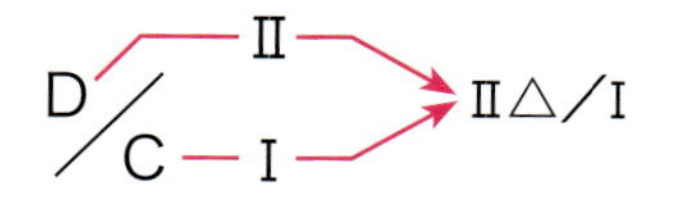

左側がトライアドで右側が単音ルートであることを明確に区別するためにII／Iではなく、メジャーを表す△をトライアドに付けておくと間違いがなくなります。上部がマイナー・トライアドならIIIm／Iのように書きます。ただし、コード・ネームと同様に国や出版社によって表記が異なるので臨機応変に対応しましょう。

図65 コードワークが広がる

Key=G

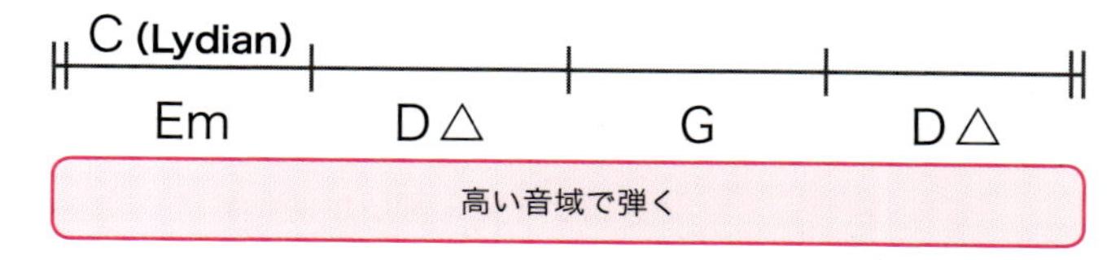

このようにコードをアッパー・ストラクチャー・トライアドとして見れるようにしておくとコードワークの幅が一気に広がります。

リディアンのCという場面でベーシストにルートのC音を弾いてもらい、ギタリストはその上でアッパー・ストラクチャー・トライアドを動かせば、単なるワン・コードのストロークとは違うアプローチのバッキングが可能になります。

■アッパー・ストラクチャー・トライアドの見つけ方

ほぼすべてのコードをアッパー・ストラクチャー・トライアドとして書き直すことが可能なのでそのパターンは膨大な数になります。

ですので、リディアンのCをⅢm／Ⅰ、Ⅴ△／Ⅰ、Ⅱ△／Ⅰのようにディグリーとして頑張って覚える必要はありません。それでは、アッパー・ストラクチャー・トライアドの簡単な見つけ方を解説しましょう。

そのコードに含まれるトライアドはコード・フォームの中に隠されています（**図64**）。

図66 アッパー・ストラクチャー・トライアド

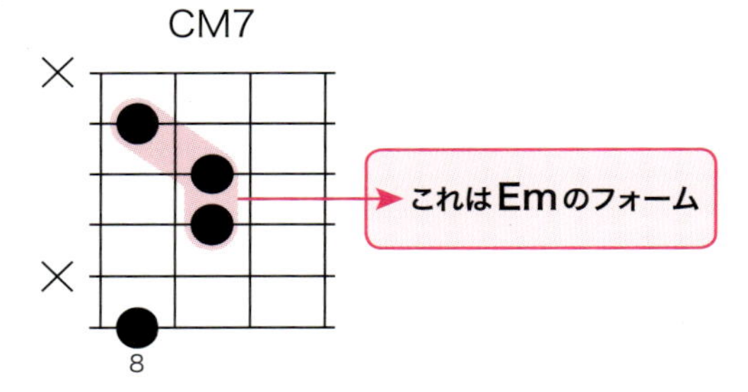

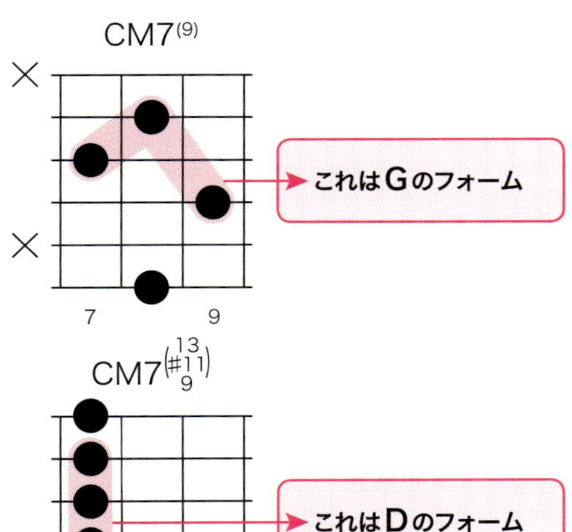

CM7の中にEmトライアドを即座に見つけられることが大切です。そして、多くのコード・フォームを覚え、その中にトライアドがあるかを常に意識しながらコードをプレイしましょう。これは時間がかかることですが、数年間そのような視点でコードを弾いていれば必ずアッパー・ストラクチャー・トライアドを操ることができるようになります。

最後に、指板上のトライアドのフォームをまとめておきましょう。

図67 指板上のトライアドのフォーム

メジャー・トライアド

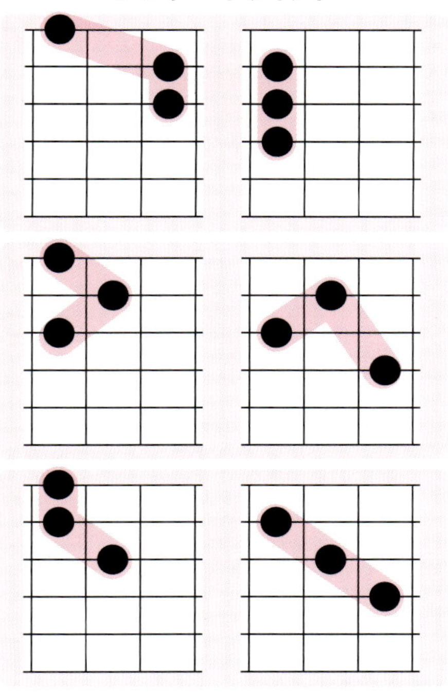

マイナー・トライアド

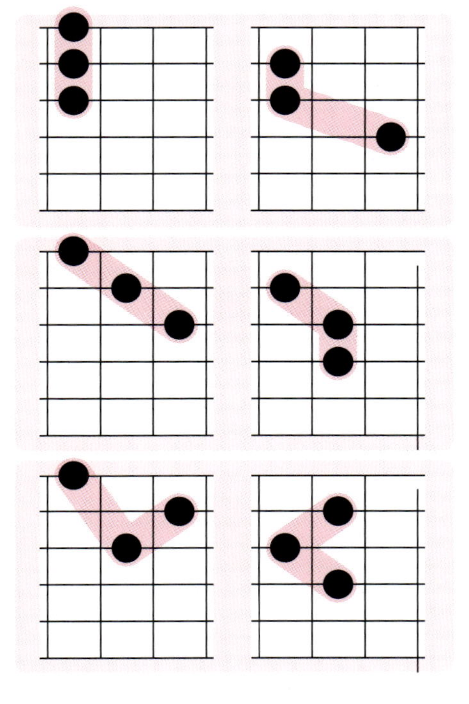

Column 主要な音楽用語の解説

■コードの機能とディグリー表記

ダイアトニック・コードをディグリーとして把握しておくと簡単にコード進行が覚えられるようになります。Key=CとKey=Amのダイアトニック・コードは同じもので順番が違うだけです（**図1**）。ただし、マイナー・キーのⅤは本来はフリジアンのマイナー・コードですが、これをドミナント・コード（フリジアン・ドミナント）に変更することがあります。これは、後で解説するドミナント・モーションを作るためです。

メジャー・キーのトニック（Ⅰ）をトニック・メジャー、マイナー・キーのトニックをトニック・マイナーと呼びます。

トニック（Ⅰ）、サブドミナント（Ⅳ）、ドミナント（V7）がコード進行の基盤となり、これをスリー・コードと呼びます。しかし、常にスリー・コードでコード進行を作っていてはどれも同じような曲になってしまうため、それぞれに入れ替え可能な代理コードが用意されています。

例えば、Ⅲm7とⅥm7は、トニック・メジャーの代理コードです。つまり、Key=CのCM7はEm7とAm7に置き換えることができます。これによって、コード進行にバリエーションが生まれることになります。

図①メジャー・キーとマイナー・キーのダイアトニック・コード

メジャー・キーのスリー・コード（CM7、FM7、G7）

Key=C	CM7	Dm7	Em7	FM7	G7	Am7	Bm7(♭5)
コードの機能	トニック	サブ・ドミナント	トニック	サブ・ドミナント	ドミナント	トニック	ドミナント
	ⅠM7	Ⅱm7	Ⅲm7	ⅣM7	V7	Ⅵm7	Ⅶm7(♭5)

ⅠM7：トニック・メジャー

図②

Key=C	C	Am	Dm	G7
ディグリー表記	Ⅰ	Ⅵm	Ⅱm	V7

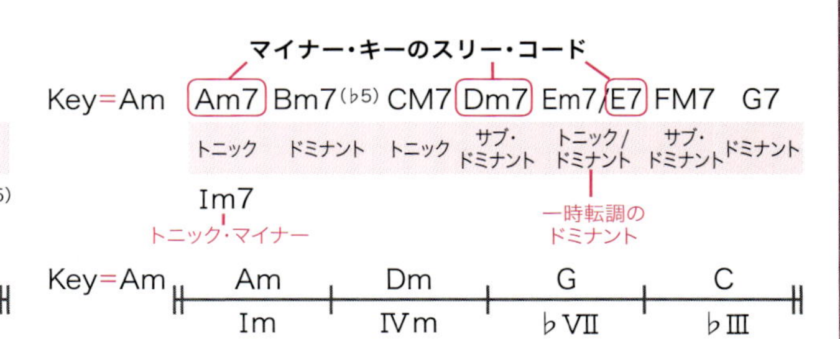

■ドミナント・モーション

V7-Iの流れをドミナント・モーションと呼び、この流れによってキーを感じるコード進行になります。キーがある音楽、これを調性音楽と言いますが、その根幹にあるのがドミナント・モーションです。

図③ドミナント・モーション

メジャー・キー V7 - Ⅰ　マイナー・キー V7 - Im

■Ⅱ－V

露骨なドミナント・モーションにワンクッションを置くために使われるのがⅡ-V（トゥー・ファイヴ）です。ダイアトニック・コードのⅡm7–V7のことを意味していて、Key=Cなら、C-G7-Cという基本的なドミナント・モーションに対し、C-Dm7-G7-CとⅡ-Vを挟むことで滑らかなコード進行にすることが目的です。つまりこれば、V7は常にⅡ-Vに分割できるということです。

図④ Ⅱ-V（トゥー・ファイブ）
Ⅱm7-V7

■セカンダリー・ドミナント

ダイアトニック・コードに対して、一時的にドミナント・モーションの形を作ることをセカンダリー・ドミナントと呼びます。通常は、Key=CのドミナントモーションはG7-Cだけです。これはルートが4度進行している状態です（G音→C音は4度音程）。例えばKey=CのDm7の直前にA7を置けば、一時的にDm7をターゲットとしたドミナント・モーションを作ることができます。これがセカンダリー・ドミナントです。セカンダリー・ドミナントを使うことで一時的に転調することになり、コード進行がカラフルな印象になります。

図⑤

Key=C	CM7	Dm7	Em7	FM7	G7	Am7	Bm7(♭5)
セカンダリー・ドミナント	G7	A7	B7	C7	D7	E7	

G7：通常のドミナント・モーション
D7：ダブル・ドミナント
E7：マイナー・キーのドミナント・モーション

■サブドミナント・マイナー

メジャー・キーのⅣはメジャー・コードですが、これをマイナー・コードにすることがあり、ロック的な響きやメジャー・キーの中にマイナー感を潜ませるための常套手段になっています。これをサブドミナント・マイナーと言います。

図⑥ Key=C

F	Fm
（Ⅳ）	（Ⅳm）
サブドミナント	サブドミナント・マイナー

■ペダル・ポイント

コードが変わっても同じ音が鳴り続けている状態をペダル・ポイントを言います。これは、オルガンのペダルのことです。ペダル・ポイントを使うことで露骨なコード・チェンジの響きが和らぎ、全体として滑らかな印象になることが多いでしょう。

図⑦

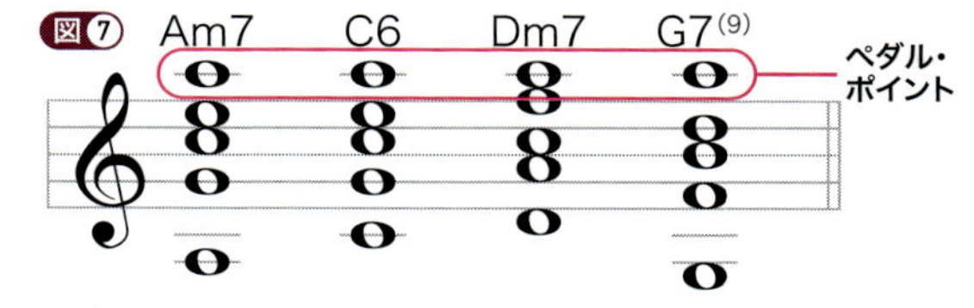

■クリシェ

ワン・コード内で、コード・トーンの一部を半音（全音を含むこともある）下行、上行させることをクリシェと呼びます。

図⑧

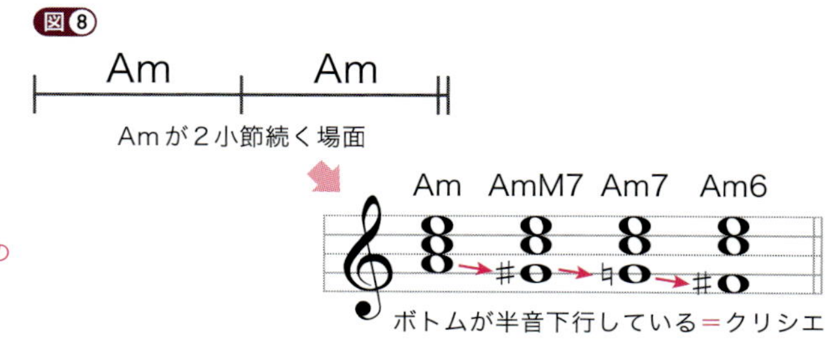

Chapter 2

ベーシック・コード・ブック

■ベーシック・コード・ブック索引

メジャーコード	No	ページ	コード・ネーム	Typeの数	Ionian	Lydian	Ionian#5	Lydian#5
	1	P.30	トライアド	5	★	★		
	2	P.31	sus4	5	★			
	3	P.31	add9	5	★	★		
	4	P.32	sus2	2	★	★		
	5	P.32	add#11	3		★		
	6	P.33	6	5	★	★		
	7	P.33	6 (9)	4	★	★		
	8	P.34	6 (#11)	5		★		
	9	P.34	6 (9、#11)	4		★		
	10	P.35	M7	5	★	★		
	11	P.35	M7 (9)	5	★	★		
	12	P.36	M7 (13)	5	★	★		
	13	P.36	M7 (9、13)	5	★	★		
	14	P.37	M7 (#11)	5		★		
	15	P.37	M7 (9、#11)	3		★		
	16	P.38	M7 (#11、13)	2		★		
	17	P.38	M7 (9、#11、13)	3		★		
	18	P.39	aug	4				
	19	P.39	M7 (#5)	5			★	■
マイナーコード					**Dorian**	**Phrygian**	**Aeorian**	**Harmonic Minor**
	20	P.40	トライアド	3	★	●	●	
	21	P.40	m add9	3	★		●	
	22	P.41	m add11	4	★	●	●	
	23	P.41	m add9、11	2	★		●	
	24	P.41	m6	3	★			
	25	P.42	m6 (9)	4	★			
	26	P.42	m6 (11)	4	★			
	27	P.42	m6 (9、11)	2	★			
	28	P.43	m7	4	★	●	●	
	29	P.43	m7 (9)	4	★		●	
	30	P.44	m7 (11)	5	★	●	●	
	31	P.44	m7 (13)	2	★			
	32	P.45	m7 (9、11)	5	★		●	
	33	P.45	m7 (9、13)	3	★			
	34	P.45	m7 (11、13)	2	★			
	35	P.46	m7 (9、11、13)	4	★			
	36	P.46	mM7	4				▼
	37	P.47	mM7 (9)	3				▼
	38	P.47	mM7 (11)	4				▼
	39	P.47	m7 (b5)	4				
ドミナントコード					**MixoLydian**	**Lydian Dom.**	**Mixolydian b6**	**Phrygian Dom.**
	40	P.48	7	5	★	■	■	■
	41	P.48	7sus4	5	★		■	■
	42	P.48	7 (9) sus4	3	★		■	
	43	P.49	7 (9、13) sus4	3	★		■	
	44	P.49	7 (9)	4	★	■	■	
	45	P.49	7 (13)	3	★	■		
	46	P.50	7 (9、13)	2	★	■		
	47	P.50	7 (#11)	2		■		
	48	P.51	7 (9、#11)	5		■		
	49	P.51	7 (#11、13)	2		■		
	50	P.52	7 (b9)	3				■
	51	P.52	7 (b13)	2			■	■
	52	P.53	7 (b9、b13)	2				■
	53	P.53	7 (9、b13)	2			■	
	54	P.54	7 (#9)	3				
	55	P.54	7 (b9、#11)	2				
	56	P.55	7 (#9、#11)	2				
	57	P.55	7 (#9、b13)	2				
	58	P.56	7 (#11、b13)	2				
ディミニッシュ					**Diminished**			
	59	P.56	dim7	3	▼			
パワーコード	60	P.56		3	▼			

★:メジャー・グループ　●:マイナー・グループ　■:ドミナント・グループ　▼:その他

Whole tone	MixoLydian	Lydian Dom.	MixoLydian b6	Phrygian Dom.	Aeorian
	■	■	■	■	
	■		■		
	■		■		
	■	■	■		●
		■			
	■	■			
	■	■			
		■			
		■			
▼					
Melodic Minor	**Locrian**	**Locrian ♮2**			
▼					
▼					
▼					
	●	●			
Alterd Dom.					
▼					
▼					
▼					
▼					
▼					
▼					
▼					
▼					
▼					
▼					

ベーシック・コード・ブック索引

① メジャー・トライアド

メジャー〈Ionian／Lydian〉 ドミナント〈Mixolydian／Lydian Dom.／Mixolydian♭6／Phrygian Dom.〉

Type A

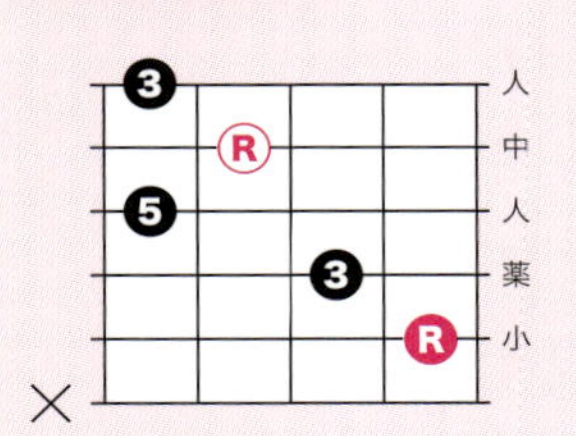

Type A-1

5度ルート

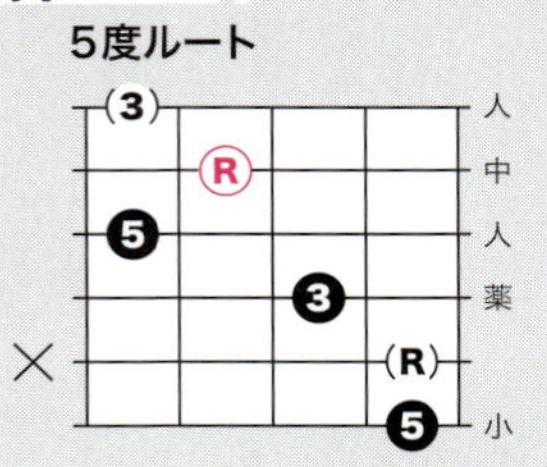

Type A-2

3度ルート

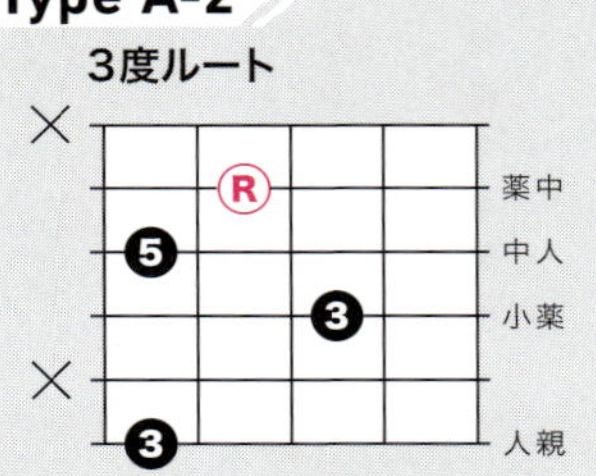

Type A-3

3度ルート

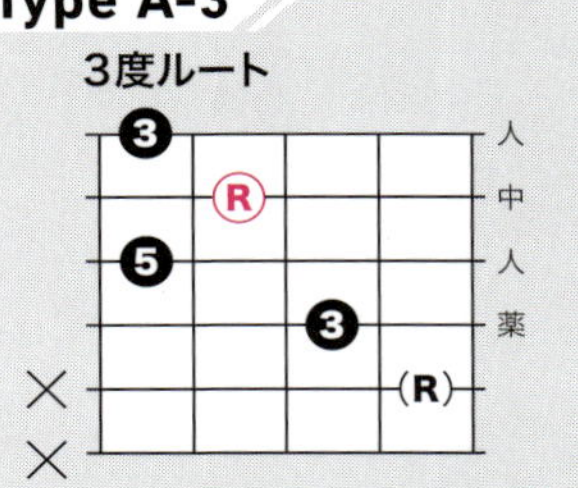

Type B

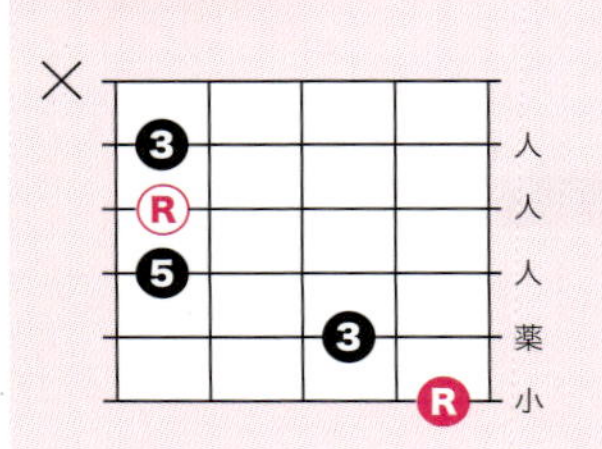

Type B-1

G

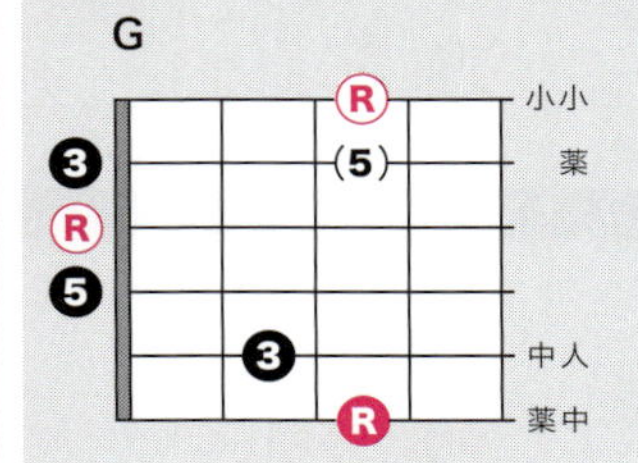

Type B-2

5度ルート

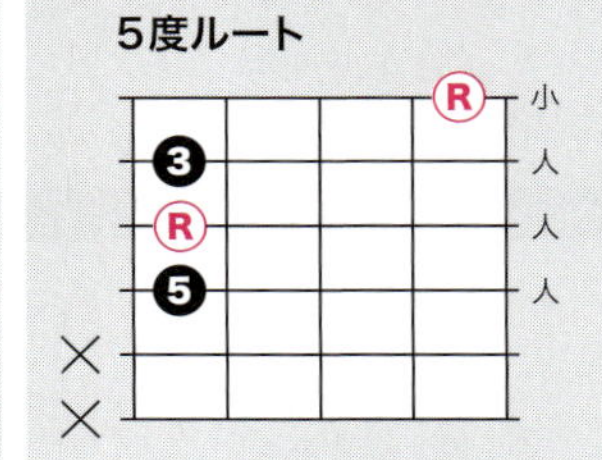

Type B-3

3度ルート

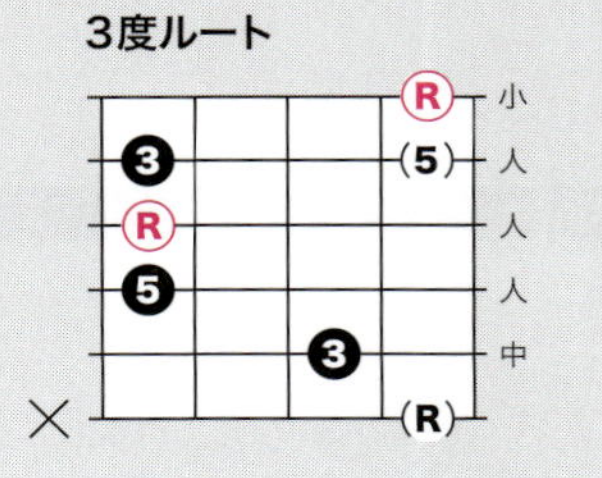

Type C

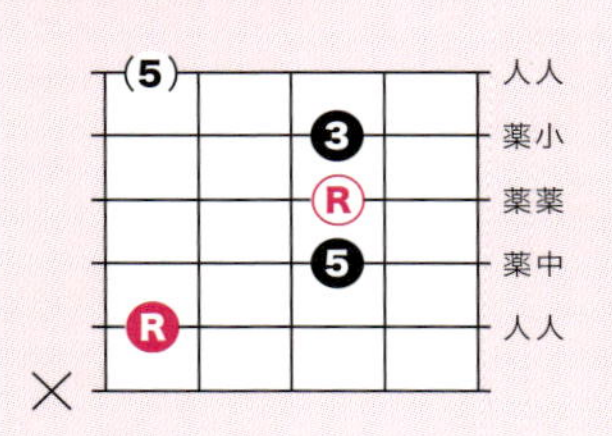

Type C-1

A

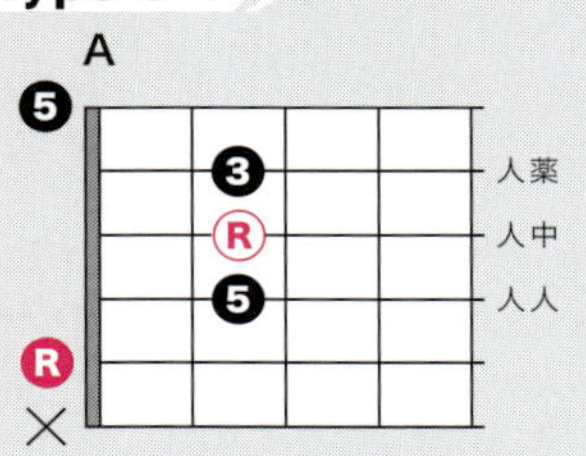

Type C-2

5度ルート

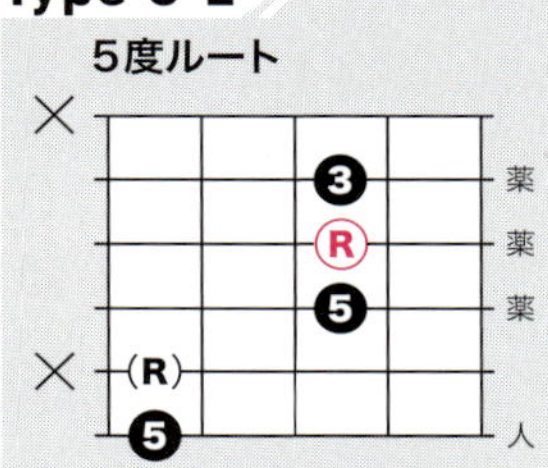

Type C-3

3度ルート

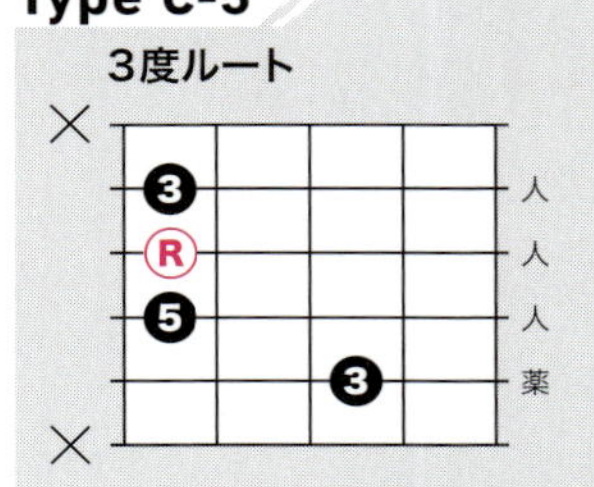

Type D

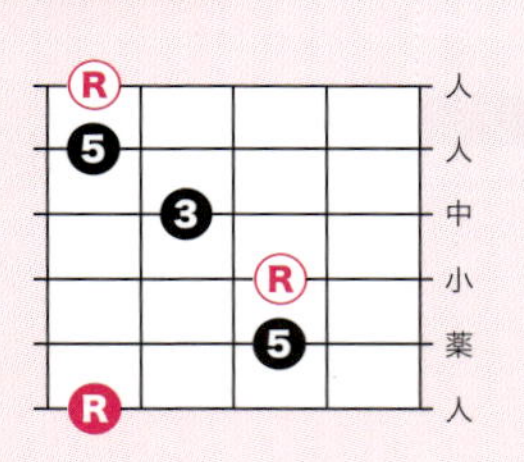

Type D-1

グリップ・タイプ

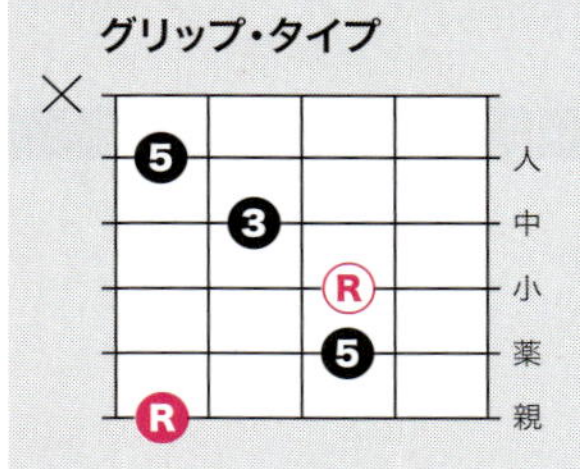

Type D-2

5度ルート

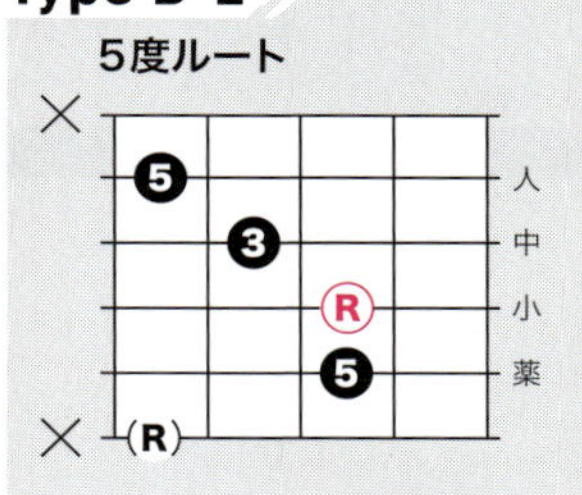

Type D-3

3度ルート

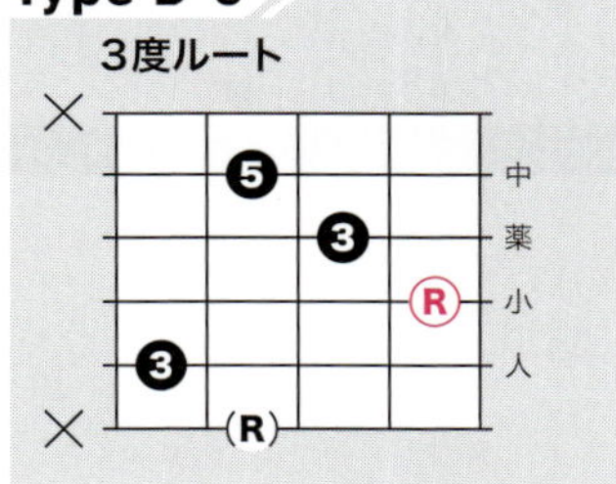

Type E

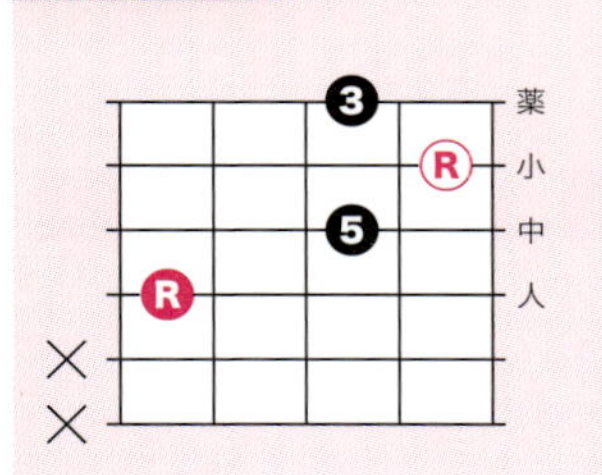

Type E-1

5度ルート

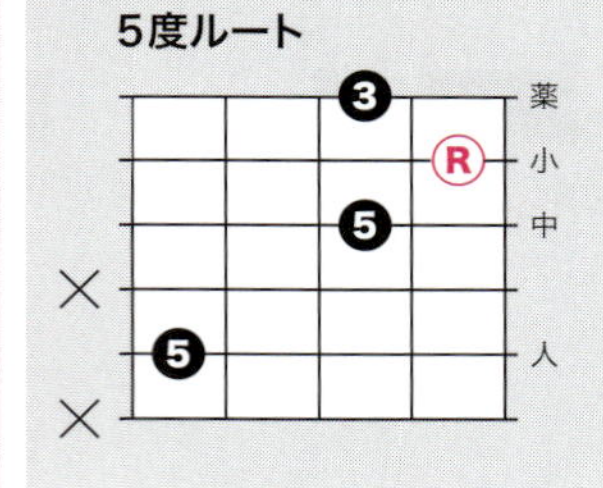

Type E-2

D 5度ルート

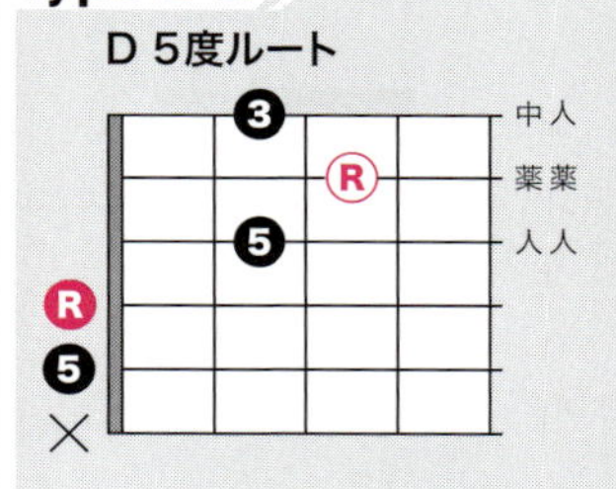

Type E-3

3度ルート

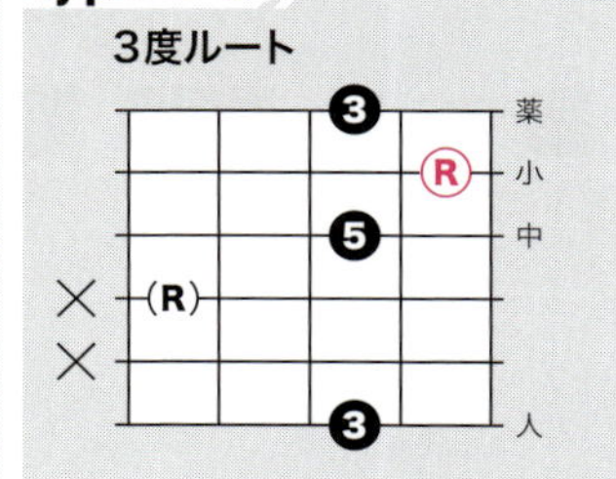

② sus4

メジャー〈Ionian〉 ドミナント〈Mixolydian／Mixolydian♭6〉

Type A

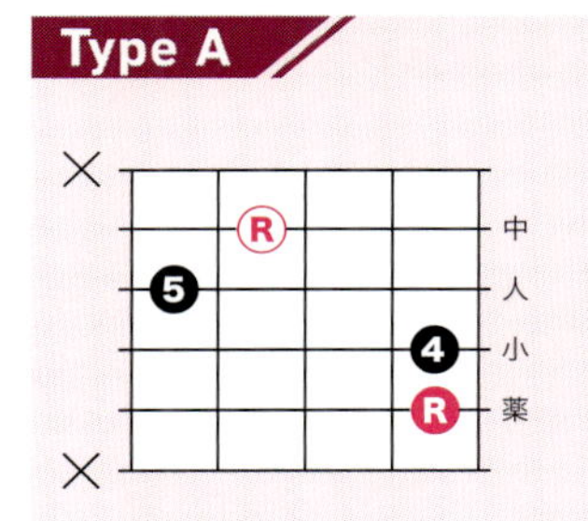

Type A-1

Csus4

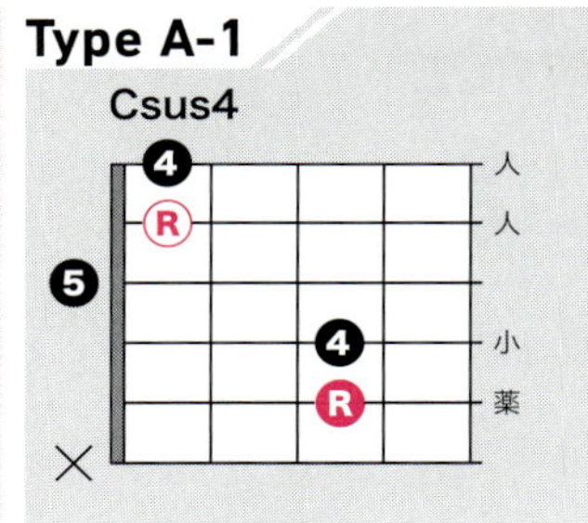

Type B

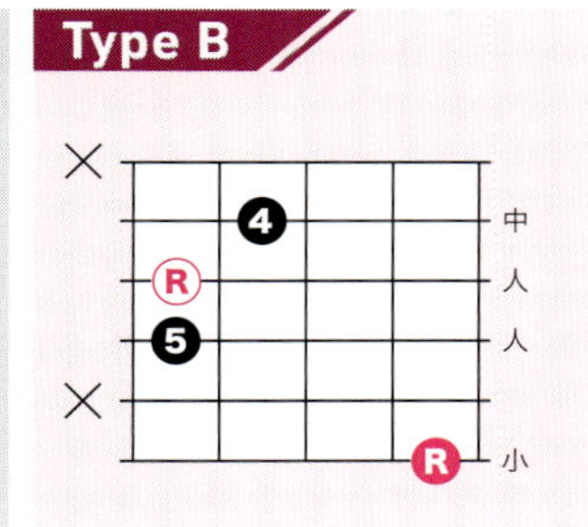

Type B-1

Gsus4

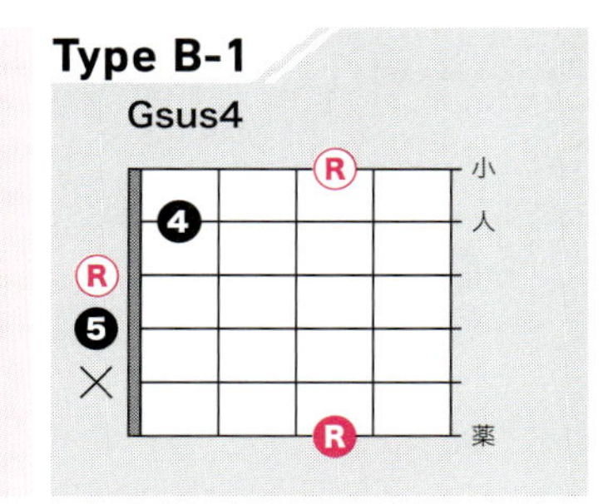

Type C

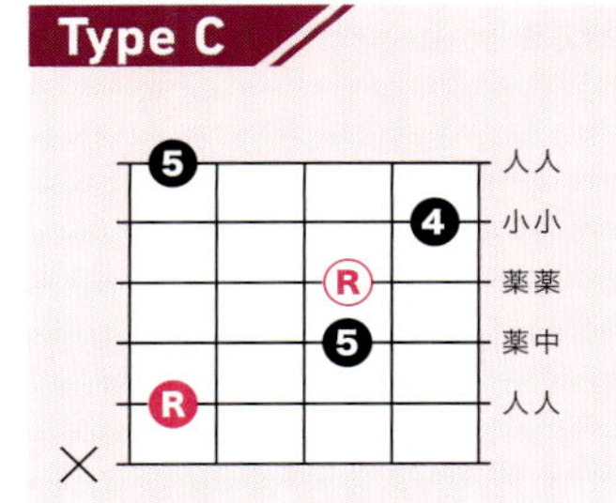

Type D

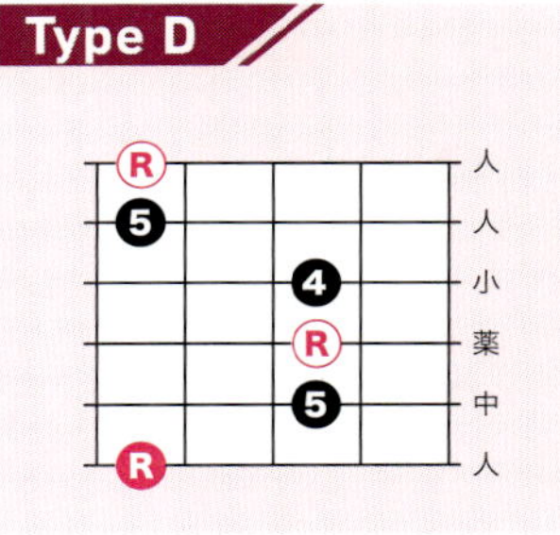

Type D-1

グリップ・タイプ

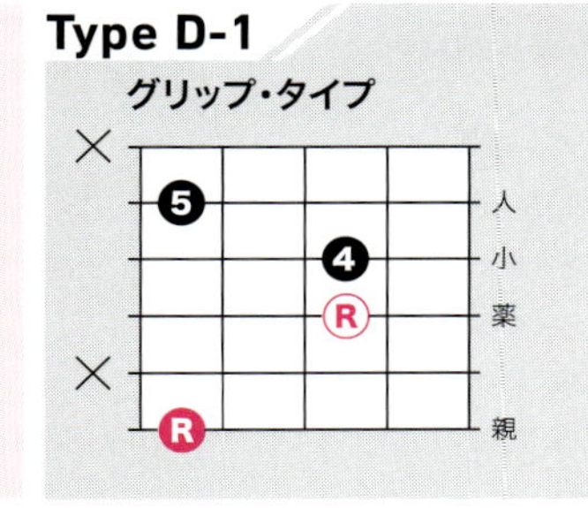

Type E

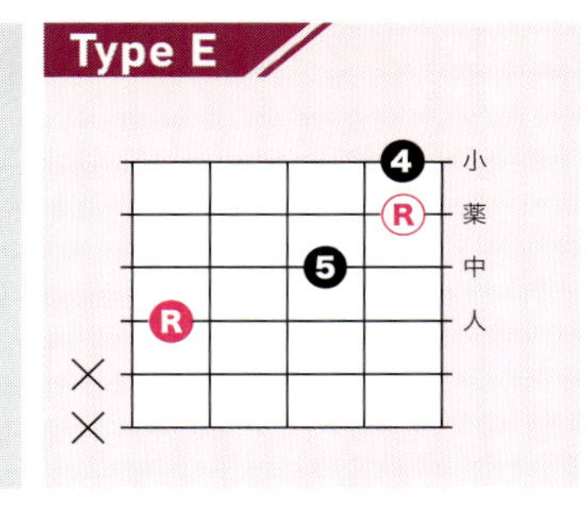

③ add9

メジャー〈Ionian／Lydian〉 ドミナント〈Mixolydian／Mixolydian♭6〉

Type A

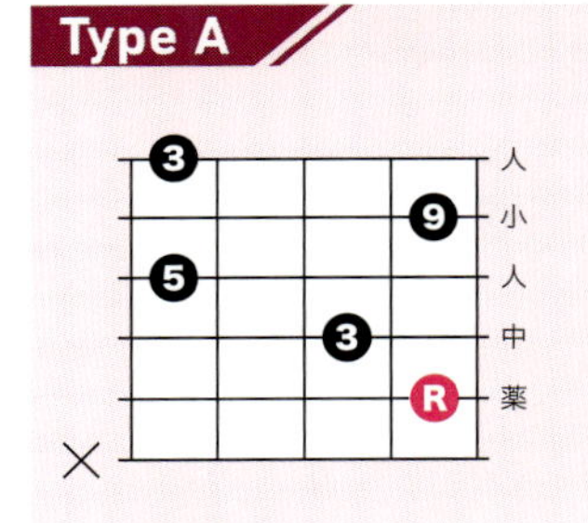

Type A-1

Cadd9

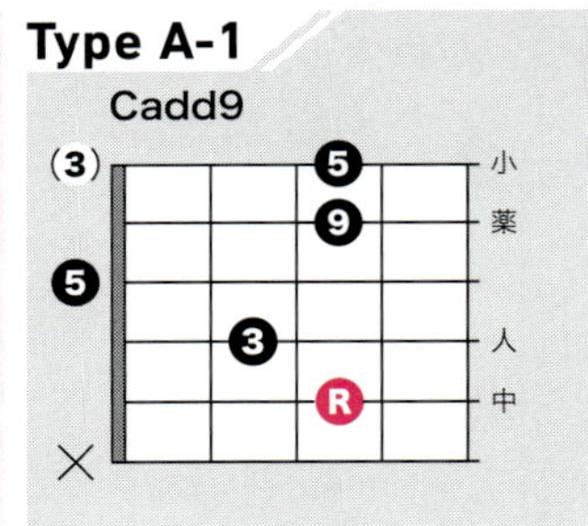

Type B

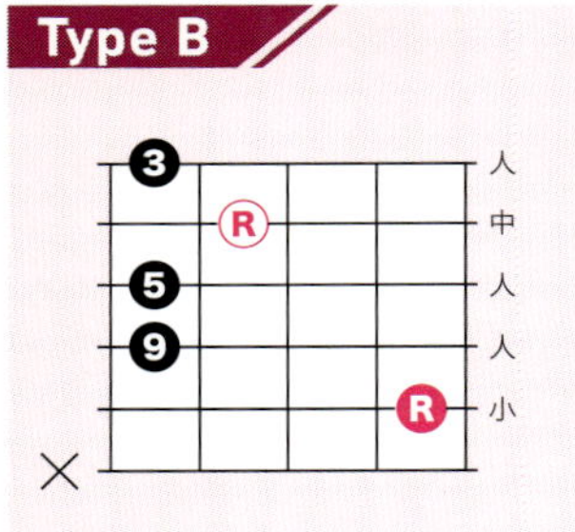

Type B-1

バリエーション

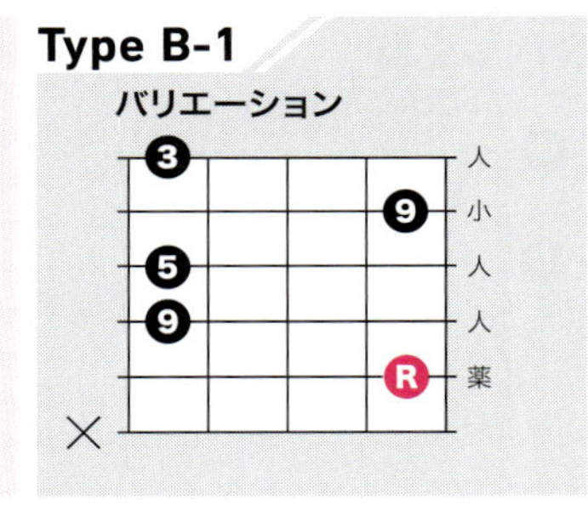

Type C

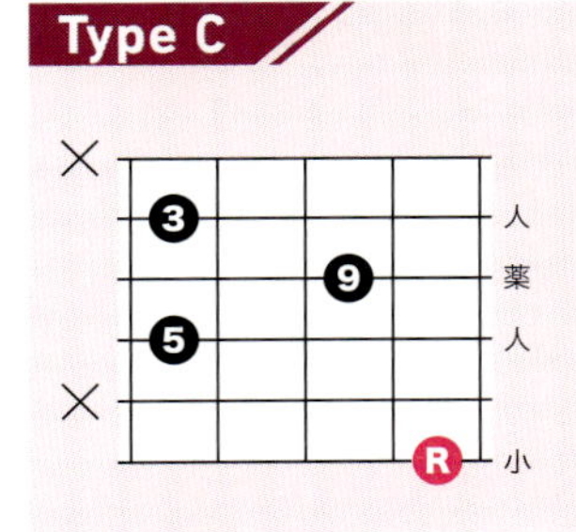

Type C-1

Gadd9

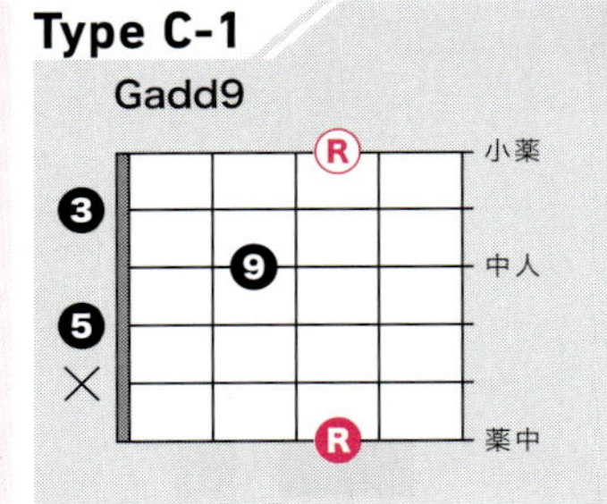

Type D

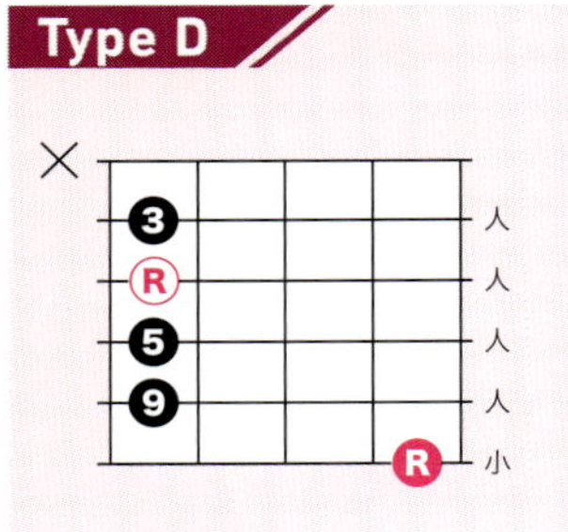

Type D-1

Gadd9

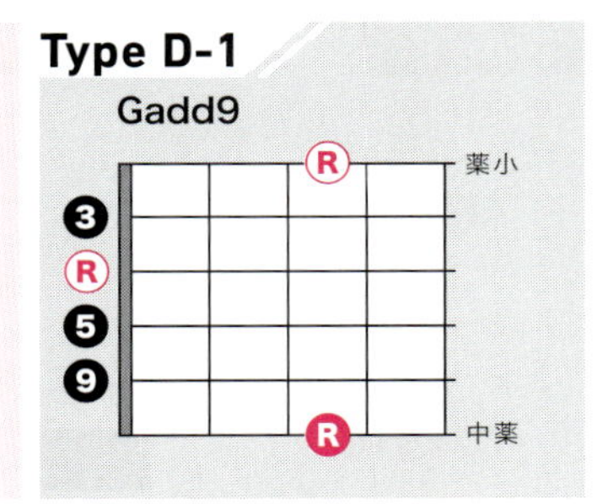

Type E

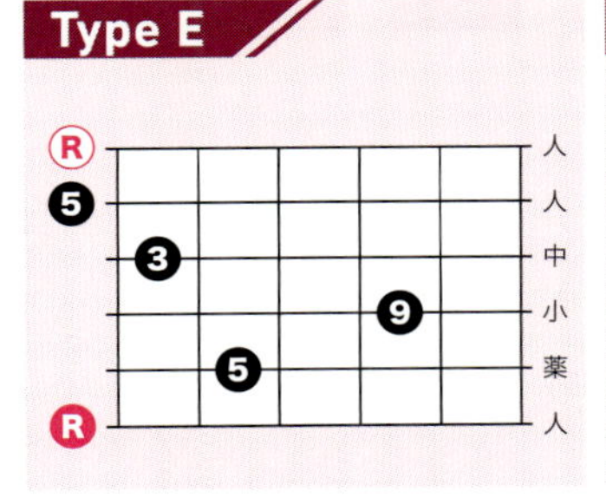

Type F

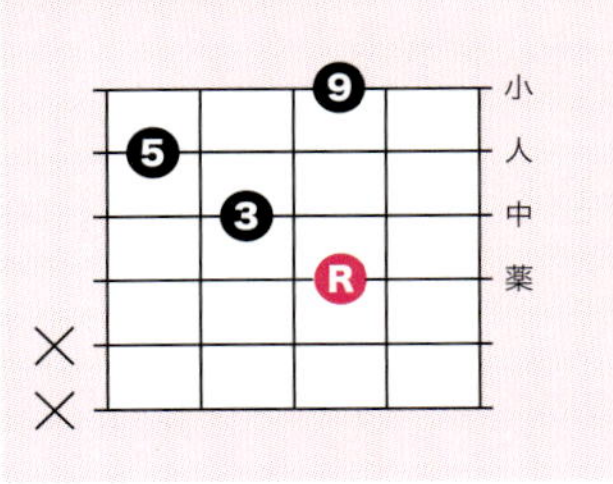

Type G

ルート省略（3度ルート）

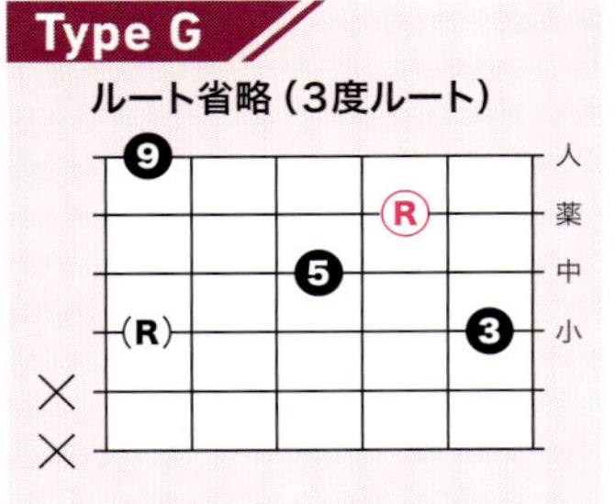

Type H

ルート省略

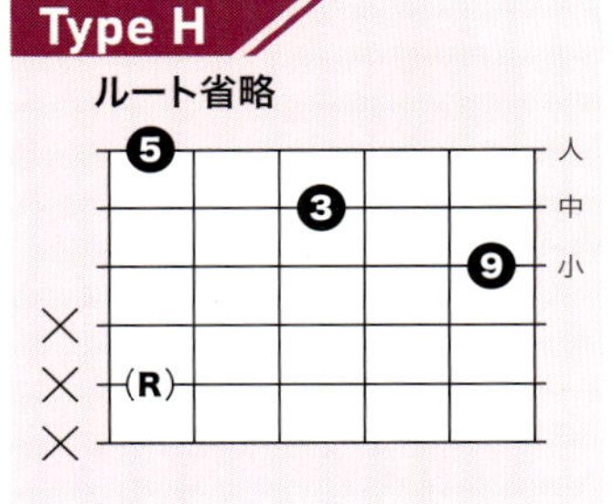

4 sus2

メジャー〈Ionian／Lydian〉 マイナー〈Aeorian〉 ドミナント〈Mixolydian／Lydian Dom.／Mixolydian♭6〉

Type A

Type A-1
Csus2

Type B

Type C

Type D

Type E

Type E-1
Esus2
3 5

Type E-2
Asus2
7 9

5 add#11

メジャー〈Lydian〉 ドミナント〈Lydian Dom.〉

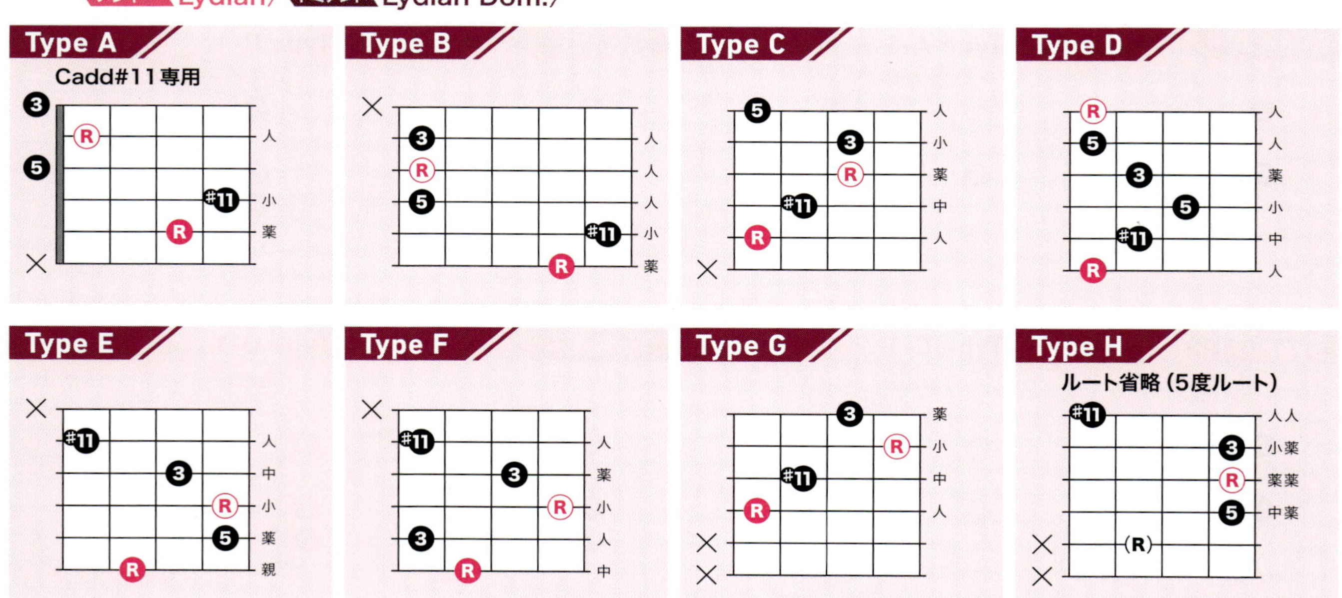

6 6［Ⅵm／Ⅰ△］

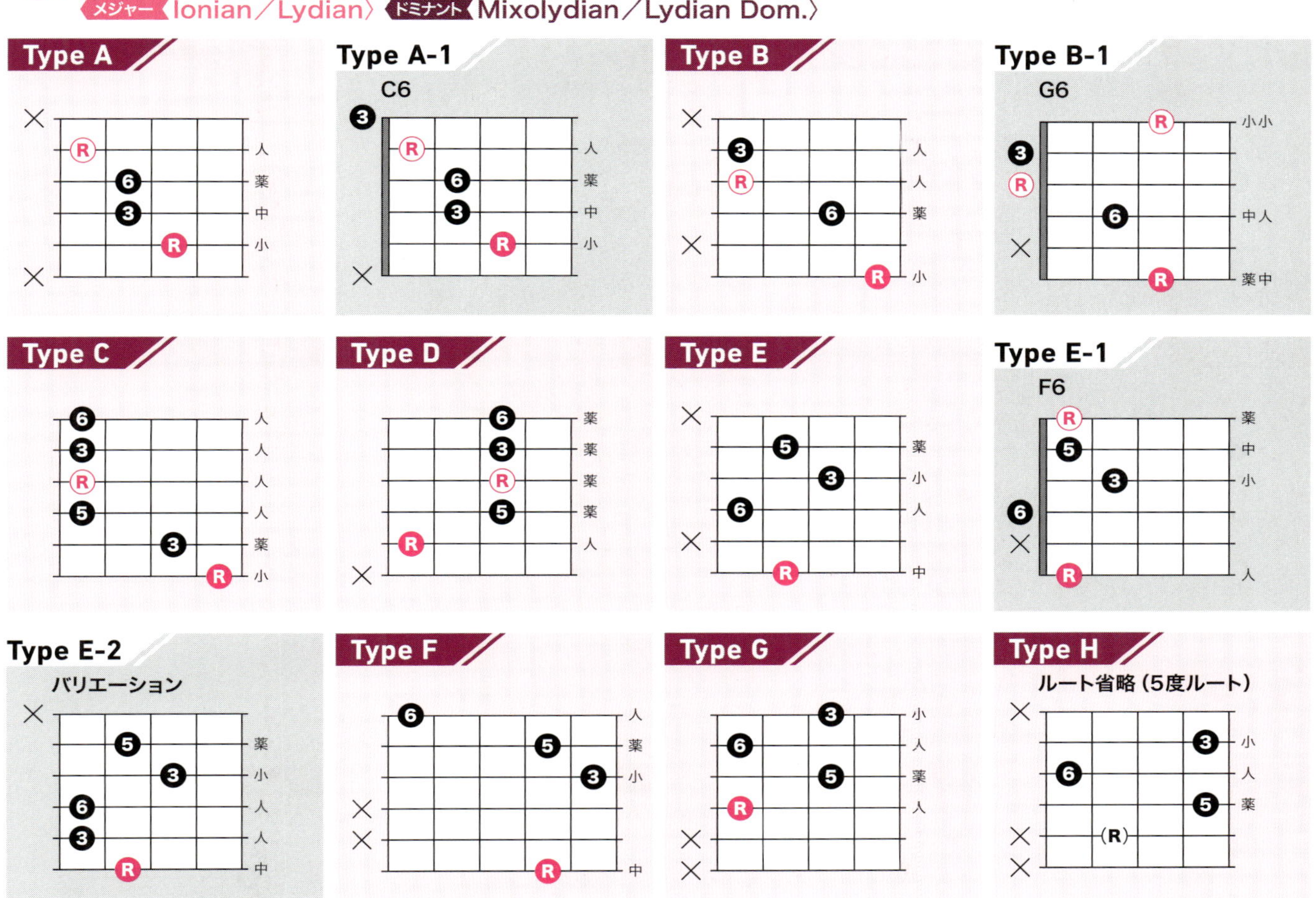

7 6(9)［Ⅱsus4／Ⅰ△］

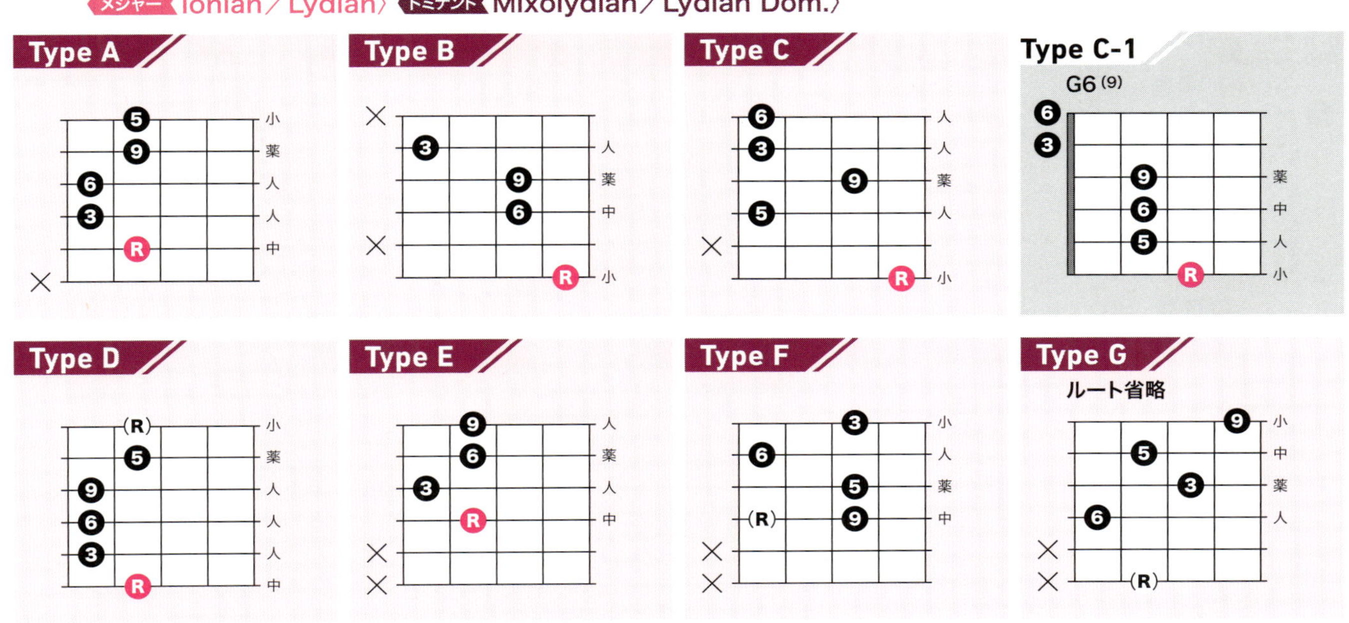

8 6 (#11)

メジャー〈Lydian〉 ドミナント〈Lydian Dom.〉

Type A

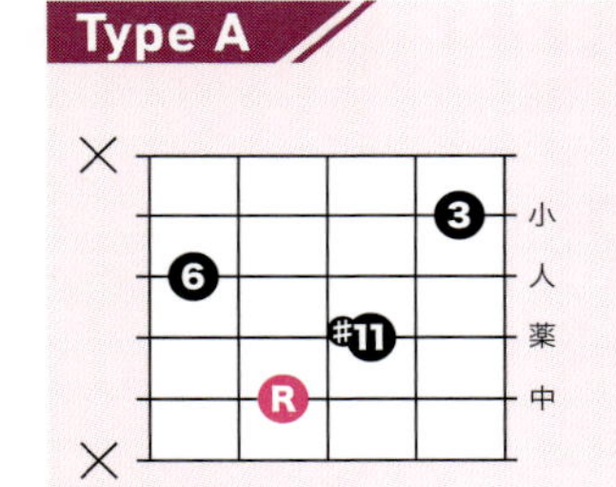

Type B

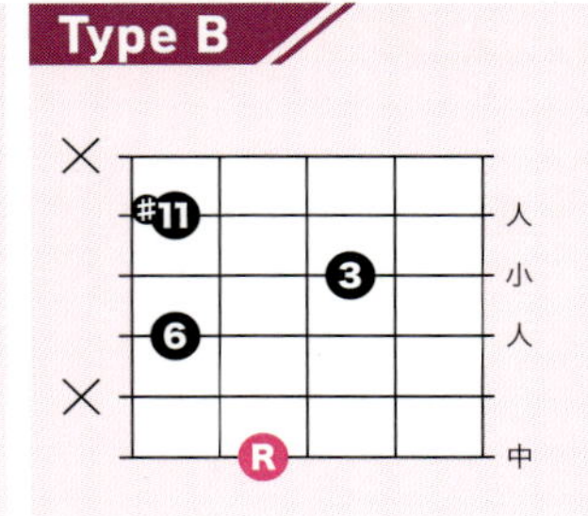

Type B-1

F6 (#11)

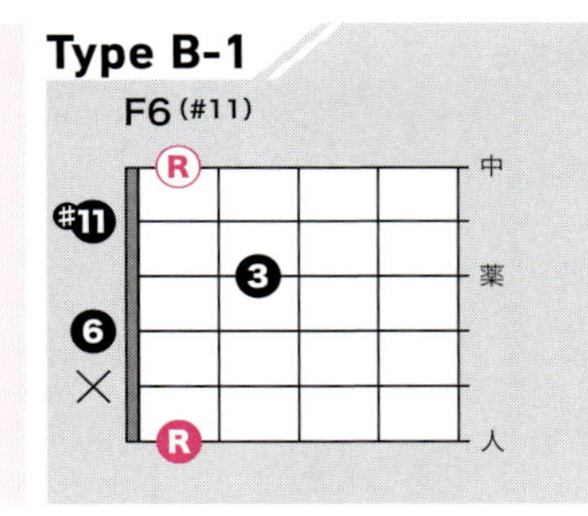

Type C

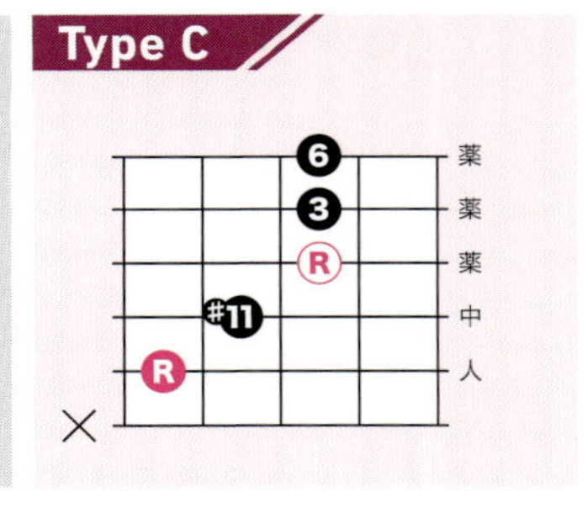

Type D

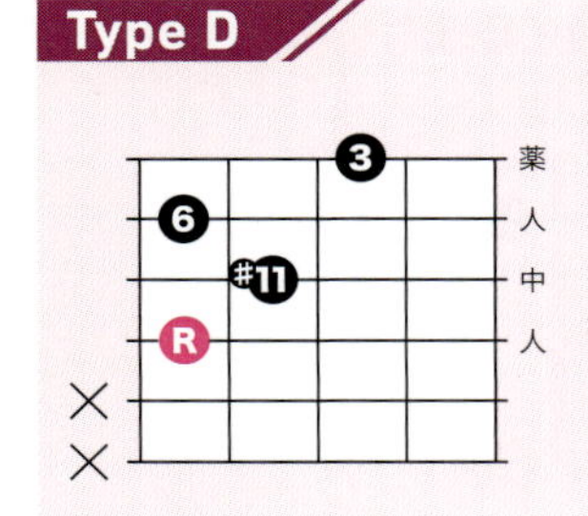

Type E

3度ルート

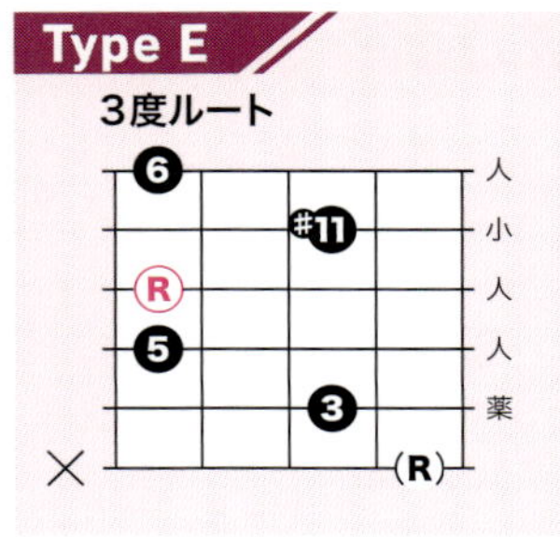

Type F

ルート省略

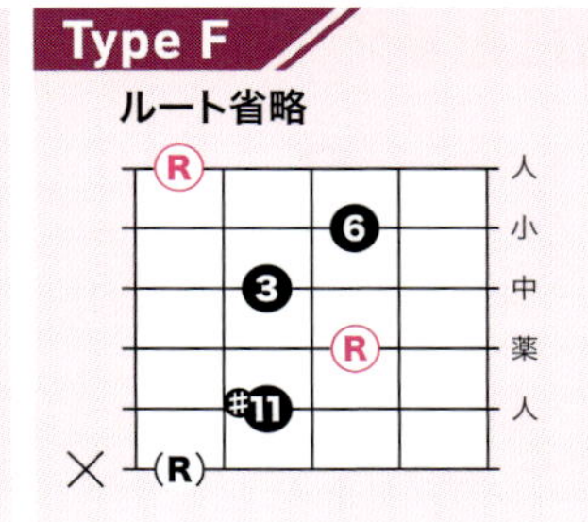

Type G

ルート省略

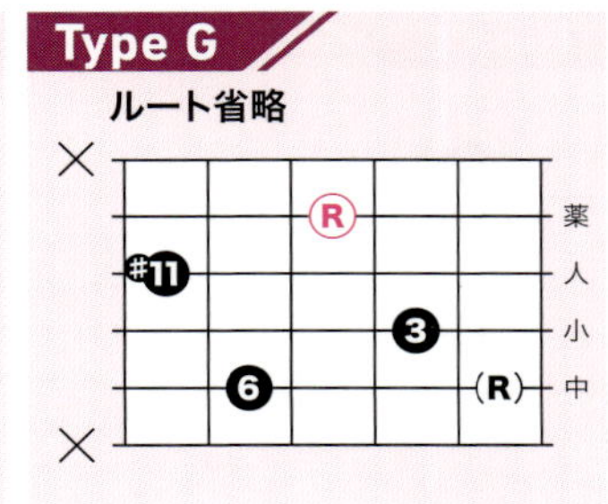

9 6 (9、#11) [Ⅱ△／Ⅰ△]

メジャー〈Lydian〉 ドミナント〈Lydian Dom.〉

Type A

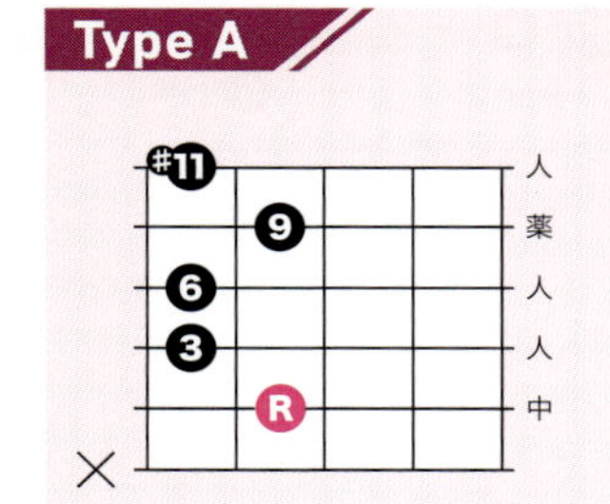

Type B

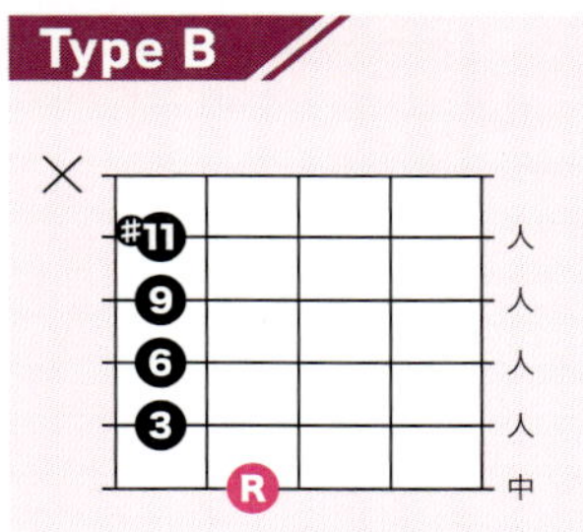

Type C

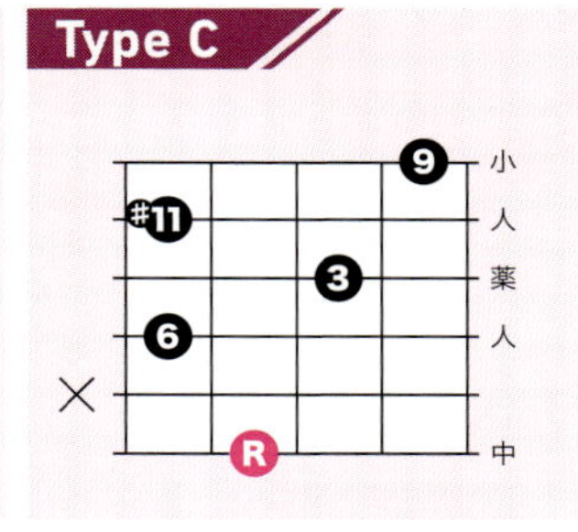

Type D

3度省略

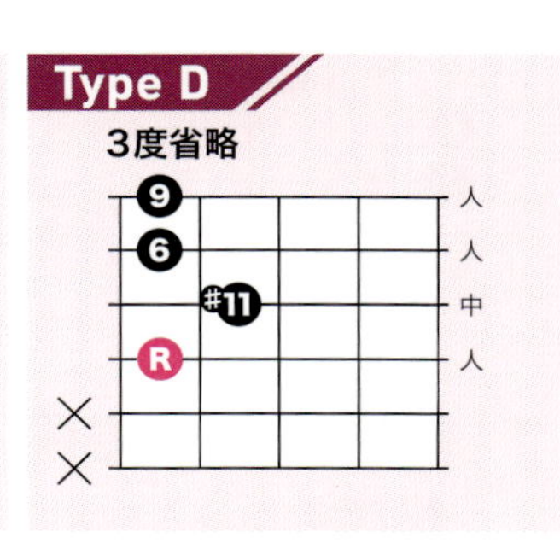

Type E

C6 (9、#11) 専用

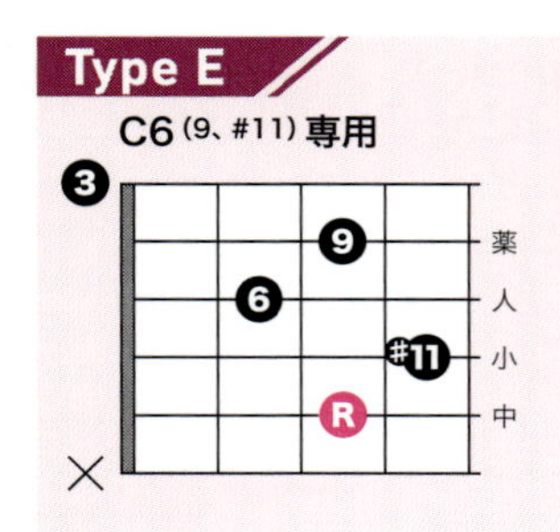

Type F

ルート省略

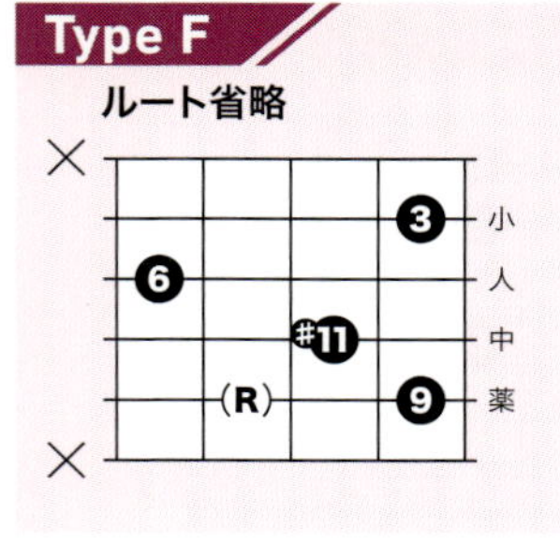

Type G

ルート省略

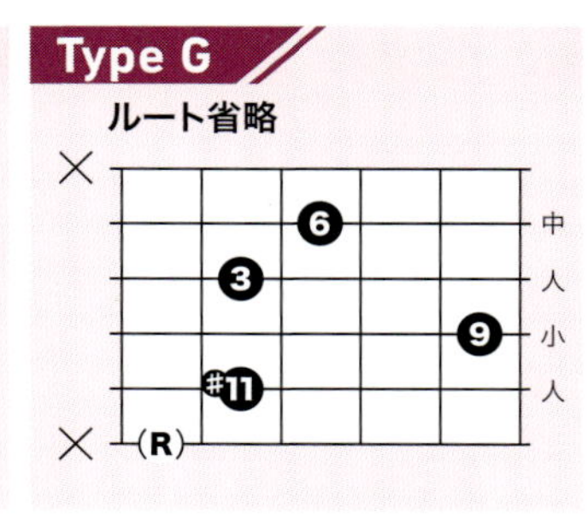

Type H

ハイポジション専用 (ルート省略)

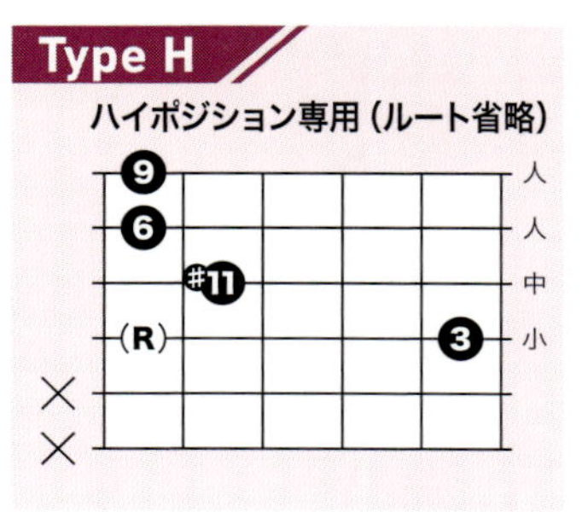

10 M7

メジャー〈Ionian／Lydian〉

Type A

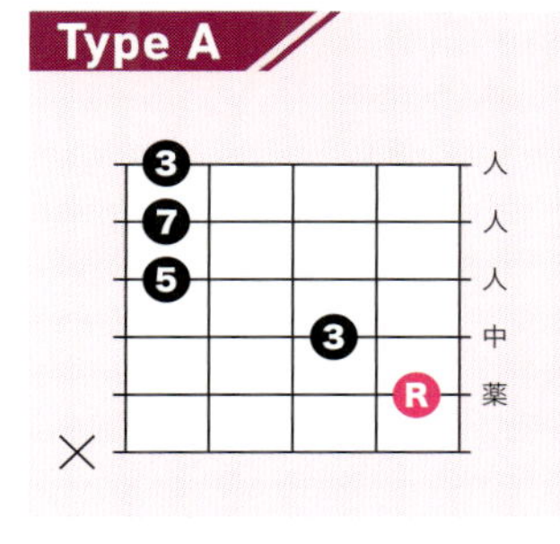

Type B

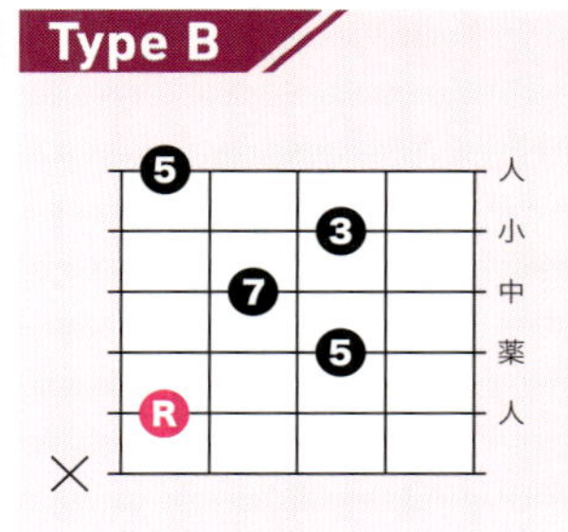

Type C

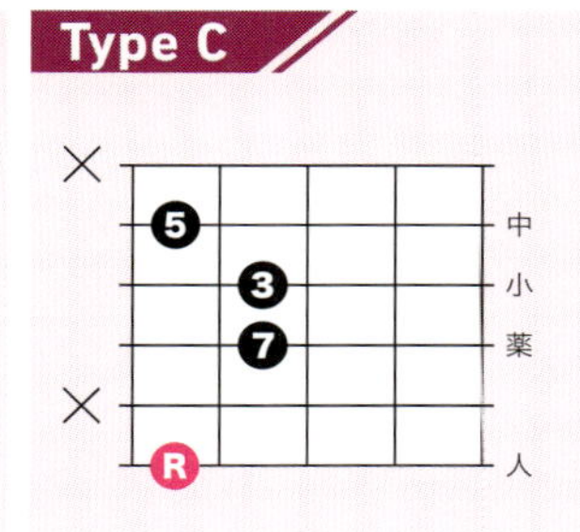

Type C-1

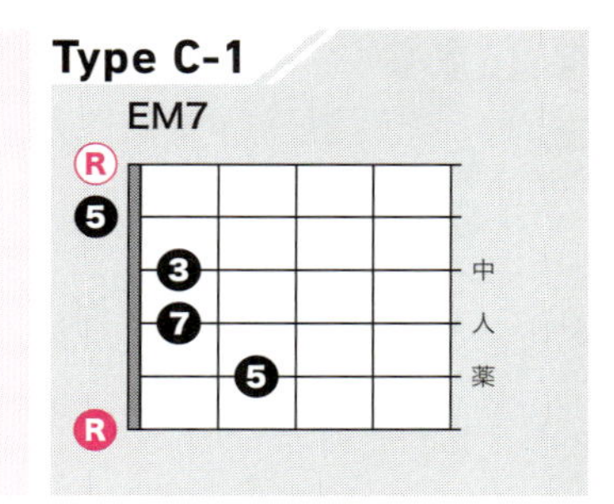

Type D

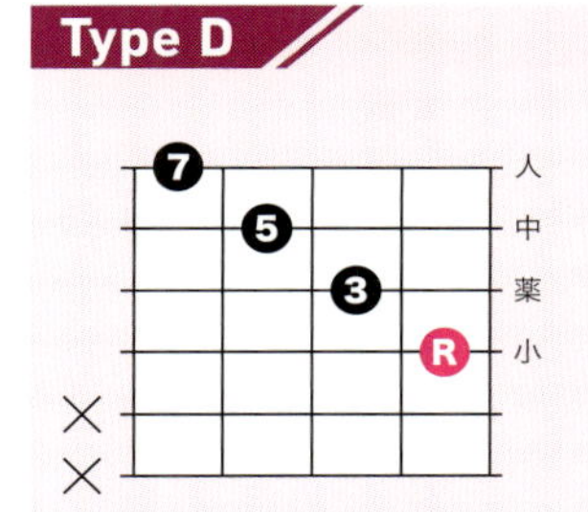

Type E

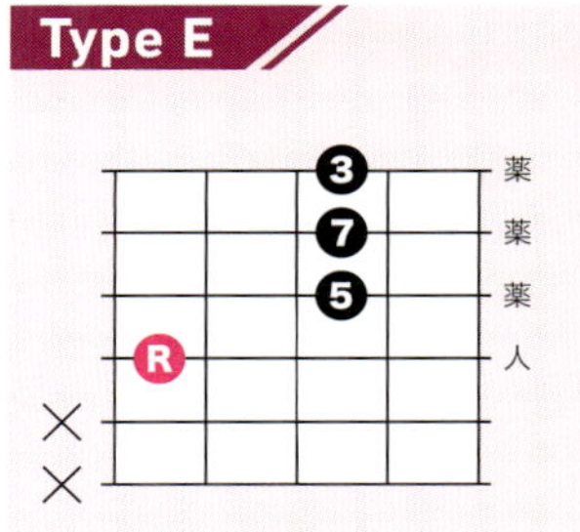

Type F

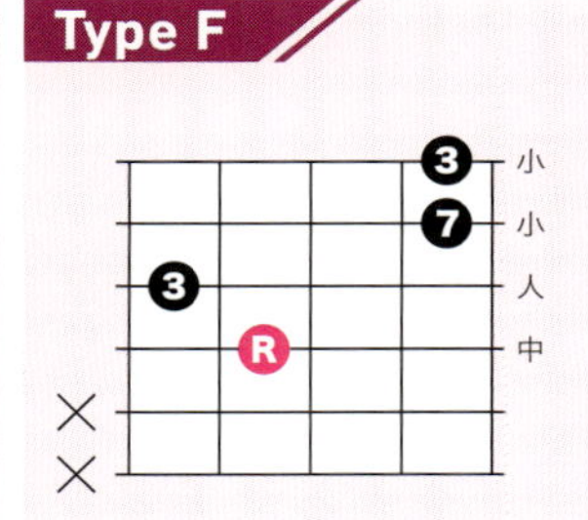

Type G

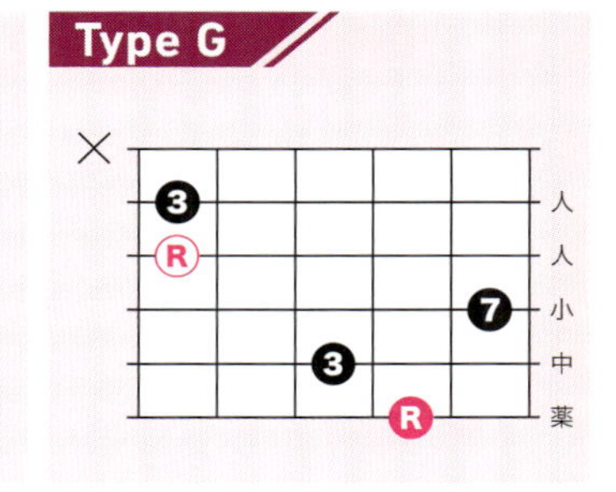

11 M7(9) [V△／I△]

メジャー〈Ionian／Lydian〉

Type A

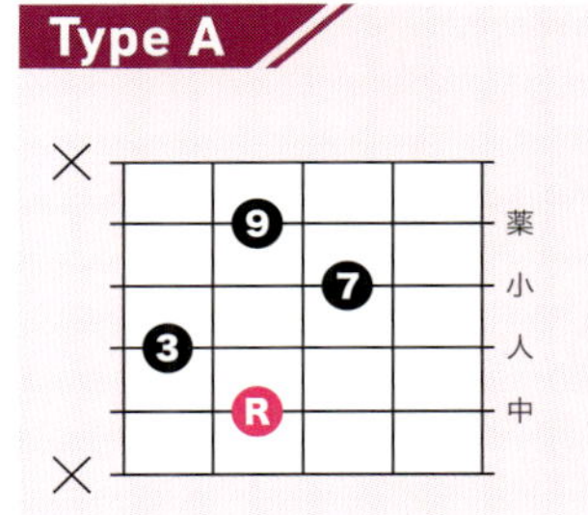

Type A-1

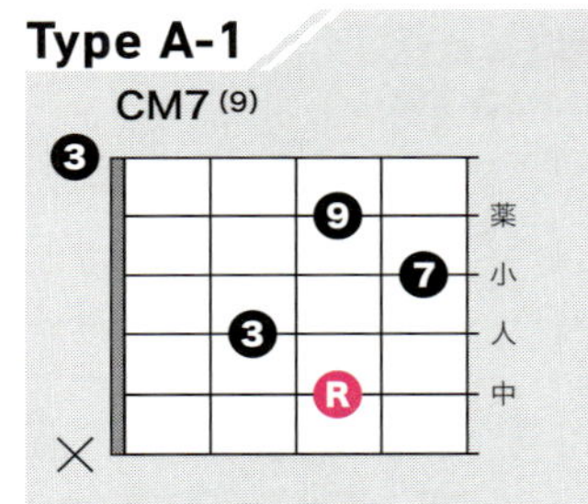

Type B

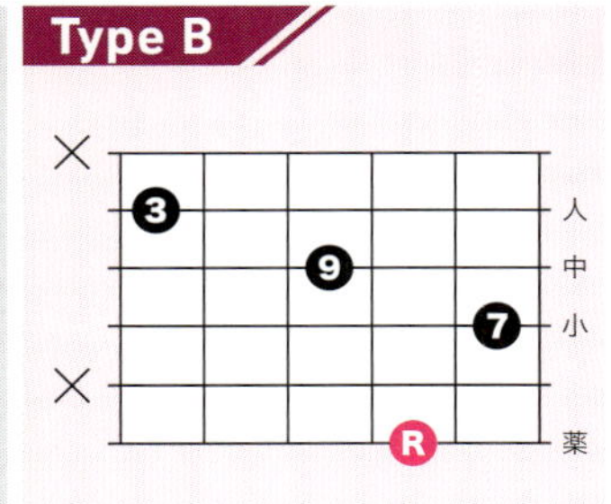

Type C

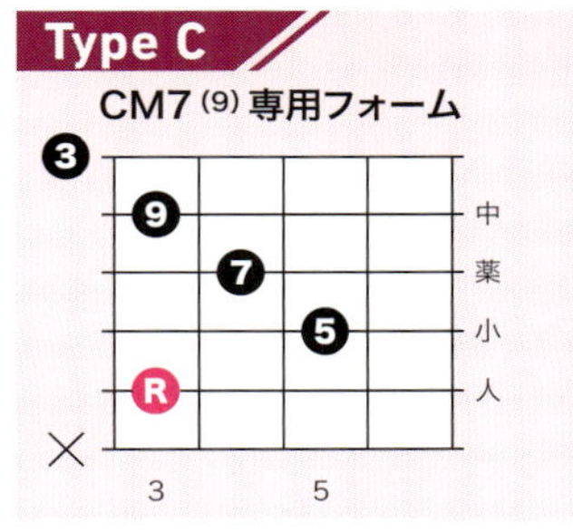

Type D

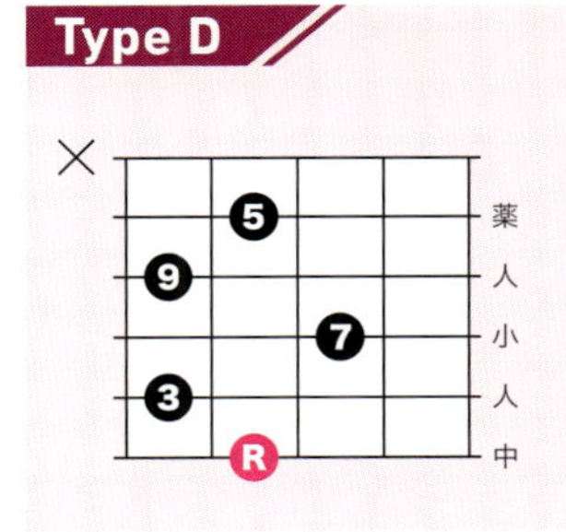

Type D-1

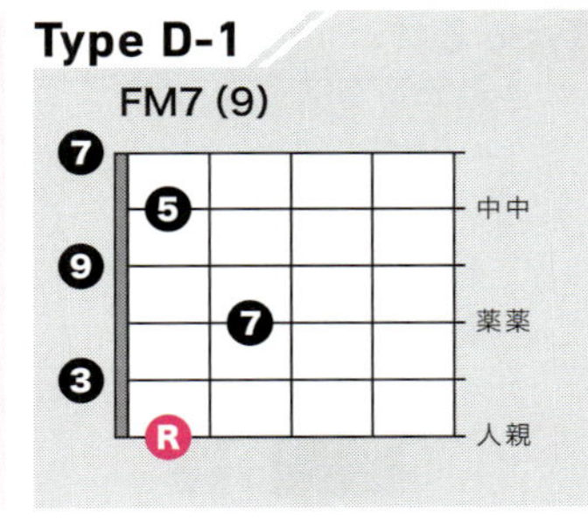

Type E

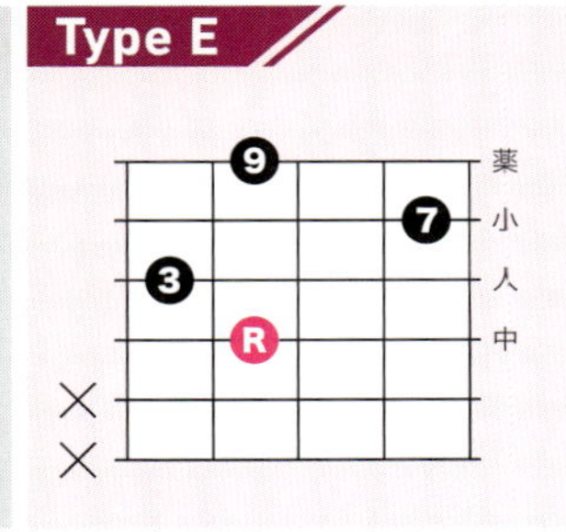

Type F

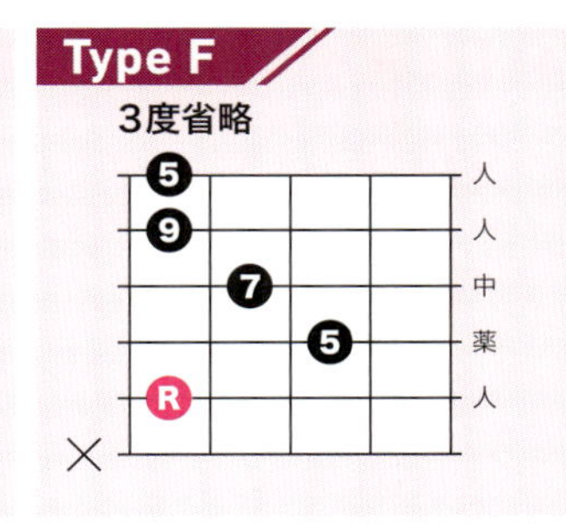

12 M7(13)

メジャー〈Ionian／Lydian〉

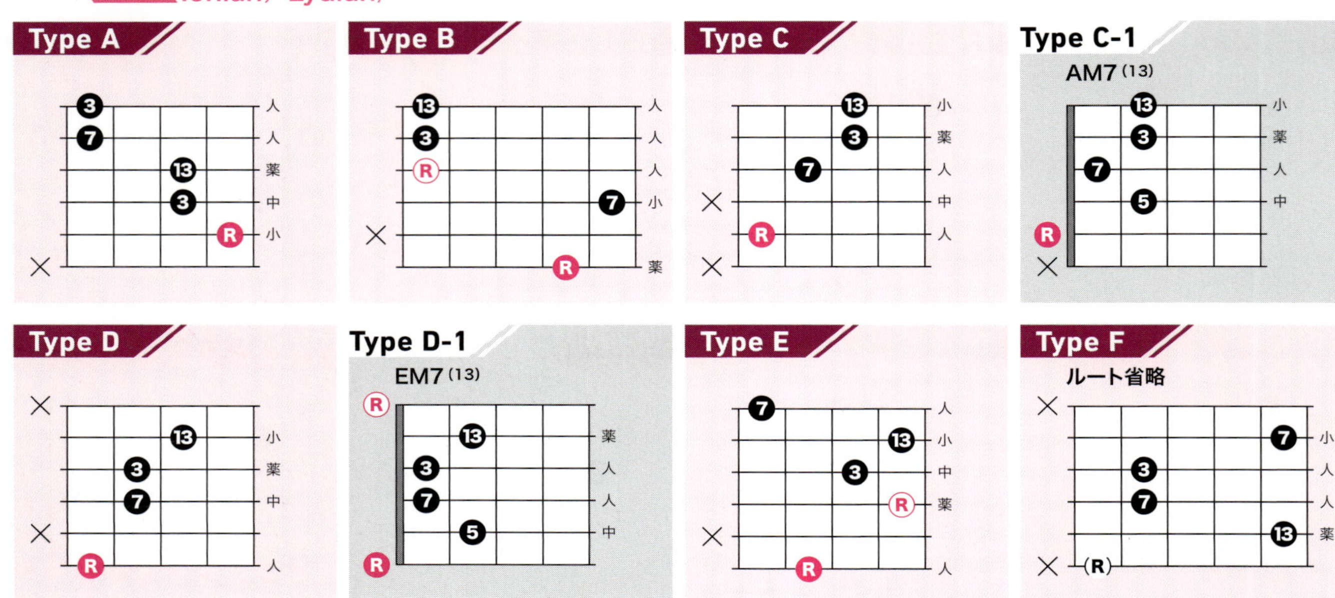

13 M7(9、13)

メジャー〈Ionian／Lydian〉

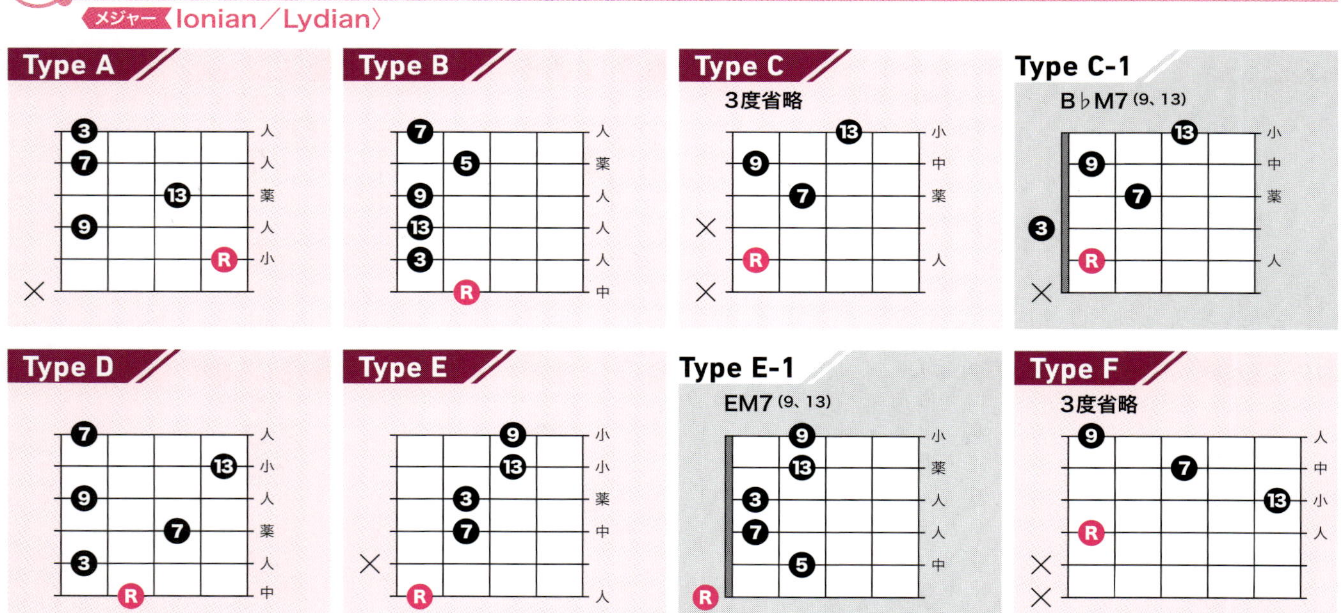

14 M7 (#11)

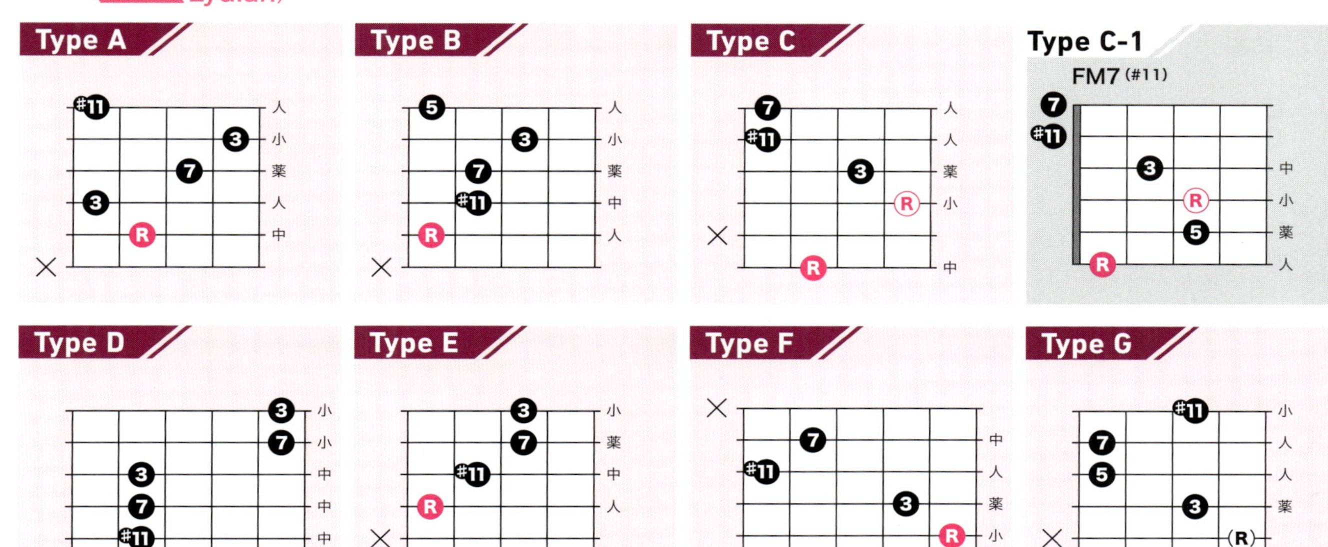

15 M7 (9、#11) [VⅡm／I△]

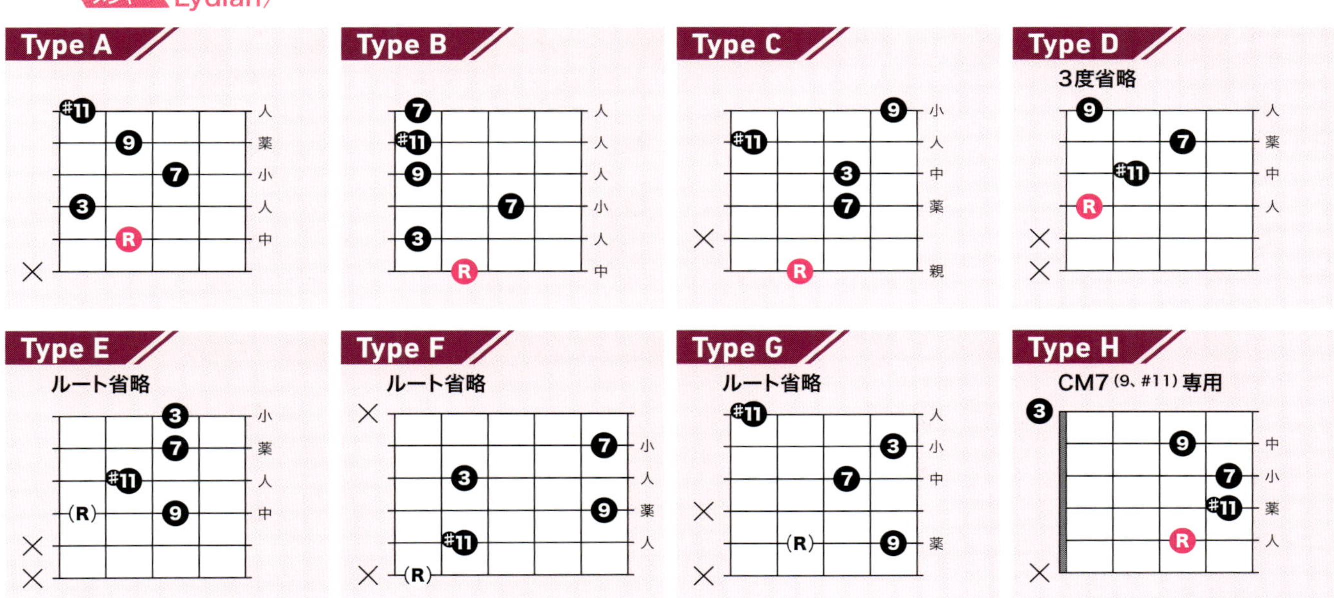

16 M7 (#11、13)

〈メジャー Lydian〉

Type A

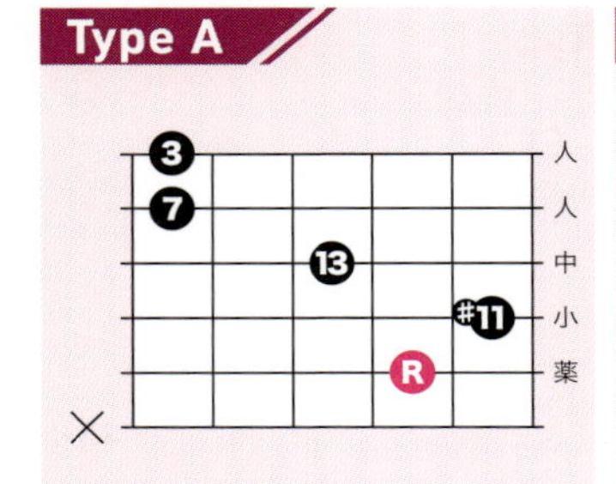

Type B

CM7 (#11、13) 専用

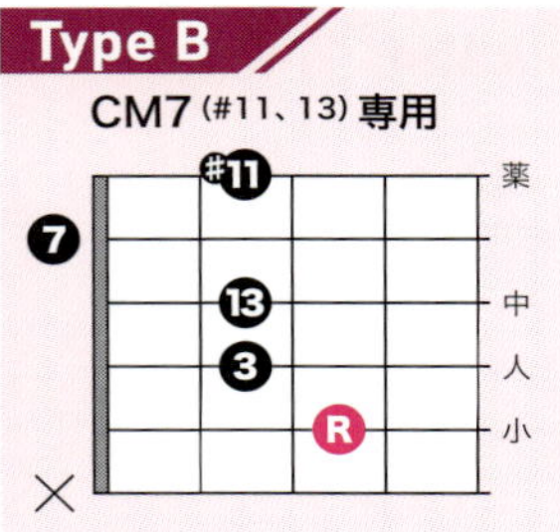

Type C

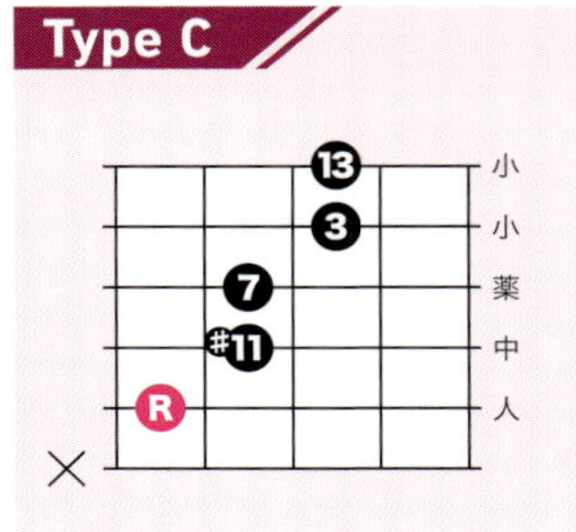

Type D

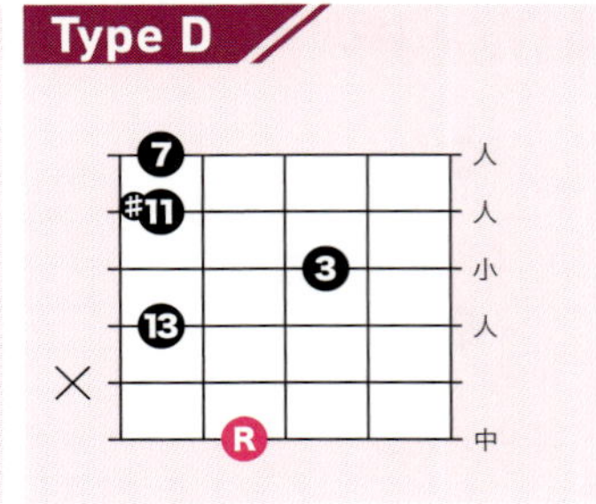

Type D-1

FM7 (#11、13)

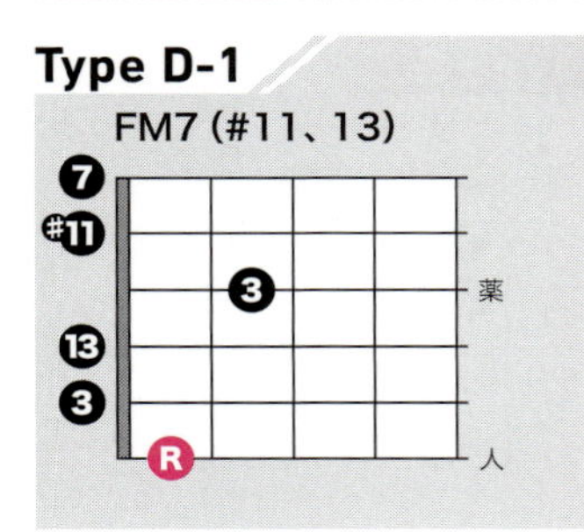

Type E

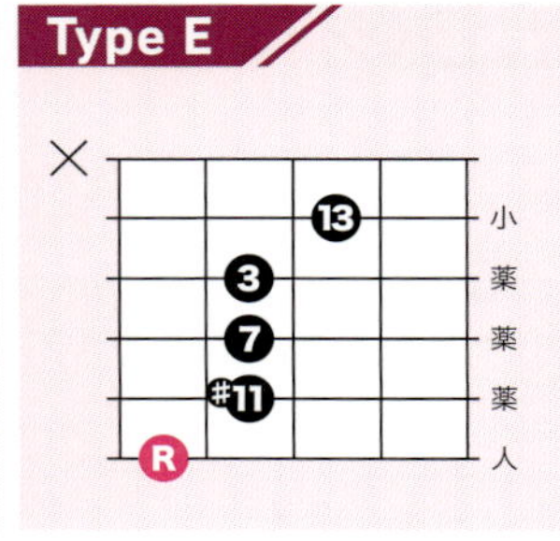

Type F

DM7 (#11、13) 専用3度省略

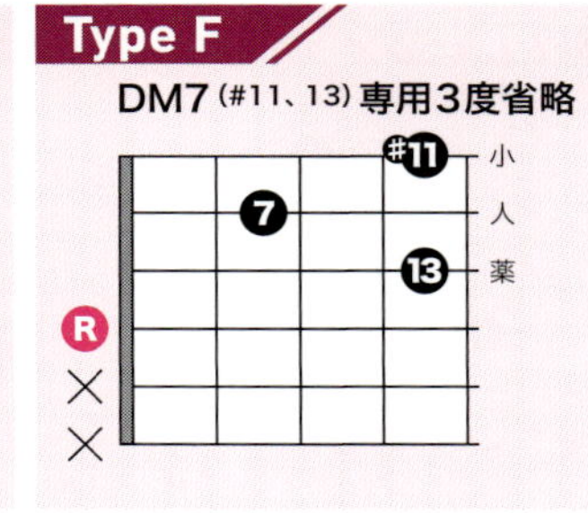

Type G

ルート省略

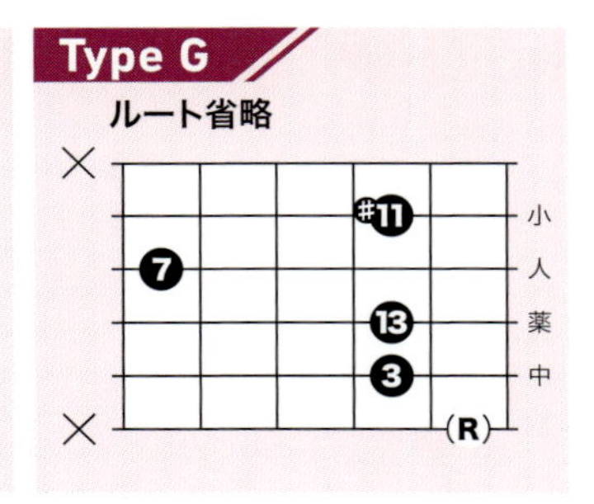

17 M7 (9、#11、13) [Ⅱ△／Ⅰ△]

〈メジャー Lydian〉

Type A

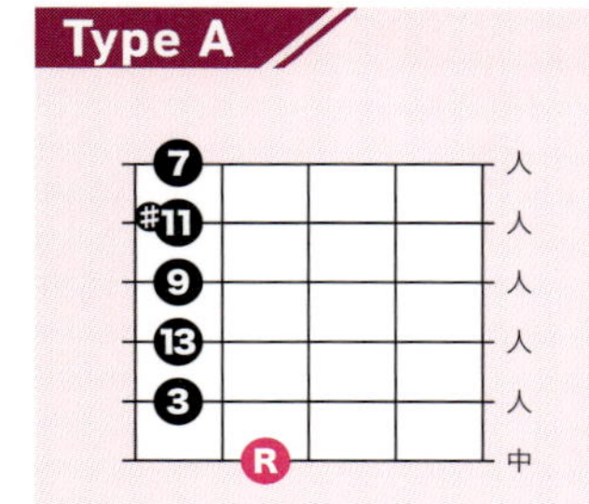

Type B

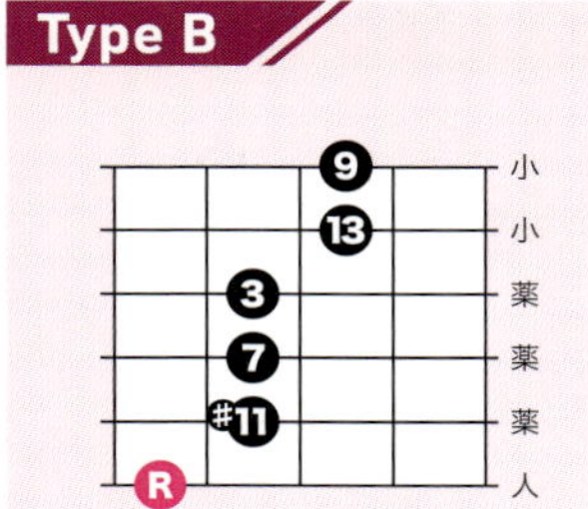

Type C

CM7(9、#11、13)専用3度省略

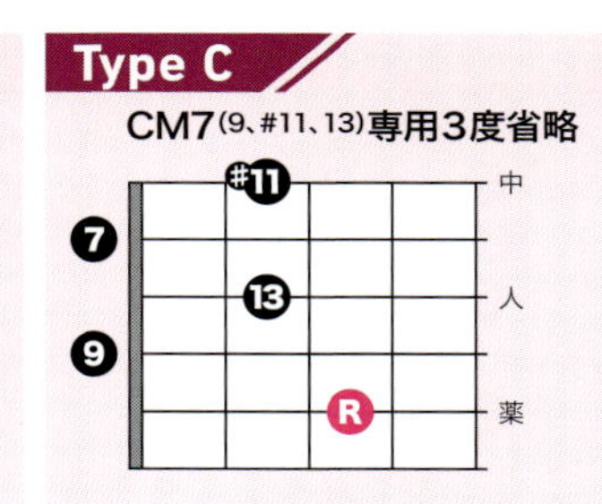

Type D

3度省略

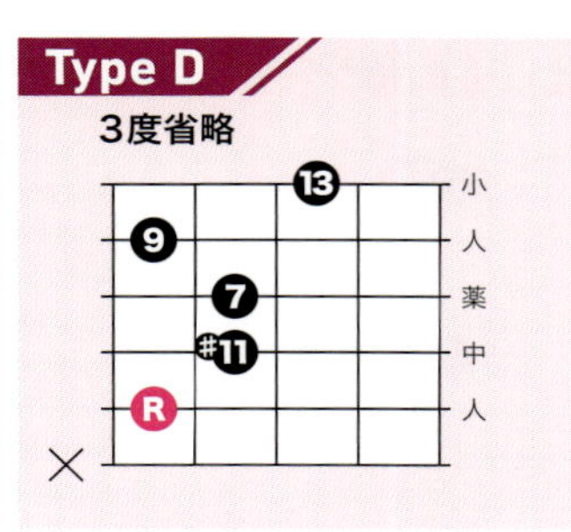

Type E

ルート省略

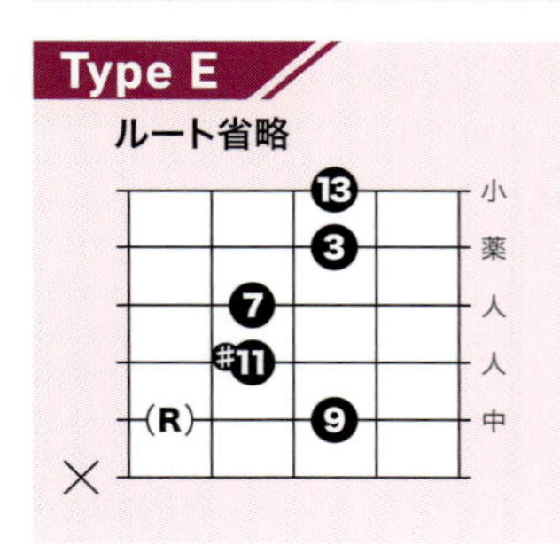

Type F

II/I

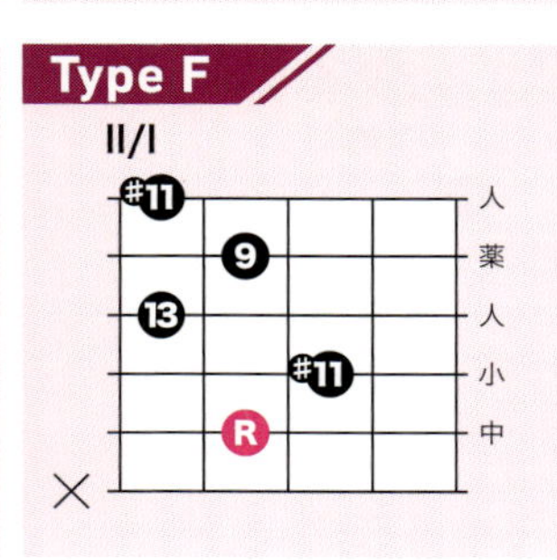

Type G

II/I

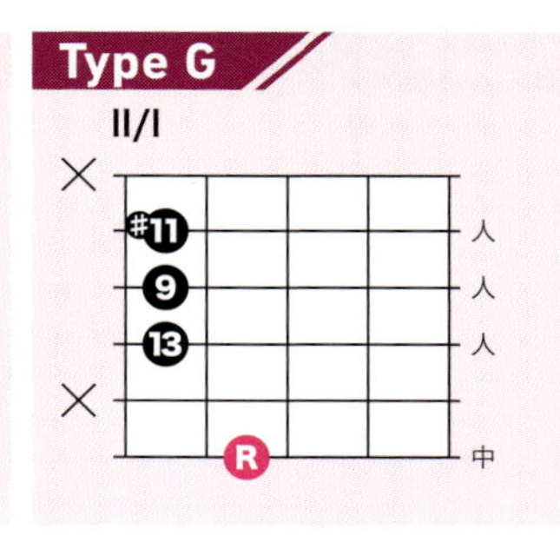

Type H

II/I

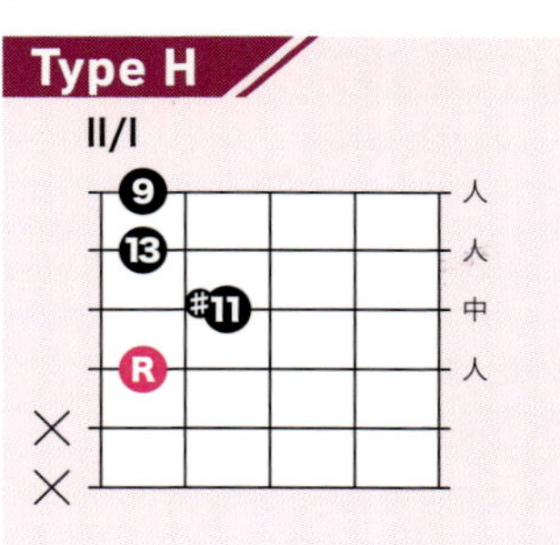

18 aug

その他〈Whole tone〉

Type A

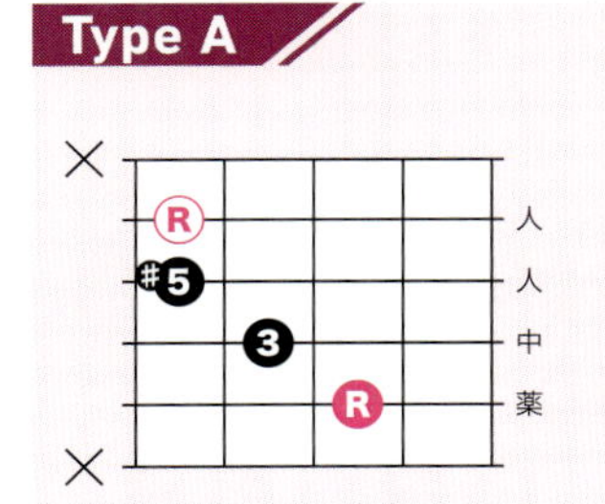

Type A-1

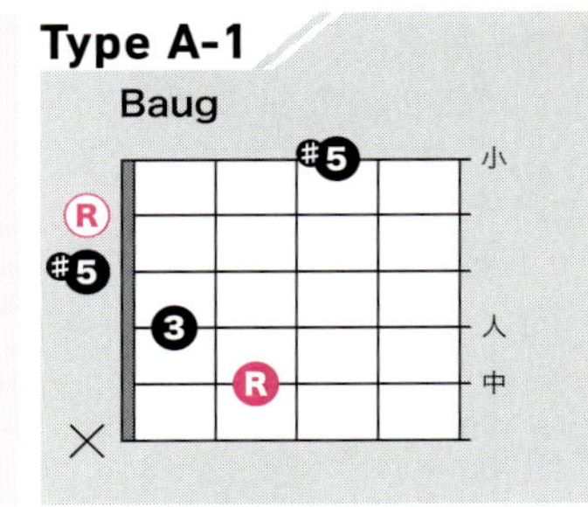

Type B

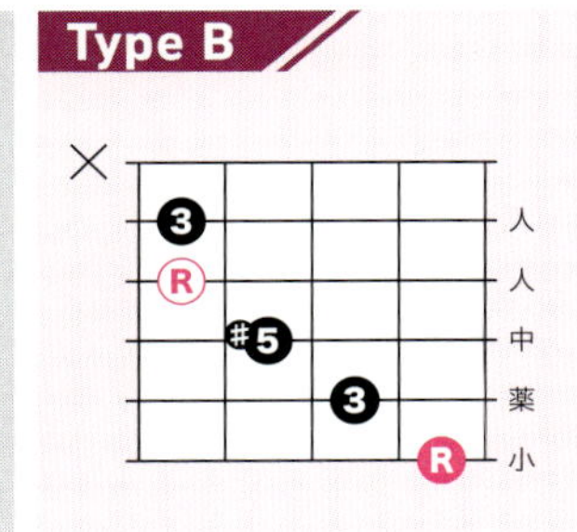

Type B-1

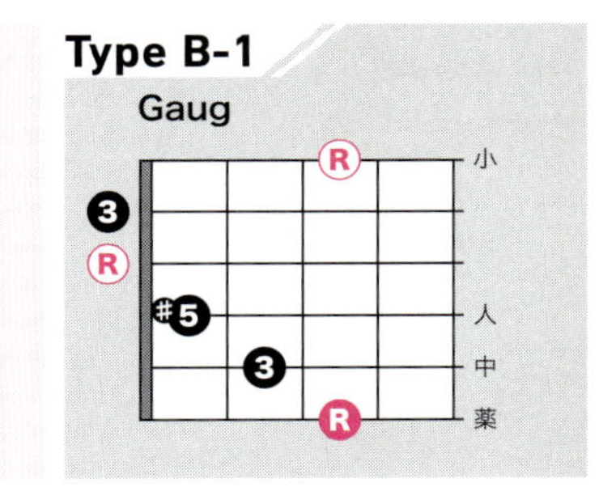

Type C

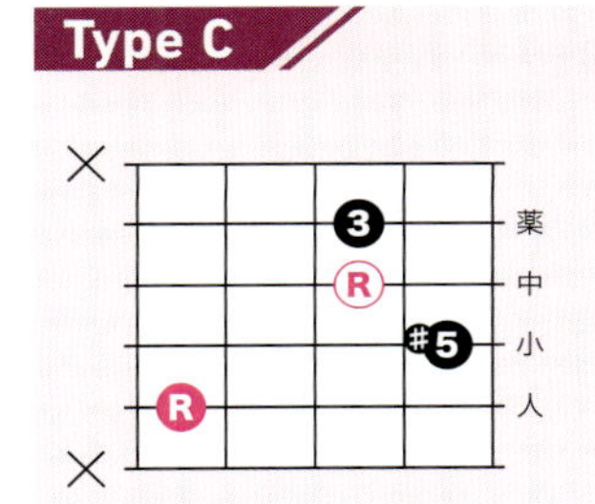

Type D

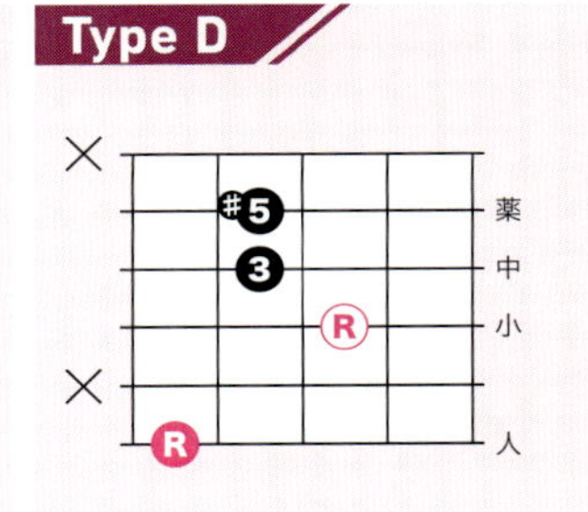

Type D-1

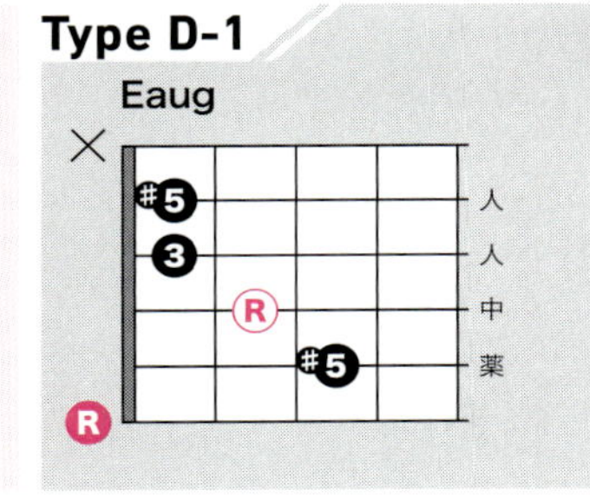

Type E

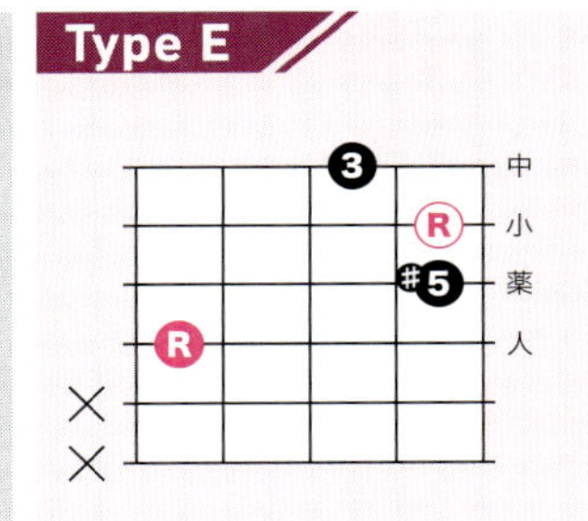

19 M7 (#5) [Ⅲ△／Ⅰ△]

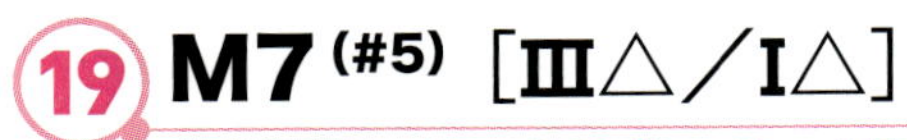
メジャー〈Ionian#5／Lydian#5〉

Type A

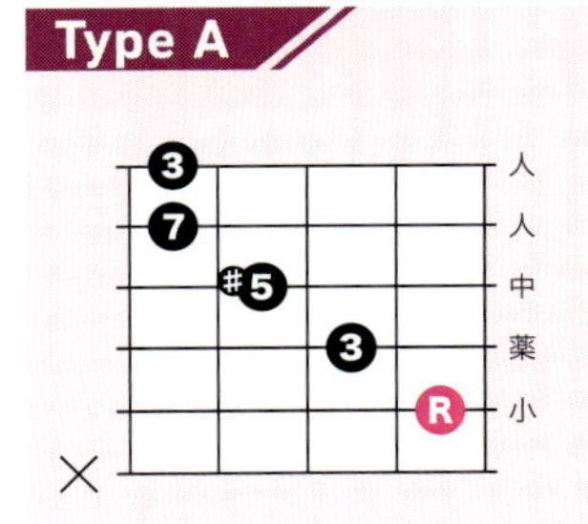

Type B

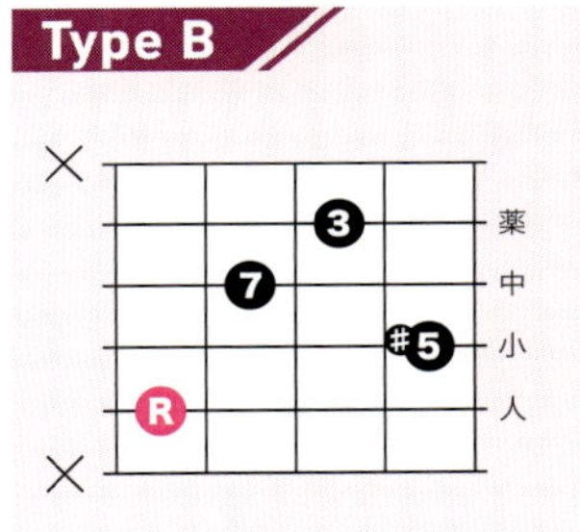

Type B-1

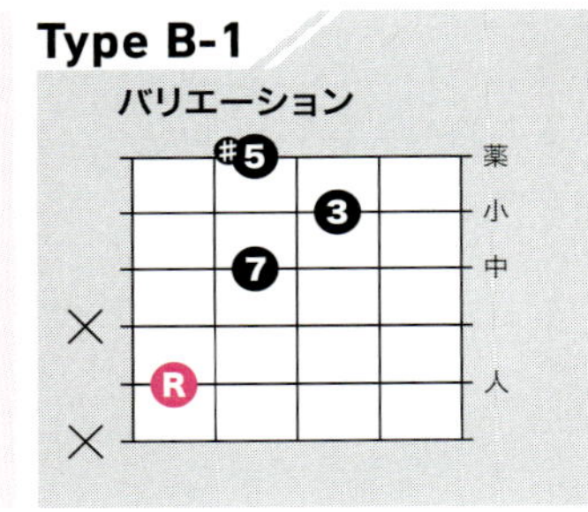

Type C

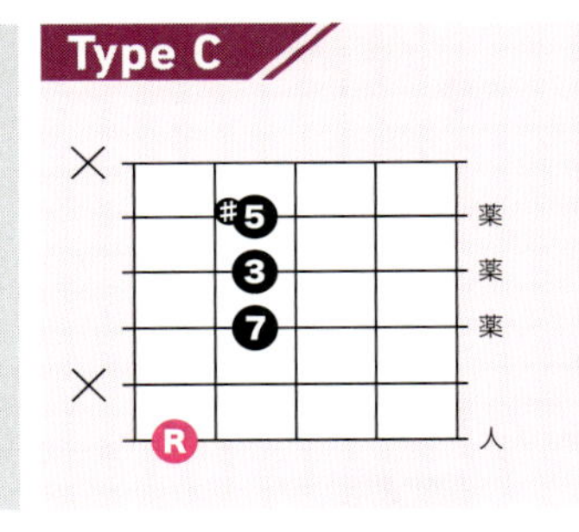

Type D

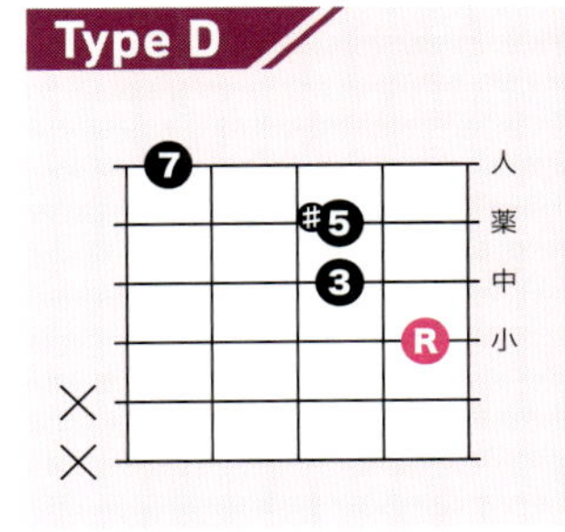

Type E

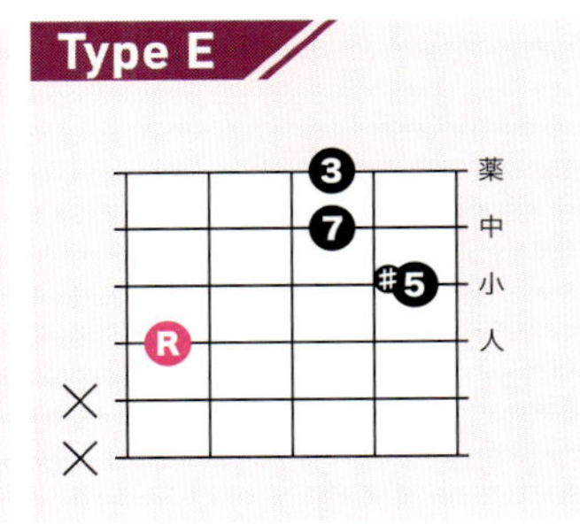

20 m マイナー・トライアド

マイナー 〈Dorian／Phrygian／Aeorian〉

Type A

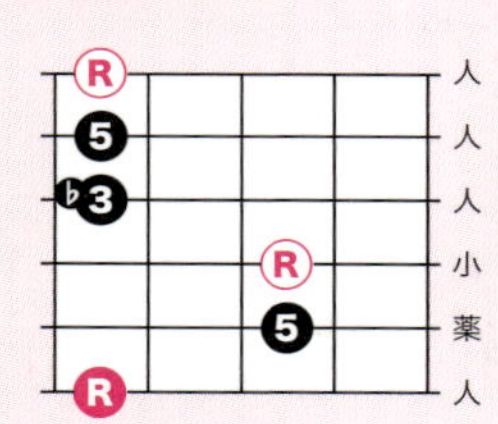

Type A-1

5度ルート

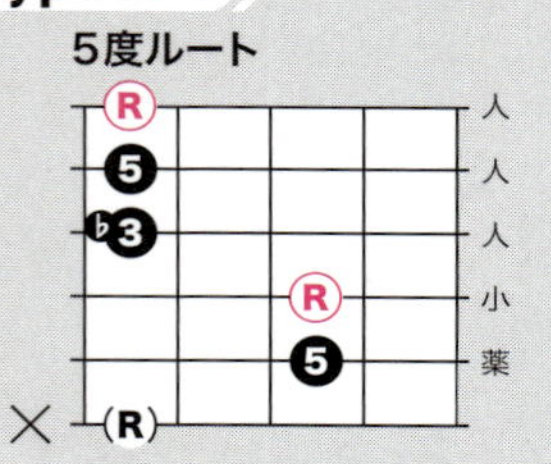

Type A-2

5度ルート/グリップ・タイプ

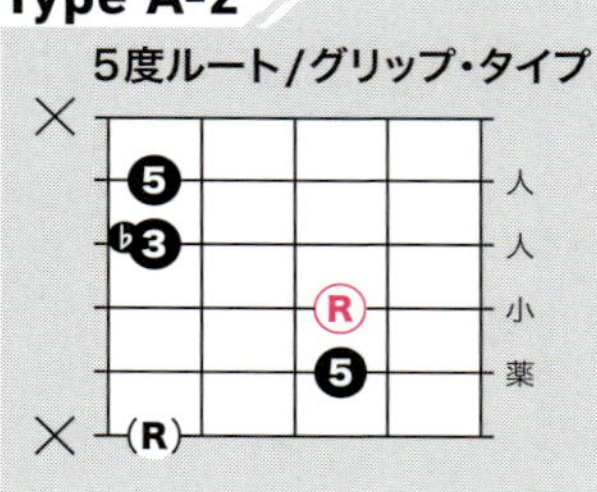

Type A-3

3度ルート

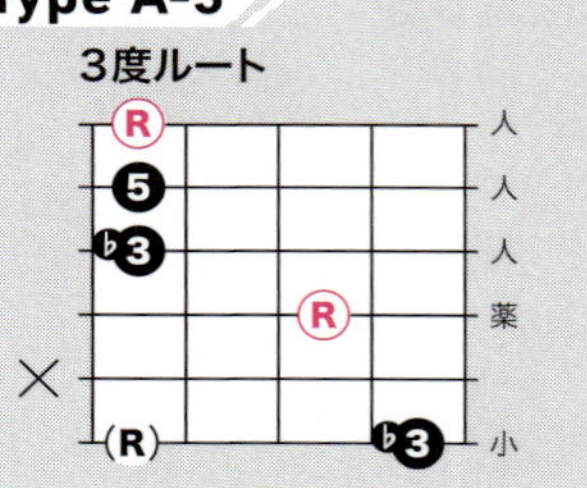

Type B

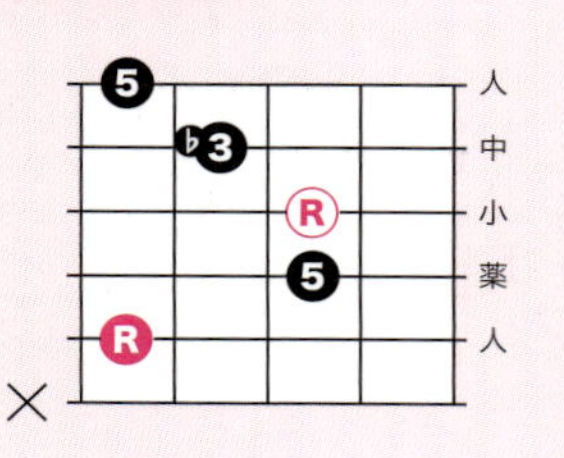

Type B-1

5度ルート

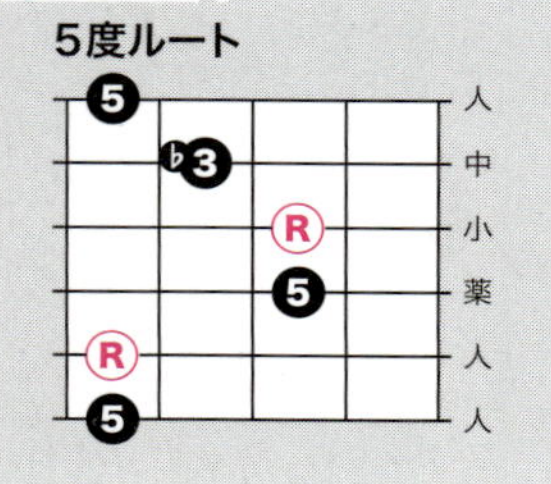

Type B-2

5度ルート

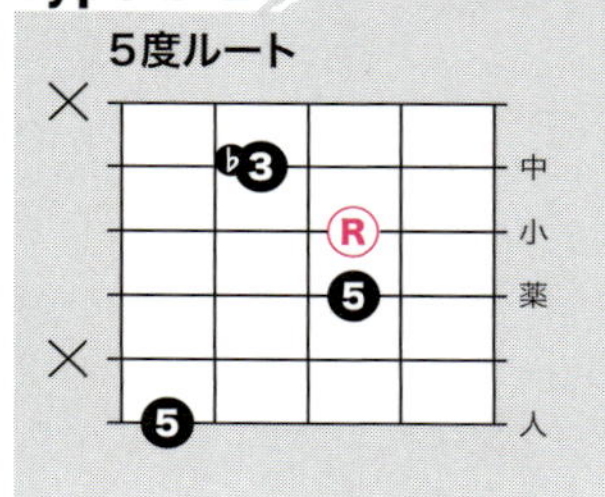

Type B-3

3度ルート

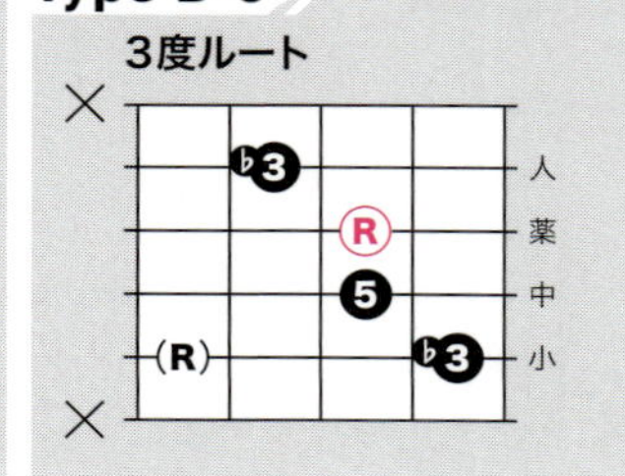

Type C

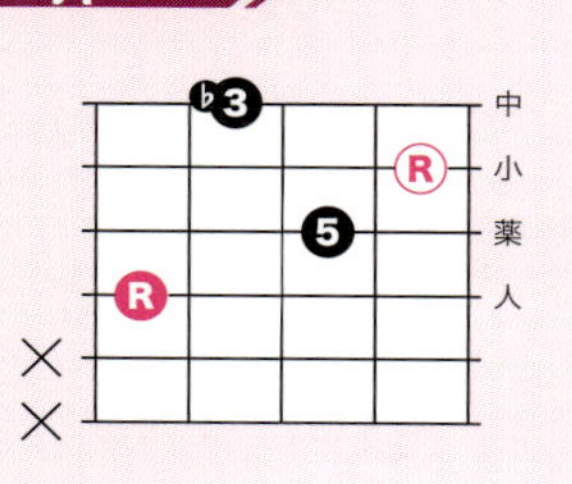

Type C-1

5度ルート

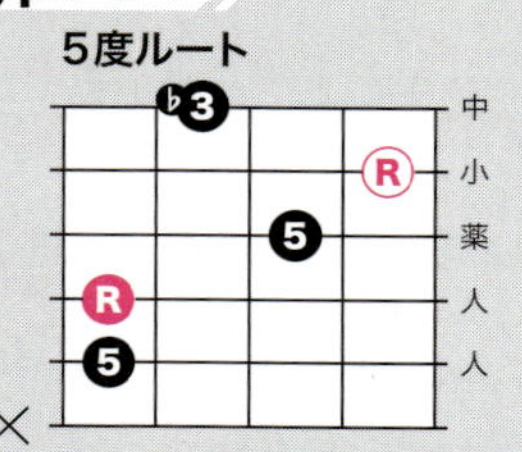

Type C-2

5度ルート

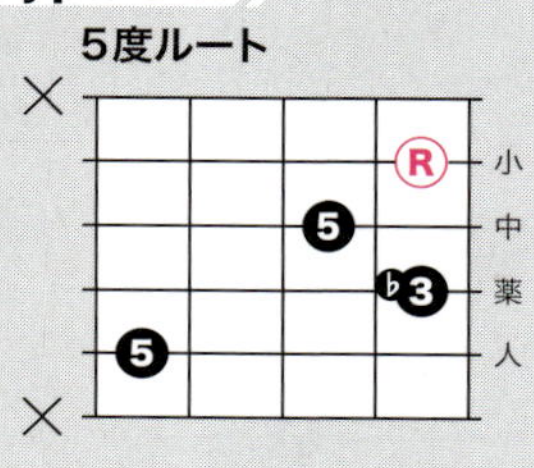

Type C-3

3度ルート

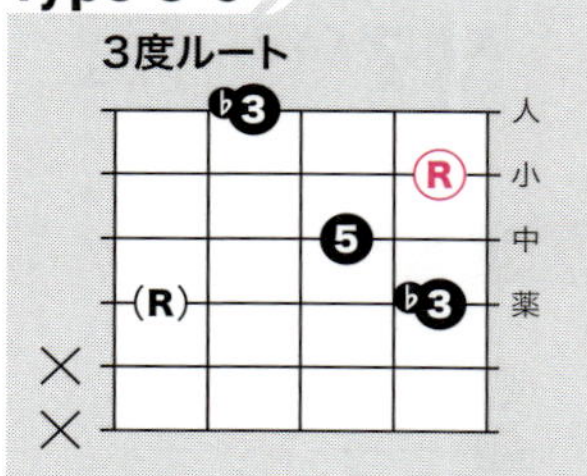

21 m add9

マイナー 〈Dorian／Aeorian〉

Type A

Type B

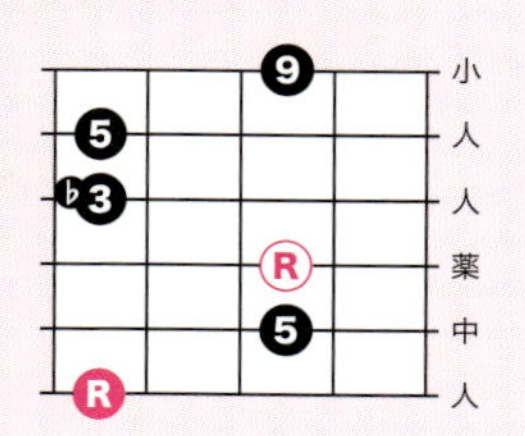

Type B-1

グリップ・タイプ

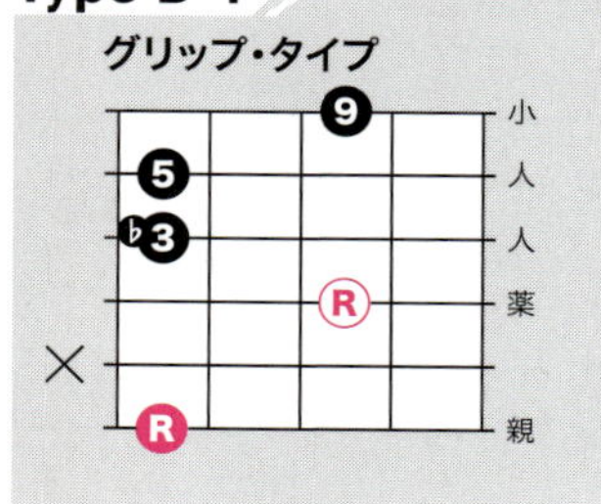

Type B-2

バリエーション

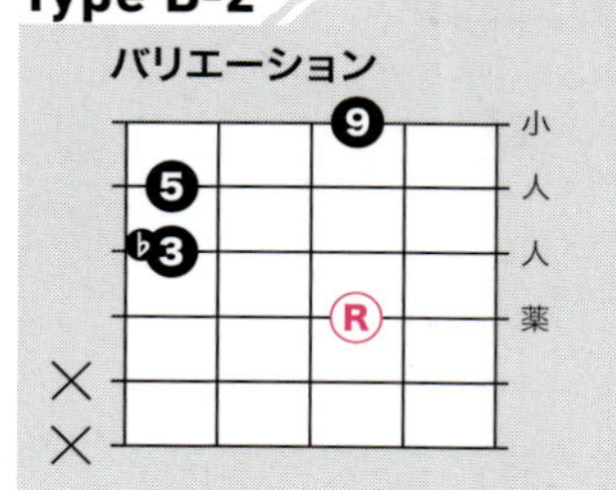

Type C

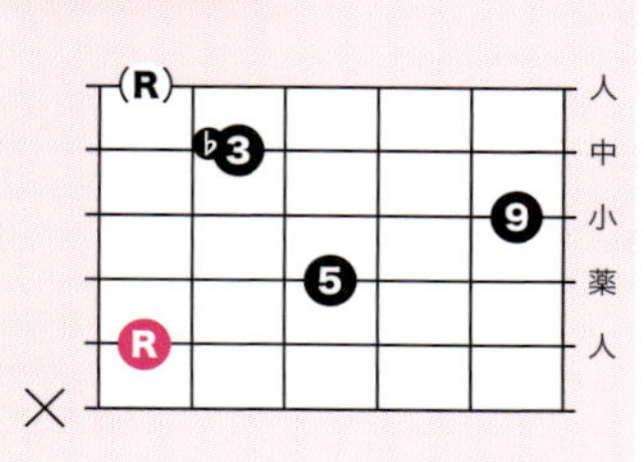

Type D

Cm add9専用

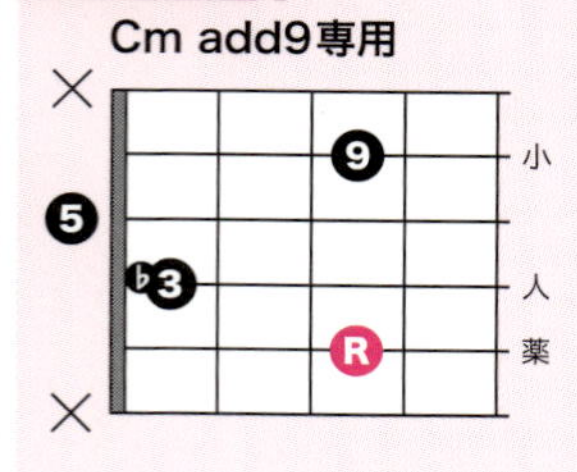

Type E

ルート省略

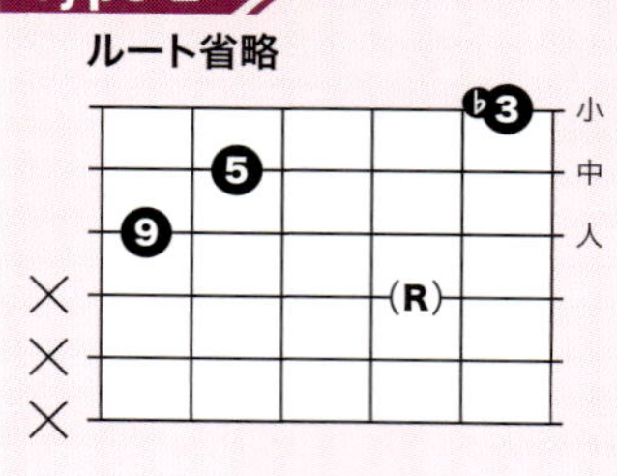

Type F

ルート省略

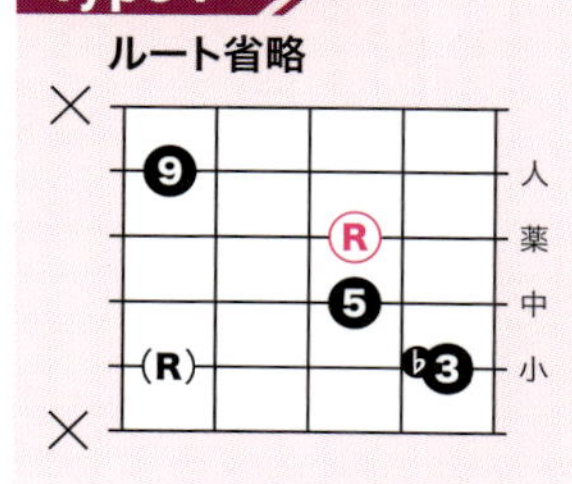

22 m add11

マイナー〈Dorian／Phrygian／Aeorian〉

Type A

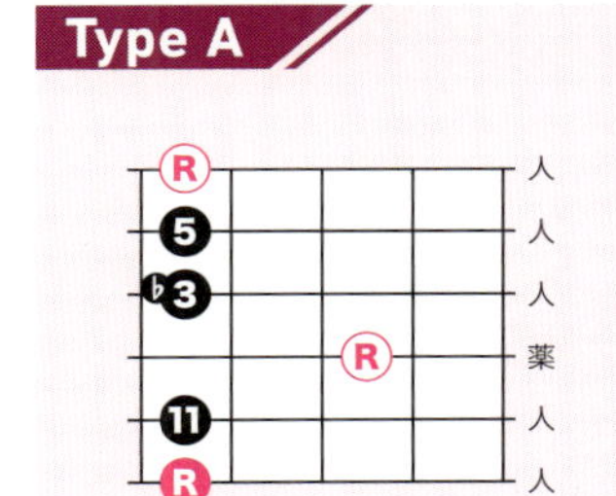

Type B

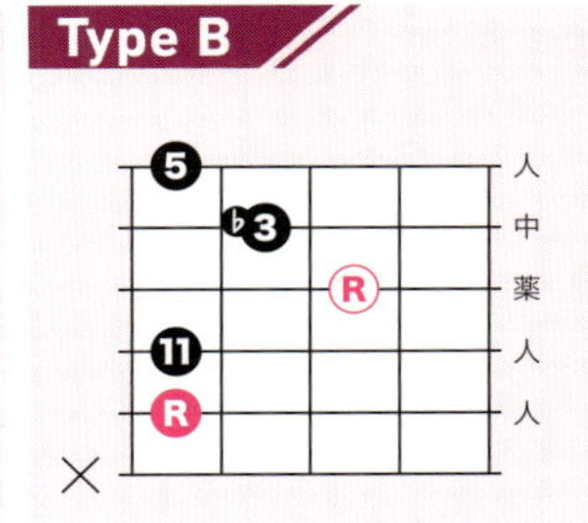

Type C

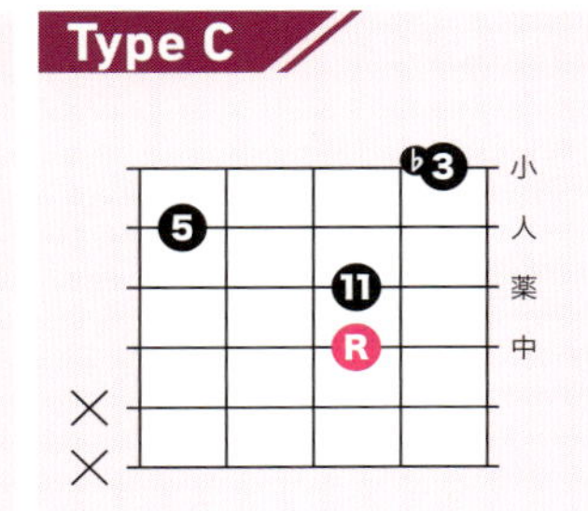

Type D

Bm add11専用

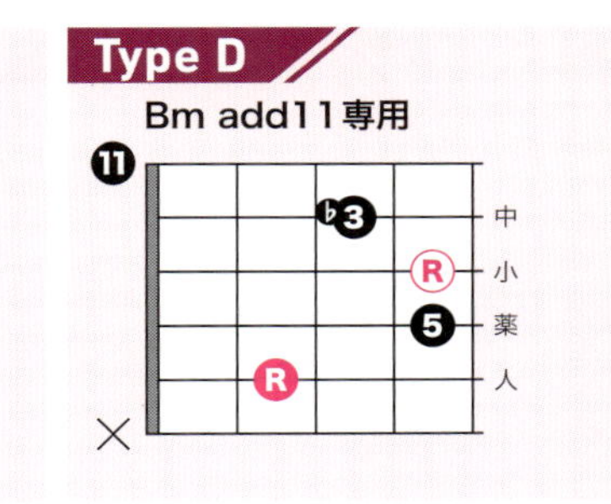

23 m add9(11)

マイナー〈Dorian／Aeorian〉

Type A

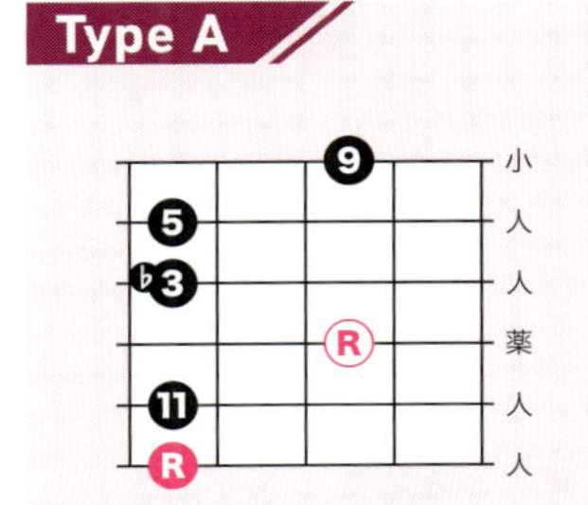

Type B

ハイポジション専用

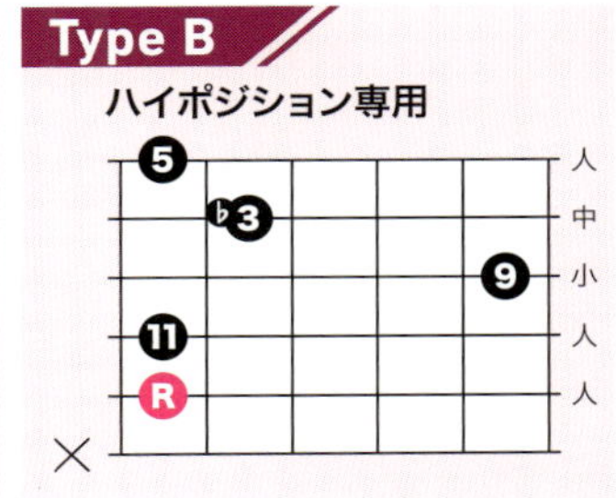

Type C

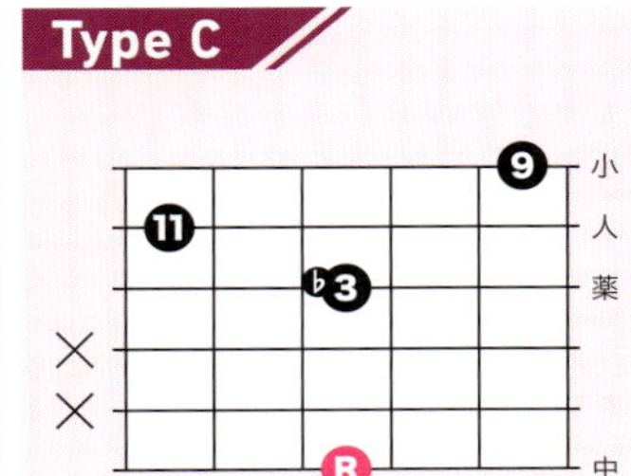

Type D

Bm add9(11)専用

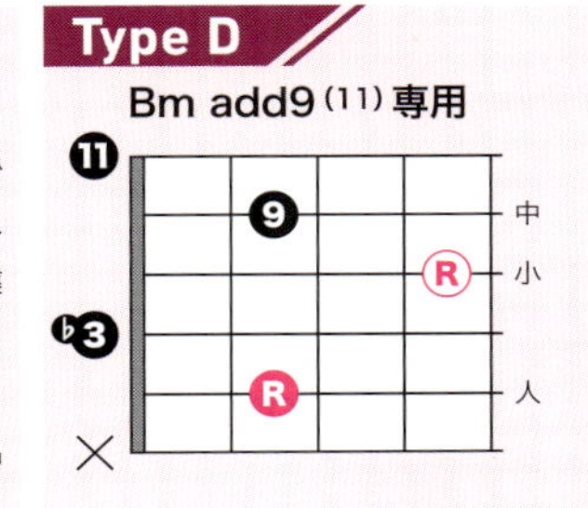

24 m6

マイナー〈Dorian〉

Type A

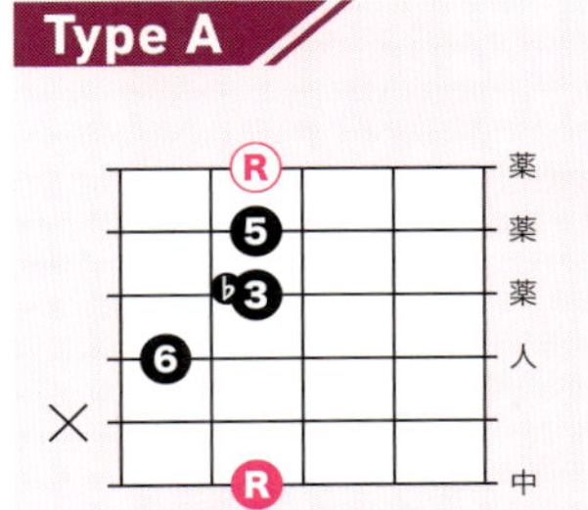

Type B

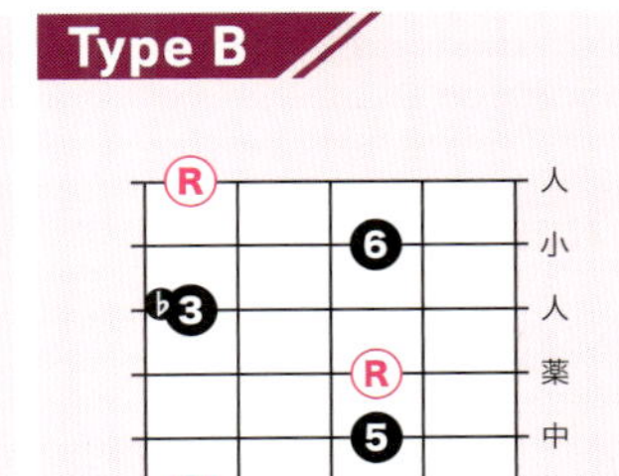

Type C

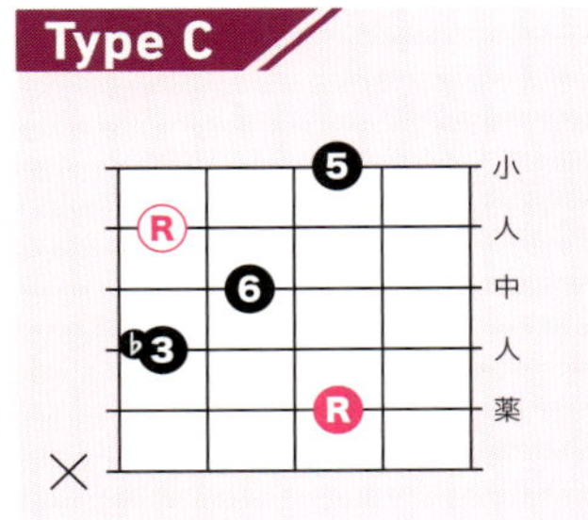

Type C-1

バリエーション

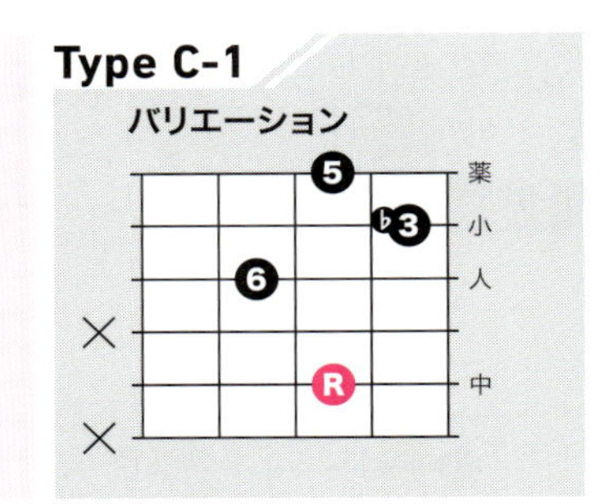

Type D

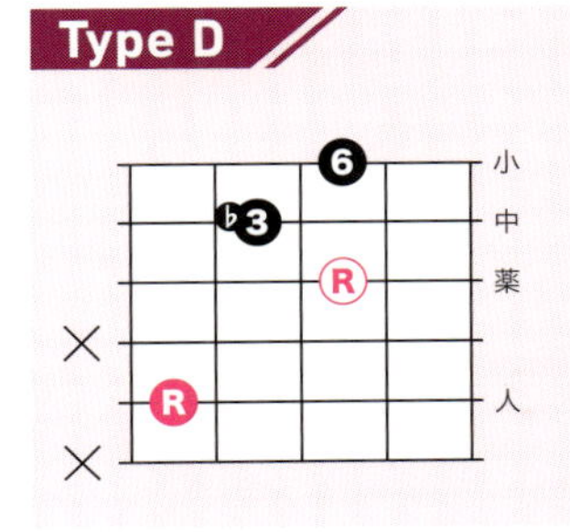

Type E

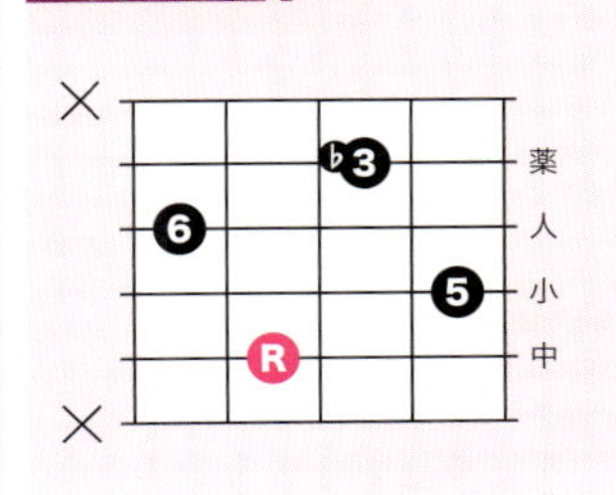

Type F

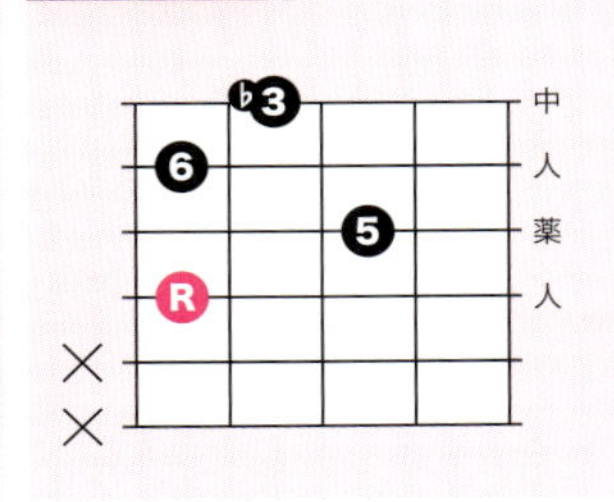

Type G

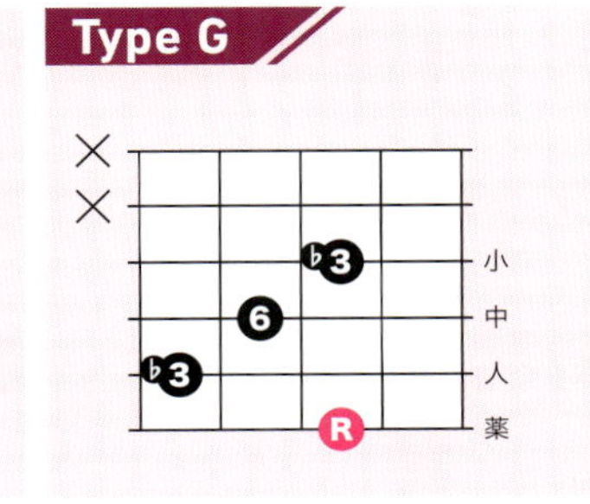

25 m6 (9)

マイナー Dorian〉

Type A

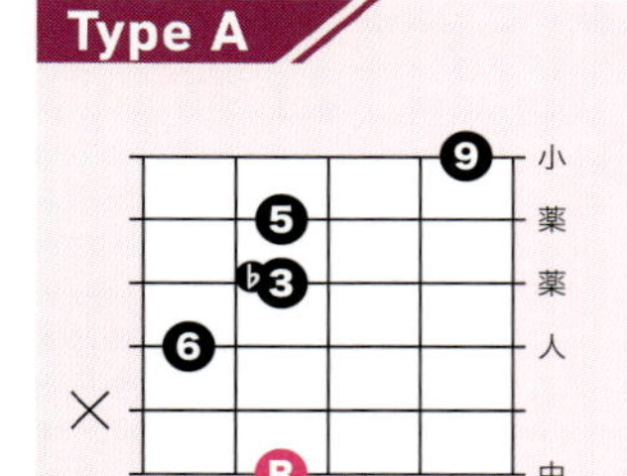

Type B

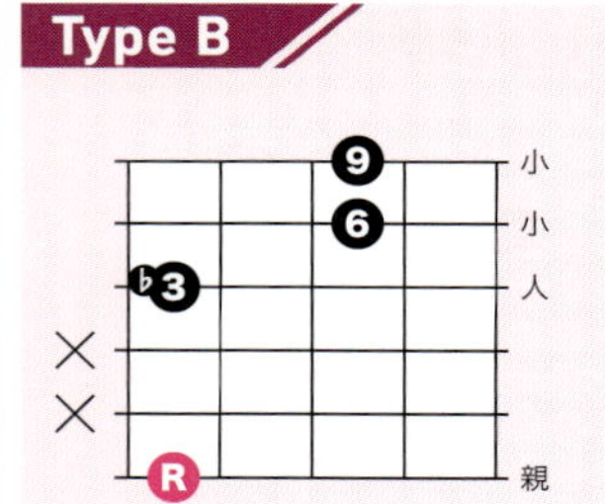

Type B-1

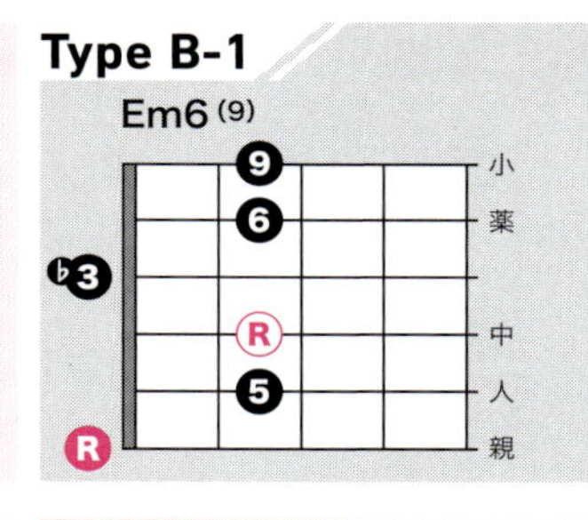

Type C

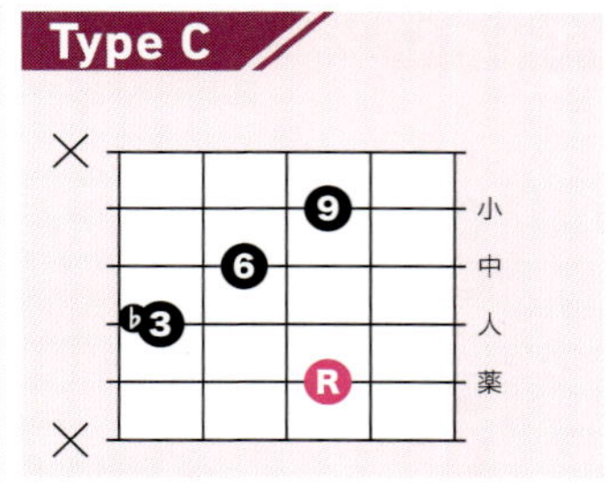

Type C-1

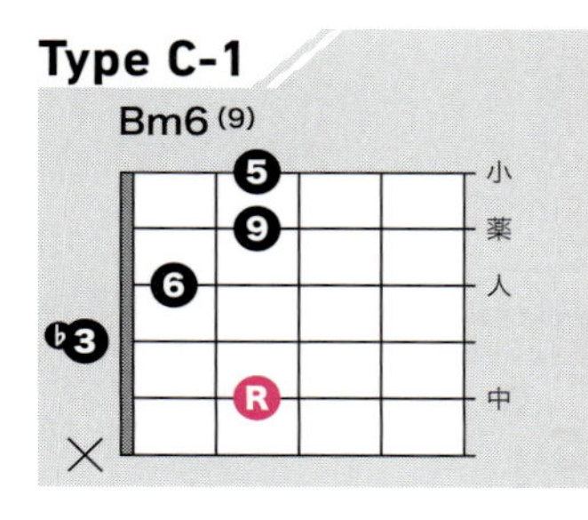

Type D

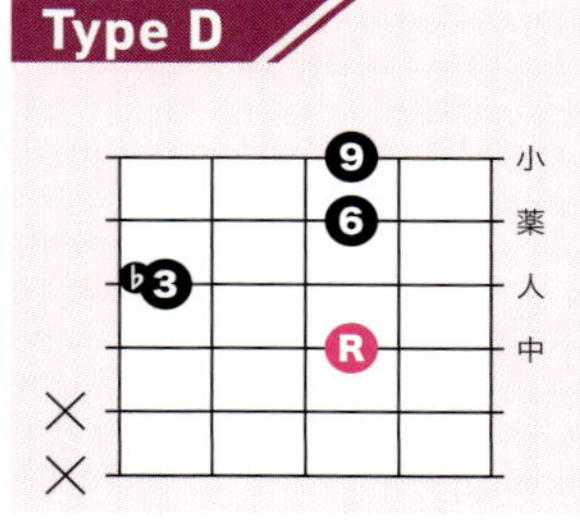

Type E

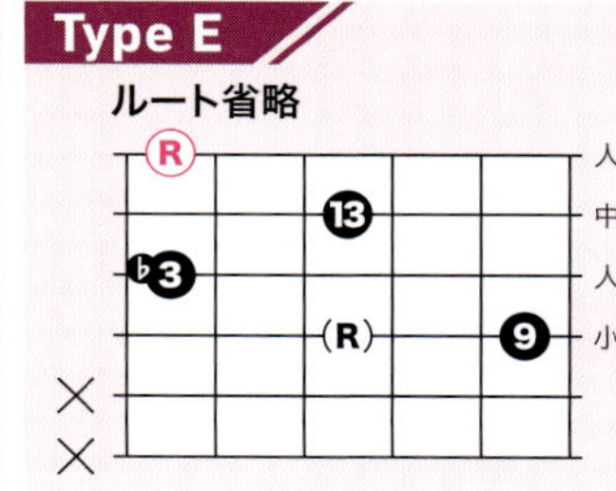

Type F

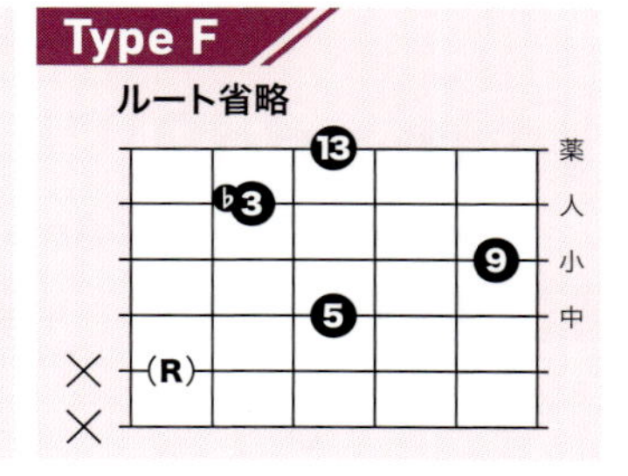

26 m6 (11)

マイナー Dorian〉

Type A

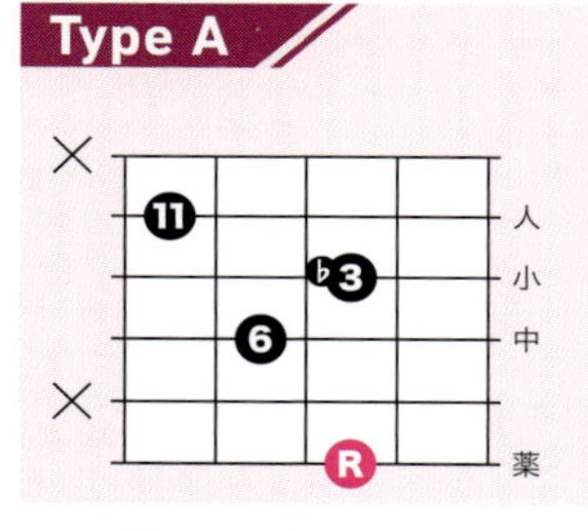

Type A-1

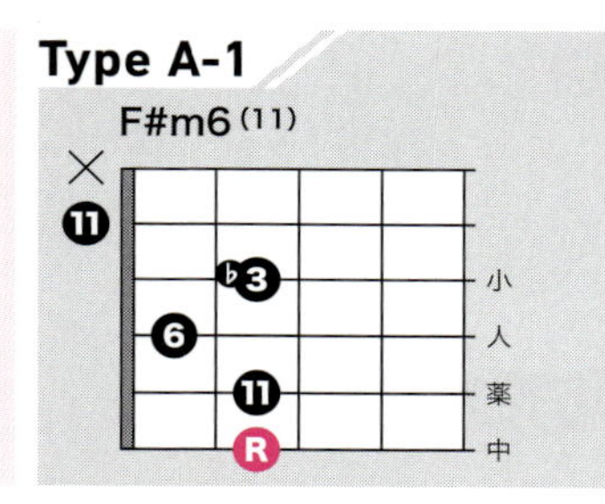

Type B

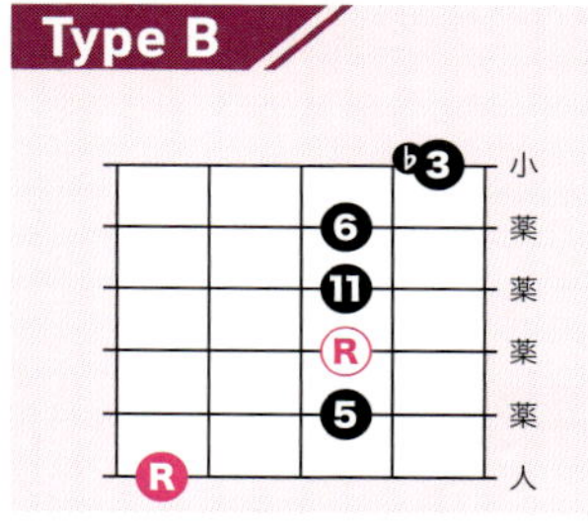

Type C

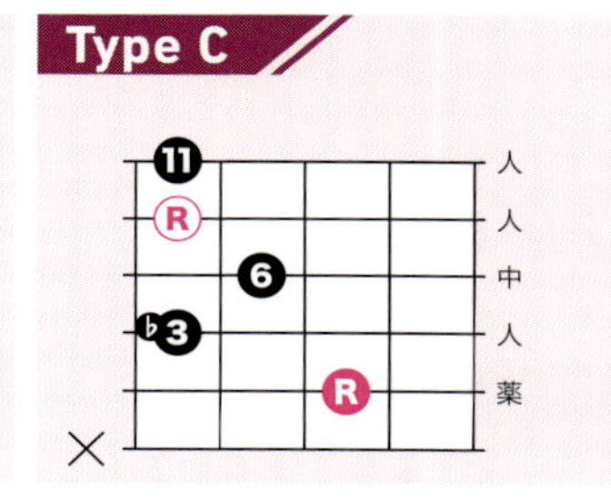

Type D

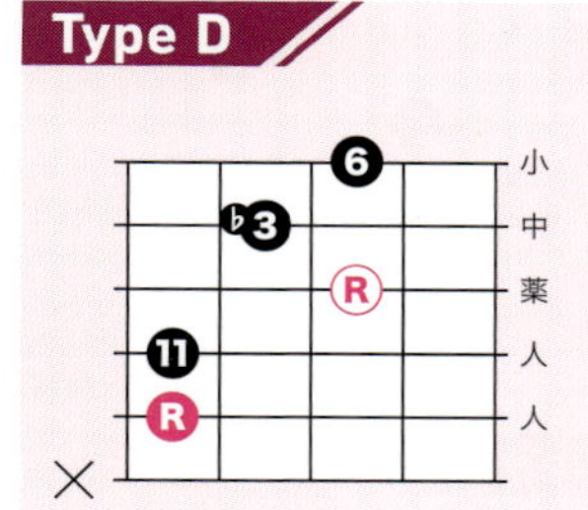

Type E

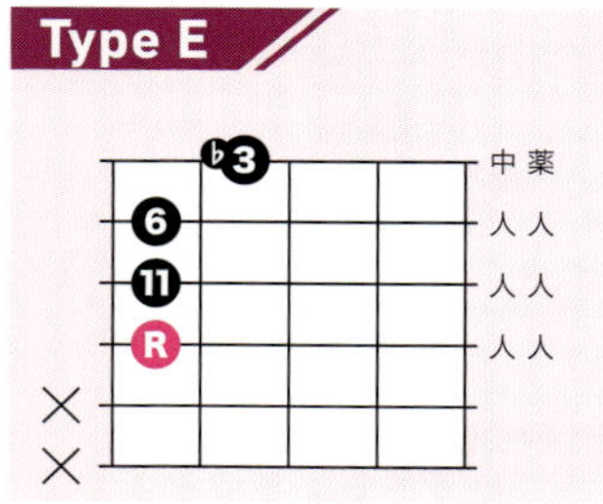

Type F

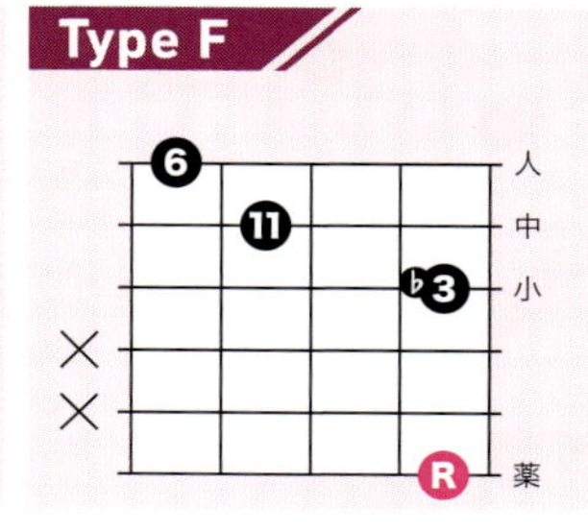

Type G

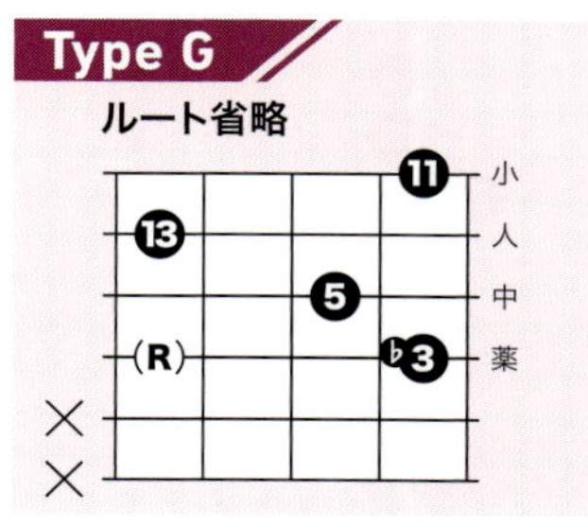

27 m6 (9、11) [Ⅱm／Ⅰm]

マイナー Dorian〉

Type A

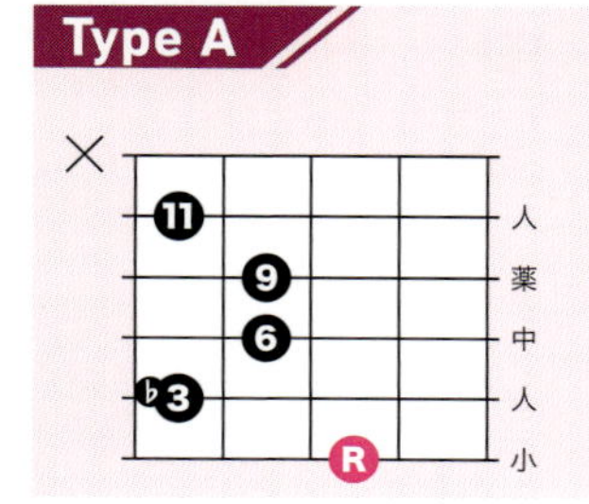

Type B

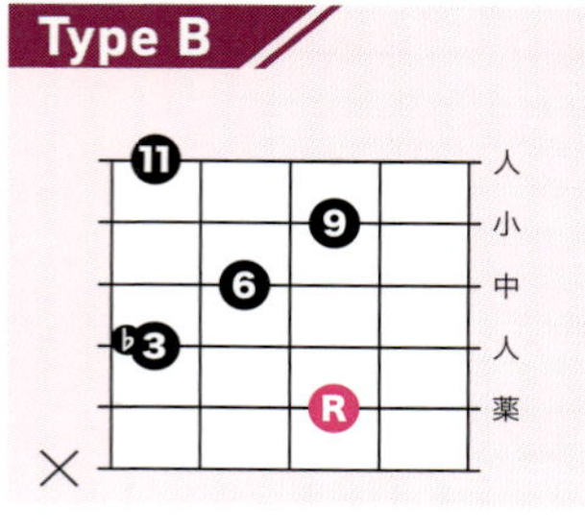

Type C

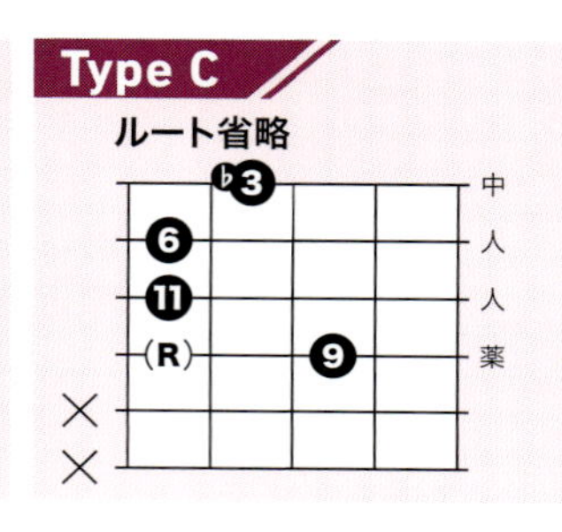

Type D

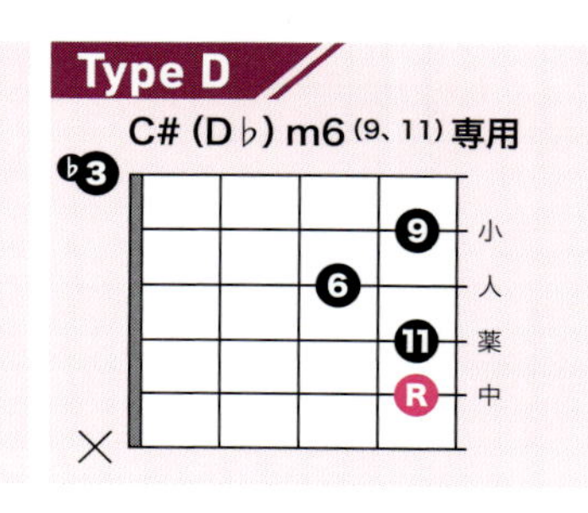

28 m7

マイナー〈Dorian／Phrygian／Aeorian〉

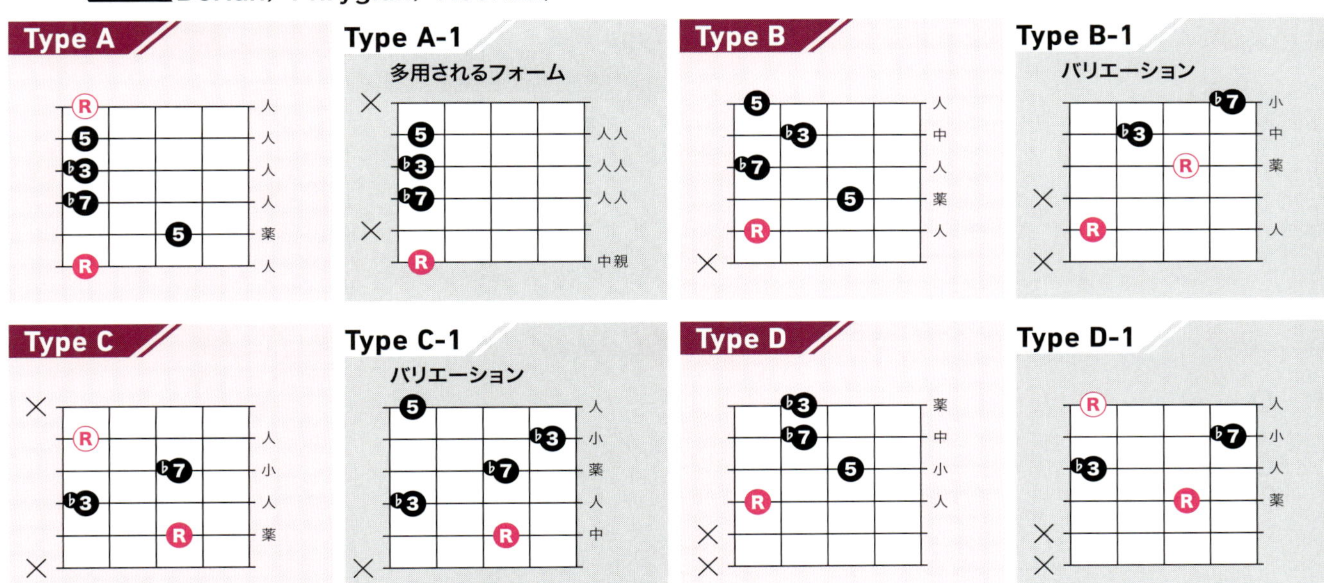

29 m7 (9)

Dorian／Aeorian〉

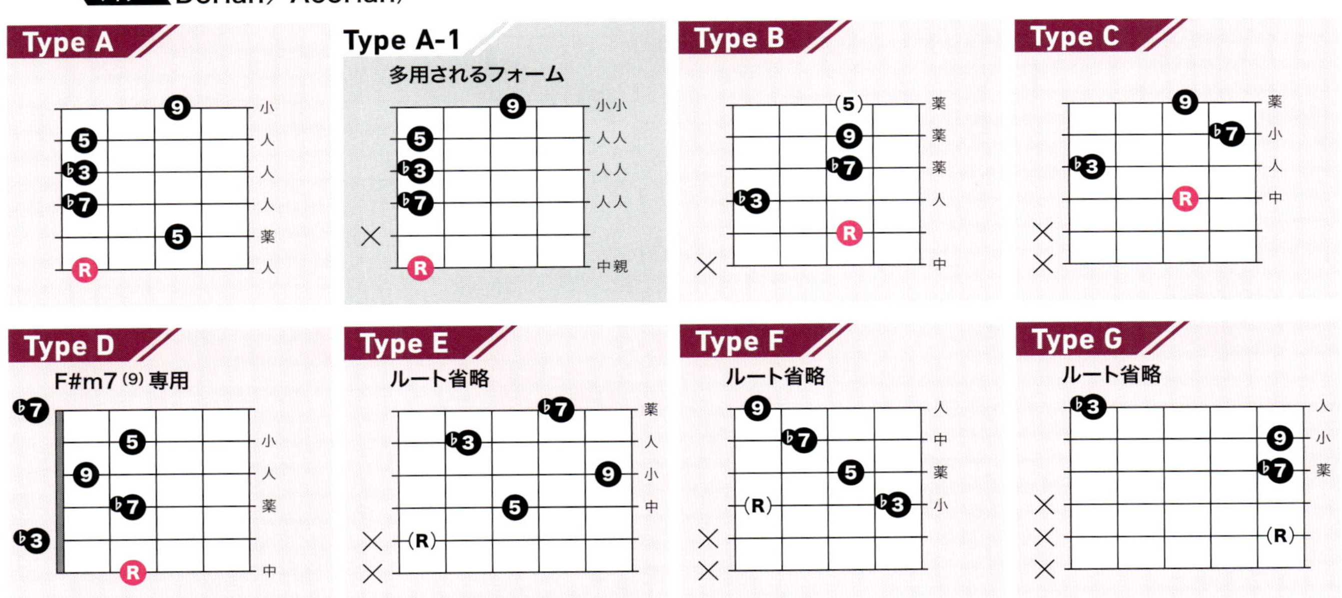

30 m7(11)

マイナー〈Dorian／Phrygian／Aeorian〉

Type A

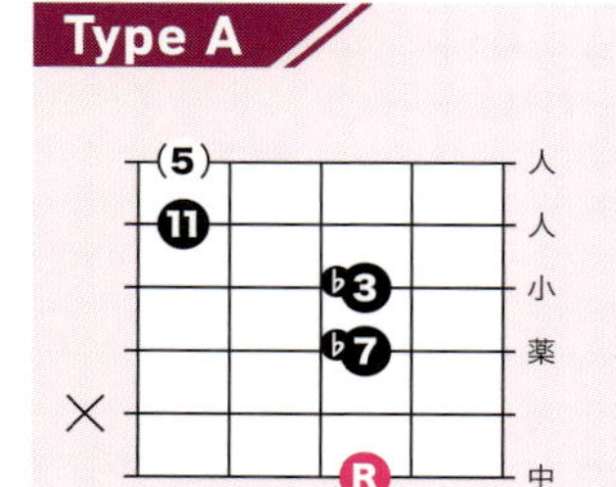

Type A-2

Am7(11)専用

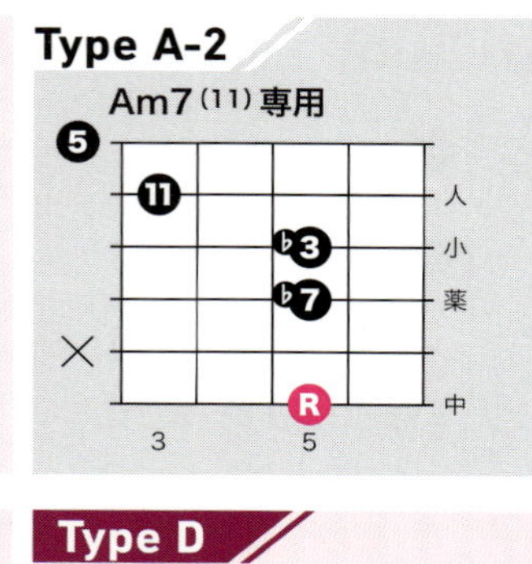

Type A-3

Bm7(11)専用

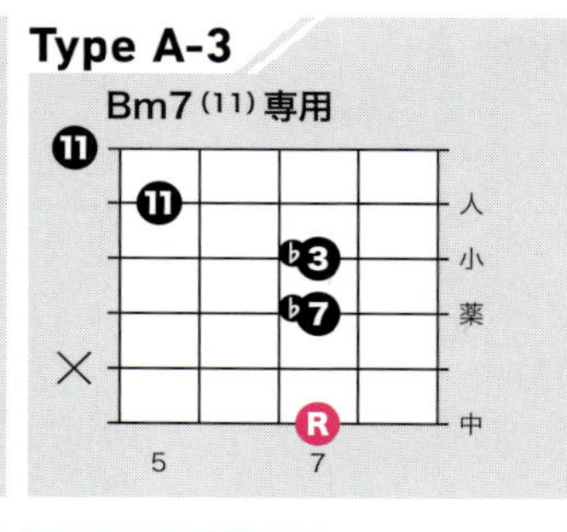

Type B

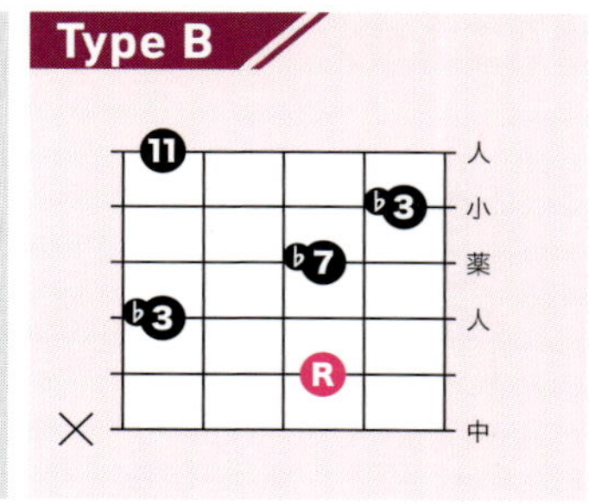

Type C

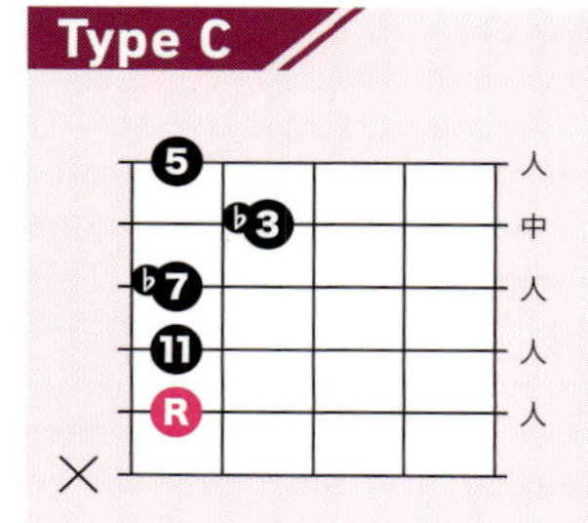

Type D

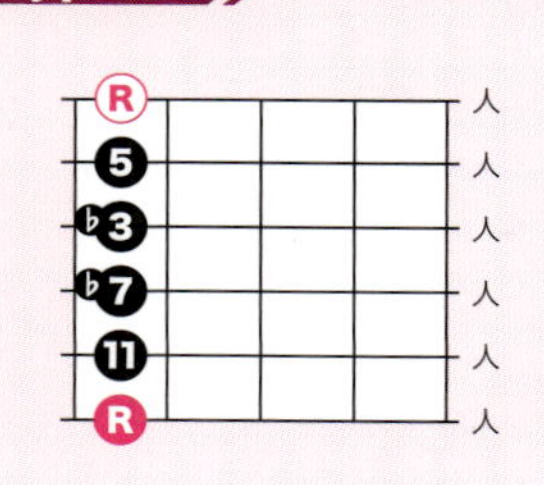

Type E

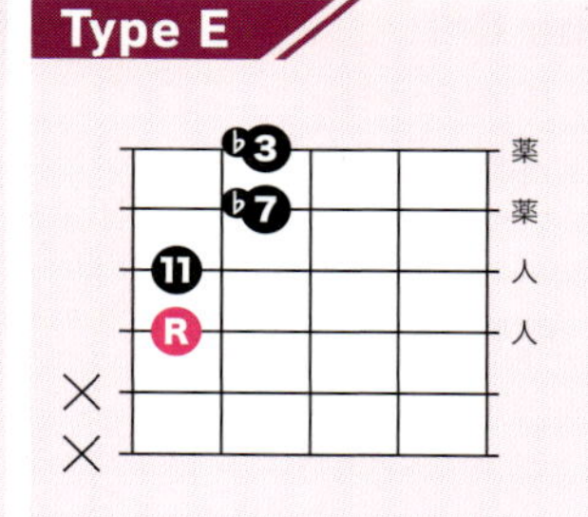

Type F

ルート省略

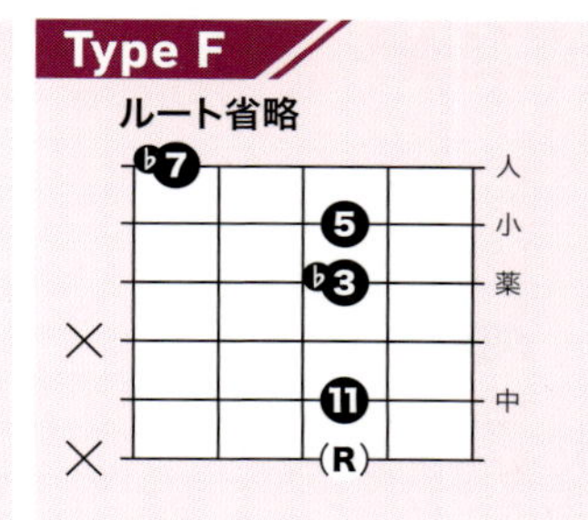

Type G

ルート省略

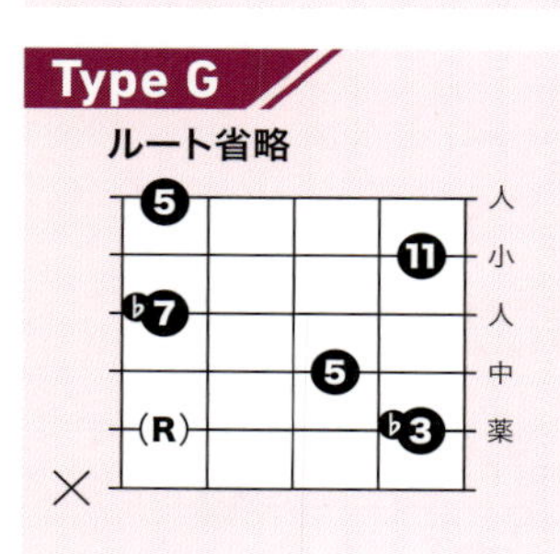

Type G-1

Em7(11)専用

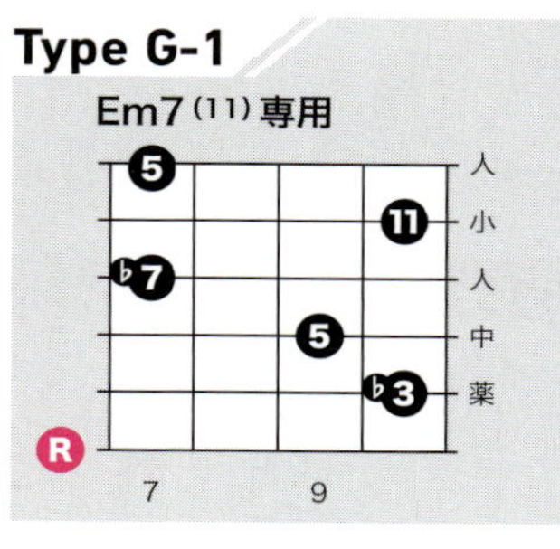

Type H

ルート省略

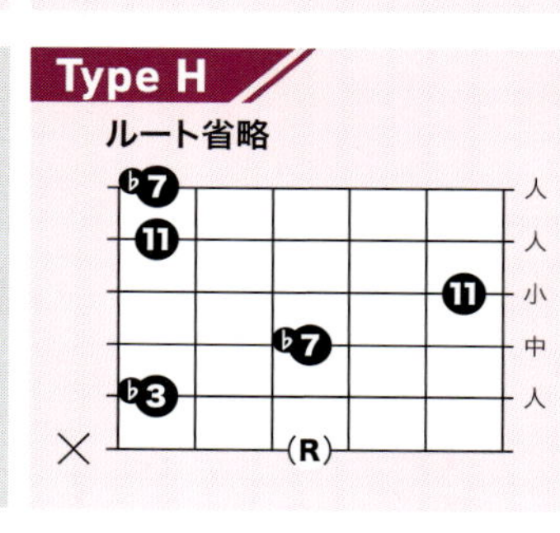

Type I

ルート省略

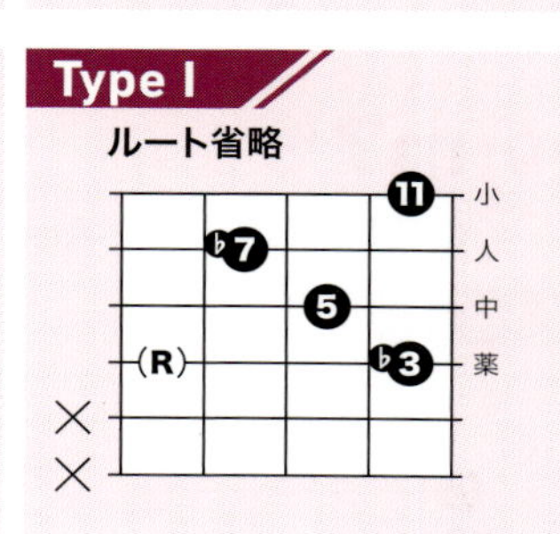

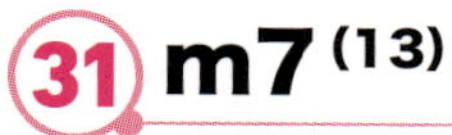

31 m7(13)

マイナー〈Dorian〉

Type A

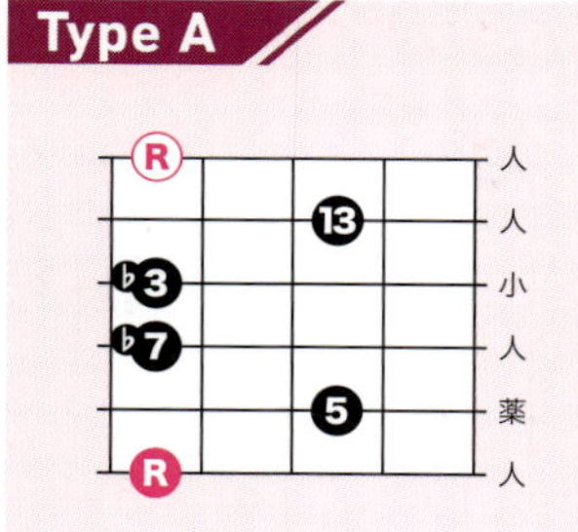

Type A-1

多用されるフォーム

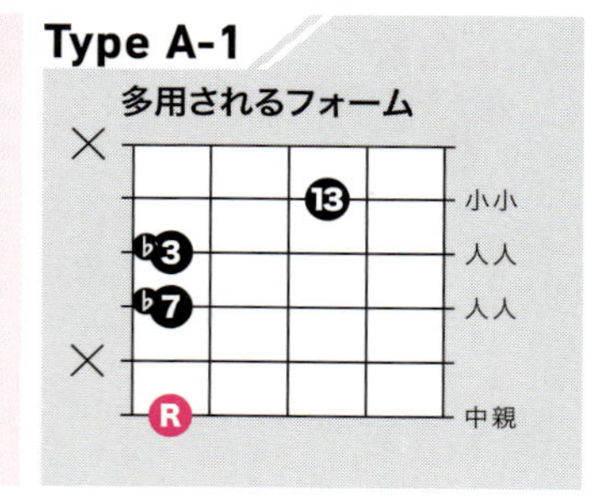

Type A-2

バリエーション

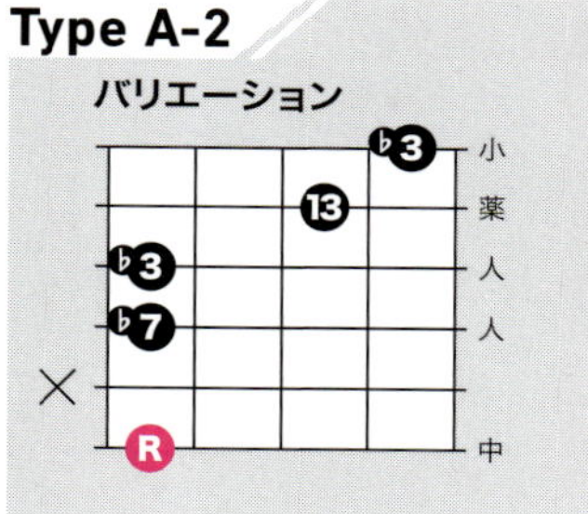

Type B

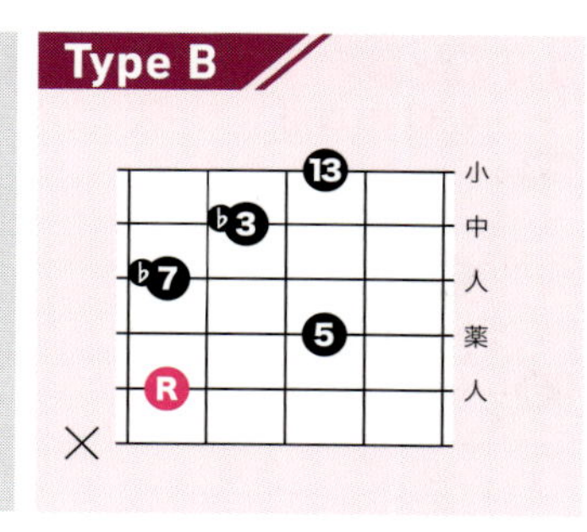

Type C

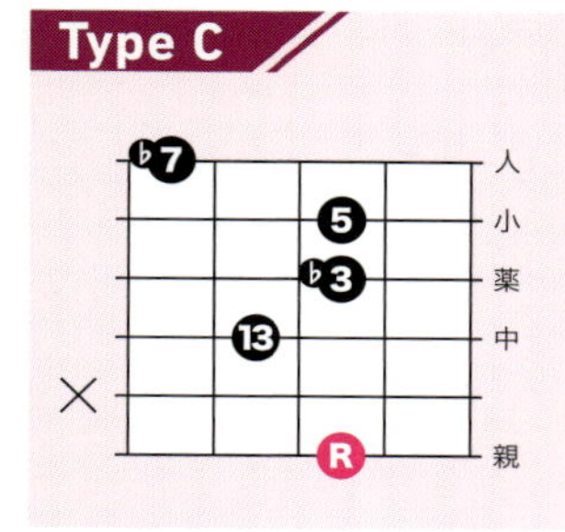

Type D

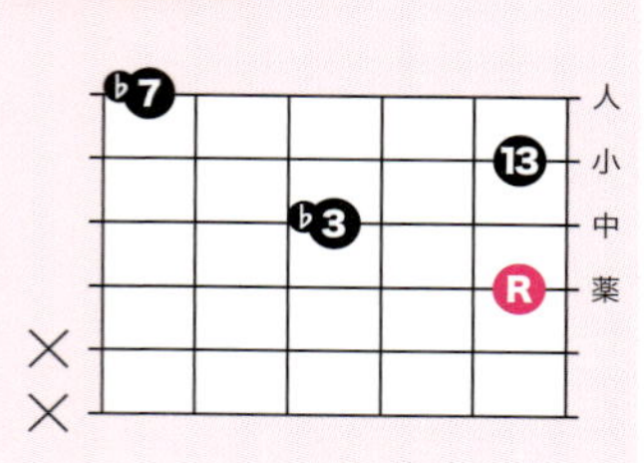

Type E

ハイポジション専用

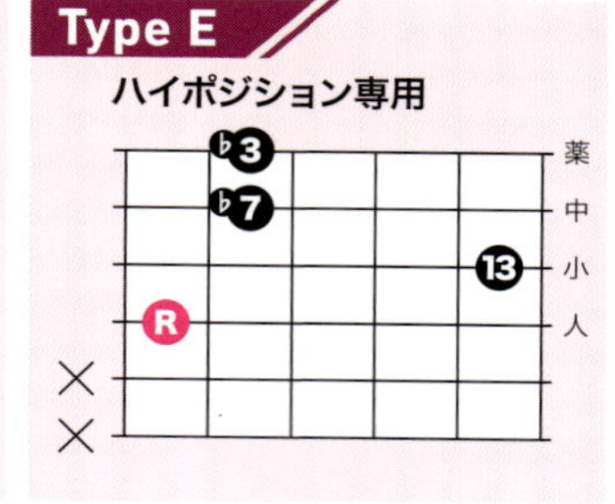

Type F

ルート省略

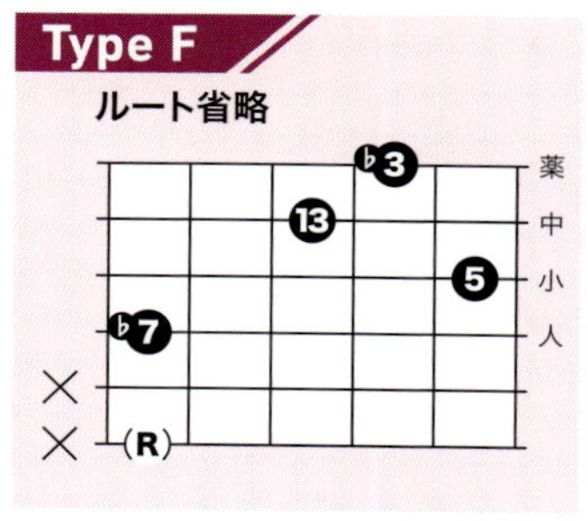

32 m7$^{(9、11)}$ [♭Ⅶm／Ⅰm]

〈マイナー Dorian／Aeorian〉

Type A

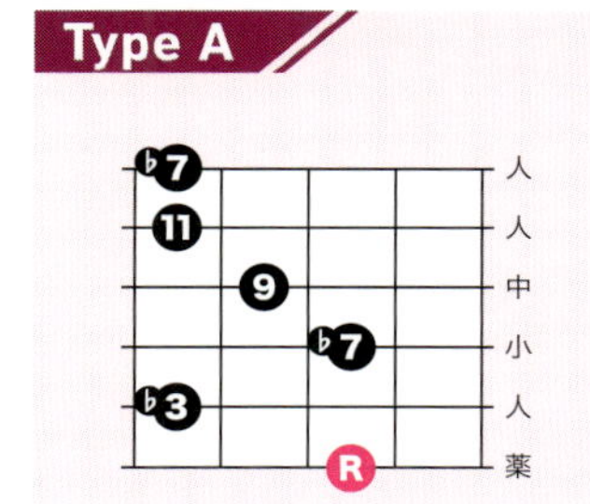

Type B

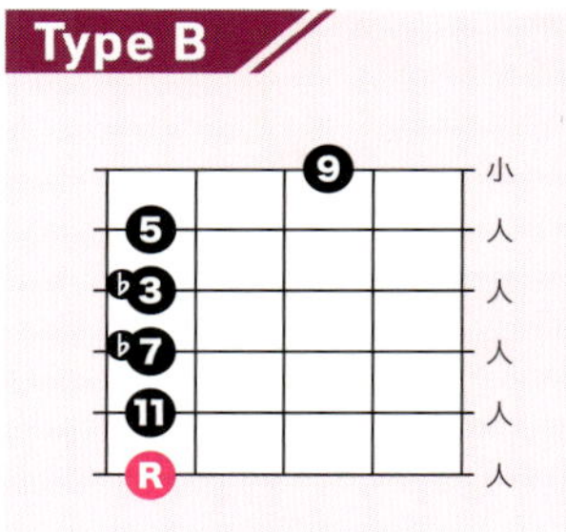

Type C

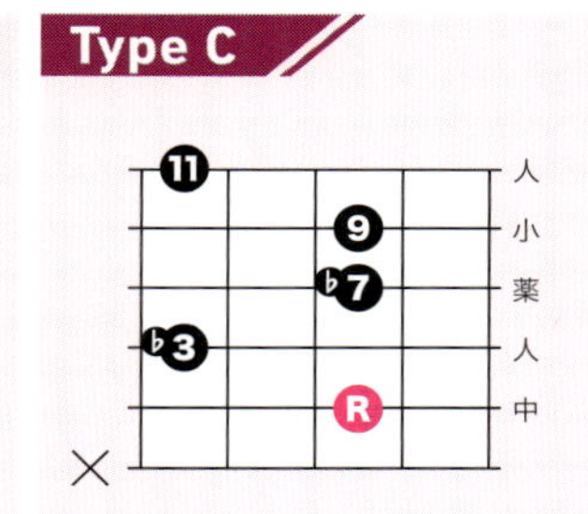

Type D

ルート省略

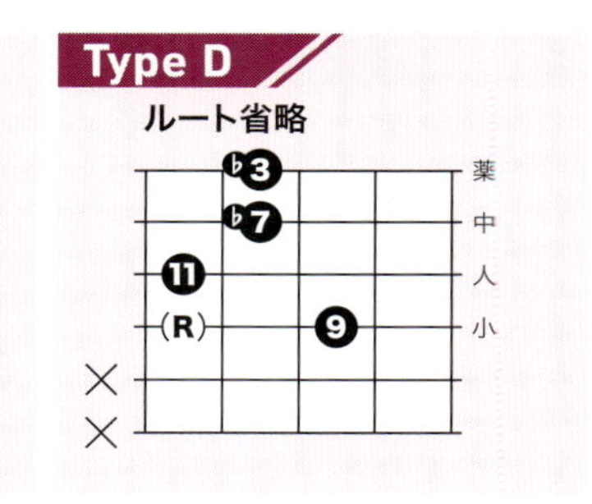

33 m7$^{(9、13)}$

〈マイナー Dorian／Aeorian〉

Type A

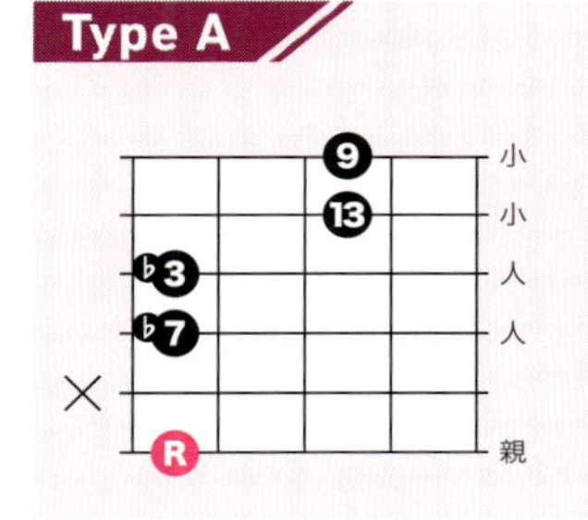

Type A-1

Em7$^{(9、13)}$

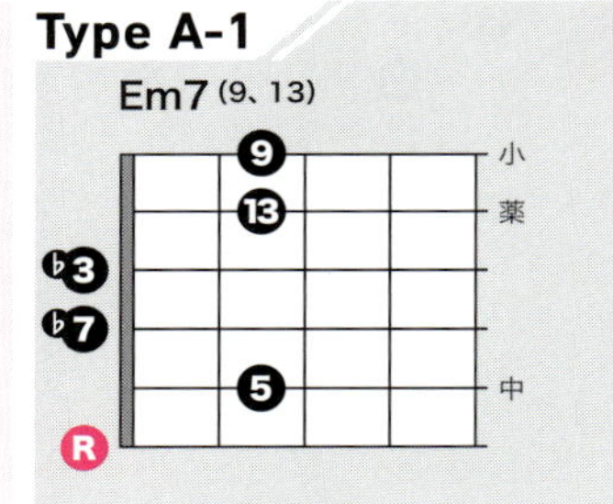

Type B

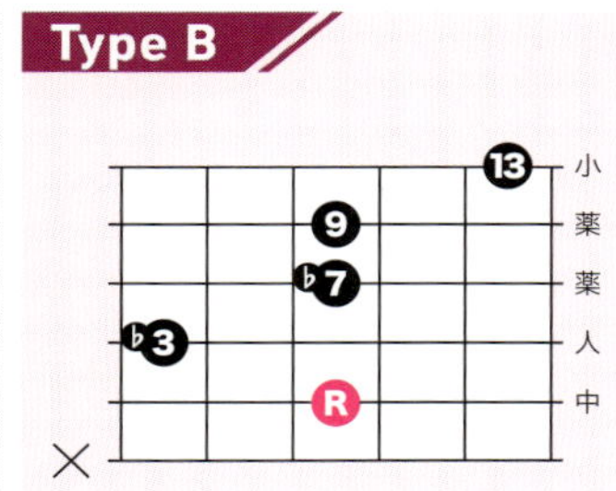

Type C

ルート省略

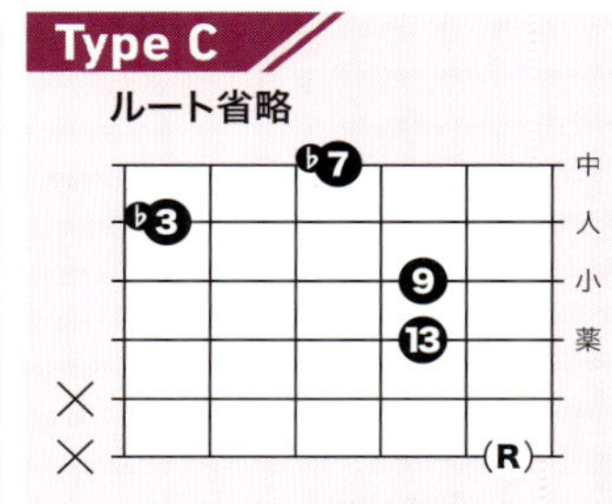

Type D

ルート省略

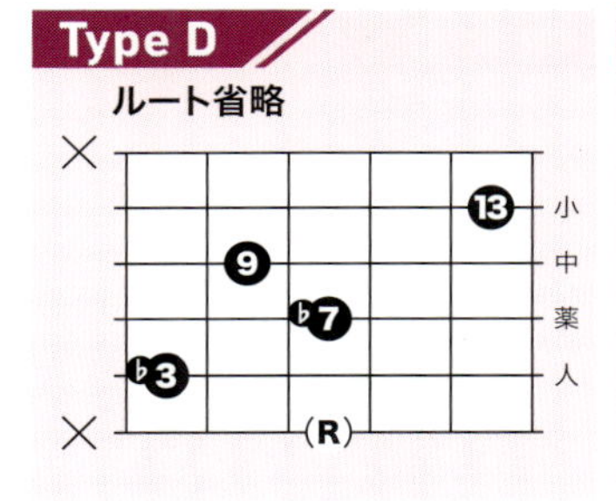

Type E

ルート省略

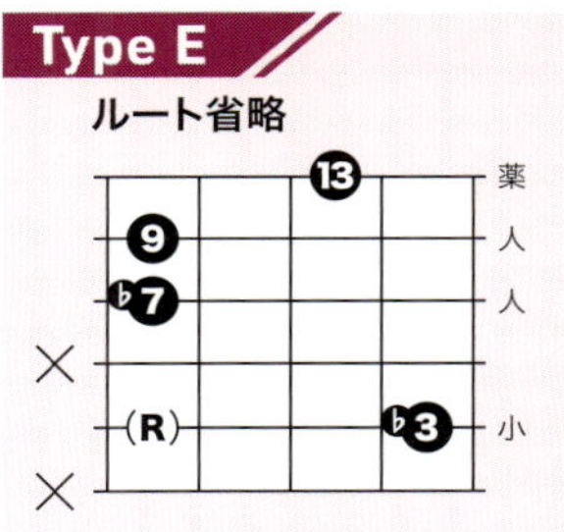

Type F

ルート省略

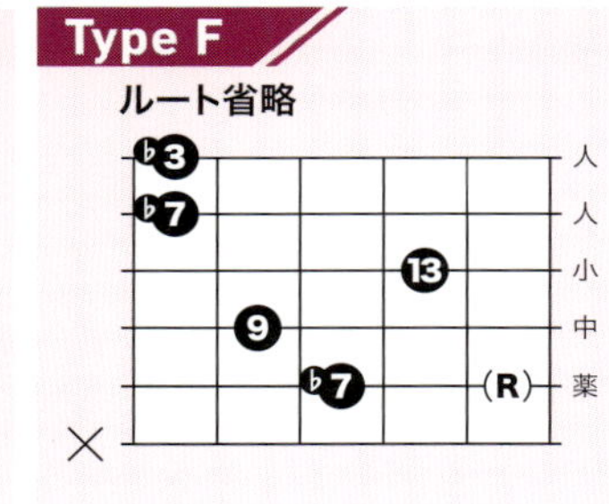

Type G

ルート省略

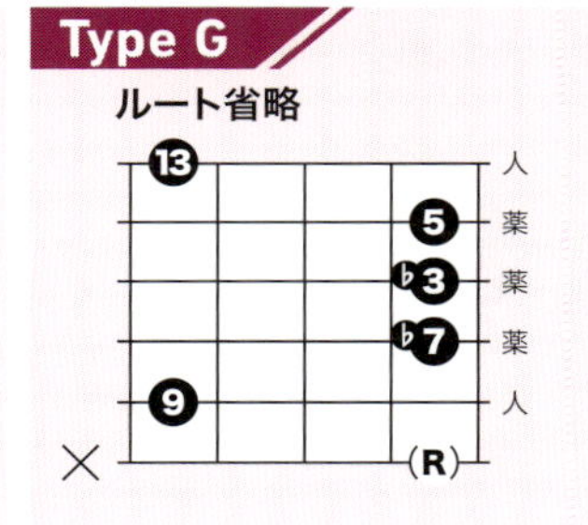

34 m7$^{(11、13)}$

〈マイナー Dorian〉

Type A

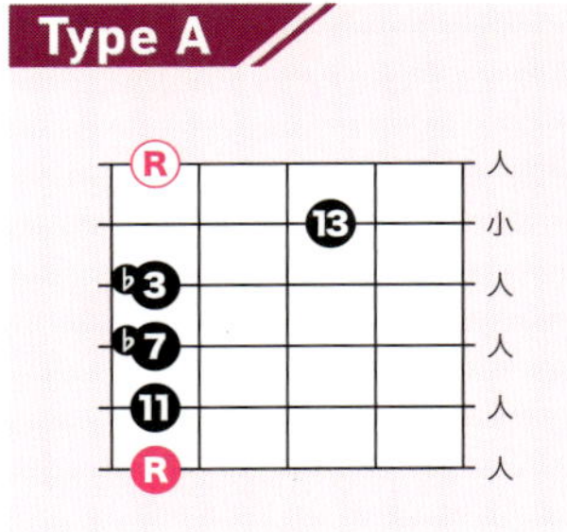

Type B

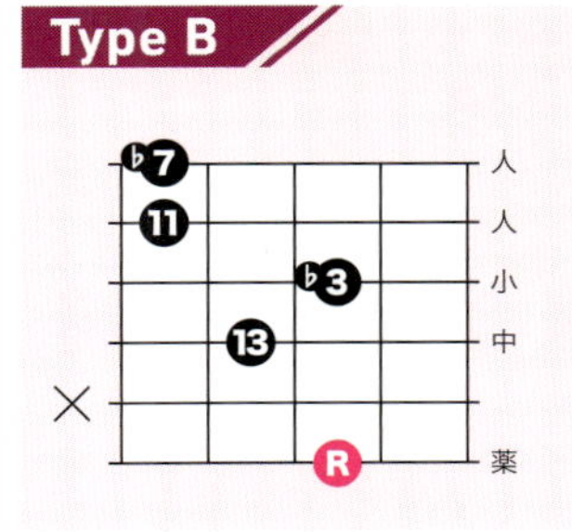

Type C

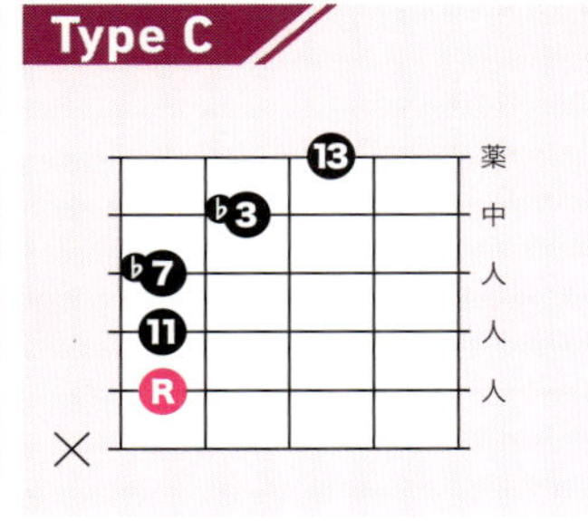

Type D

ルート省略

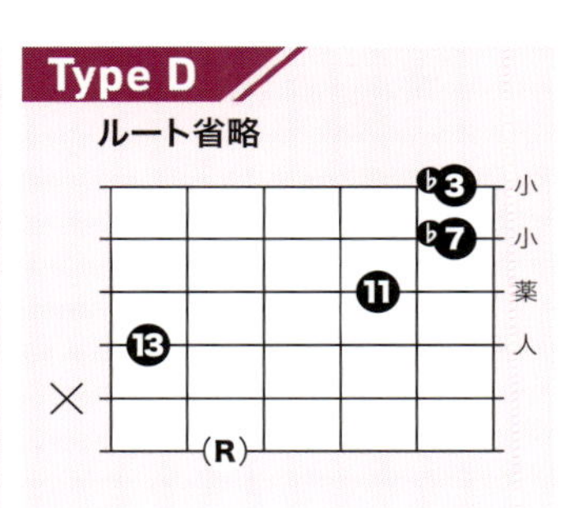

35 m7 (9、11、13) [IIm／Im7]

マイナー〈Dorian〉

Type A

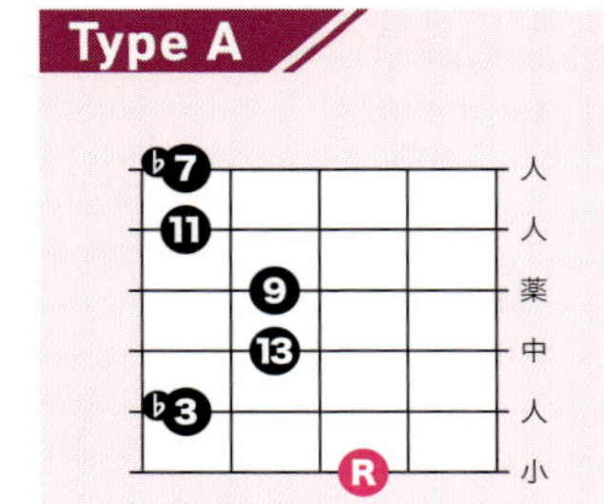

Type A-1

UST

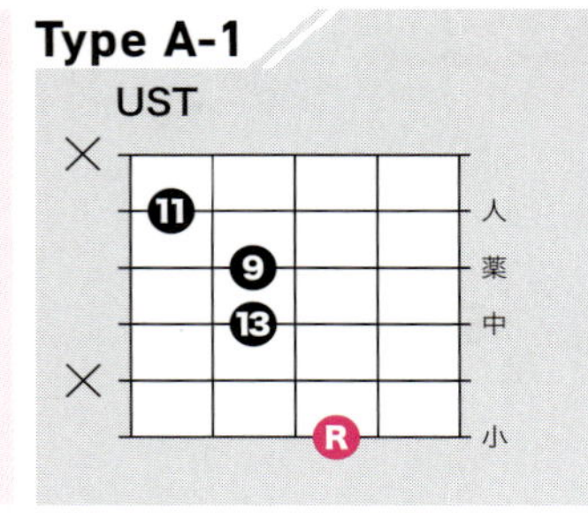

Type B

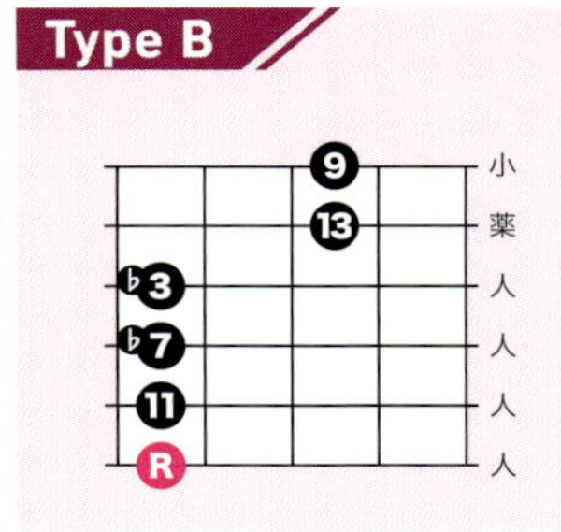

Type C

ルート省略

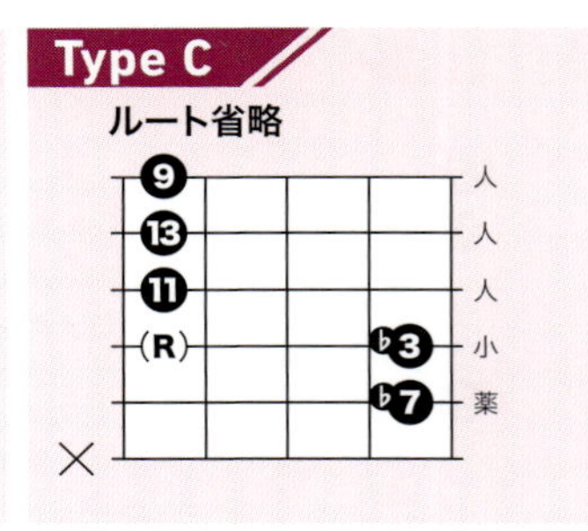

Type D

UST

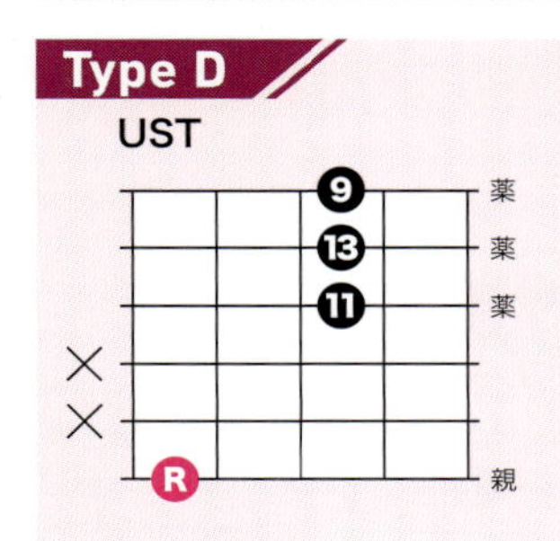

Type E

UST

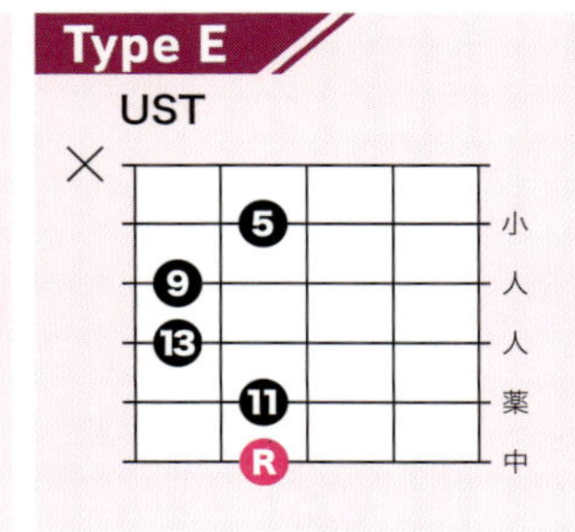

Type F

UST

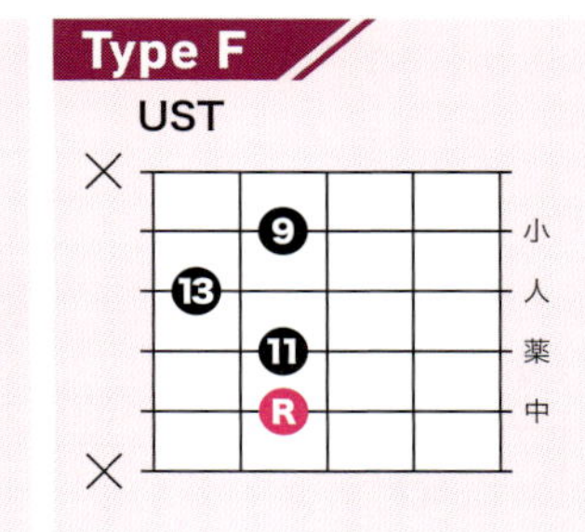

Type F-1

UST

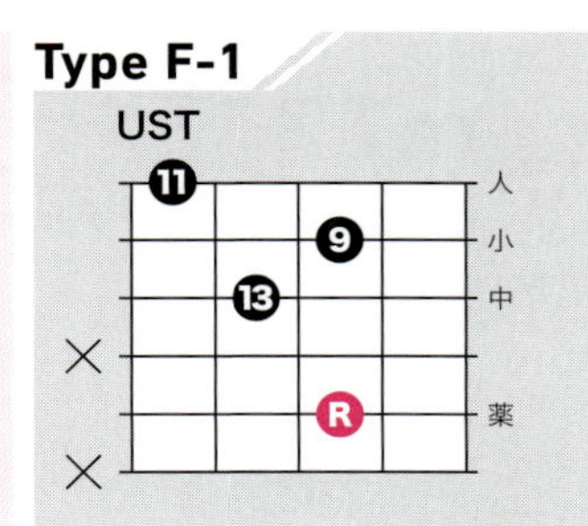

36 m M7

マイナー〈Harmonic Minor／Melodic Minor〉

Type A

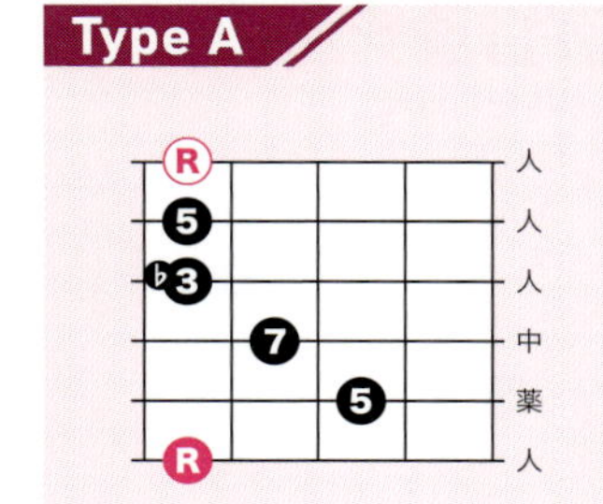

Type A-1

バリエーション

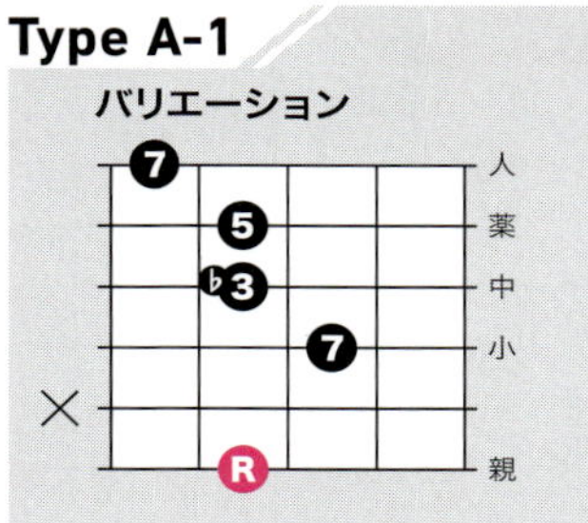

Type B

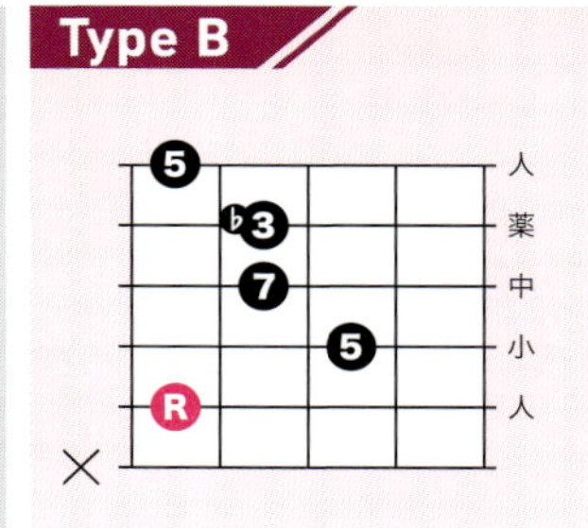

Type C

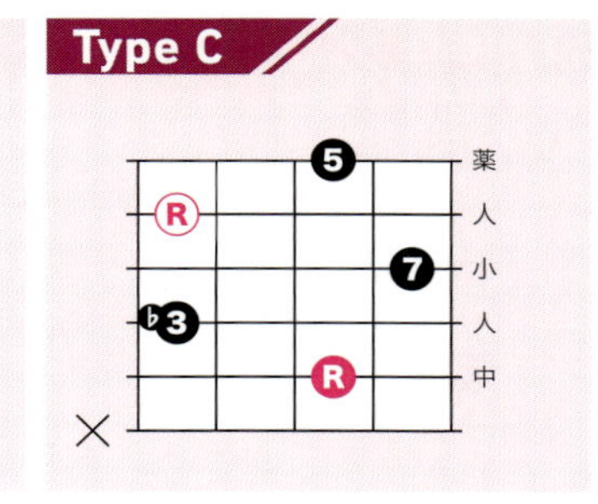

Type D

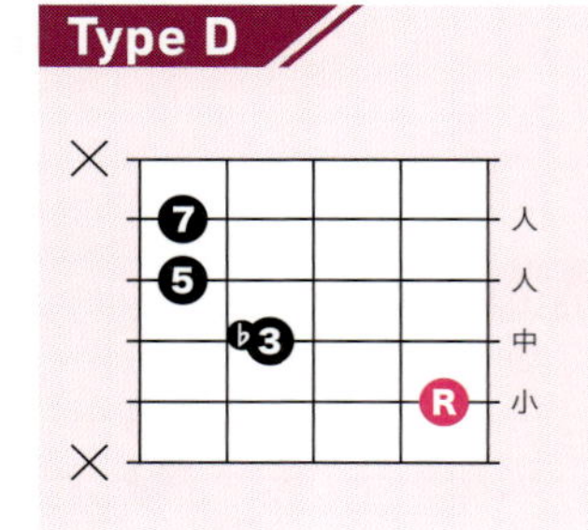

Type D-1

Cm M7

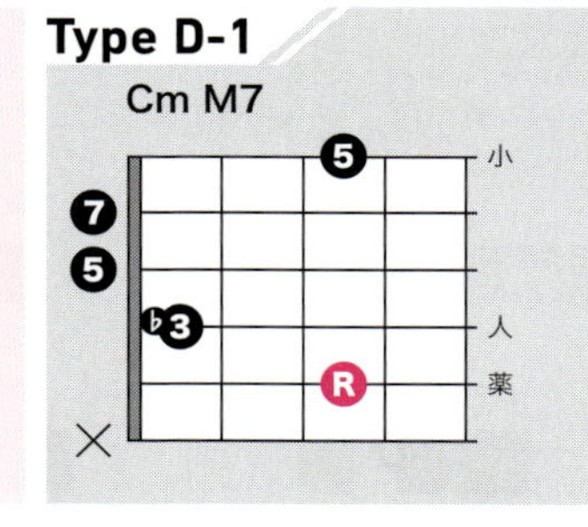

Type E

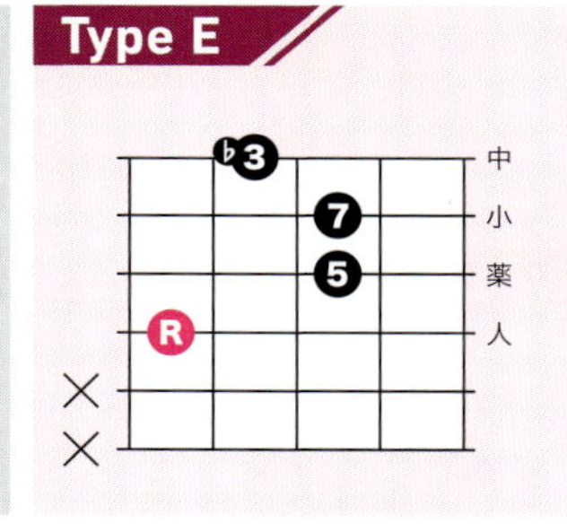

Type F

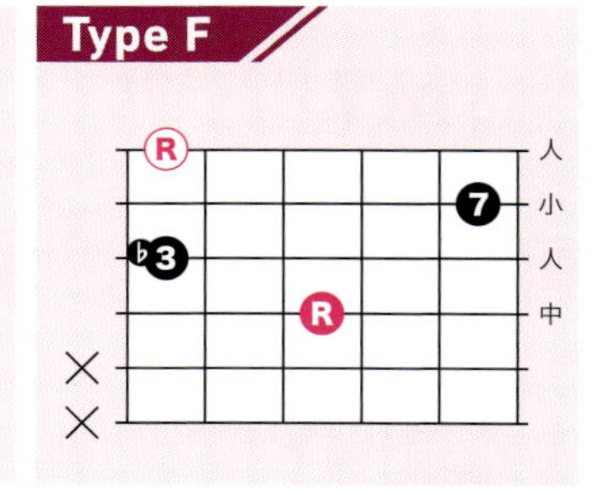

37 m M7 (9)

マイナー〈Harmonic Minor／Melodic Minor〉

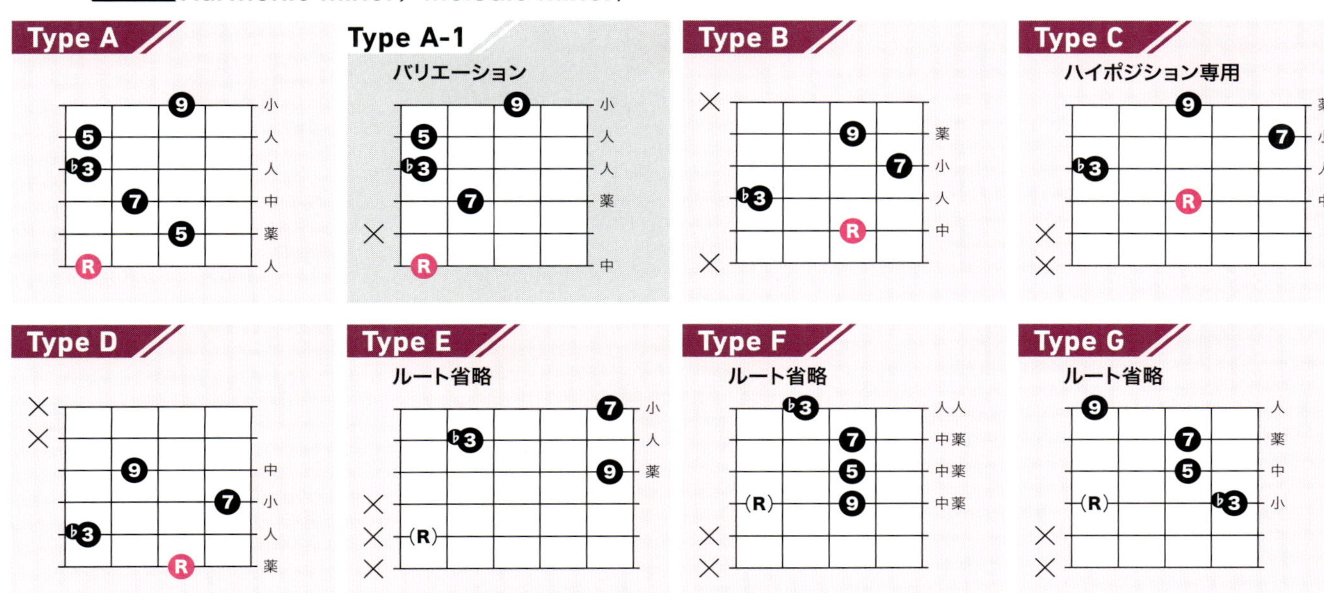

38 m M7 (11)

マイナー〈Harmonic Minor／Melodic Minor〉

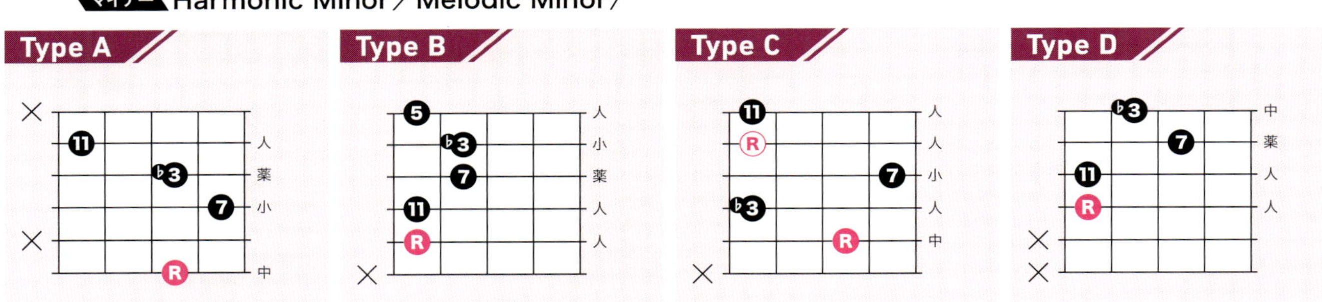

39 m7 (♭5)

マイナー〈Locrian／Locrian♮2〉

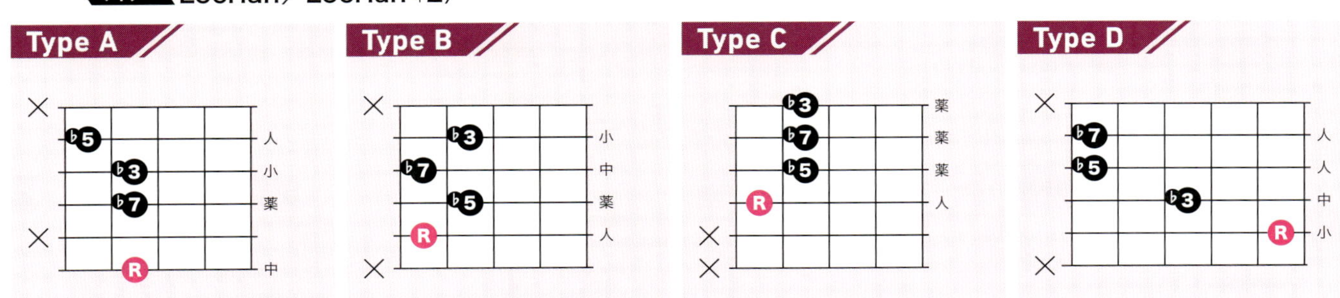

40 7

ドミナント〈Mixolydian／Lydian Dom.／Mixolydian♭6／Phrygian Dom.〉

Type A

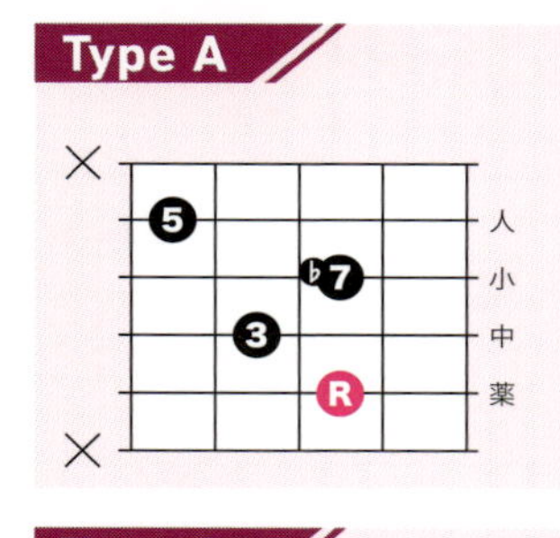

Type A-1

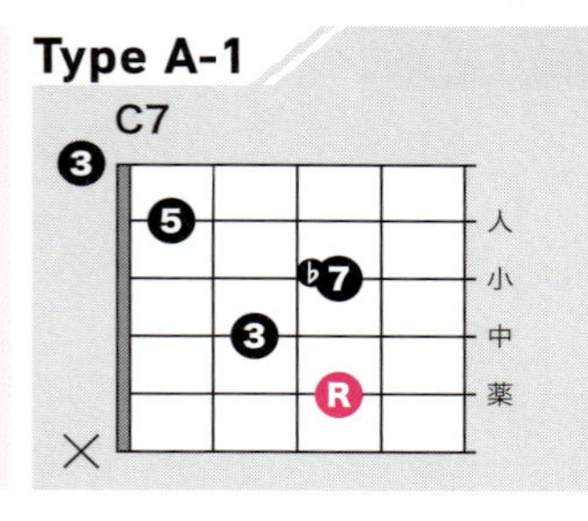

Type B

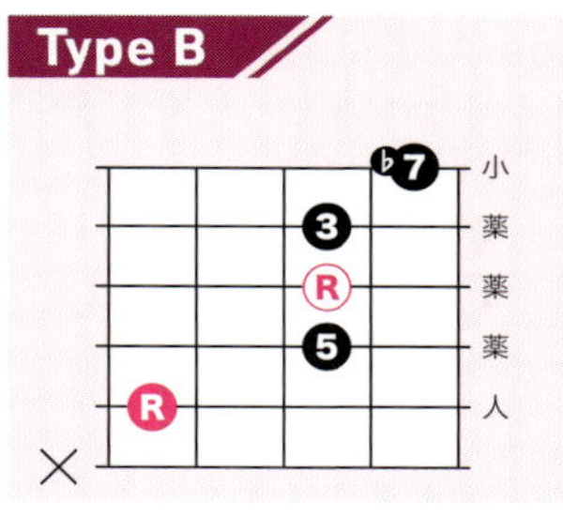

Type B-1

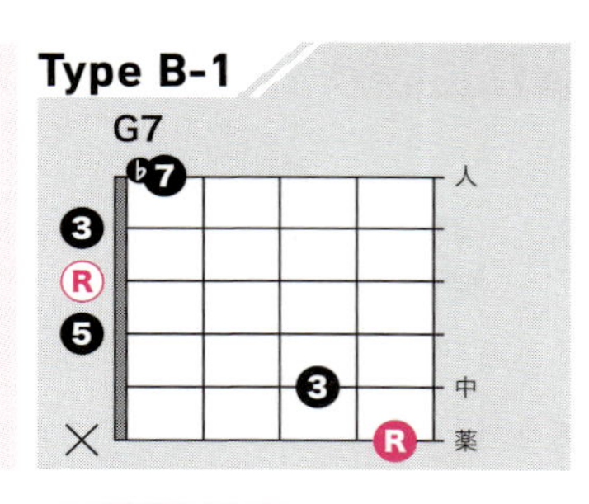

Type C

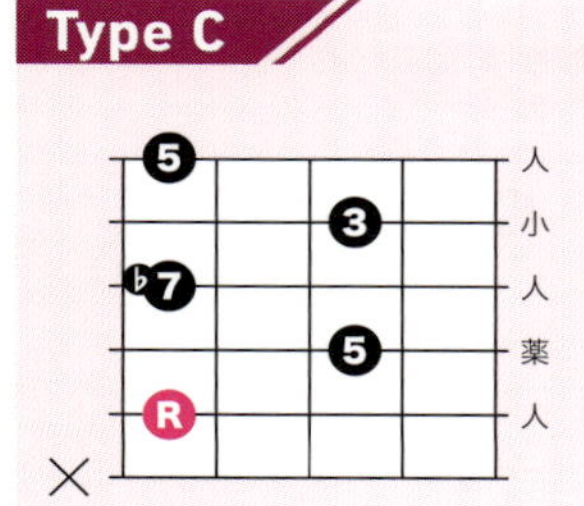

Type D

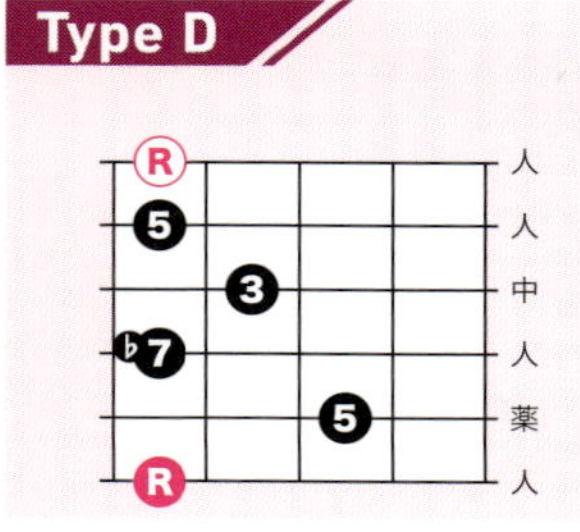

Type D-1

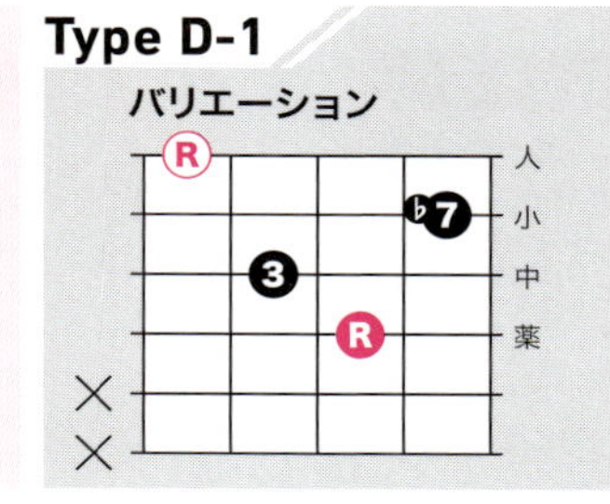

Type E

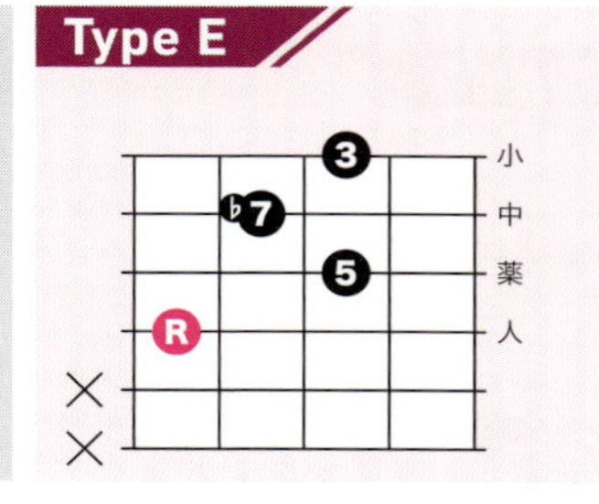

41 7sus4

ドミナント〈Mixolydian／Mixolydian♭6／Phrygian Dom.〉

Type A

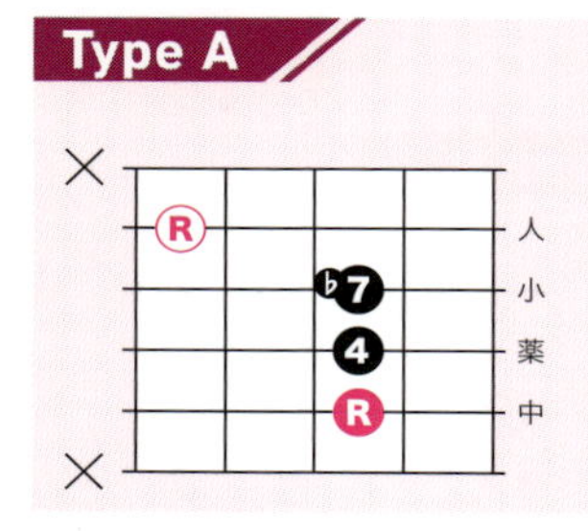

Type A-1

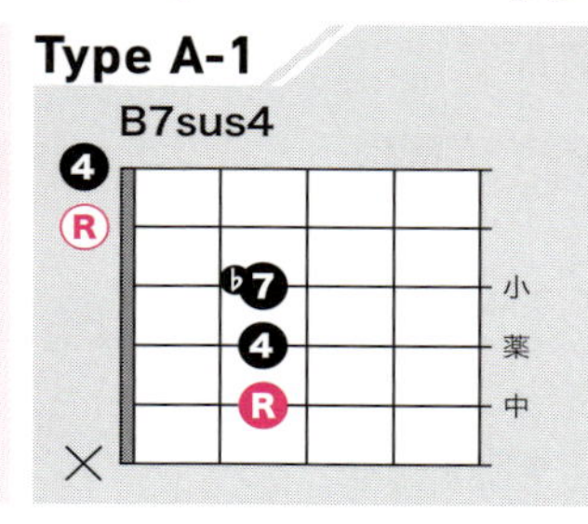

Type B

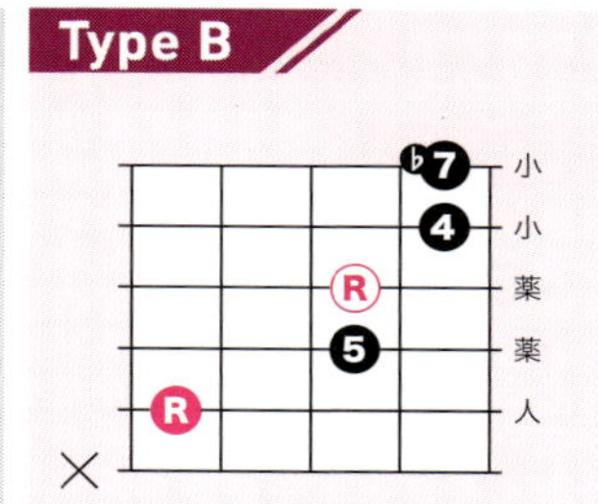

Type C

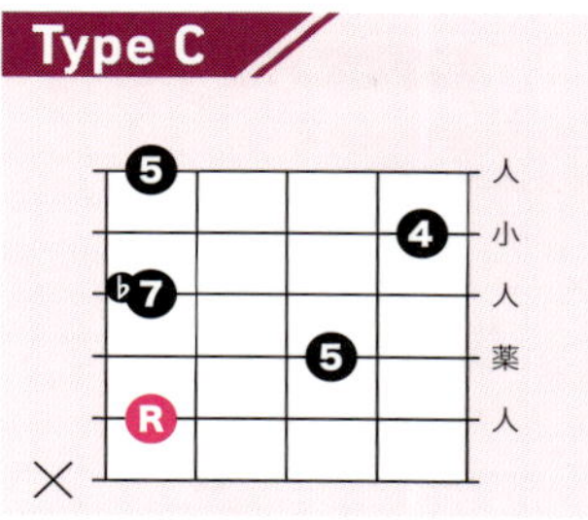

Type D

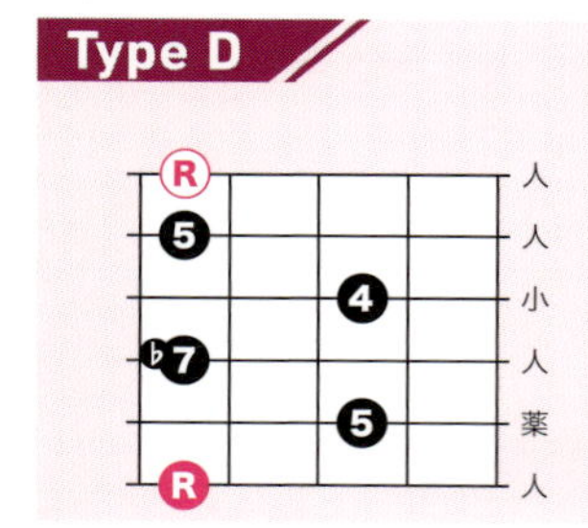

Type D-1

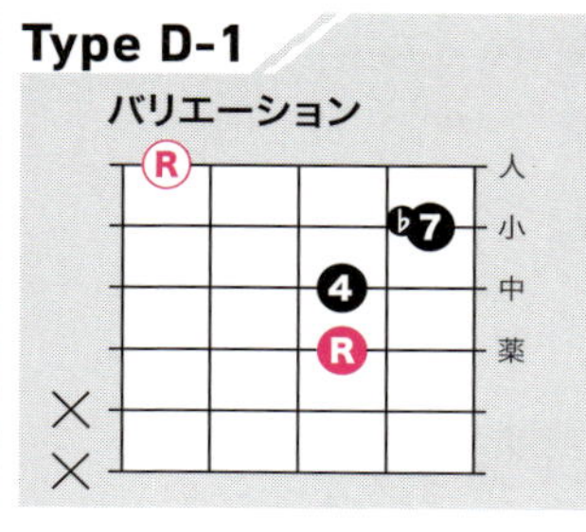

Type E

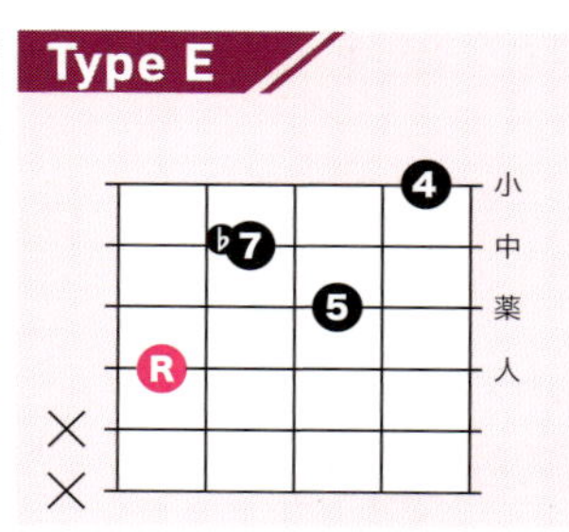

Type F

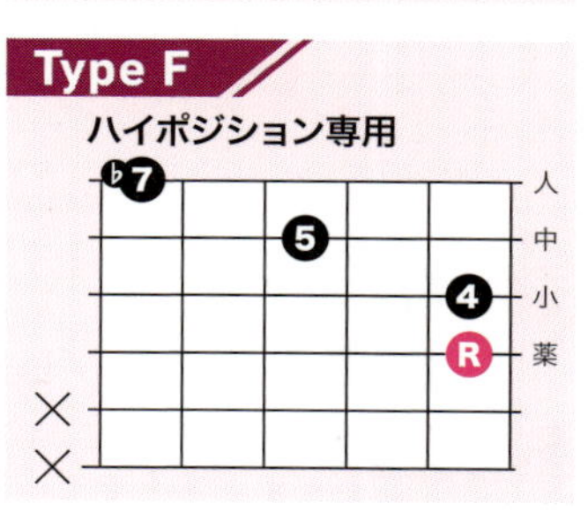

42 7(9)sus4 ［♭Ⅶ／Ⅰ△］（F/Gタイプのコード）

ドミナント〈Mixolydian／Mixolydian♭6〉

Type A

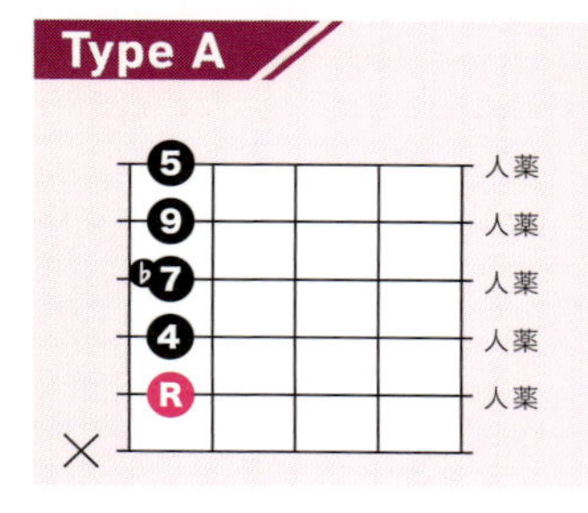

Type B

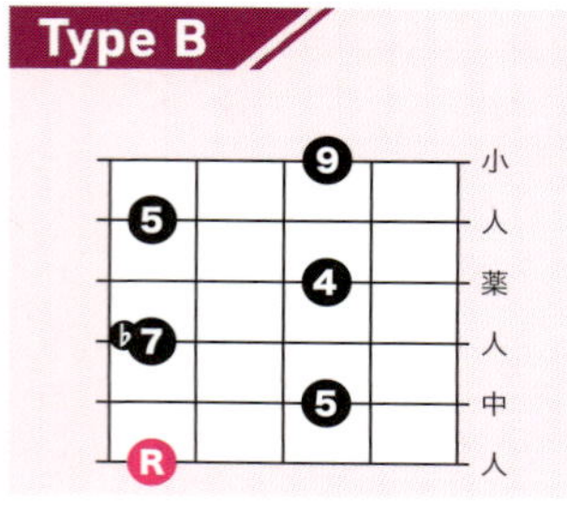

Type C

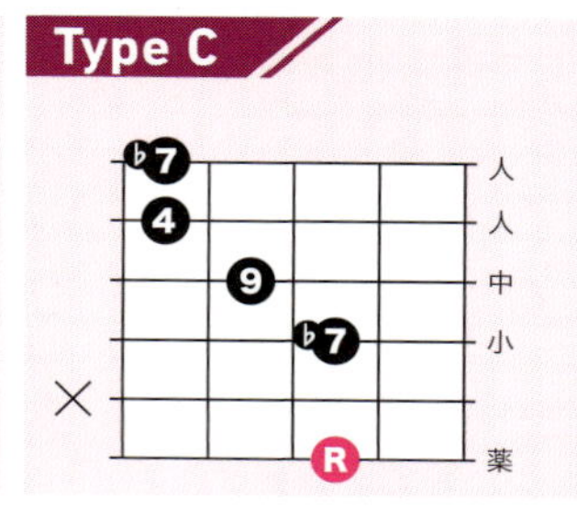

Type D

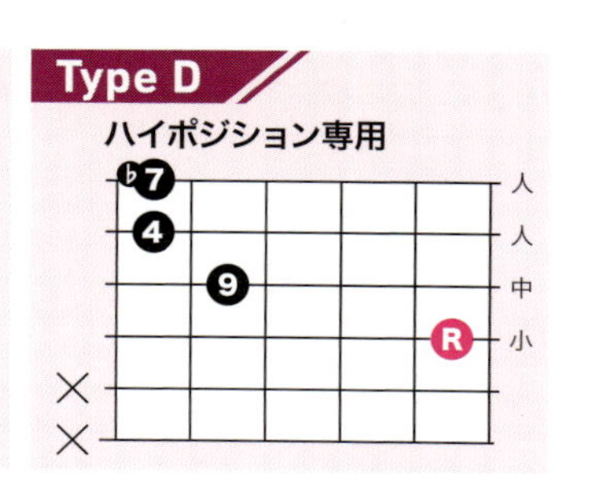

43 7(9、13) sus4 [ⅣM7／I△]

ドミナント〈Mixolydian／Mixolydian♭6〉

Type A

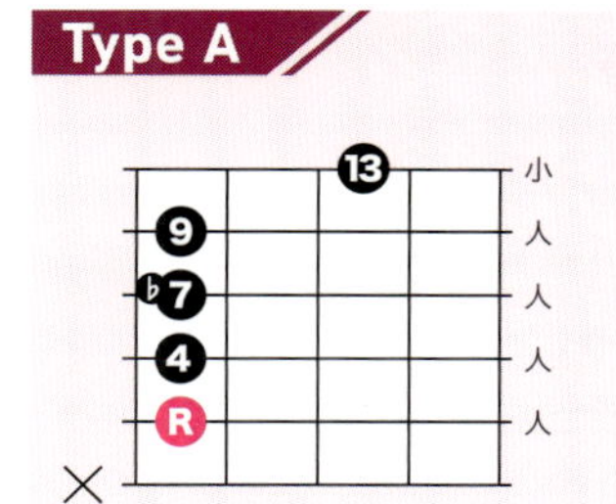

Type B

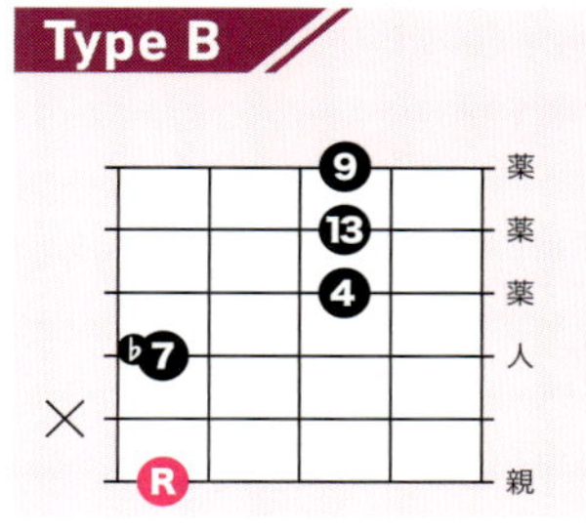

Type C

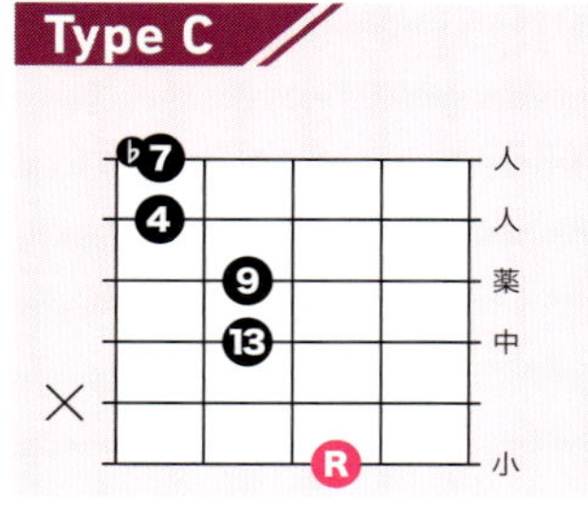

Type C-1

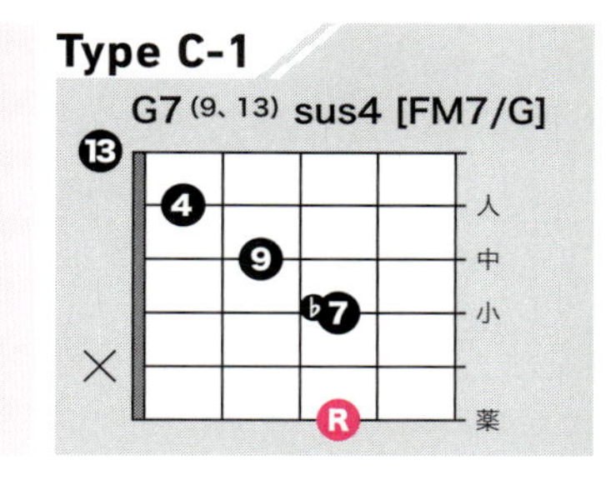

44 7(9) [Vm／I△]

ドミナント〈Mixolydian／Lydian Dom.／Mixolydian♭6〉

Type A

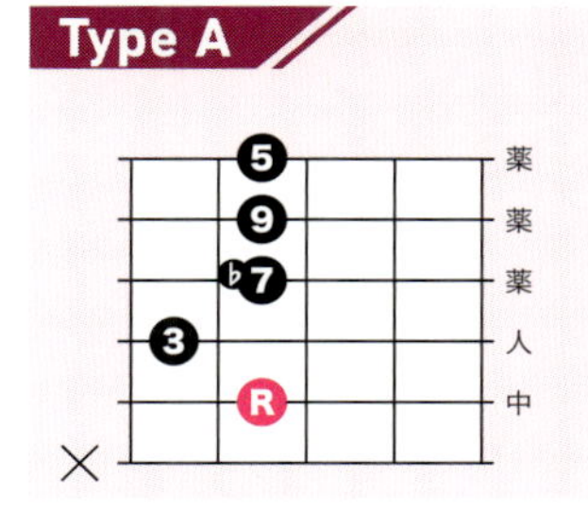

Type B

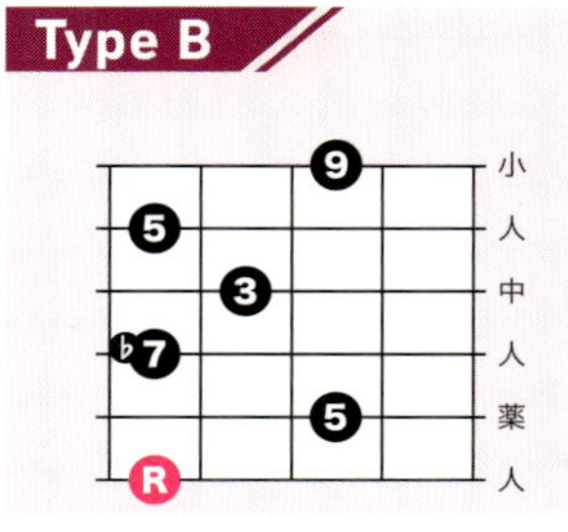

Type B-1

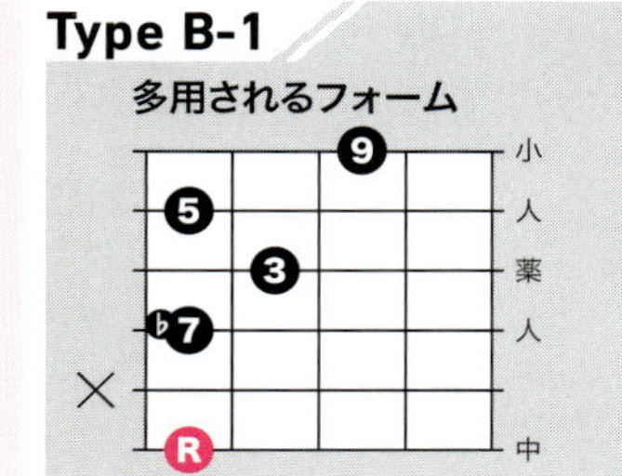

Type C

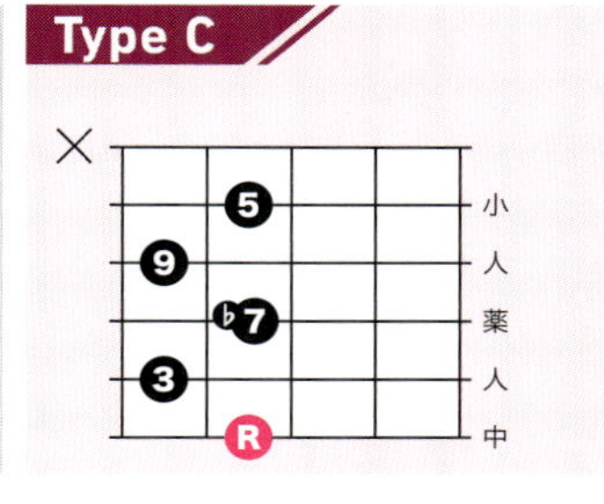

Type D

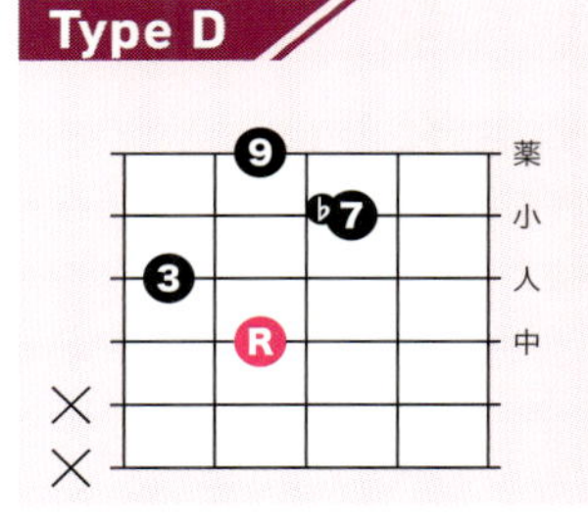

Type E

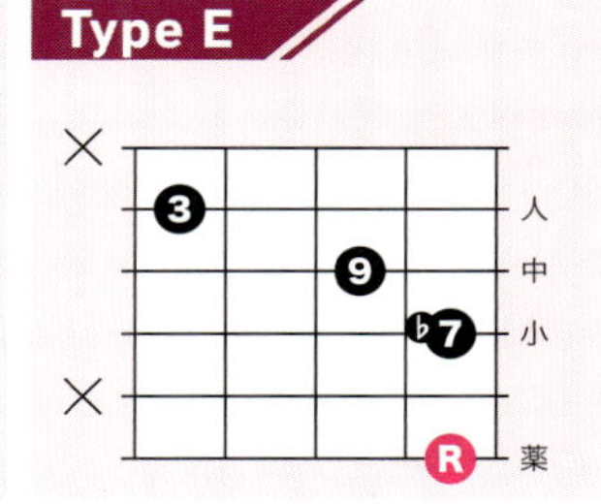

Type F

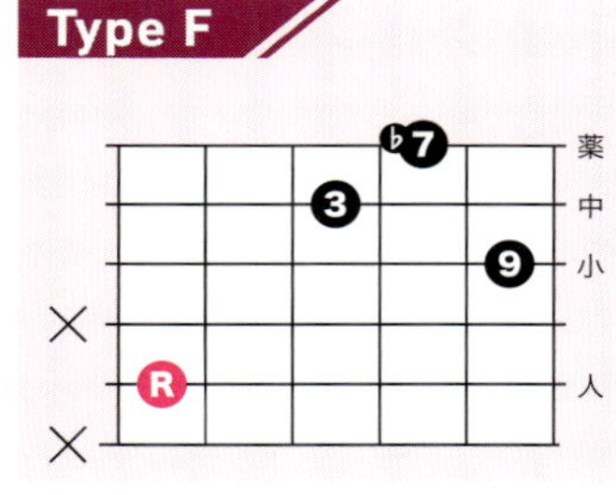

Type F-1

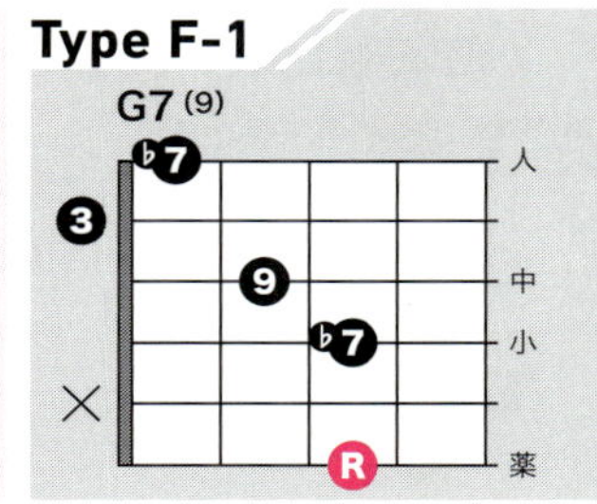

45 7(13)

ドミナント〈Mixolydian／Lydian Dom.〉

Type A

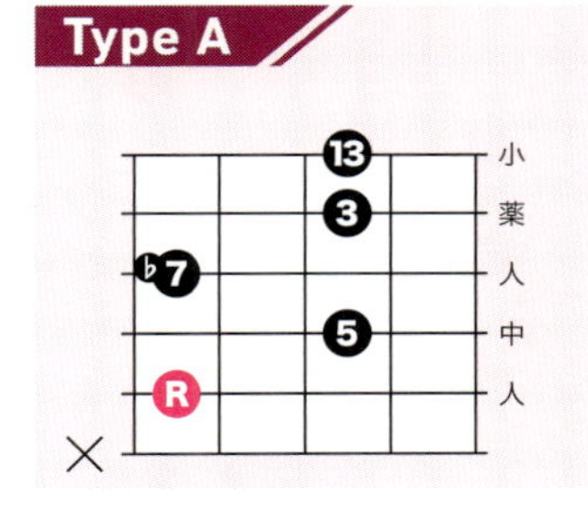

Type B

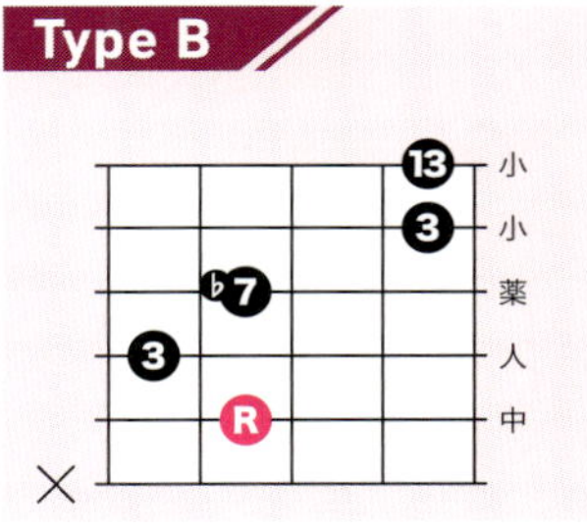

Type C

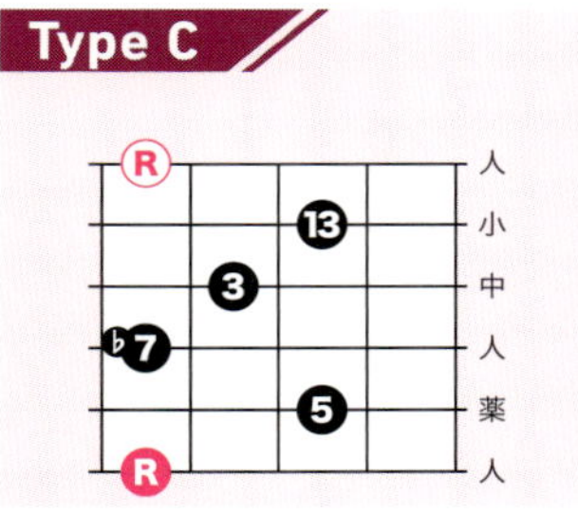

Type C-1

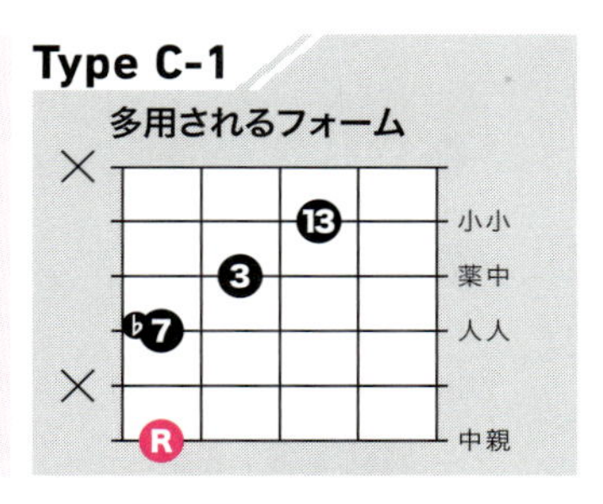

Type D

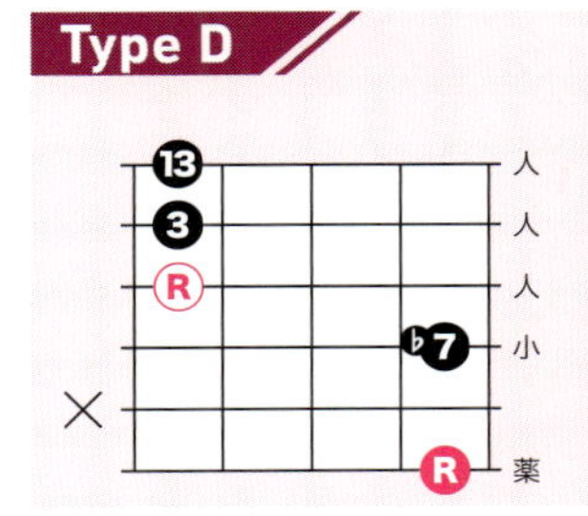

Type D-1

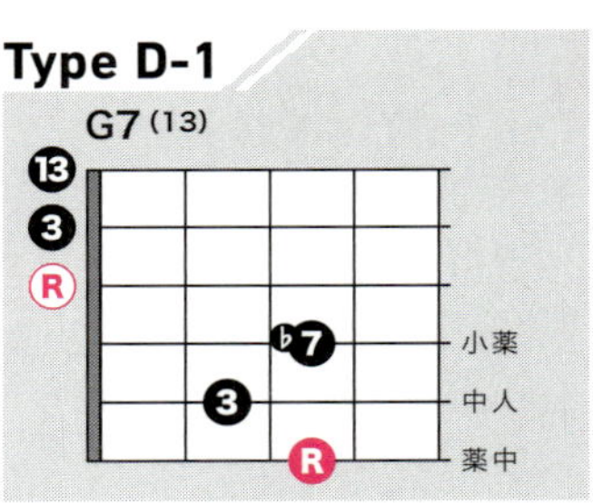

Type E

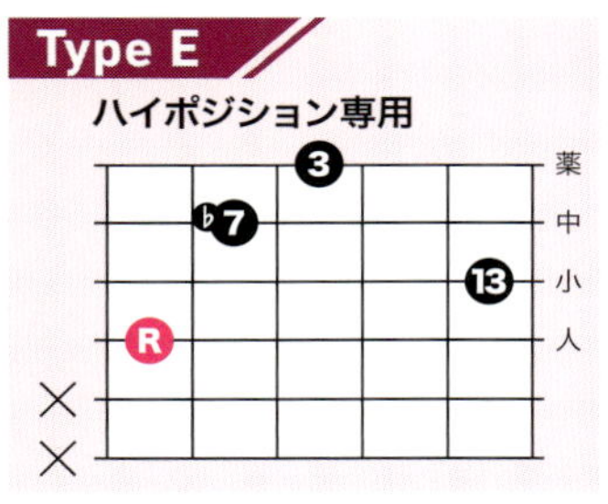

Type F

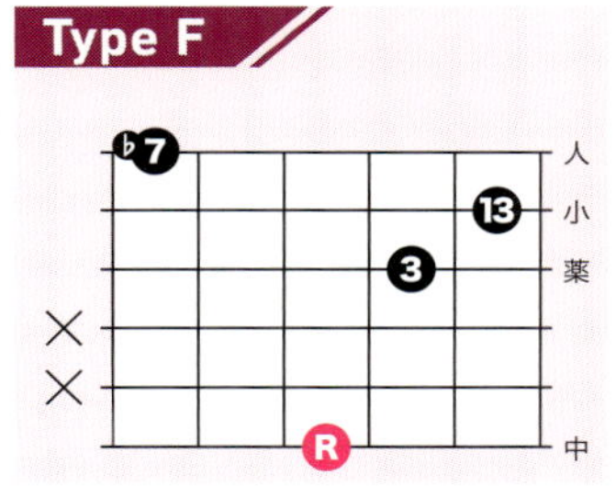

46 7 (9、13)

ドミナント Mixolydian／Lydian Dom.〉

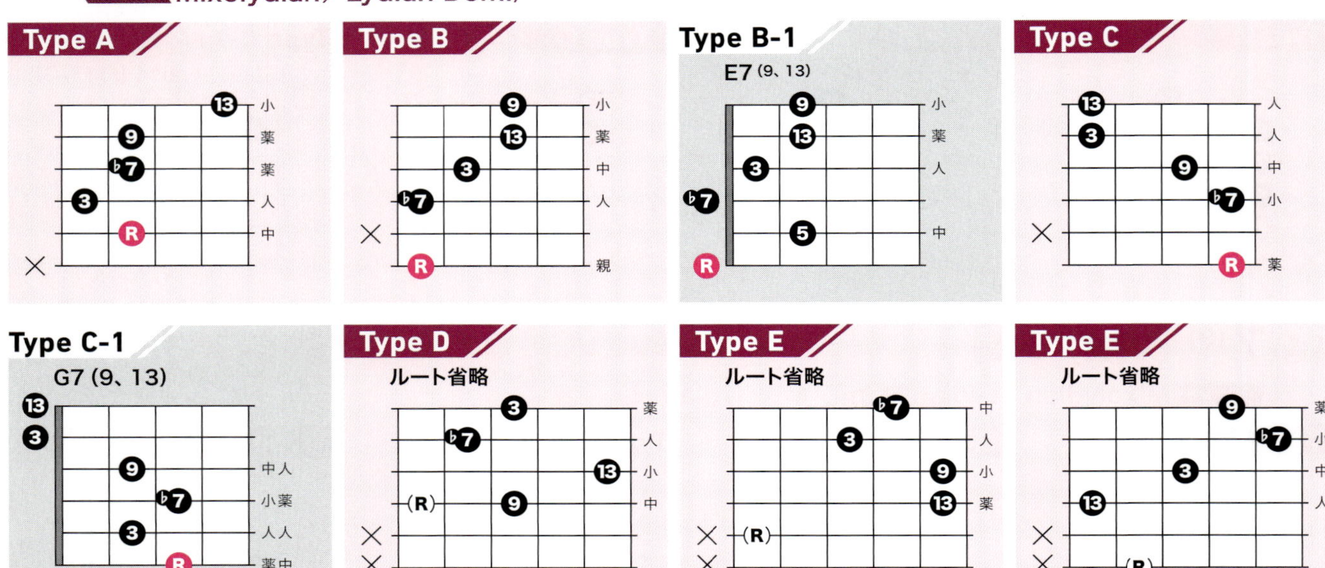

47 7 (#11)

ドミナント Lydian Dom.〉

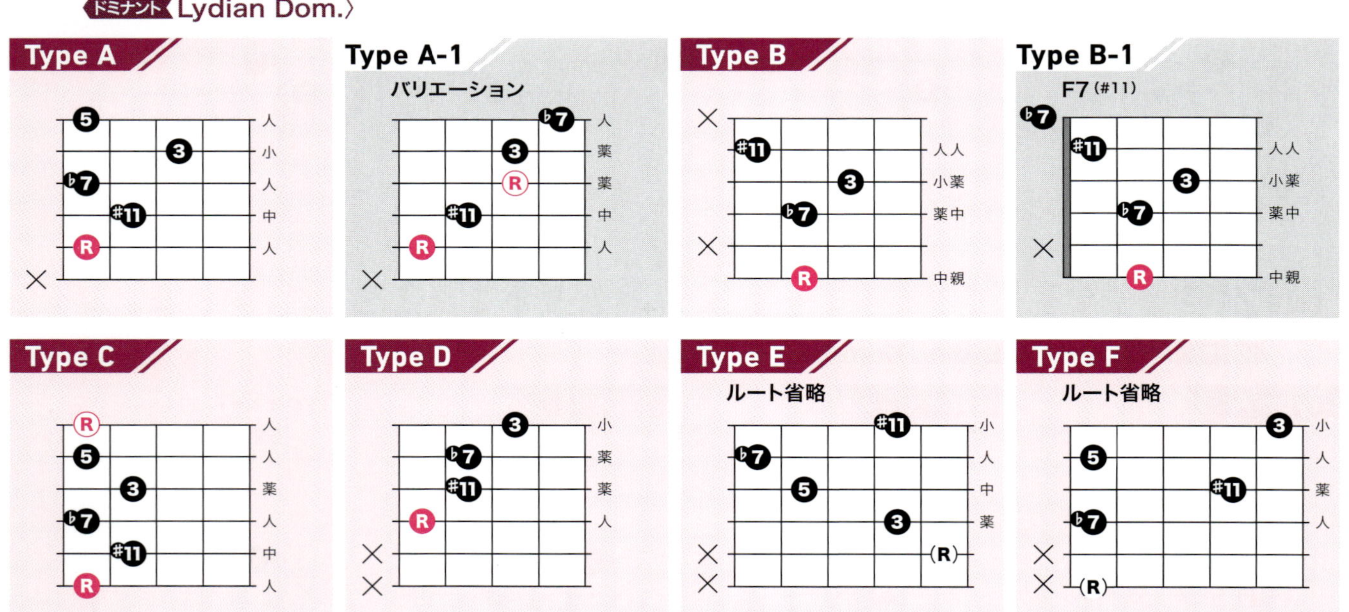

48 7(9、#11)

ドミナント〈Lydian Dom.〉

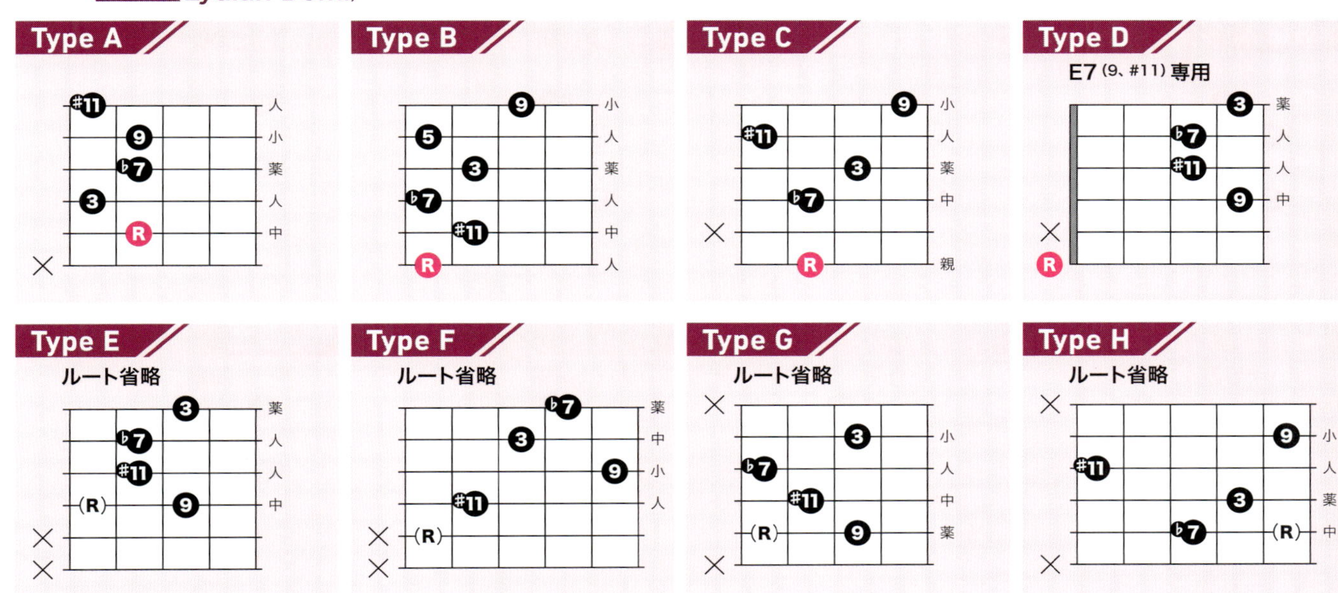

49 7(#11、13)

ドミナント〈Lydian Dom.〉

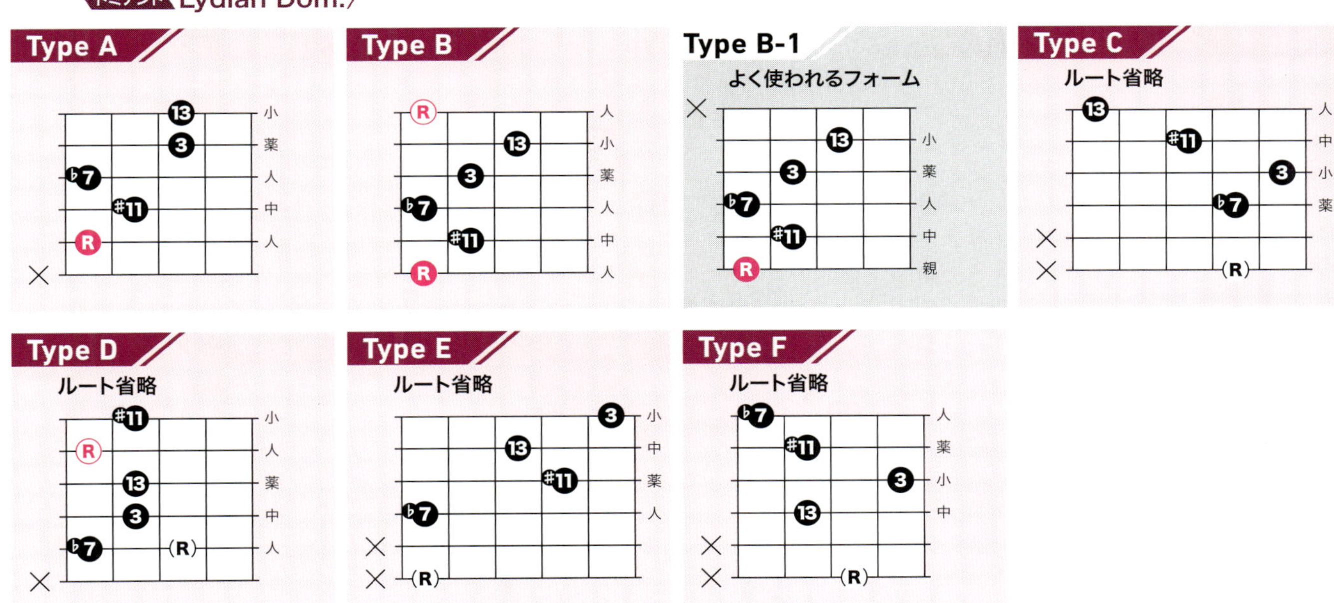

50 7(♭9)

〈ドミナント Phrygian Dom.／Altered Dom.〉

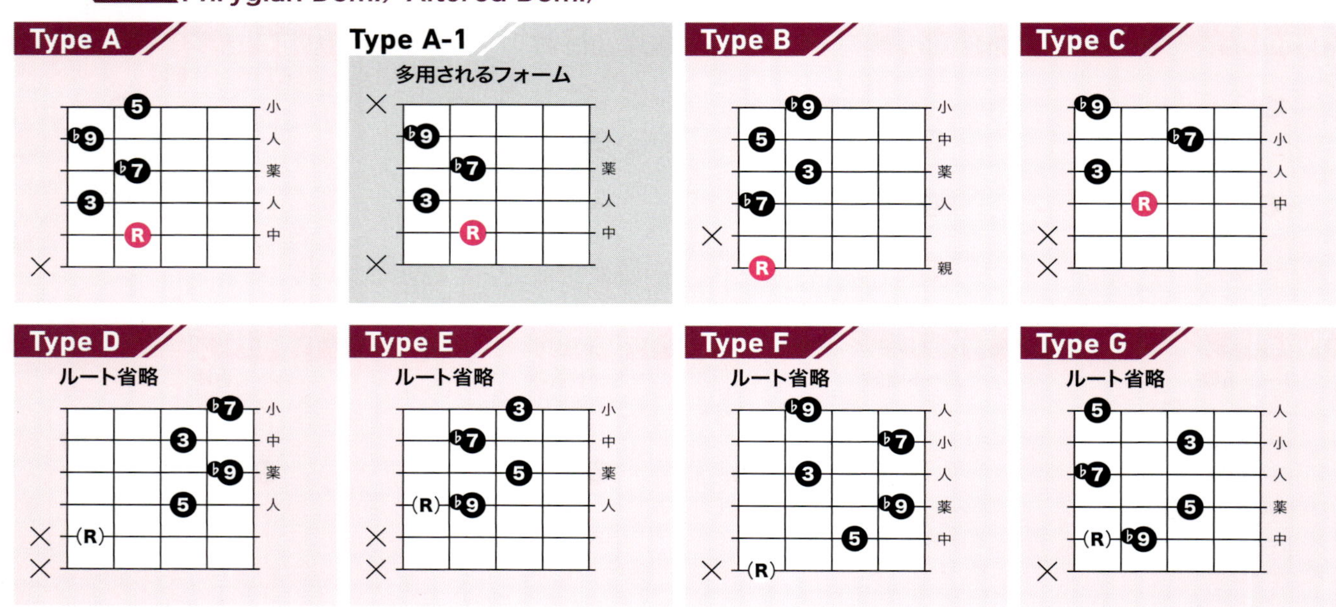

51 7(♭13)

〈ドミナント Mixolydian♭6／Phrygian Dom.／Altered Dom.〉

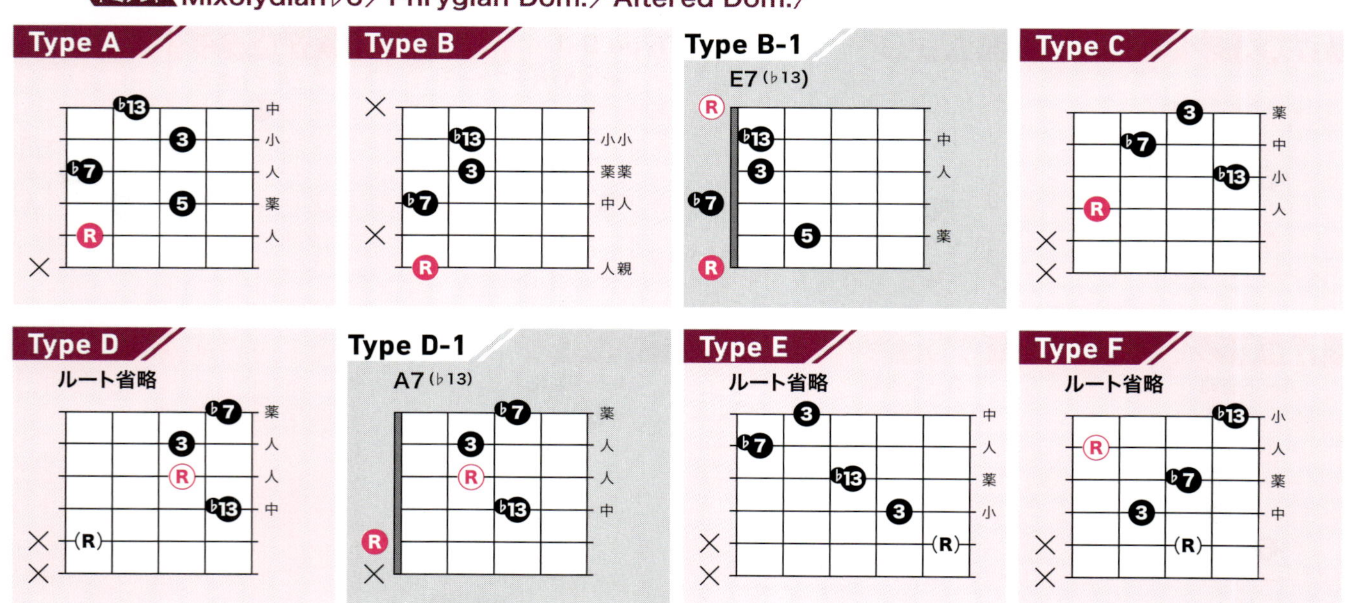

52 7(♭9、♭13)

ドミナント〈Phrygian Dom.／Altered Dom.〉

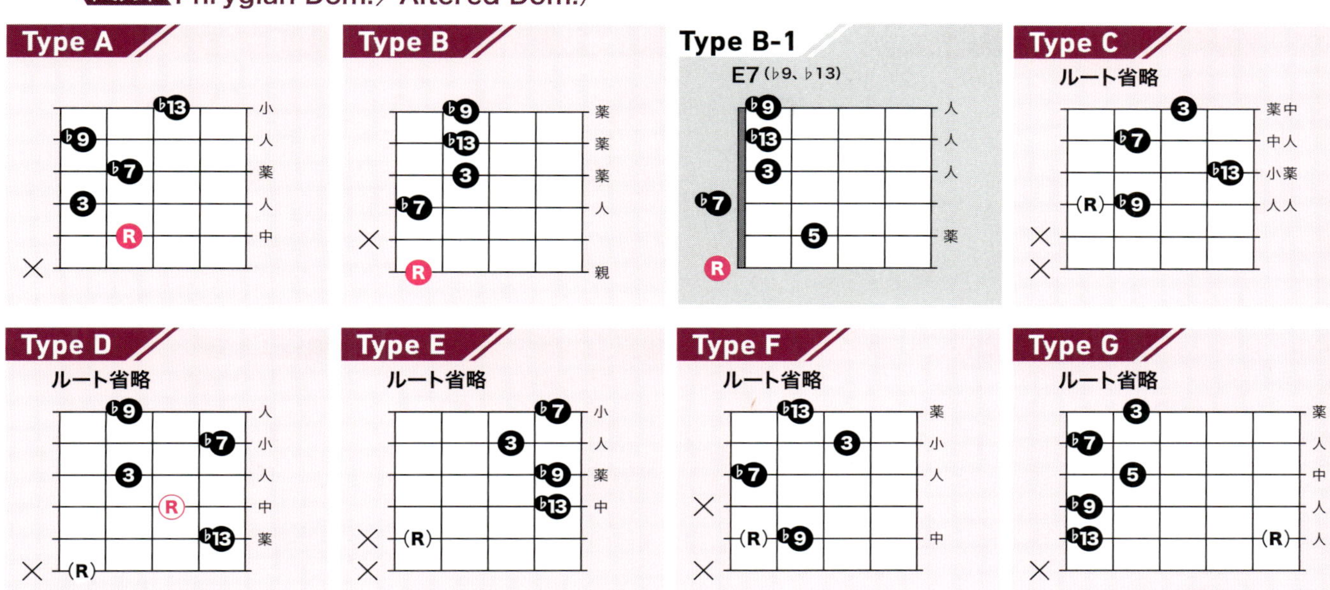

53 7(9、♭13)

ドミナント〈Mixolydian♭6〉

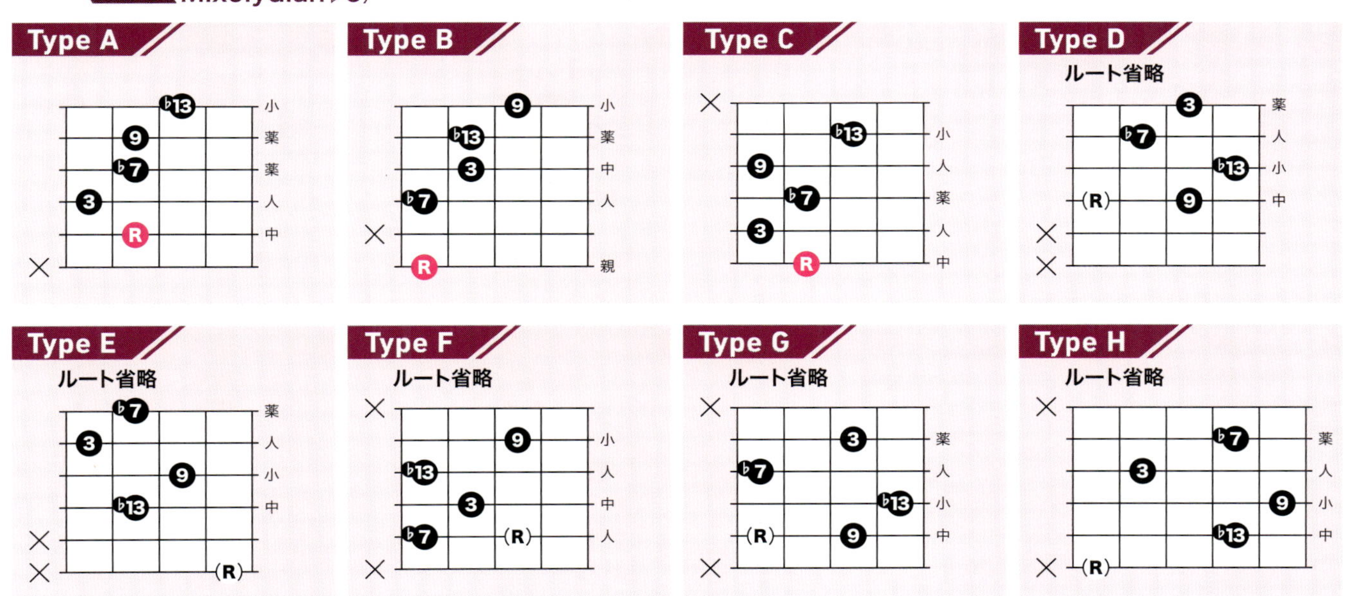

54 7(#9)

ドミナント Altered Dom.〉

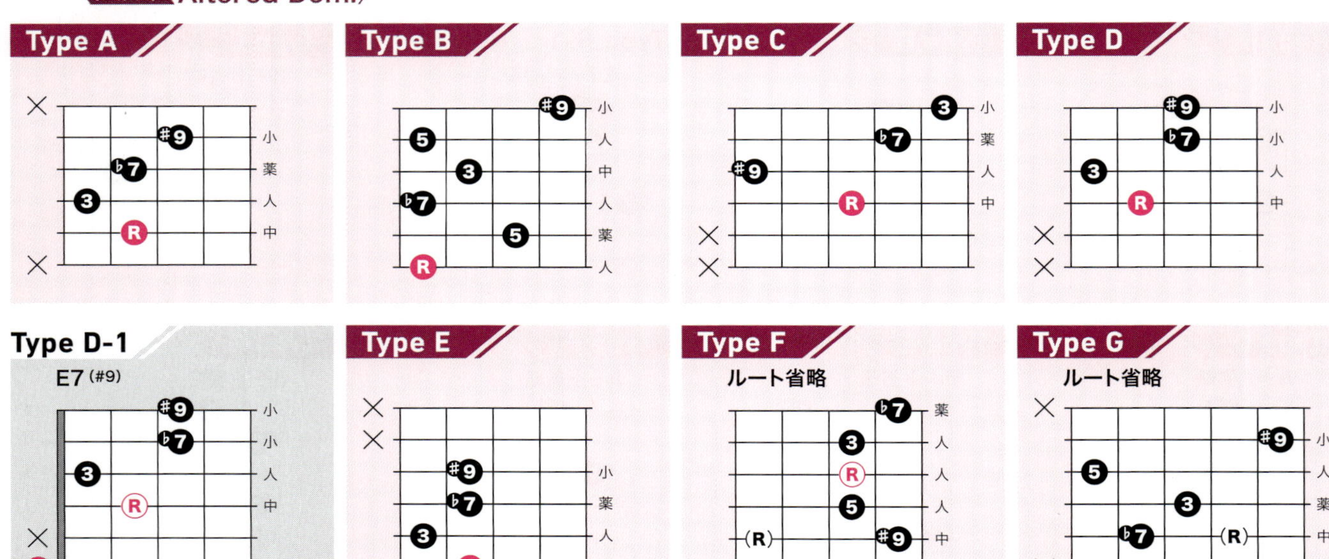

55 7(♭9、#11)［#Ⅳ／Ⅰ△］

ドミナント Altered Dom.〉

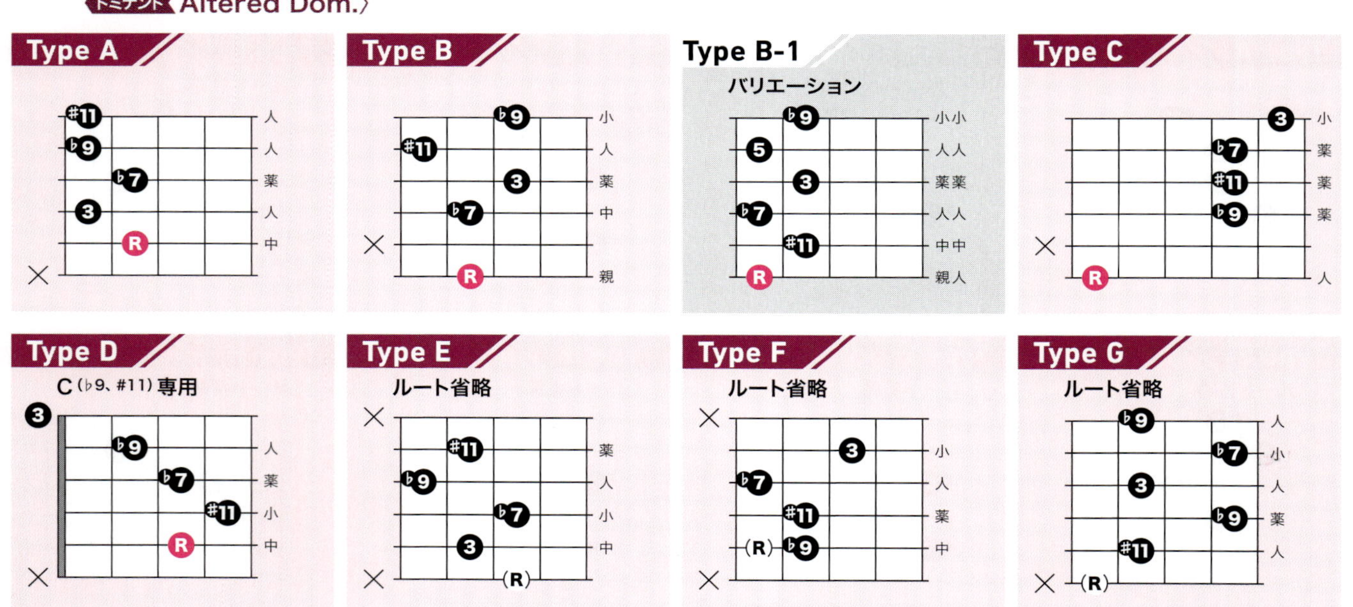

56 7 (#9、#11) [♭Ⅲm／I△]

ドミナント〈Altered Dom.〉

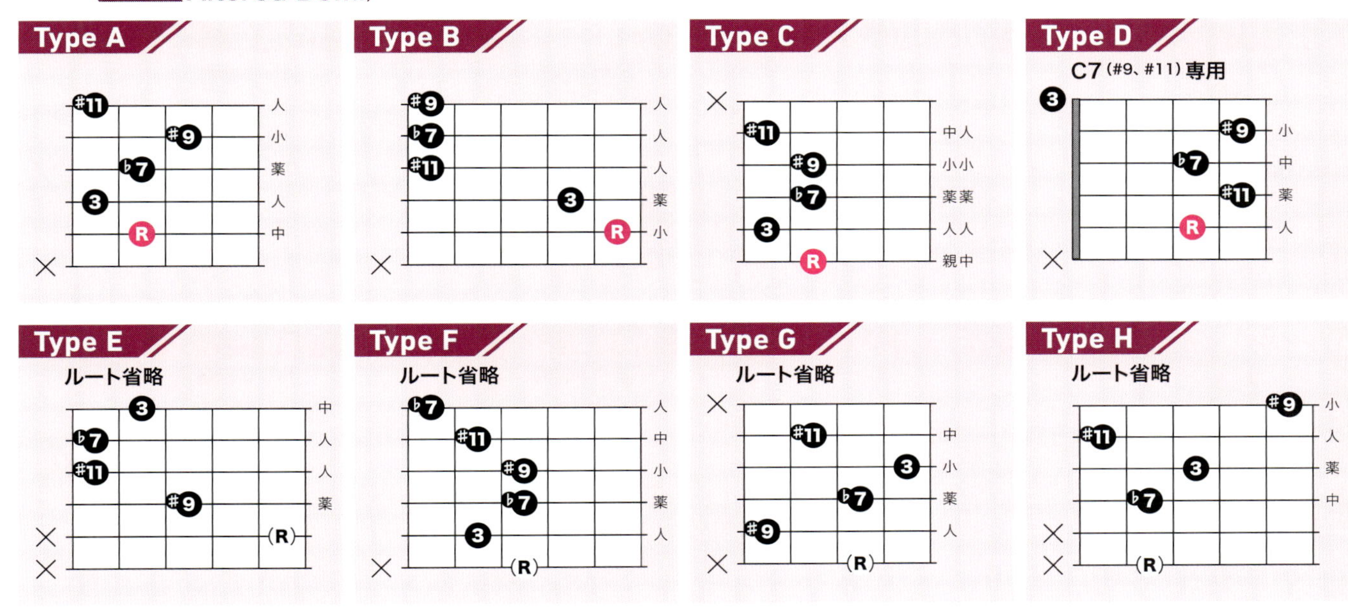

57 7 (#9、♭13) [♭Ⅲsus4／I△]

ドミナント〈Altered Dom.〉

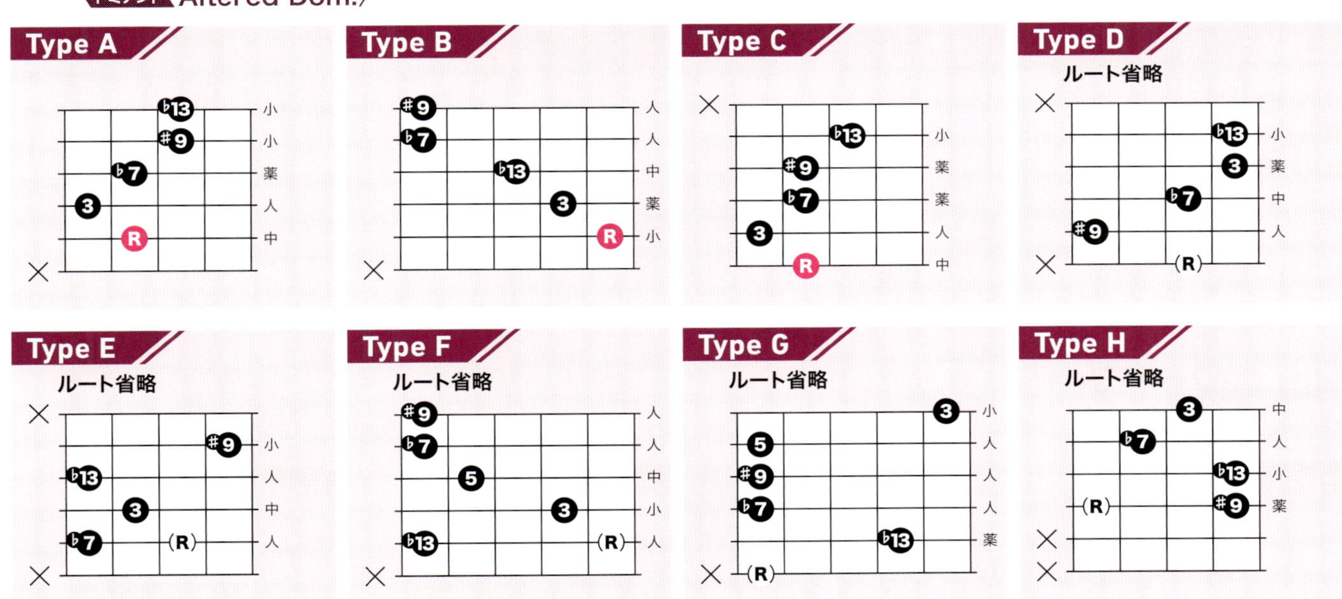

58 7(#11、♭13)

ドミナント〈Altered Dom.〉

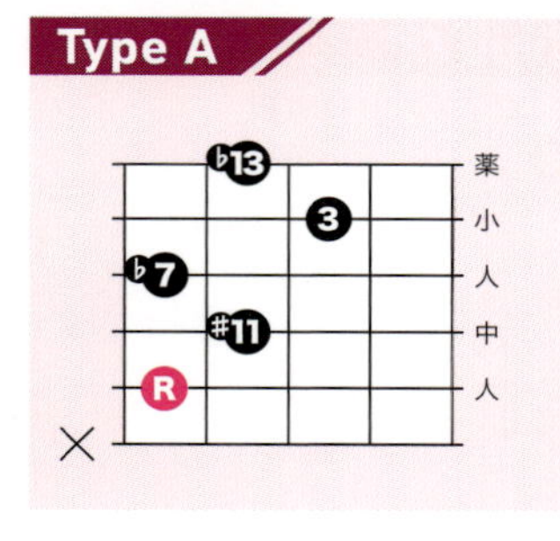

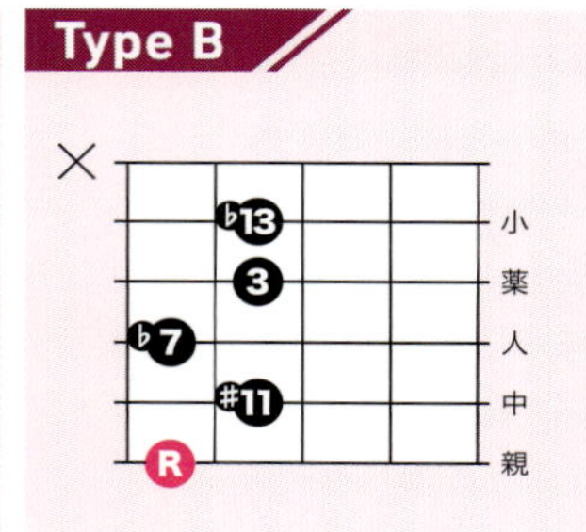

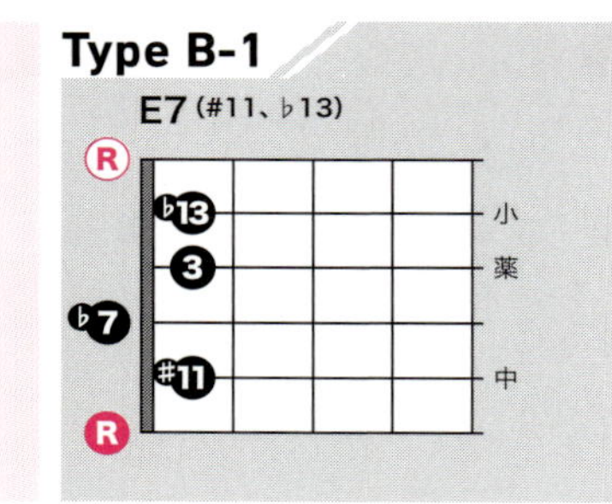

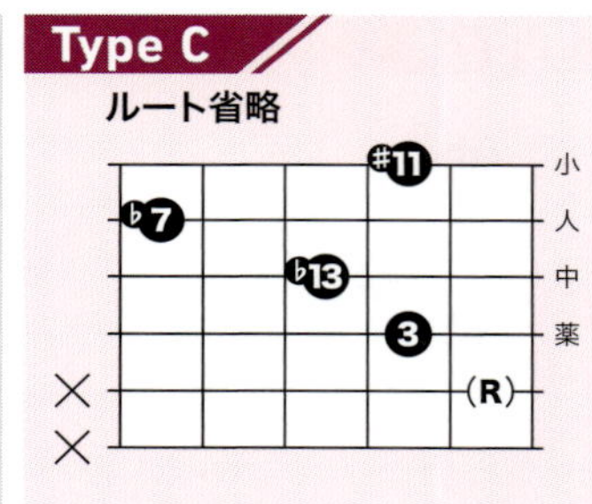

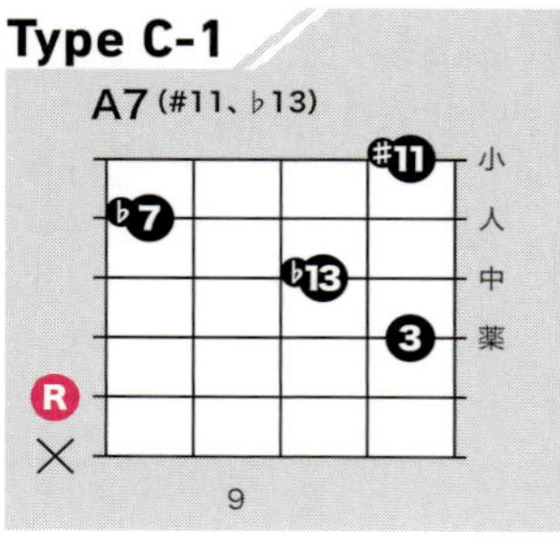

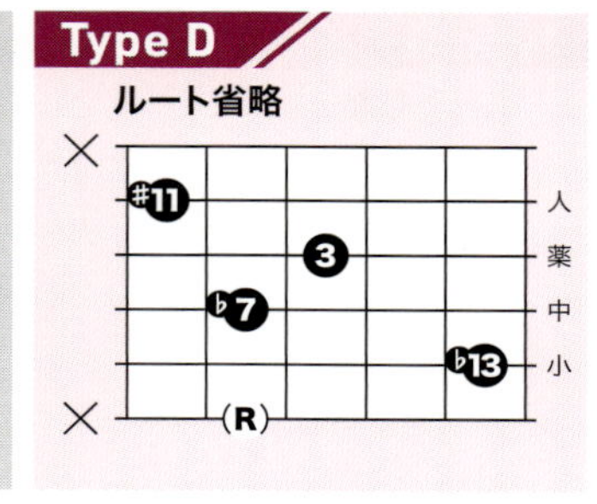

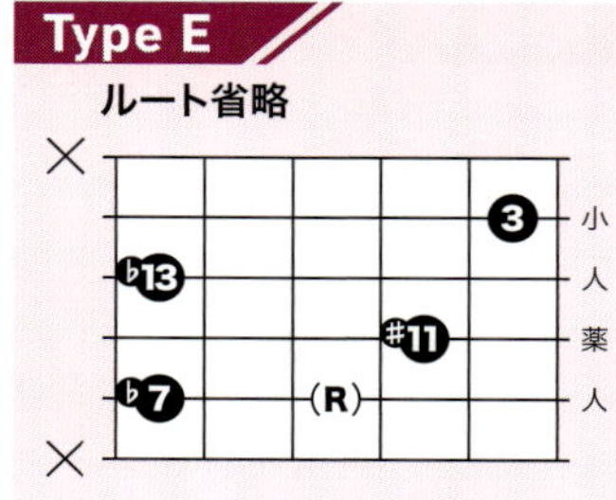

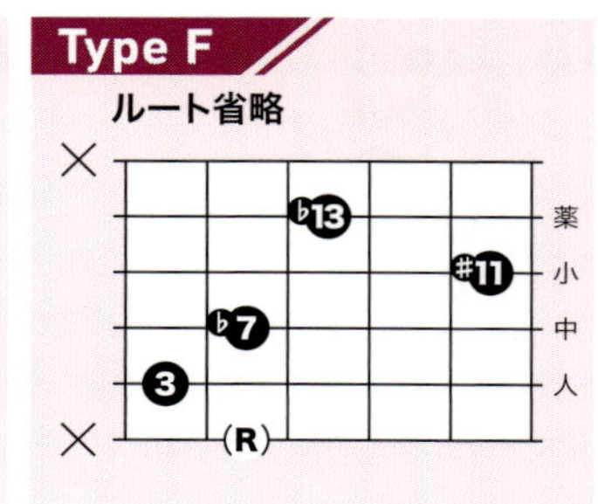

59 dim7

その他〈Diminished〉

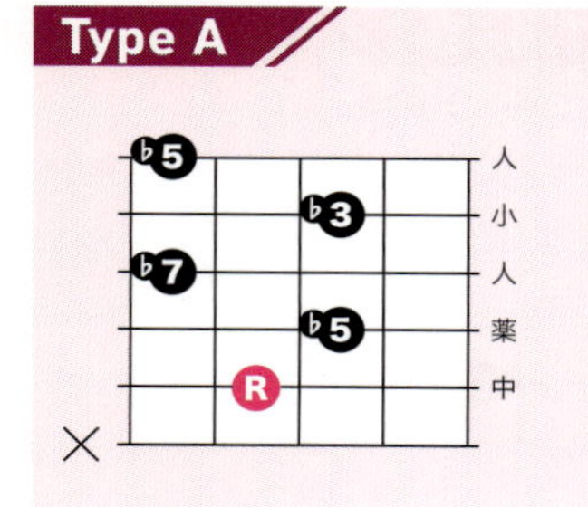

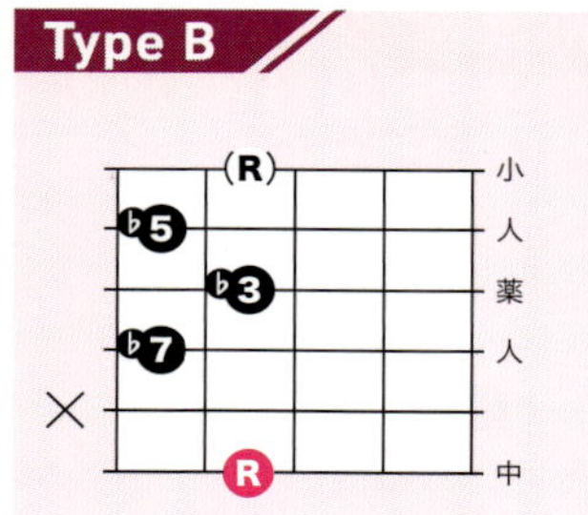

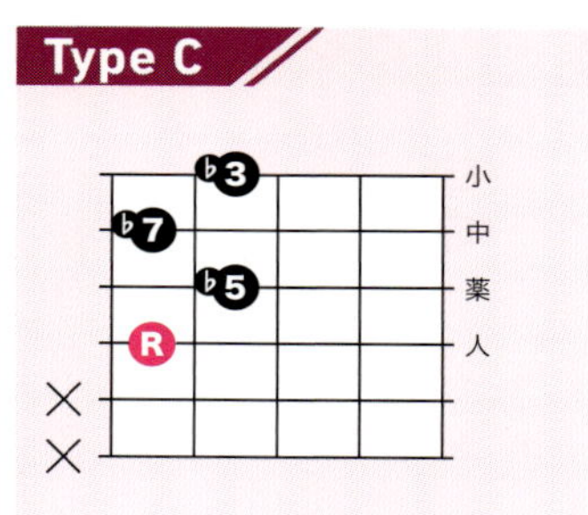

60 パワー・コード

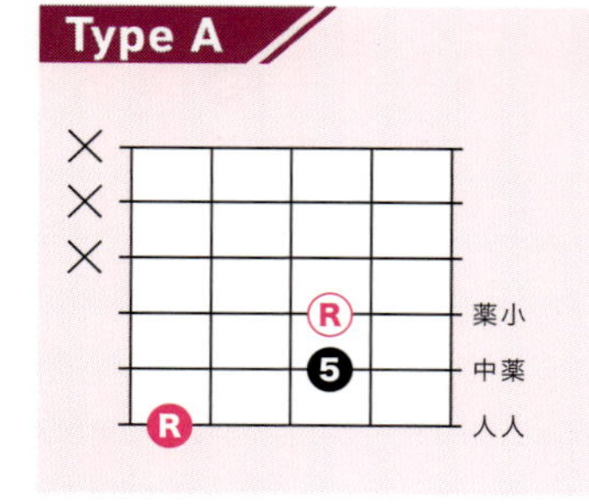

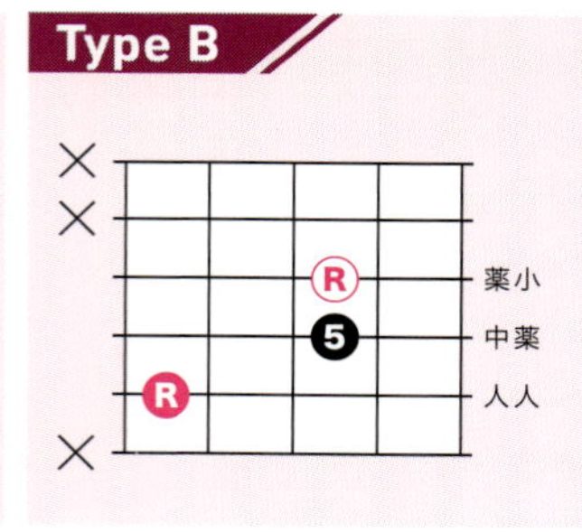

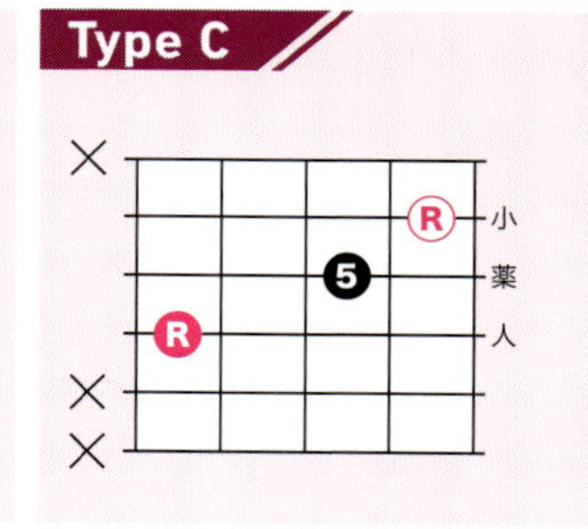

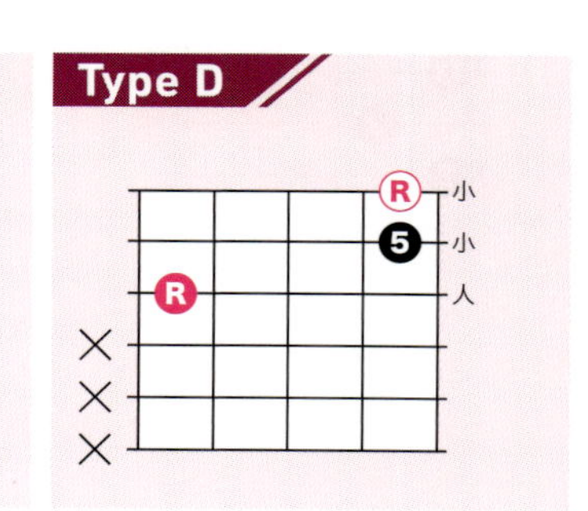

Chapter 3

ギターの響きを最大限に惹き出す! 魅惑のオープン・コード

ギターを響かせる方法と特殊なオープン・コードの作り方

このChapter3では、プロ御用達の開放弦を含むコード・フォームや、コードの響きの可能性を広げる特殊なオープン・コードの作り方を一挙に紹介します。中にはあまり知られていないフォームもありますが、そのどれもがギターを美しく響かせる魅惑の響きを持っています。

開放弦がギターの最大の魅力

■ギターの特性を知り魅力を惹き出す

ピアノは1つの音に1つの鍵盤が割り当てられている楽器ですが、ギターは同じ音を複数のポジションで鳴らすことができます。そしてそれらは、弦の太さと弦長の違いによって同じ音程にもかかわらずそれぞれが違う響きを持っています。これが楽器としてのギターの特徴であり、表現力の源でもあります。

図① ピアノとギターの違うところ

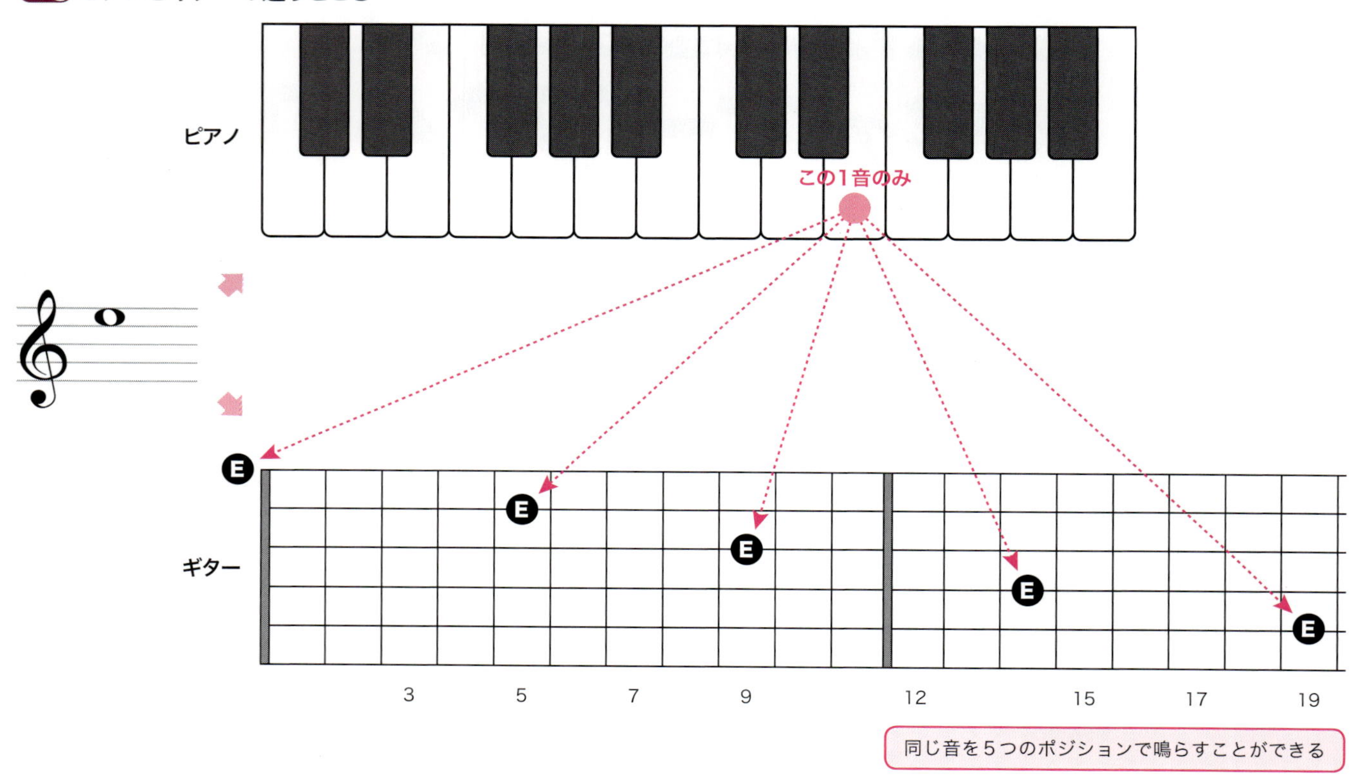

1弦開放のE音と4弦14フレットのE音は楽譜上では同じ音ですが、前者はきらびやかで抜けるトーンを持ち、後者は太く丸いトーンを持っています。

弾き語りやロックではコードを美しく響かせる目的で開放弦の響きが好まれていて、多くのプロ・ギタリストはなんとかして開放弦を使おうと自分でコード・フォームを作っています。

■Key＝C、G、D、Aは特別なキー

コード・フォームに開放弦を使うと言うことは、開放弦がそのキーに含まれる音であることが条件になります。レギュラー・チューニングの開放弦は1弦からE、B、G、D、A、Eなので、これらの音が含まれるキーで演奏することが重要になります。それではギターにとってどのキーが演奏しやすいのでしょう。それは調号を見れば簡単に判別できます。

図② ♯と♭の調合

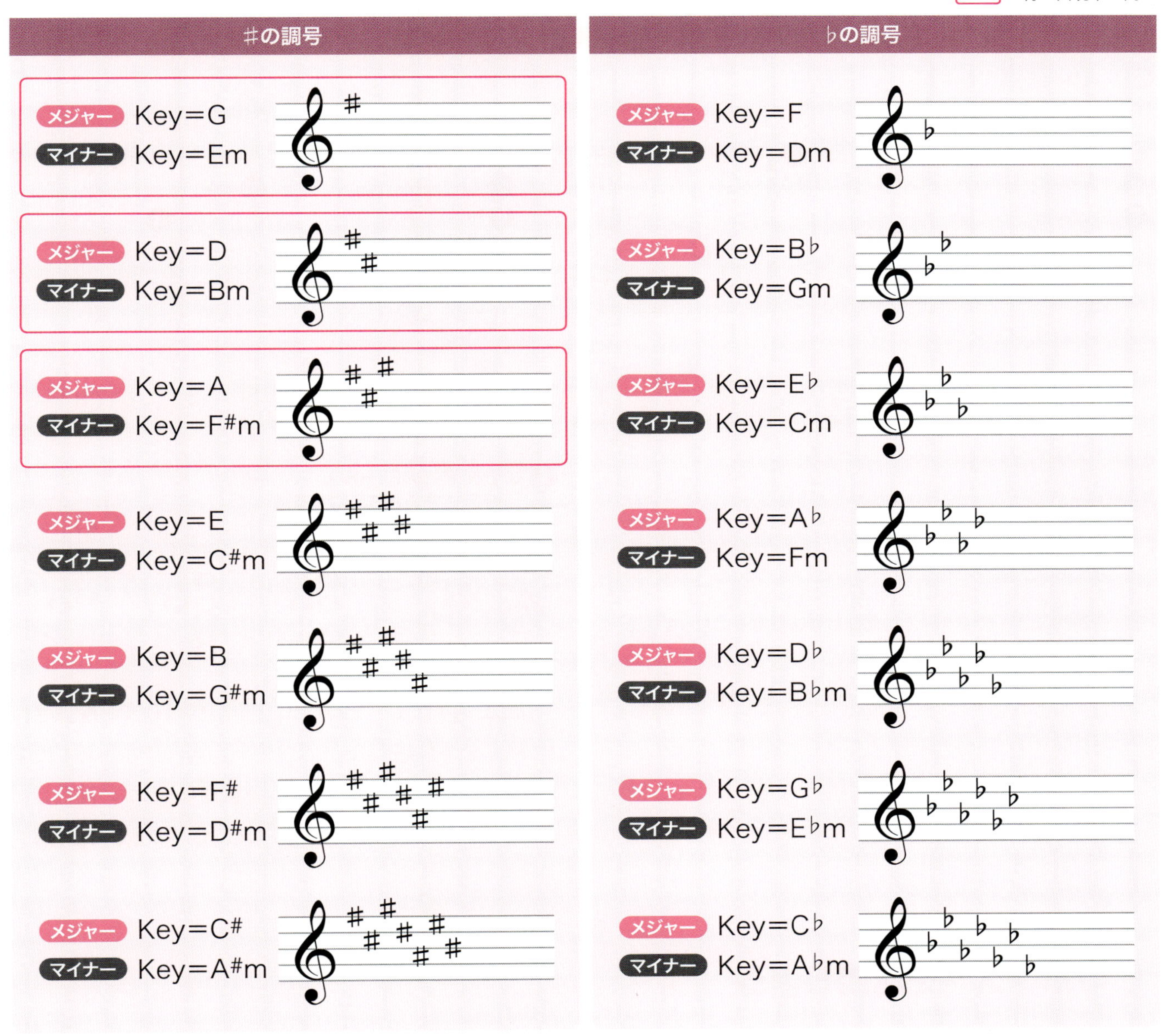

Key=C (Am)、G (Em)、D (Bm)は全開放弦がキー内の音です。この3つのキーがギターで演奏しやすいのはこれが理由です。

Key=A (F#m) はG♯音が含まれるため3弦開放が使えません。Key＝E (C#m) になるとD# 音が加わるので4弦開放も使えなくなります。そして以降は調号に♯が増えていくので使えない開放弦が増えていきます。

♭の調号はKey=F (Dm) でいきなりB音に♭が付くため2弦開放が使えなくなります。次のKey=B♭ (Gm) になるとE音に♭が付くため1弦開放も使えなくなるので、♭系のキーはギター演奏に不向きなのです。

このような理由で、ギターが中心の楽曲ではKey＝C (Am)、G (Em)、D (Bm)、A (F#m) の出現率が圧倒的に高くなります。

プロが使うコードフォームはコードブックに載っていない

例えばCコードが指定されている楽譜を見たとき、初心者やアマチュア・ギタリストは指定通りにCコードを押えようとするでしょう。しかしプロ・ギタリストは、それがイオニアンのCなら独自の判断でM7th、9th、13thを加えて弾こうとします。もっと正確に言うなら、これらのテンション・ノートが開放弦で使えるかを考えています。

図③ 具体例で見てみよう

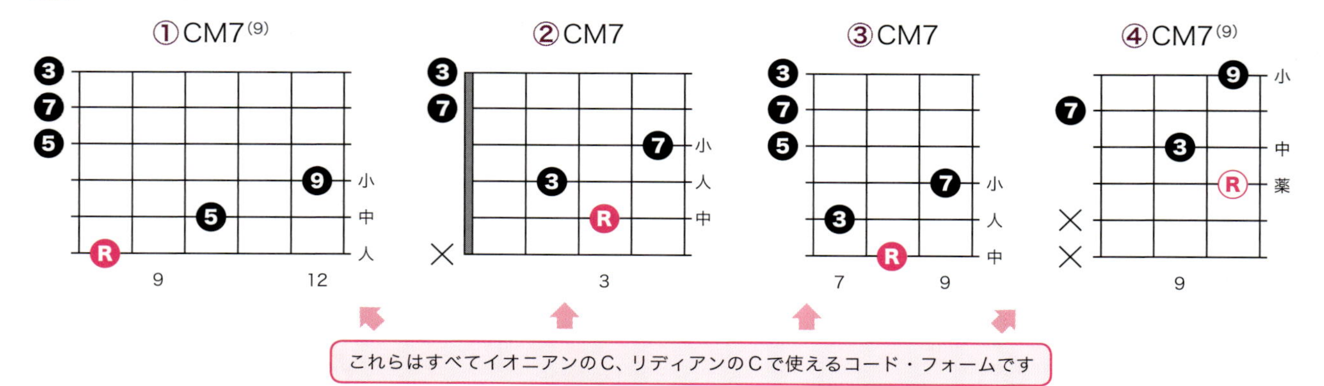

図④ それぞれのコードを音符にするとこうなります

①CM7(9)　②CM7　③CM7　④CM7(9)

POINT

各フォームに共通する特徴

1. 押えるのがカンタン
2. 開放弦を含むため響きにきらびやかさや伸びがある
3. 一般的なコード・フォームにはない音の重なりになっている

(**図3・4①〜③**) は同じ音が2つ鳴っています。異なる弦で同じ音を鳴らすと弦によるトーンの違いやほんのわずかなピッチのズレによって独特の豊かな響きになることが多いのです。これがギターを響かせるためのポイントです。

(**図3 ④**) はルートより下に2弦開放のB音が配置されていて、しかも4弦と2弦開放が半音音程でぶつかる状態になっています。こういった音の重なりとしての面白さによって、ギターの響きを最大限に惹き出すことができます。

カポタストを活用しよう

ギタリストとしては先の特殊なオープン・コードを使うためにもKey＝C (Am)、G (Em)、D (Bm)、A (F#m) で弾きたいのですが、ギターで演奏しやすいキーが他の楽器でも演奏しやすいとは限りません。

管楽器は移調楽器というもので、B♭管のトランペットがC音を鳴らすと、実際にはB♭音が出ます。つまり、トランペットがKey=Cとして演奏すると実際にはKey=B♭になるのです。管楽器が主役であるジャズのほとんどの曲が♭系のキーで演奏されるのはそのためです。

ポップス/ロックでもヴォーカリストが歌いやすいキーにするために#、♭がたくさん付く調号で演奏しなければならないケースも多いでしょう。そんなときは迷わずカポタストを使ってKey＝C (Am)、G (Em)、D (Bm)、A (F#m) に移調することが最善策と言えます。ちなみにギターも移調楽器で、実際には楽譜の音より1オクターブ低い音が鳴っています。

いざカポタストを装着しようとしても何フレットに付ければいいのか迷ってしまいますよね。ここでキー別のカポタスト装着フレットをまとめておきましょう。

この一覧表（**図4**）の見方は、例えば原曲がKey=C#のとき、カポタストを1Fに装着すればKey=Cとして、4Fに装着すればKey=Aとして演奏できるということを示しています。そして、開放弦を豊かに響かせるためにもカポタストはできるだけ低いポジションに装着したいので、それぞれのキーに対して、理想的な装着ポジションを○で囲っています。

図4 カポタストの装着位置

原曲のキー	カポタストを装着するフレット			
	Key＝C	Key＝G	Key＝D	Key＝A
E (C#m)	4F	9F	(2F)	7F
B (G#m)	11F	4F	9F	(2F)
F# (D#m)	6F	11F	(4F)	9F
C# (A#m)	(1F)	6F	11F	4F
F (Dm)	5F	10F	(3F)	8F
B♭ (Gm)	10F	3F	8F	(1F)
E♭ (Cm)	3F	8F	(1F)	6F
A♭ (Fm)	8F	(1F)	6F	11F
D♭ (B♭m)	(1F)	6F	11F	4F
G♭ (E♭m)	6F	11F	(4F)	9F
C♭ (A♭m)	11F	4F	9F	(2F)

特殊なオープン・コードの作り方

Chapter 3の後半で、ギターの響きを最大限に活かす特殊なオープン・コードを数多く掲載していますが、それらのフォームを覚えるだけでなく、あなた自身で作れるようにしておいた方がギター・プレイの幅が広がるでしょう。と言うのも、4つのキーに限定しても特殊なオープン・コードの総数は軽く700個を超え、その多くを割愛せざるを得なかったからです（Chatper 3では480個のダイアグラムを掲載しています）。

でも安心してください。このような特殊なオープン・コードを作るのは実は簡単です。早速、その方法を解説しましょう。

■3本の低音弦で基本コードを押える方法

4、5、6弦の3本、3、4、5弦の3本でパワー・コード、トライアド、M7コード、ドミナント・コードといった基本となるコードを押え、その上に開放弦を重ねてオープン・コードを作る方法が王道です。

一例として、3本弦のパワー・コード＋開放弦のパターンを見てみましょう。

図⑤ 3本弦のパワー・コード＋開放弦のパターン

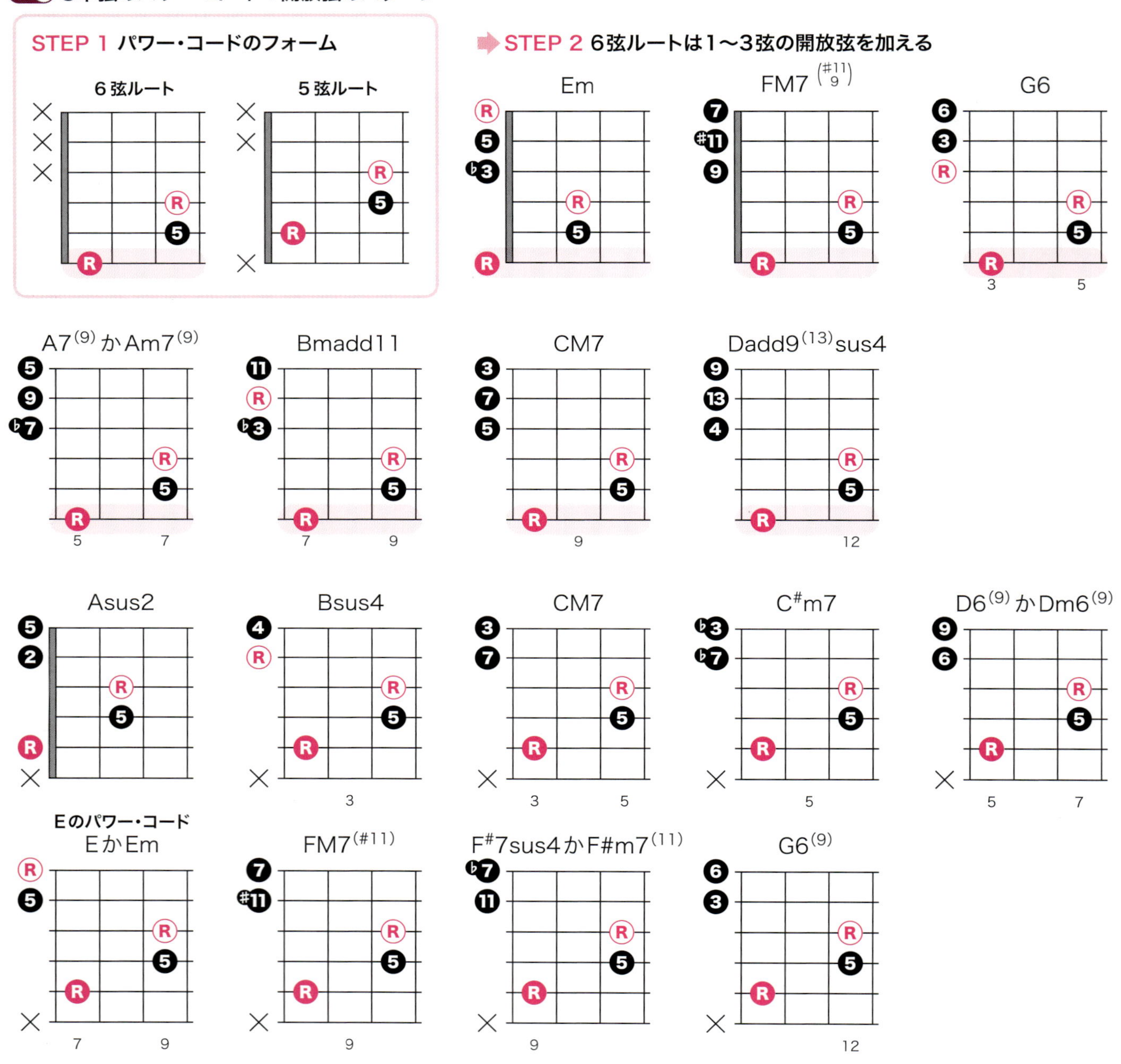

パワー・コード＋開放弦というスタイルだけで16種類ものコードが作れました。

24種類のコードができない理由は、例えば6弦ルートのパワー・コードでルートを2フレット（F#音）にしたとき、1弦開放＝♭7、2弦開放＝11、3弦開放＝♭9となり、これをコード・ネームにするとF#m7（♭9、11）かF#7（♭9）sus4というかなり特殊なコードになってしまうため除外しているからです。

それは実際に鳴らしてみれば奇妙な響きだとすぐにわかるでしょう。コードとして使えないことはありませんが、ポップス/ロックではまず使用しないコードです。

また、シンプルなコード・ネームもあれば複雑なテンション・コードもあります。しかしこれらをコード・ネームとして把握する必要はありません。1、2、3弦の開放弦が使えているということは即ち、Key＝C、G、D、Aから外れていないコードと大まかに考えられるからです。そのコードがメジャーかマイナーか、あるいはどちらでも使えるのかを把握しておくだけでOKです。

■低音弦３本で作れるコード

それでは、この方法で使える低音弦３本の基本コードを一挙に紹介しましょう。

図⑥ 低音弦３本による基本コード一覧

メジャー・コード

メジャー・トライアド

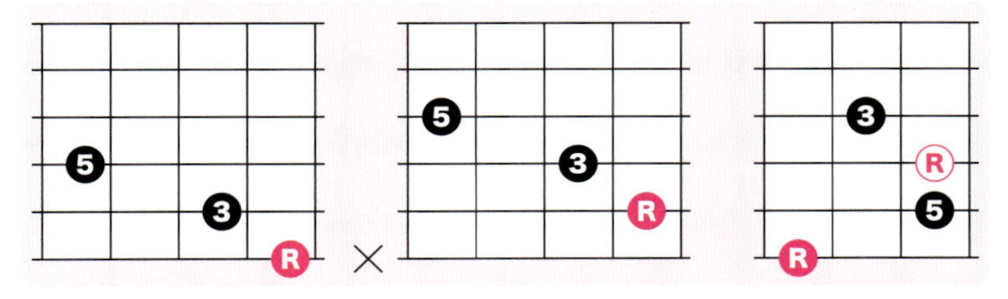

M7 コード

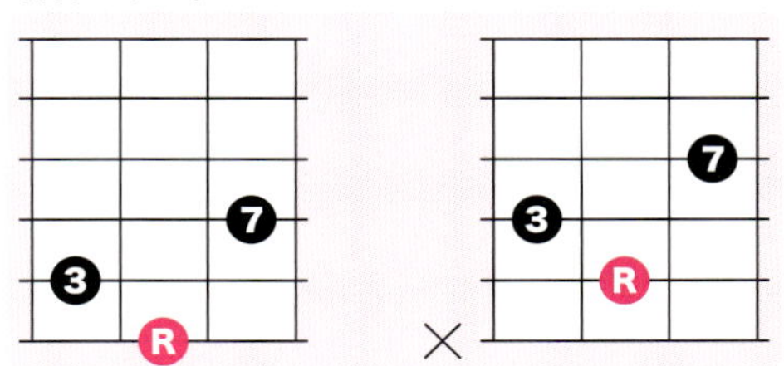

マイナー・コード

マイナー・トライアド

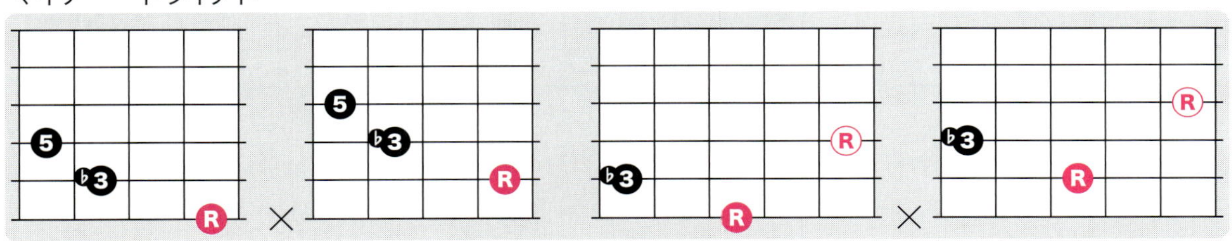

m7 コード

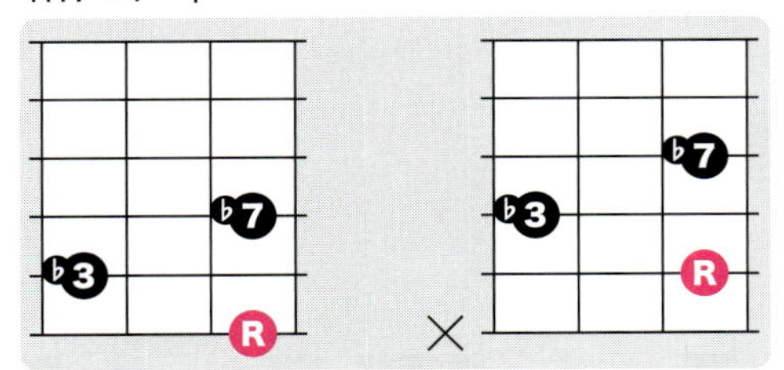

m6 コード

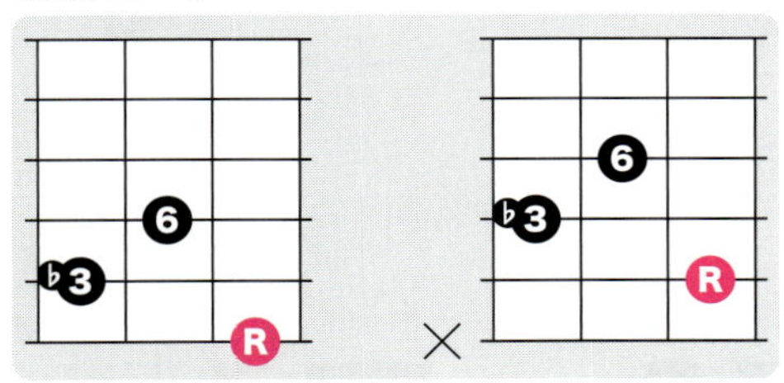

mM7 コード

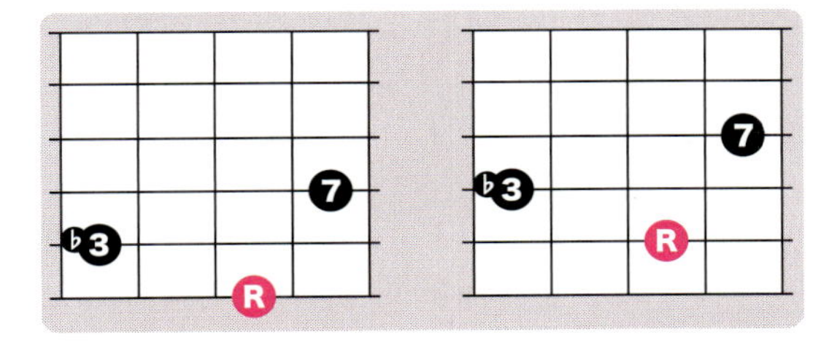

ドミナント・コード

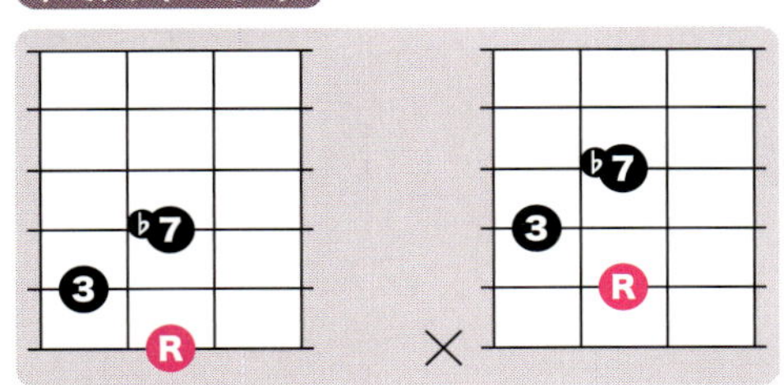

POINT

ワイド・ストレッチを使えば他にもパターンはありますが、これらが実用的なフォームです。

次のページにも続きます。

3度抜きなど

sus2 9th系コード

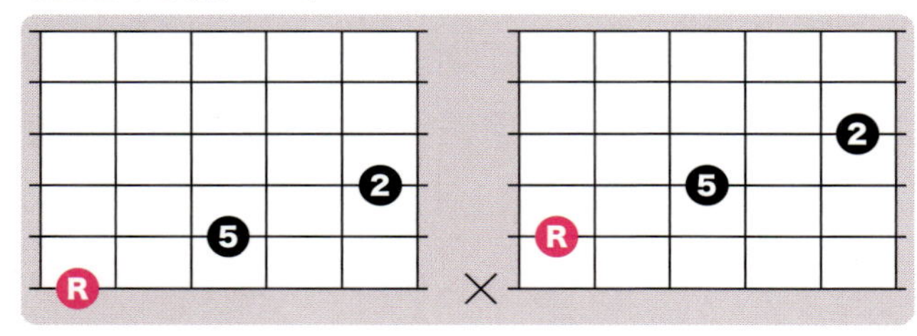

sus4 11th系コード

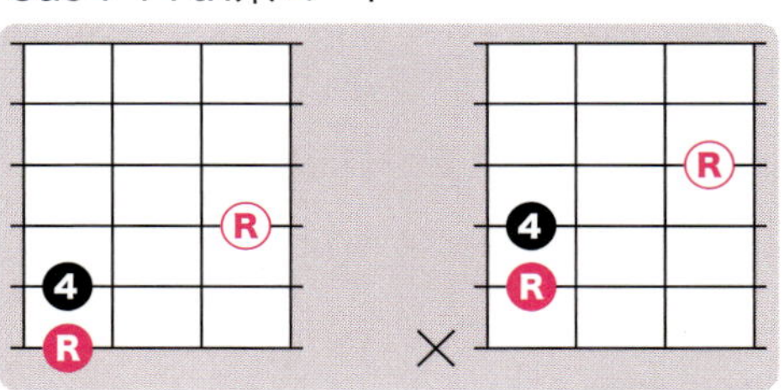

add#11 (メジャー・コードのみ)
7(#11)コード／m(♭5)系コード

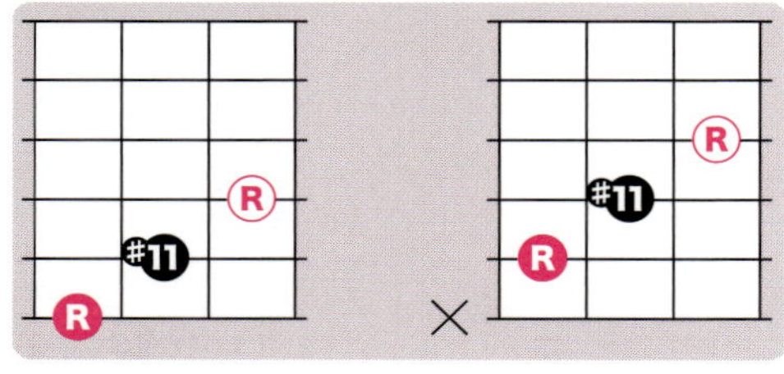

6 または m6

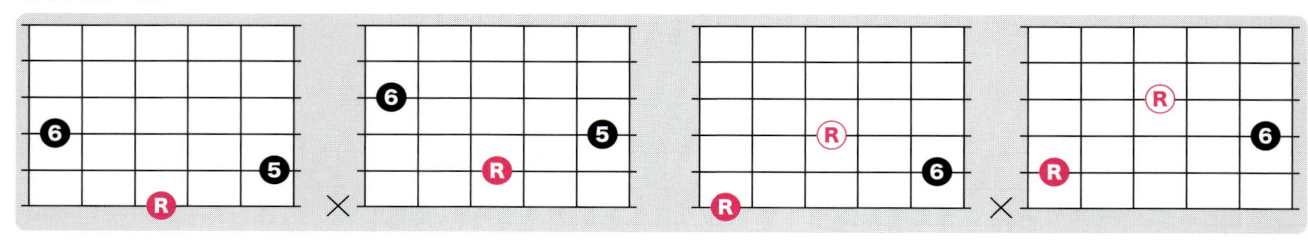

(M3rd を含むのでメジャー・コードかドミナント・コードになる)

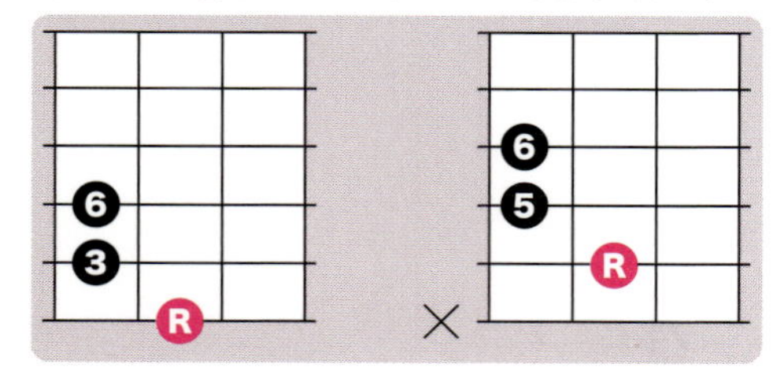

♭7
(マイナー・コードかドミナント・コードになる)

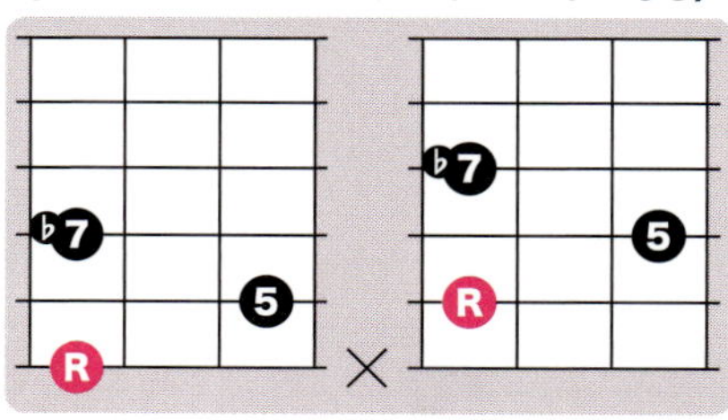

7sus4
(マイナー・コードかドミナント・コードになる)

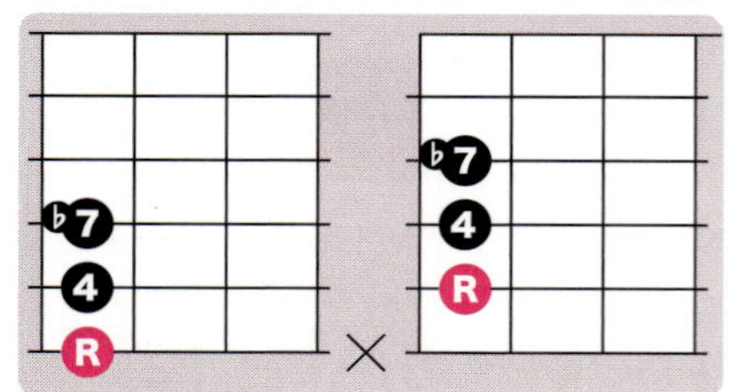

M7
(□M7 系か□mM7 コードになる)

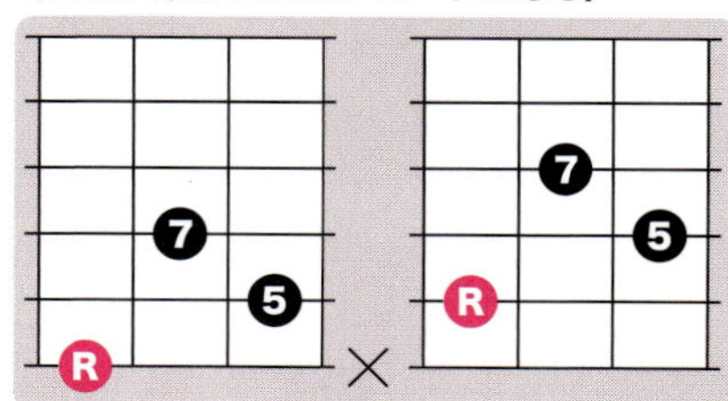

■一般的なコード・フォームの一部を開放弦に変更する方法

コードにE音、B音、G音、D音が含まれているとき、それを開放弦に任せて別のフォームに作り変えます。図7のDm7(9)の例は、音の配置換えをして新たなコード・フォームを作っています。FM7の例は元々重複していた5thを1個省略し、9thを加えて別のコードへと発展させています。

図⑦ 開放弦に任せて別のフォームに作り変える方法

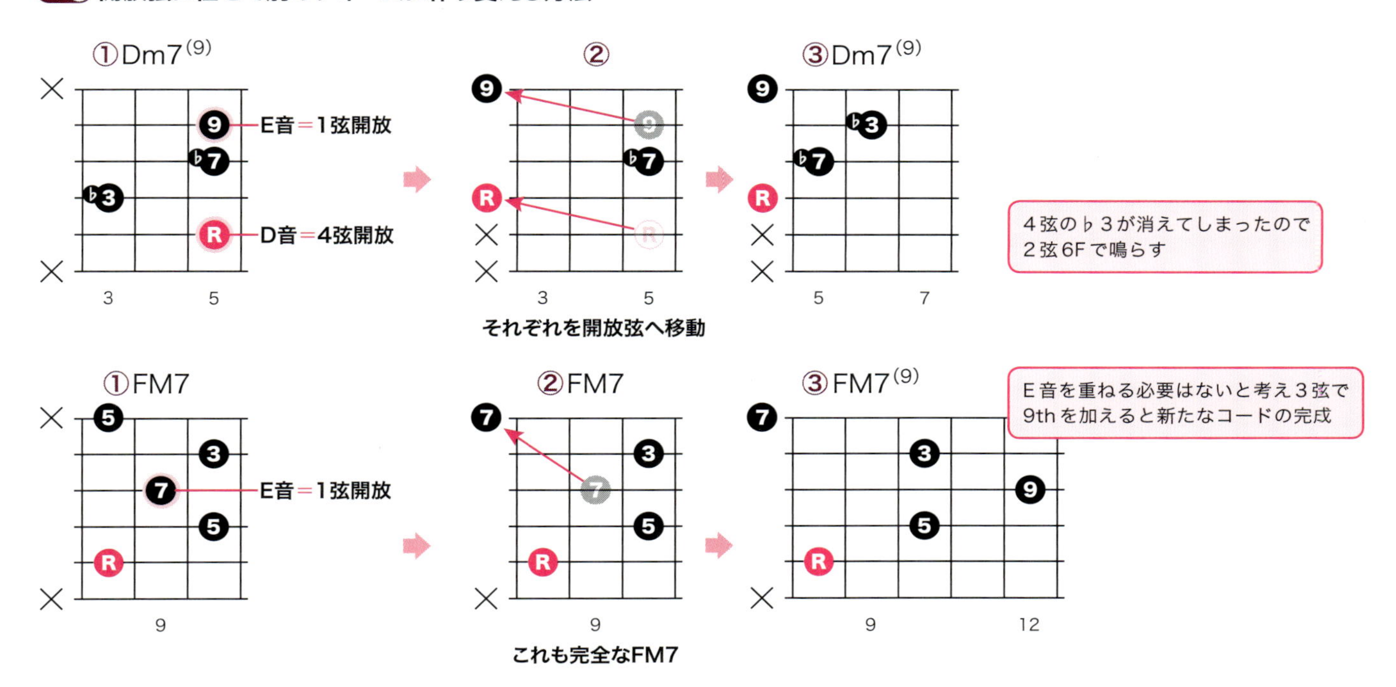

■3タイプの必須フォームを活用する方法

開放弦を含む特殊なオープン・コードとしてもっとも使われている3タイプのフォームを覚えましょう。これらは多くのプロ・ギタリストが手癖として使っているほどに使用頻度が高いフォームです。

図⑧ 特殊なオープン・コードのフォーム

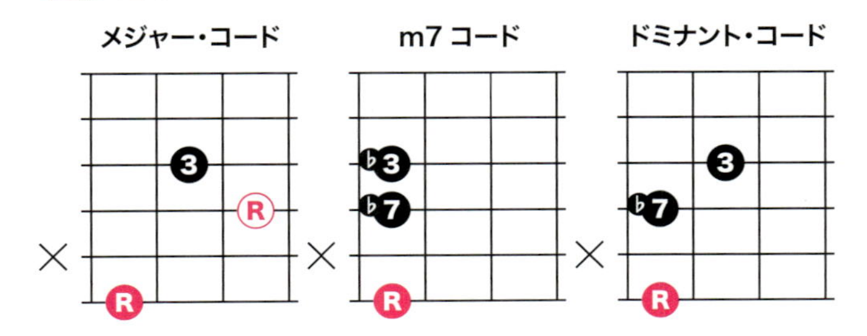

これで特殊なオープン・コードを自力で作る方法の解説は終了です。このあとはKey＝C (Am)、G (Em)、D (Bm)、A (F#m) で使われるプロ御用達のコード・ダイアグラムをコードブックとしてまとめていますので、あなたが知っているコード進行をそれらのフォームで弾いてみましょう。

コード進行とギターの響きを最大限に惹き出すオープン・コードの実例はChapter 4で紹介します。

魅惑のオープン・コード480

開放弦を使ってコードを弾くことで、開放的な響きや密集した音の配置など、通常のコード・フォームでは得られない独特の響きが表現できます。そんな魅惑のオープン・コードを480個掲載しました。その美しい響きを体感し、プレイに採り入れましょう。

コード・ブックの活用方法

■8種類のキーに限定

Key＝C (Am)、G (Em)、D (Bm)、A (F#m)のコード進行で出現する可能性があるコードに絞って掲載しています。セカンダリー・ドミナントとそのII-V分割、サブドミナント・マイナーとその代理コードのすべて、裏コード（V7の代理コード）を網羅しているので、ギター・ミュージックの主流となるこれら8種類のキーに限れば、このコード・ブックの内容で必要十分なコードをカヴァーしています。

メジャー・キー	C	G	D	A	8種類のキーで使われる全てのコードを網羅
マイナー・キー	Am	Em	Bm	F#m	

■コードの種類の分類方法

メジャー・コード、マイナー・コード、ドミナント・コードの順にまとめています。各コードには親となるスケールがありますが、それらについてはここでは明記していません。例えば、C6 (9、#11) ならメジャー・コードに#11thがあるのでリディアンのCであるとあなた自身で判断しながら使用してください。

■オープン・コードにはまだまだ可能性がある

8種類のキーに限定した状態でも軽く700個以上のオープン・コードがあります。そのすべてを掲載することはできないため、その中から比較的押弦しやすい480個のコードを選びました。つまり、このコード・ブックに掲載していないオープン・コードがまだまだあります。あなたは既にオープン・コードを自力で作ることができるはずなので、探究心をもって自分だけのオープン・コードを作る努力も忘れないでください。

■指使い

基本となる指使いを指定していますが、中には3種類以上の指使いで押さえられるコードもあります。実際の演奏では前後のコードによって押え方が決まるので、ここに掲載している指使いが絶対ではありません。あなた自身で工夫して押弦しましょう。

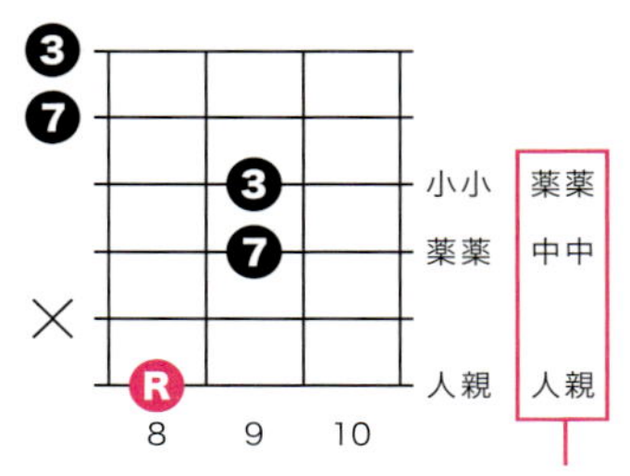

掲載していませんが、こんな押え方もあります。前後のコードの流れによって、押えやすい押弦パターンを考えましょう

■メジャー・コードの11th系はドミナント・コードに分類

M3rdと11thが共存するコードはほとんどの場合ドミナント・コードとして使われます。イオニアンのメジャー・コードとしても使用可能ではありますが、多くのケースではsus4として使うためM3rdは省略されます。また、リディアンのメジャー・コードのテンション・ノートは#11thなので11th系のメジャー・コードは使用できません。

このような理由で、Dadd11系のようにイオニアンのメジャー・コードに見えるものであっても、ドミナント・コードに分類しています。

ドミナント・コードの肝となる♭7が含まれない11th系メジャー・コードはドミナント・コードに分類

D7 (9、11)
7度省略

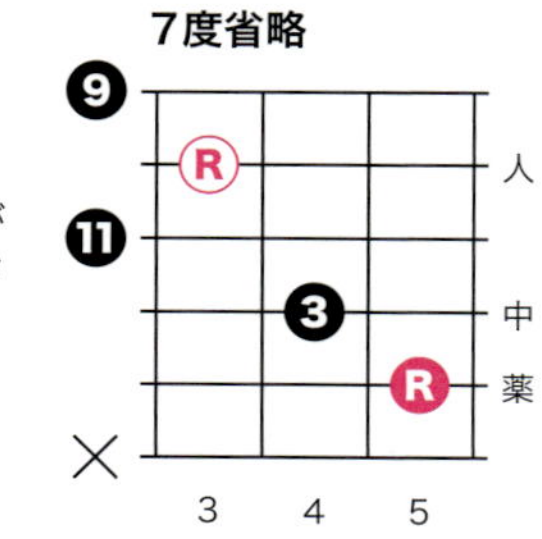

CM7 系（メジャー・コード）

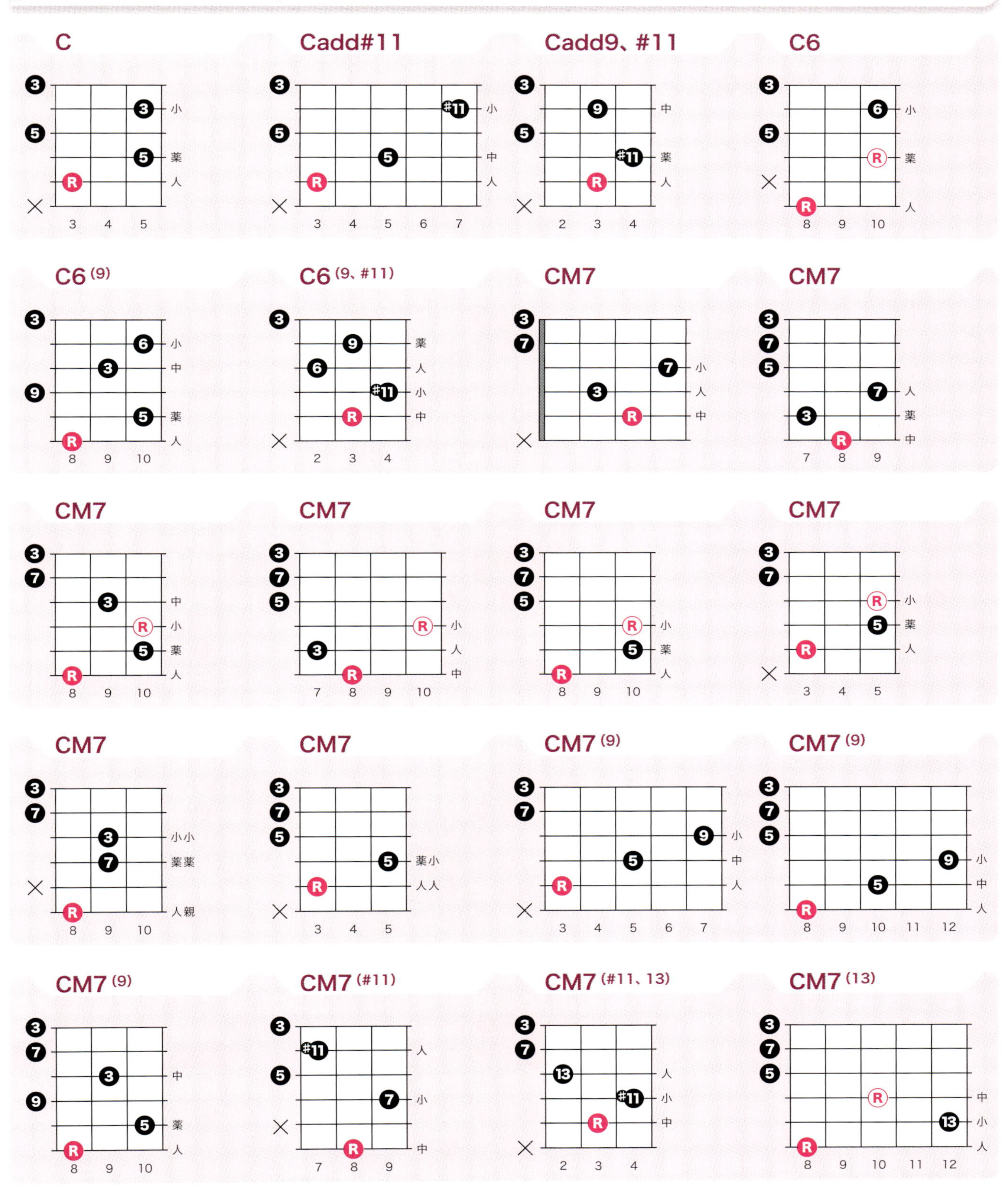

DM7 系（メジャー・コード）

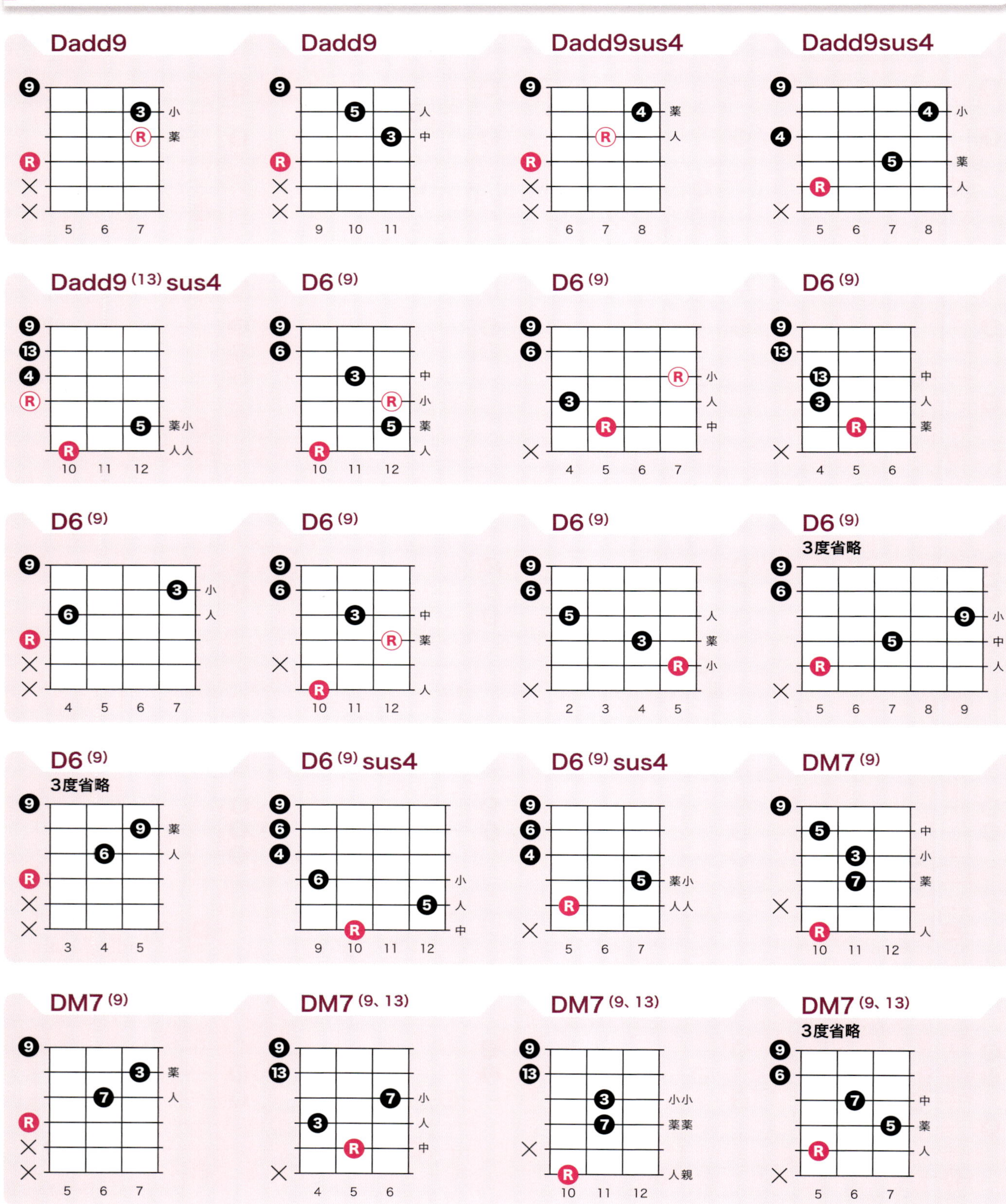

E♭M7系（メジャー・コード）

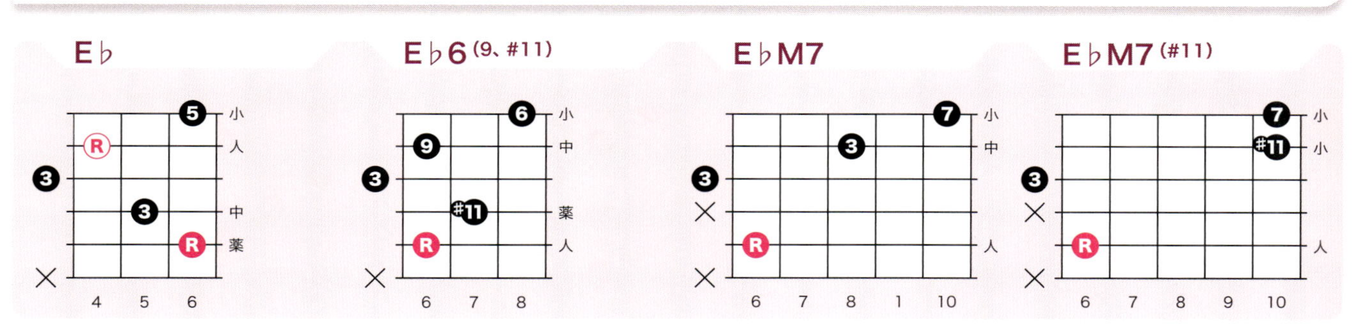

EM7系（メジャー・コード）

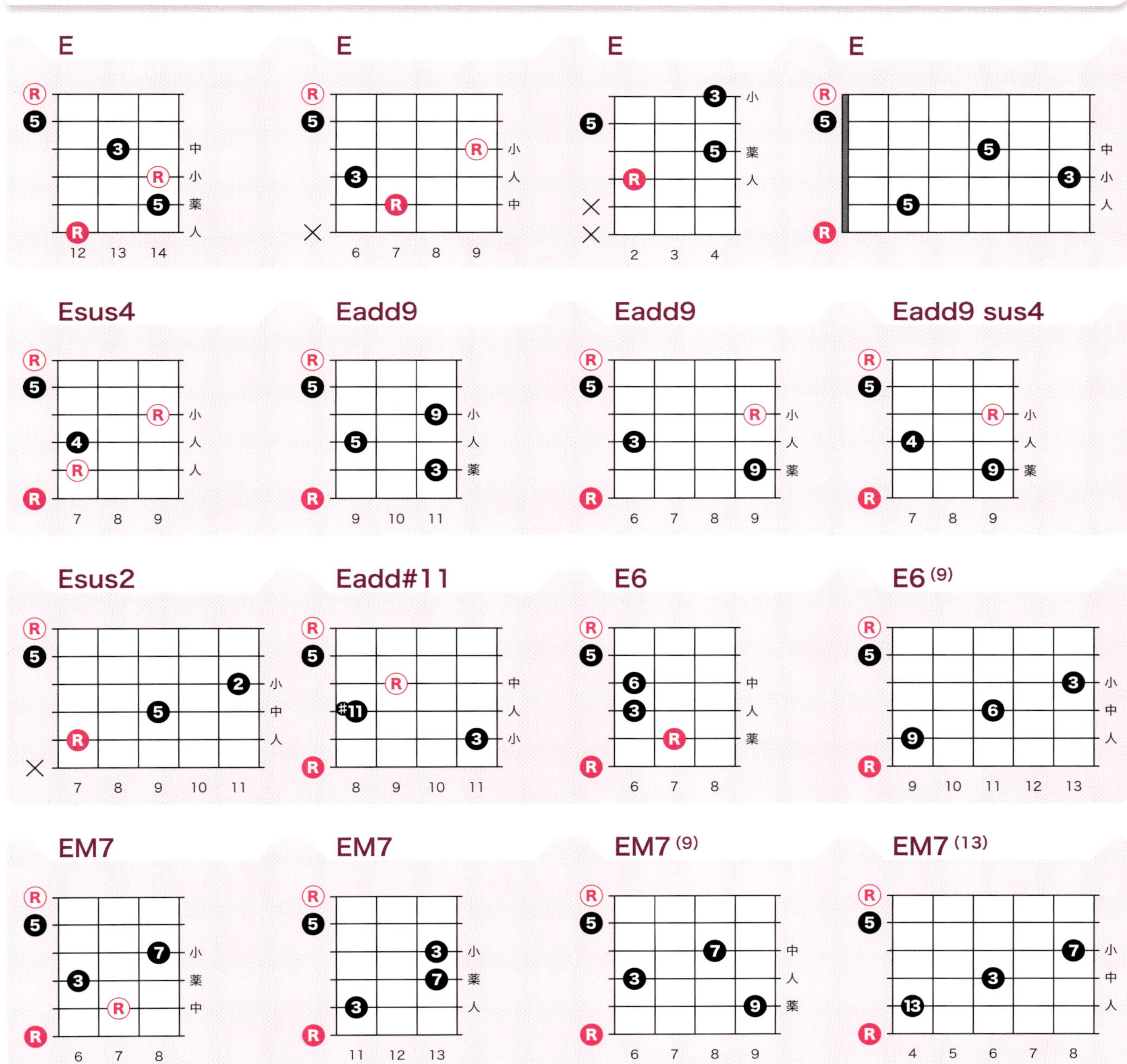

FM7 系（メジャー・コード）

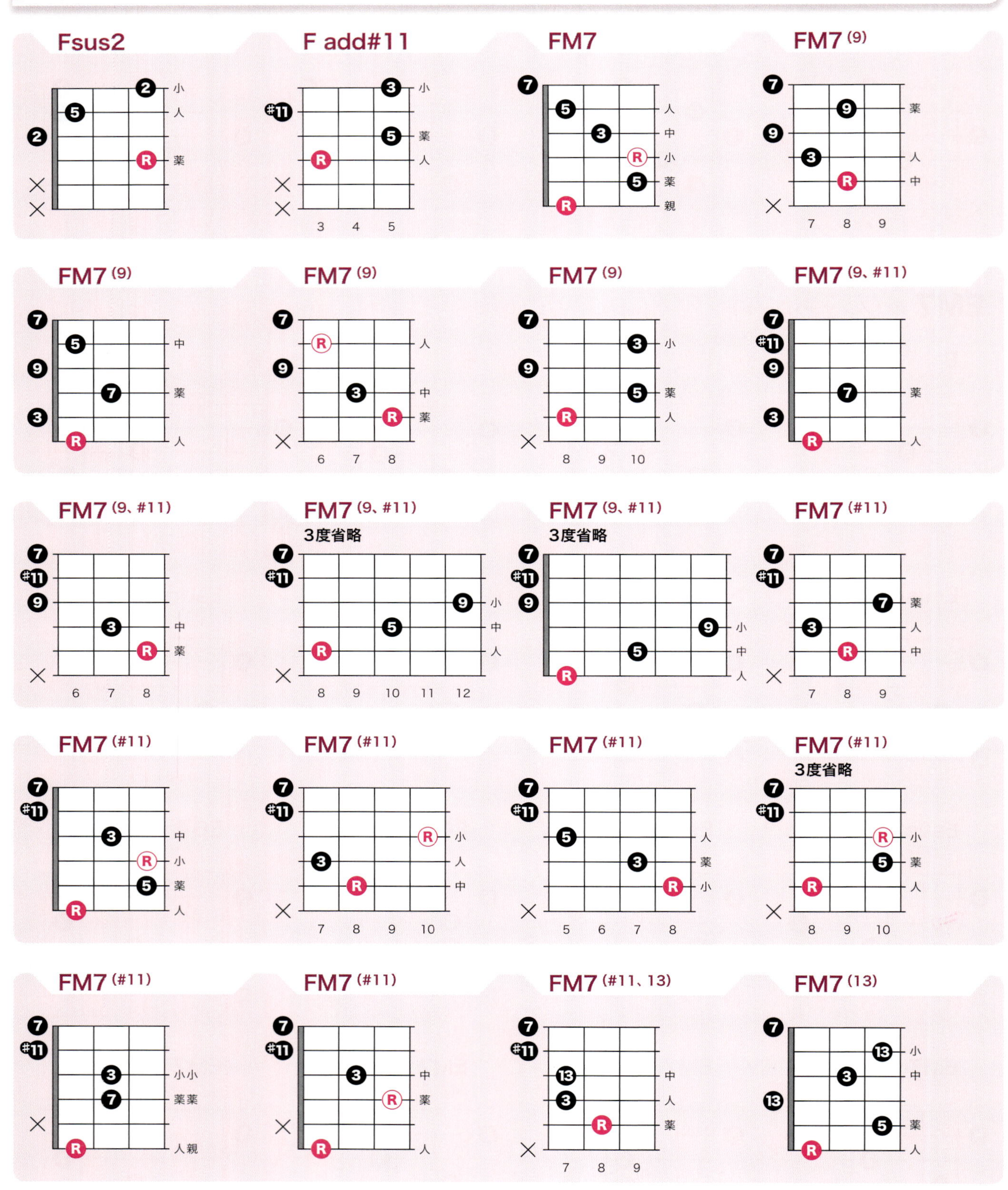

GM7 系（メジャー・コード）

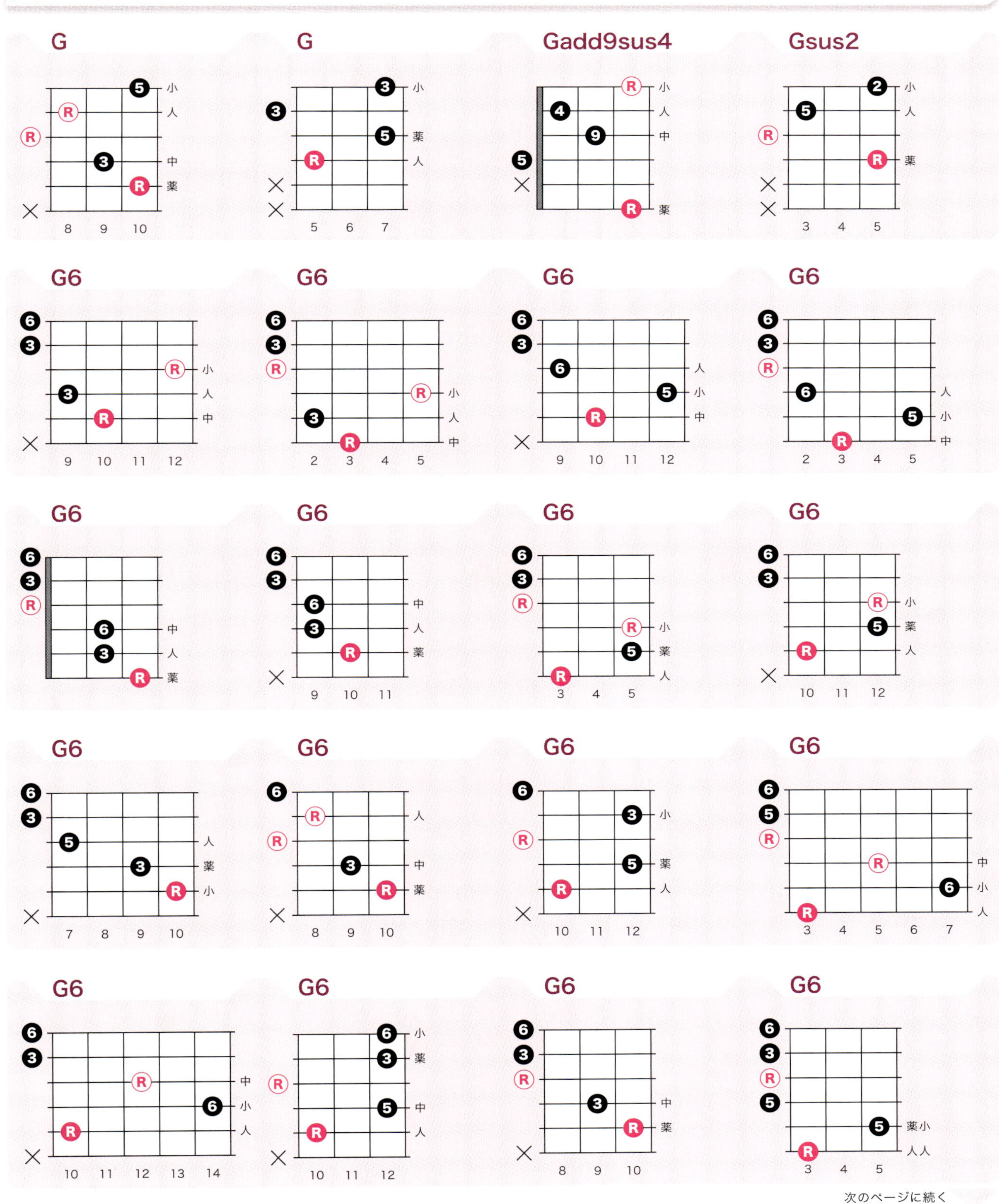

次のページに続く

G6
G6
G6
G6
G6
G6(9)
G6(9)
G6(9)
G6(#11)
G6(#11)
GM7(#11)
GM7(#11、13)
GM7(13)
GM7(13)
GM7(13)
GM7(13)
GM7(13)
GM7(13)
GM7(13)
GM7(13)

AM7 系（メジャー・コード）

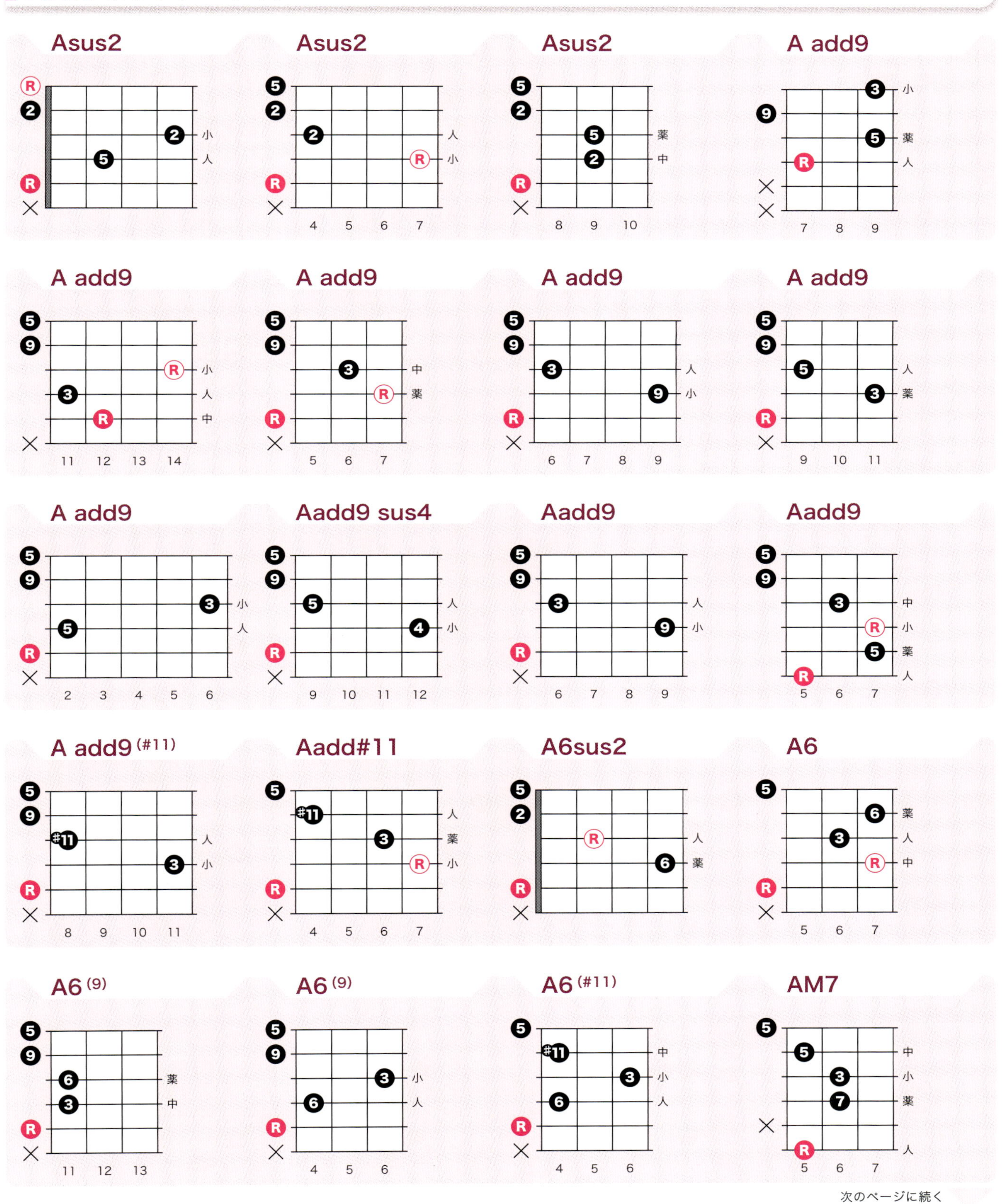

次のページに続く

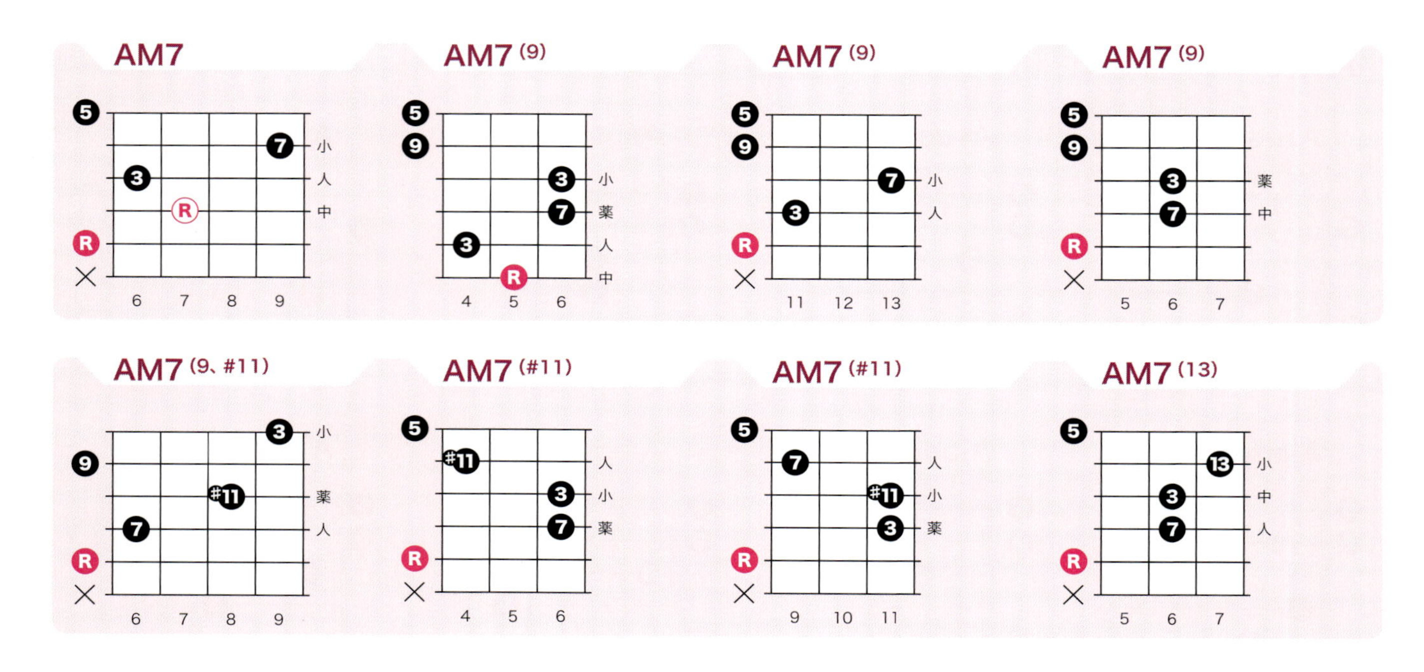

B♭M7 系（メジャー・コード）

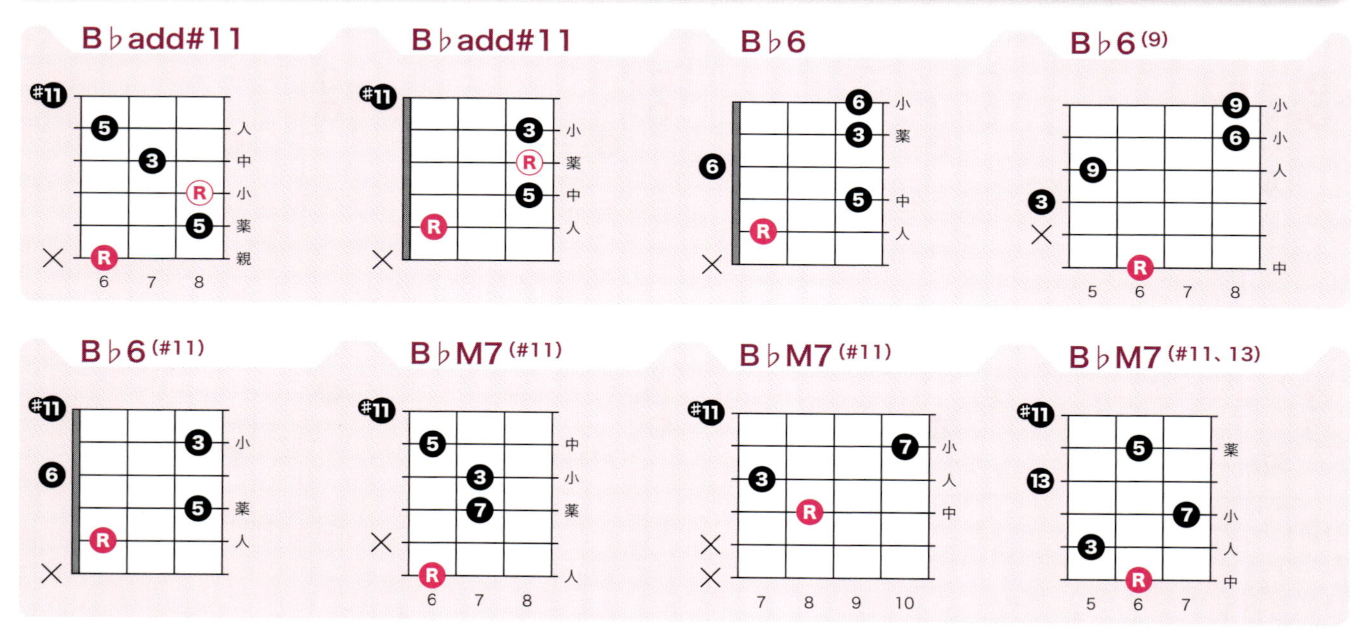

Cm 系（マイナー・コード）

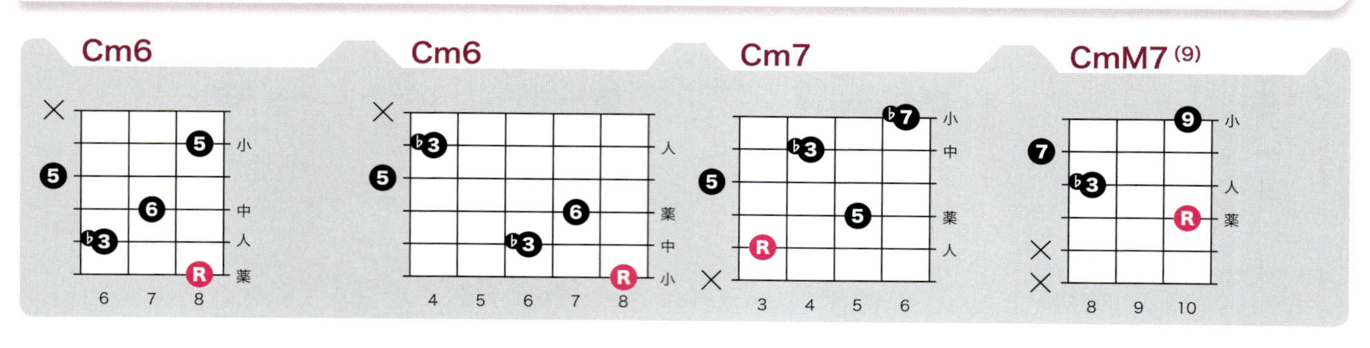

C#m 系（マイナー・コード）

C#m

C#m7

C#m7

C#m7

C#m7

C#m7

C#m7

C#m7 (9)

C#m7 (9)

C#m7 (9)

C#m7 (9)

C#m7 (9)

C#m7 (11)

C#m7 (11)

C#m7 (13)

C#m7 (13)

Dm 系（マイナー・コード）

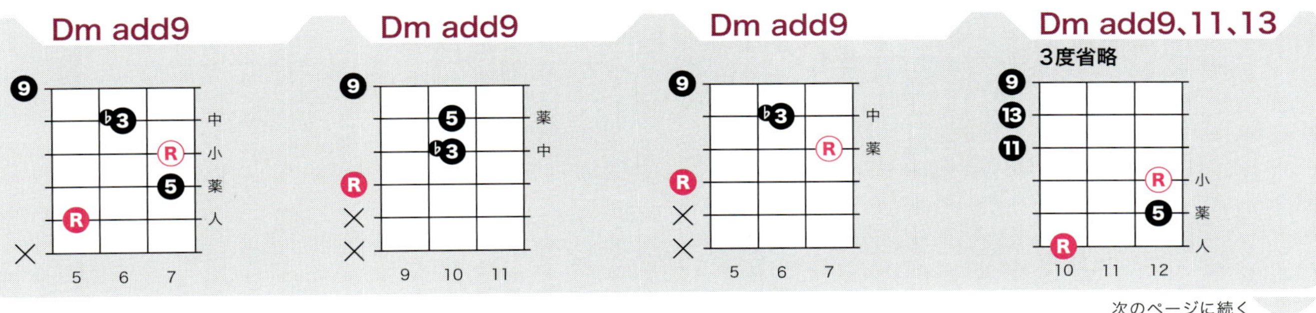

次のページに続く

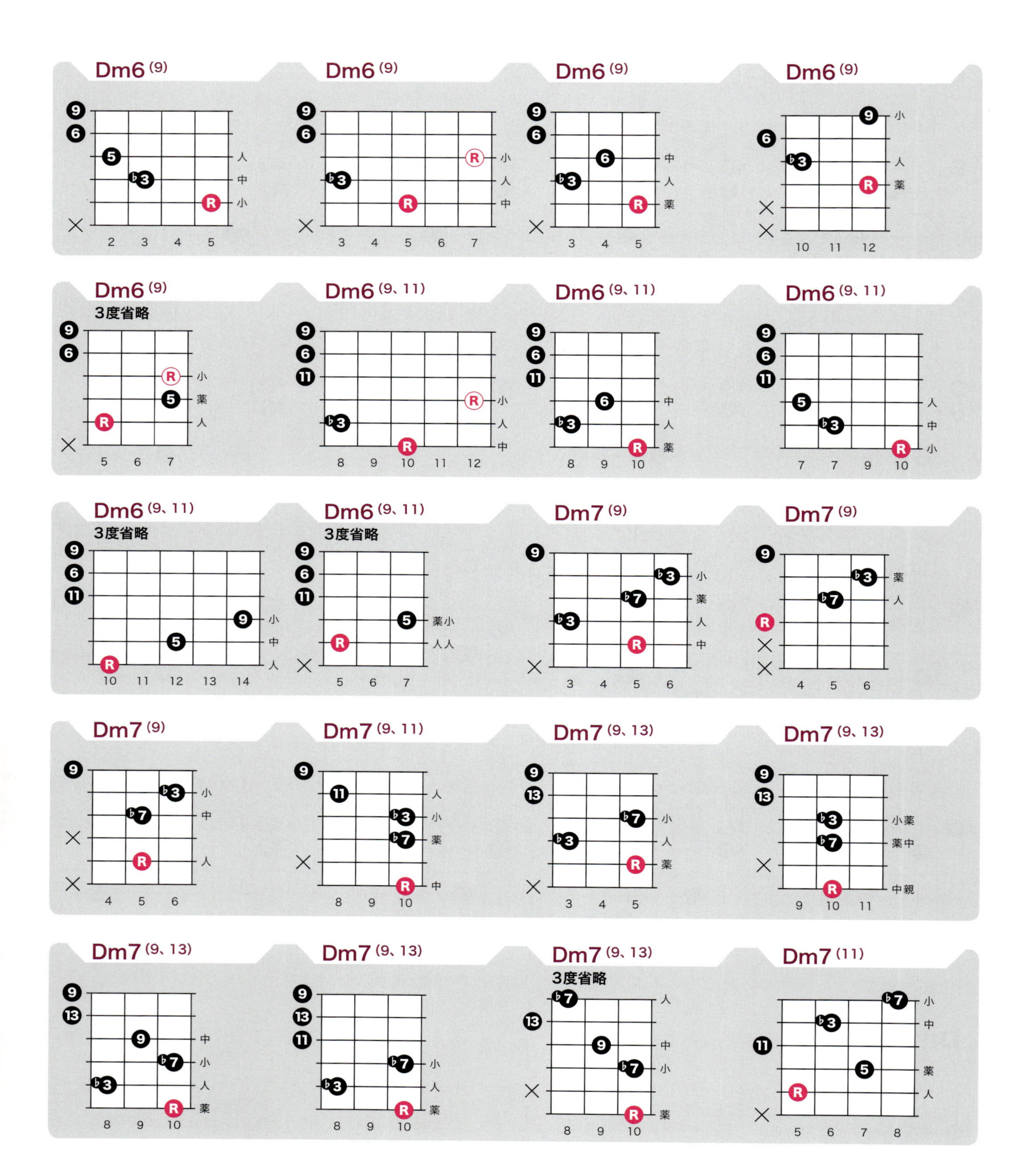
Dm6(9)
Dm6(9)
Dm6(9)
Dm6(9)
Dm6(9)
3度省略
Dm6(9、11)
Dm6(9、11)
Dm6(9、11)
Dm6(9、11)
3度省略
Dm6(9、11)
3度省略
Dm7(9)
Dm7(9)
Dm7(9)
Dm7(9、11)
Dm7(9、13)
Dm7(9、13)
Dm7(9、13)
Dm7(9、13)
Dm7(9、13)
3度省略
Dm7(11)

Em 系（マイナー・コード）

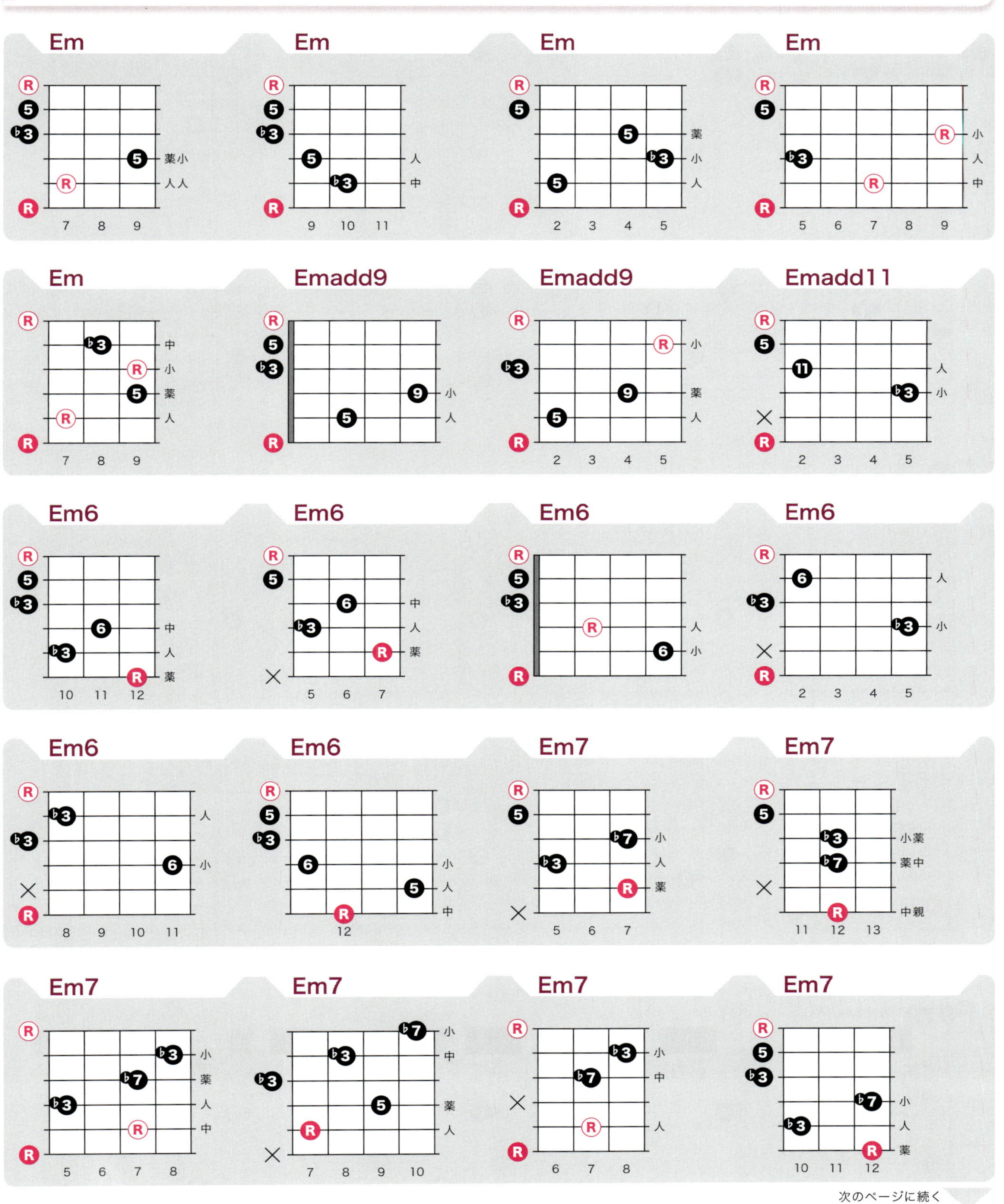

次のページに続く

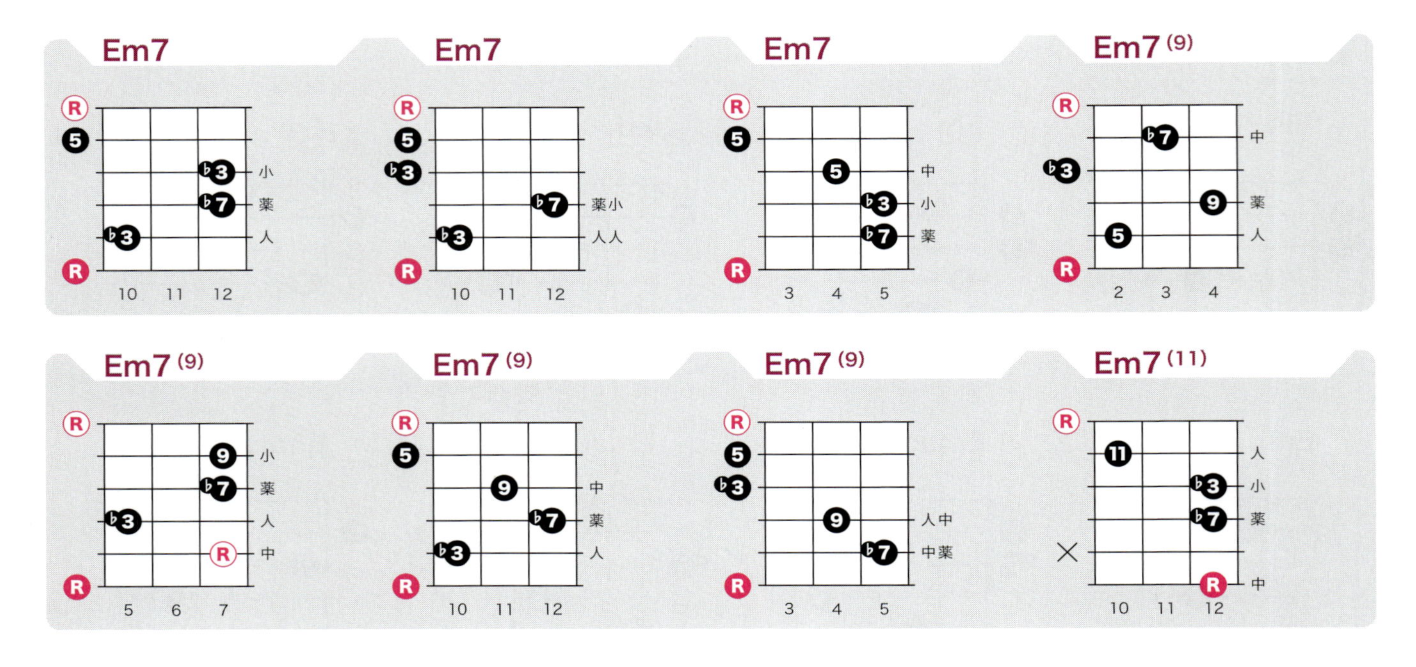

Fm 系（マイナー・コード）

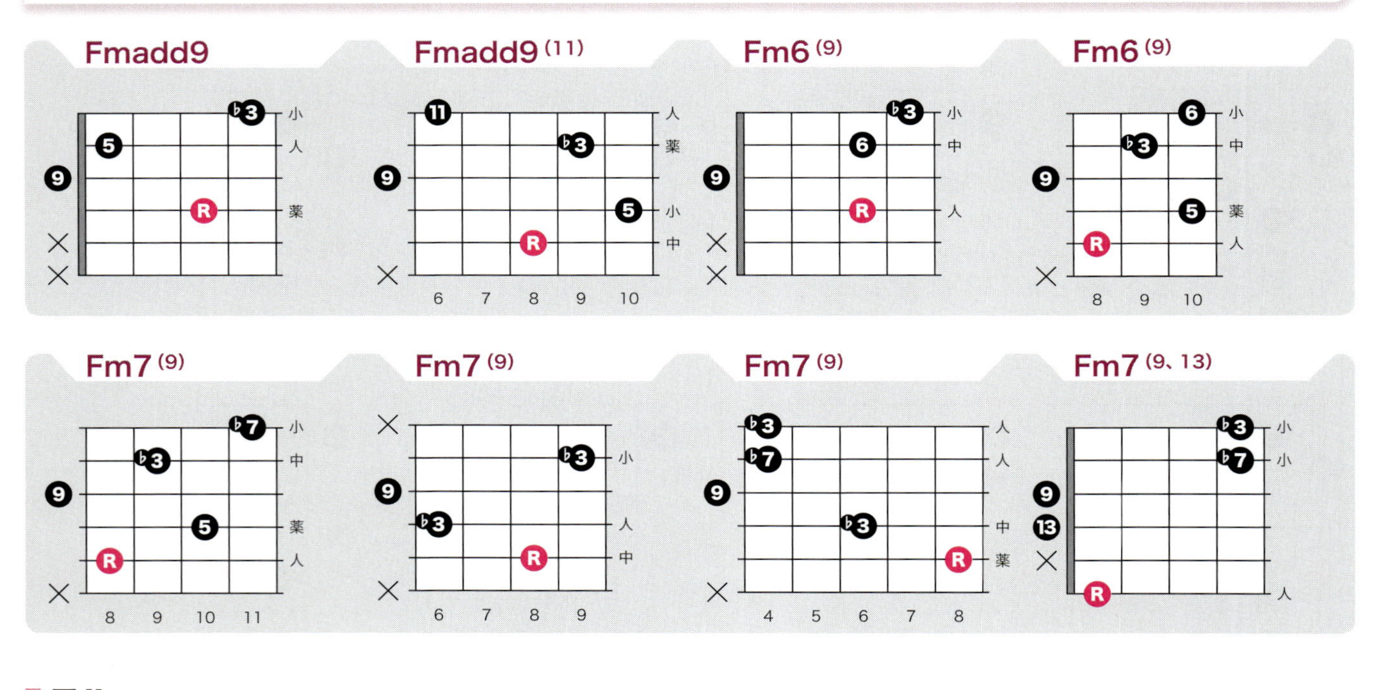

F#m 系（マイナー・コード）

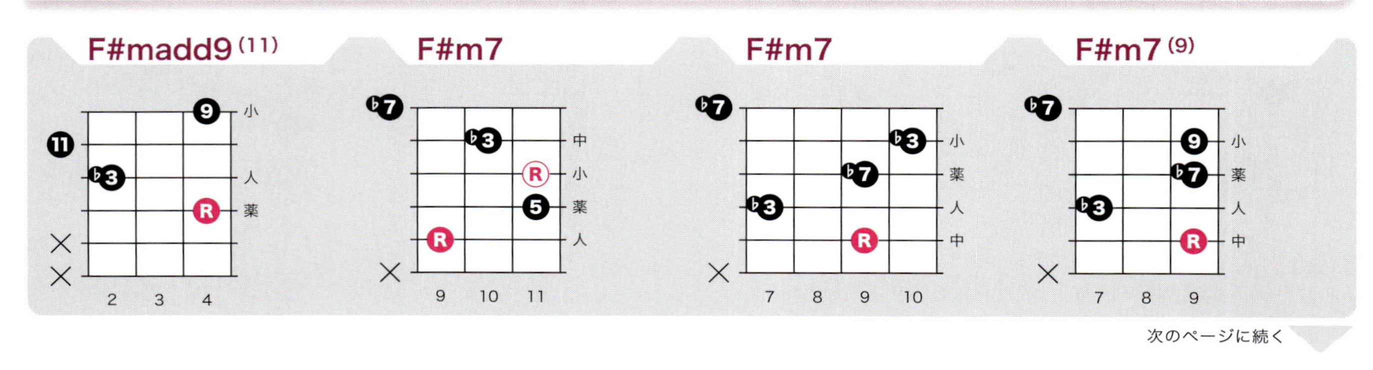

次のページに続く

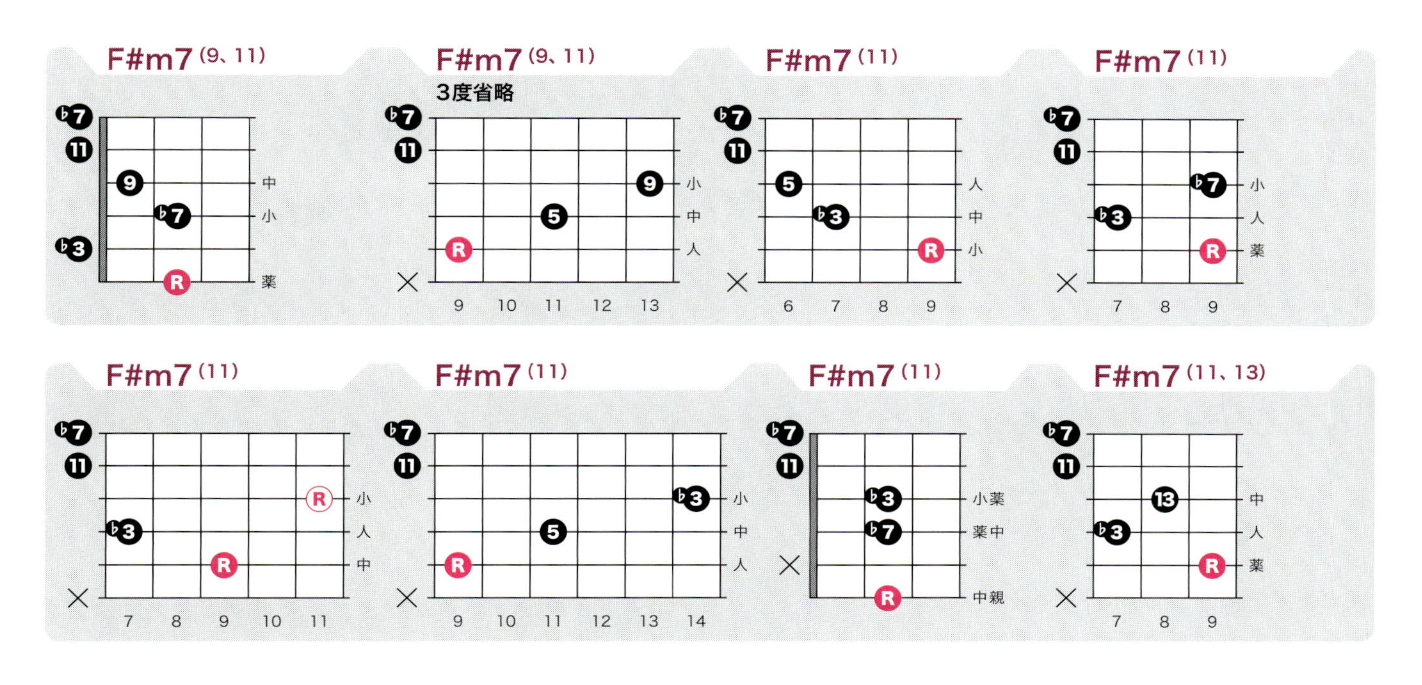

Gm 系（マイナー・コード）

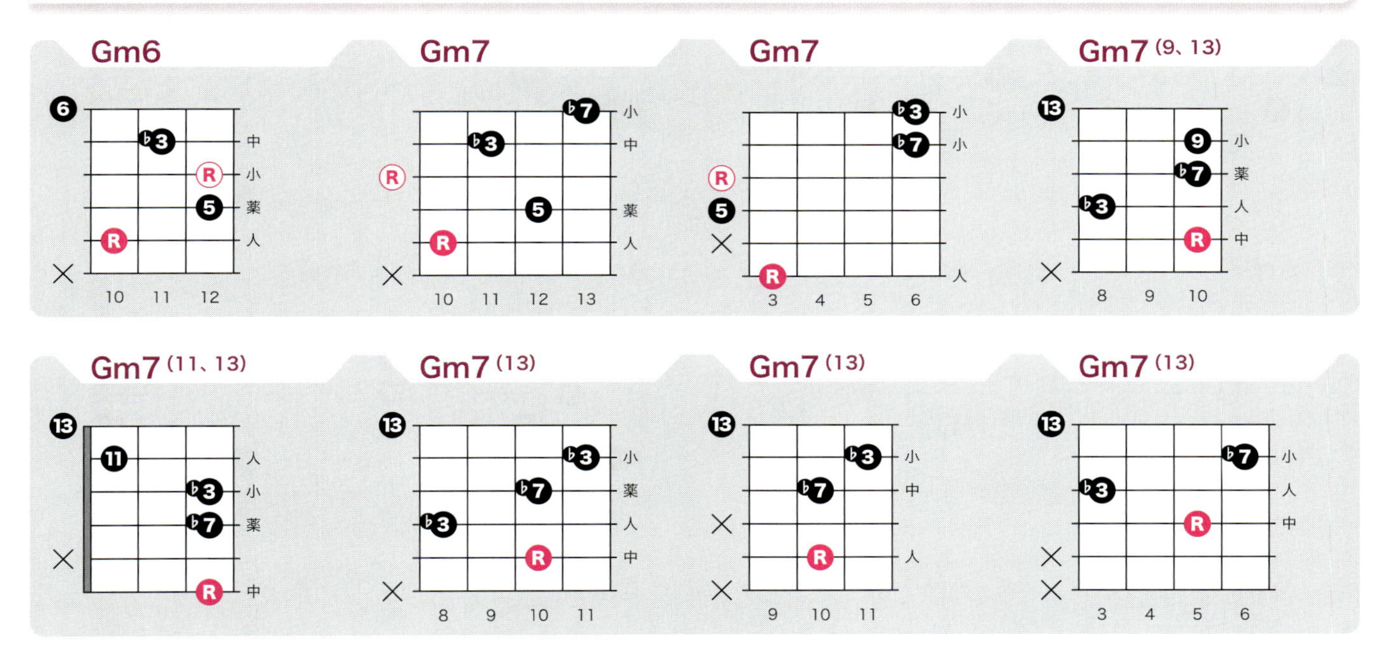

Am 系（マイナー・コード）

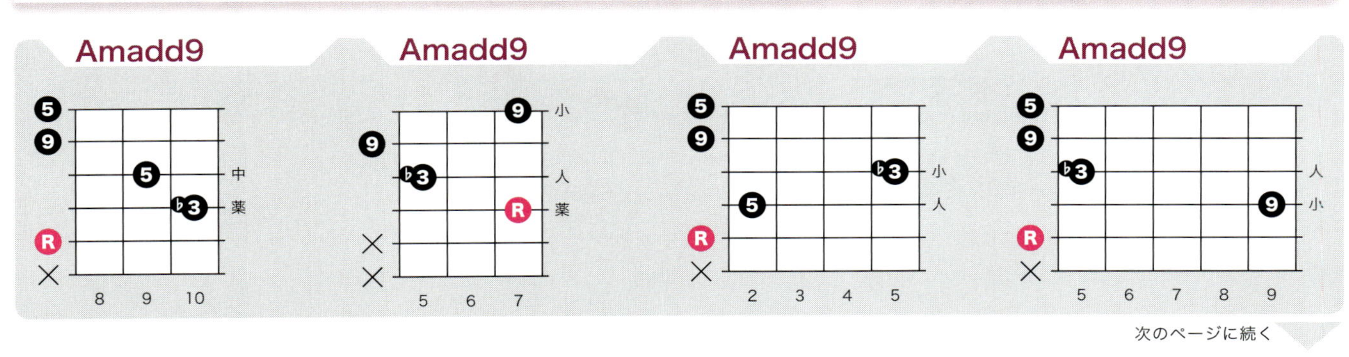

次のページに続く

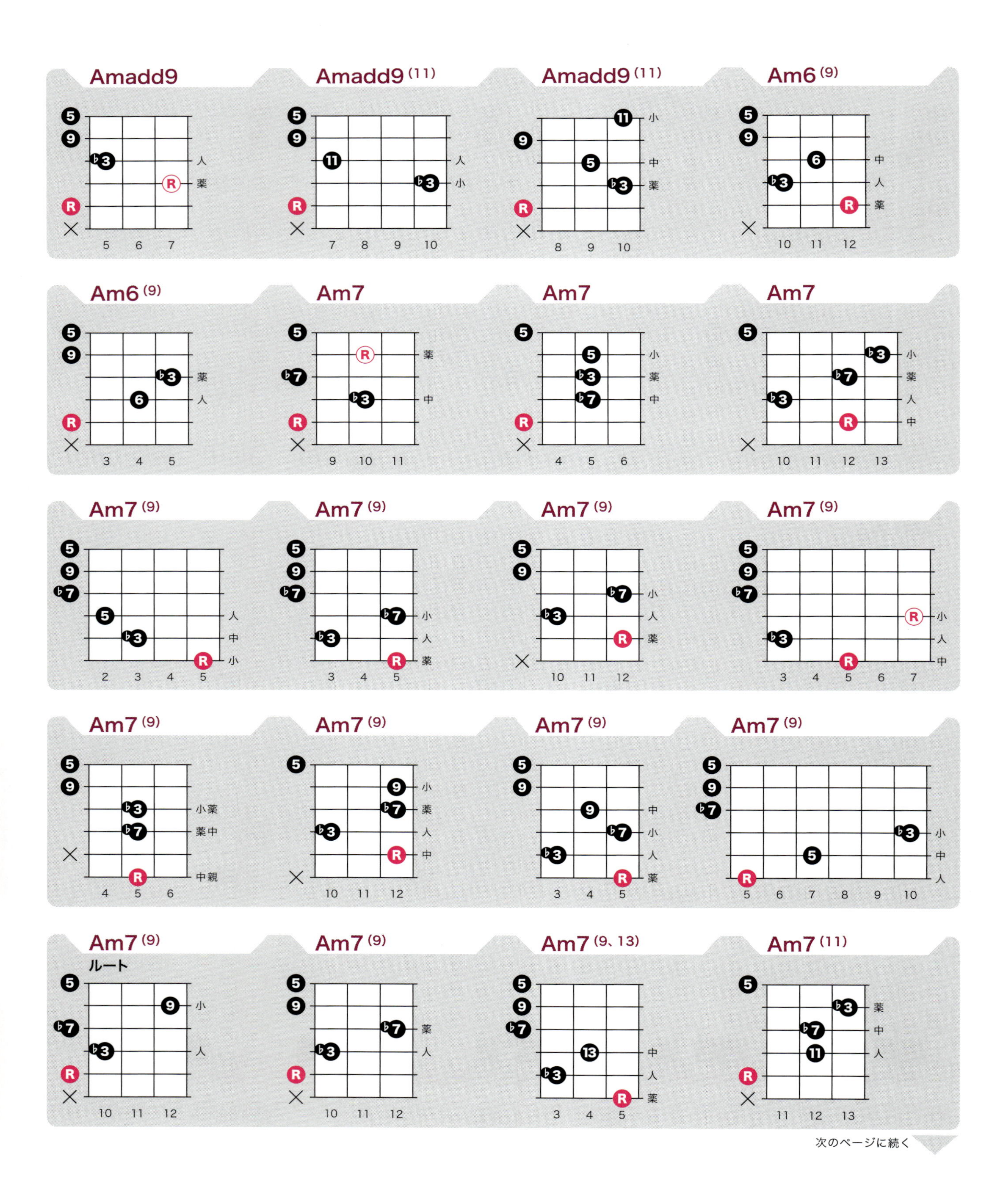

Amadd9
Amadd9(11)
Amadd9(11)
Am6(9)
Am6(9)
Am7
Am7
Am7
Am7(9)
Am7(9)
Am7(9)
Am7(9)
Am7(9)
Am7(9)
Am7(9)
Am7(9)
Am7(9)
ルート
Am7(9)
Am7(9、13)
Am7(11)
次のページに続く

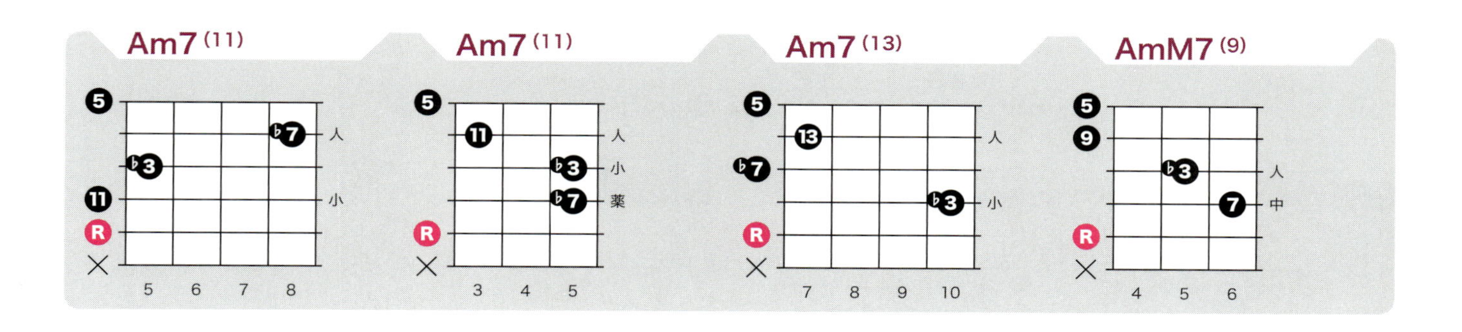

Bm 系（マイナー・コード）

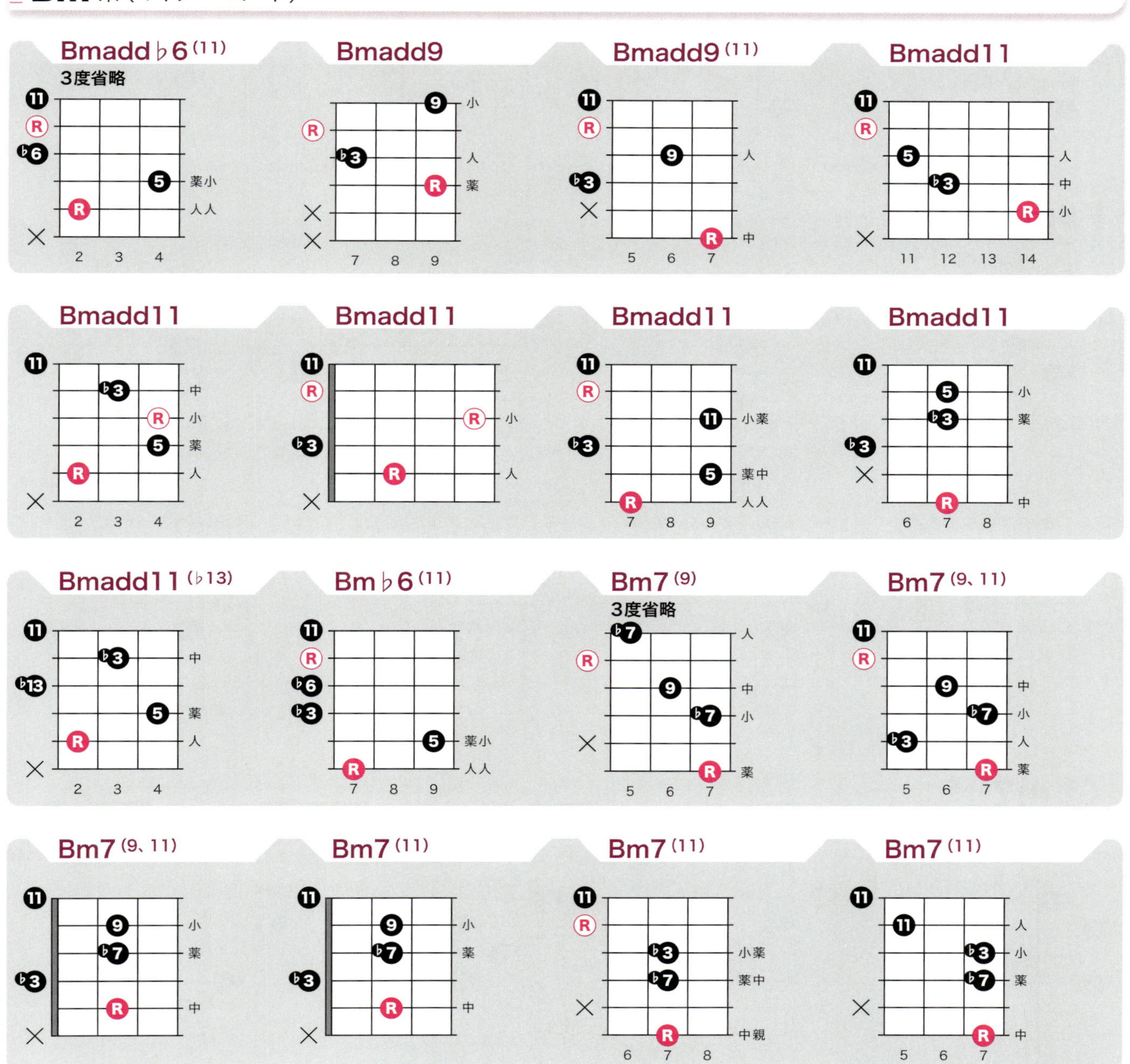

Bm

次のページに続く

Bm7(11)
3度省略

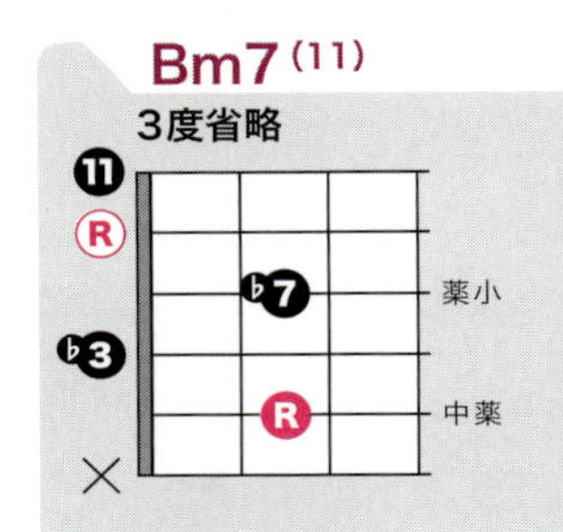

Bm7(11)
3度省略

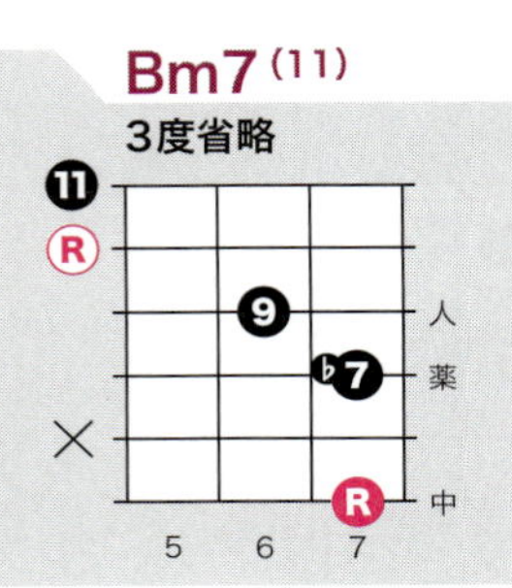

Bm7(11)

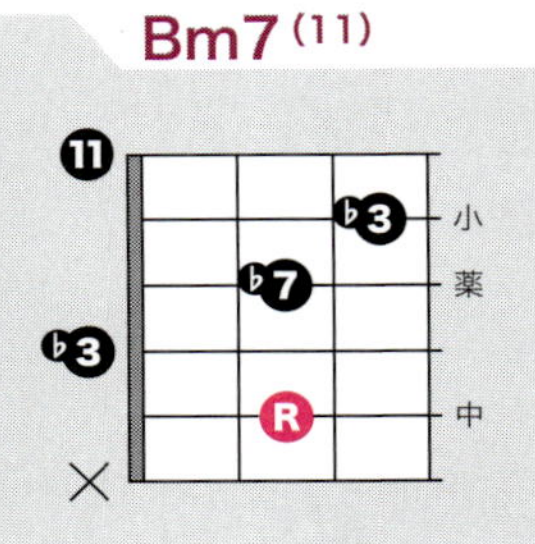

Bm7(♭13)

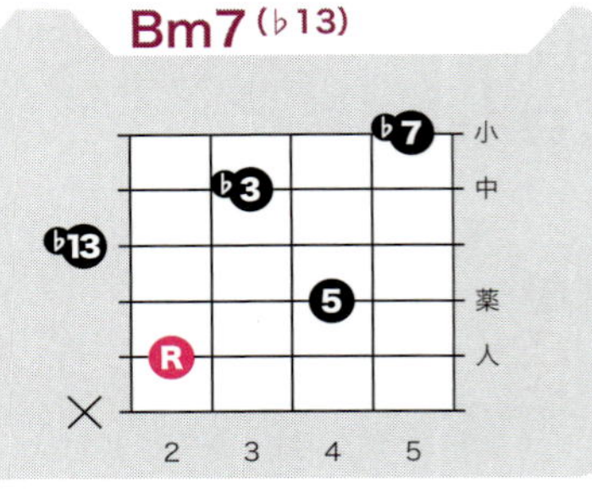

C#m7(♭5) 系（マイナー・コード）

C#m7(♭5)

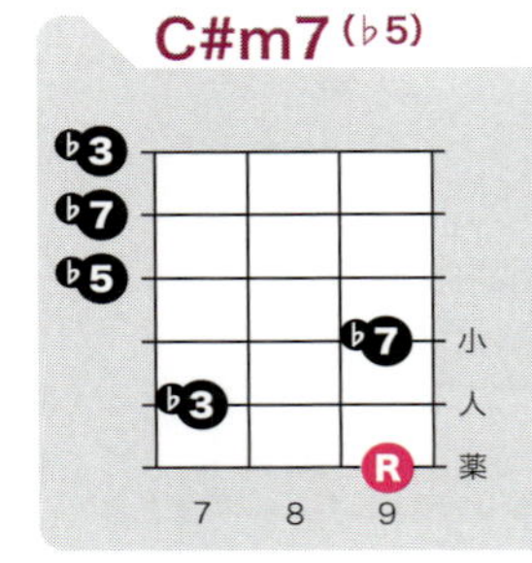

C#m7(♭5)

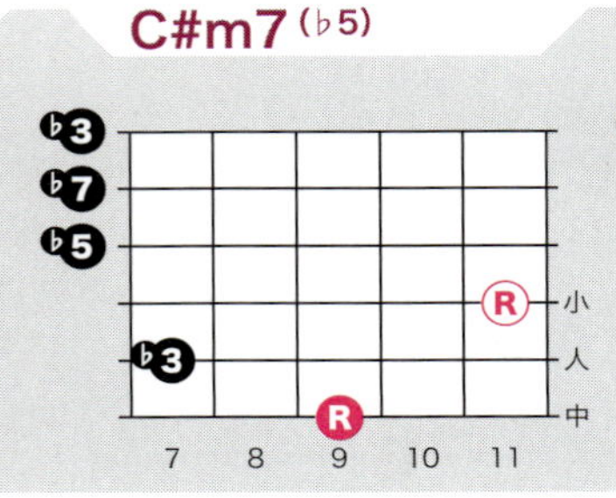

C#m7(♭5)

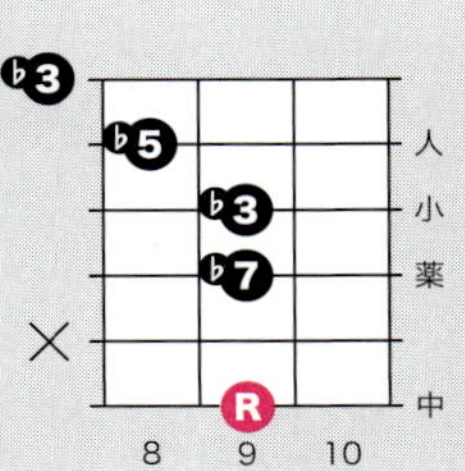

C#m7(♭5)

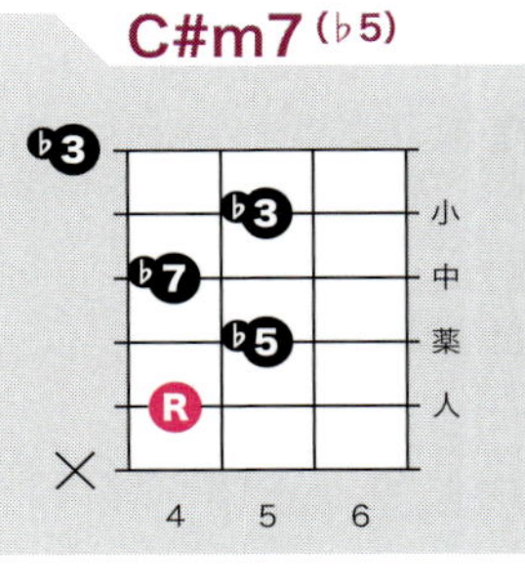

F#m7(♭5) 系（マイナー・コード）

F#m7(♭5)

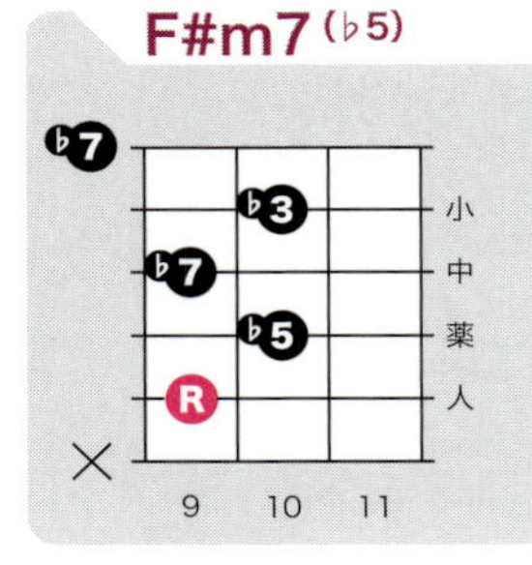

F#m7(♭5)

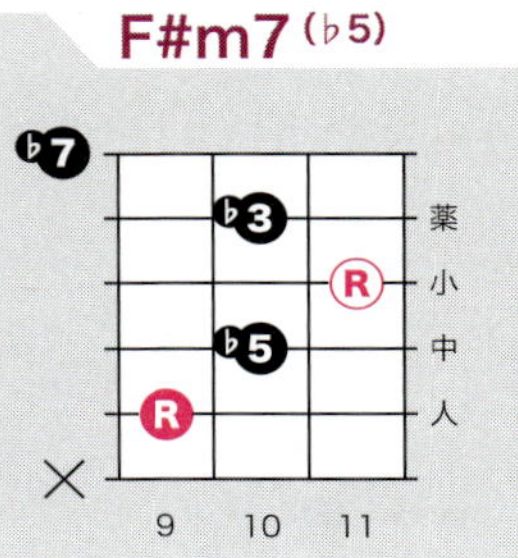

F#m7(♭5)

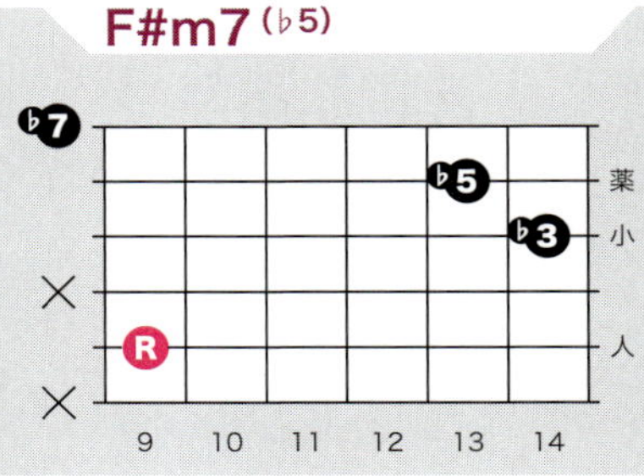

F#m7(♭5)

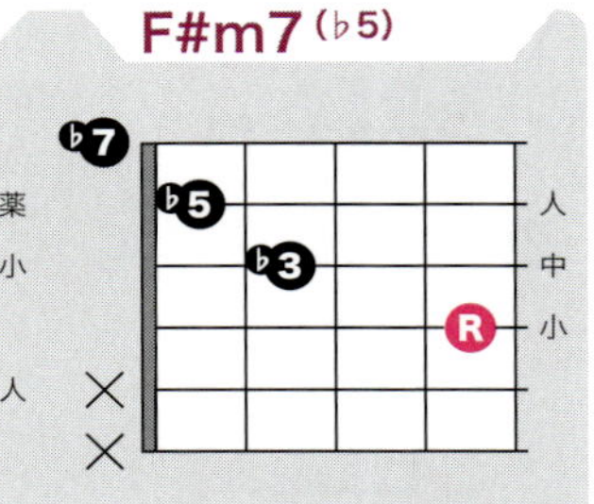

F#m7(♭5、♭9)

F#m7(♭5、11)

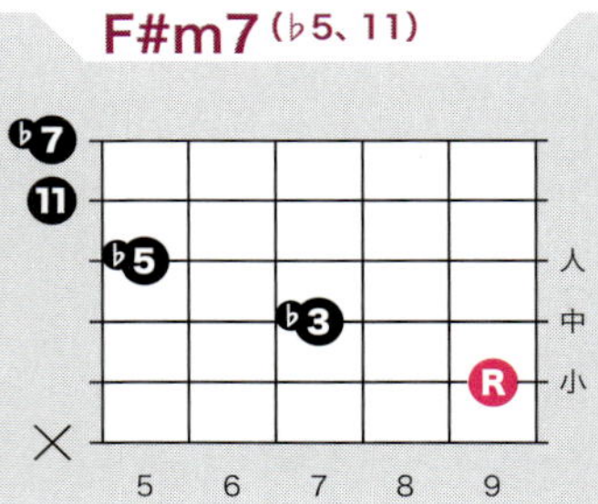

F#m7(♭5、11)

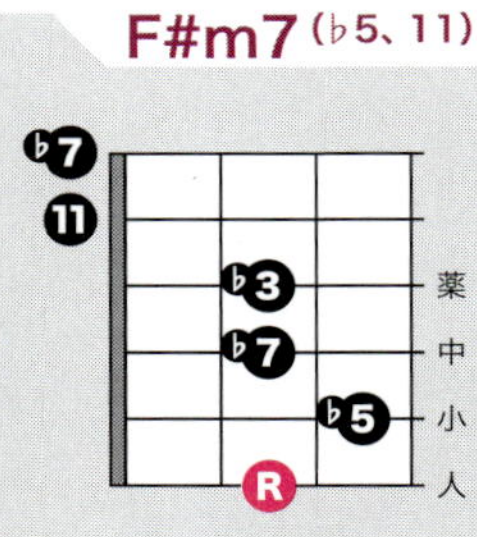

F#m7(♭5、♭13)

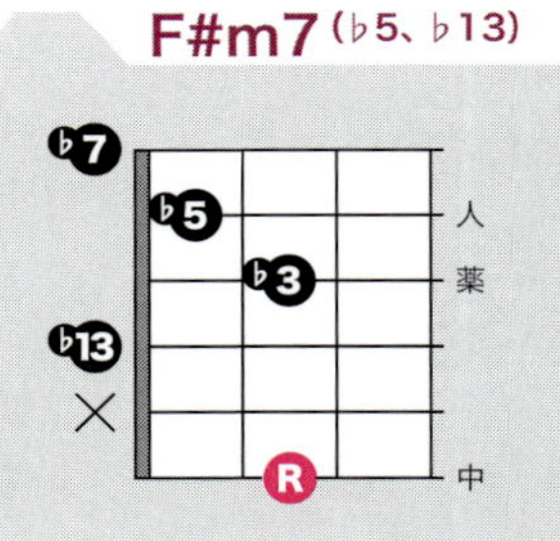

G#m7(♭5) 系（マイナー・コード）

G#m7(♭5)

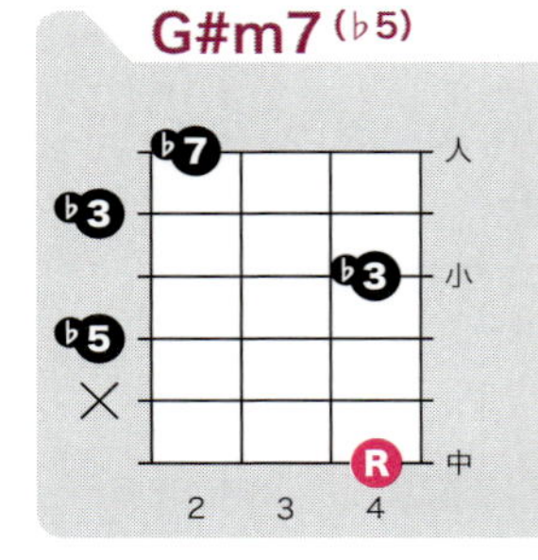

G#m7(♭5、♭13)

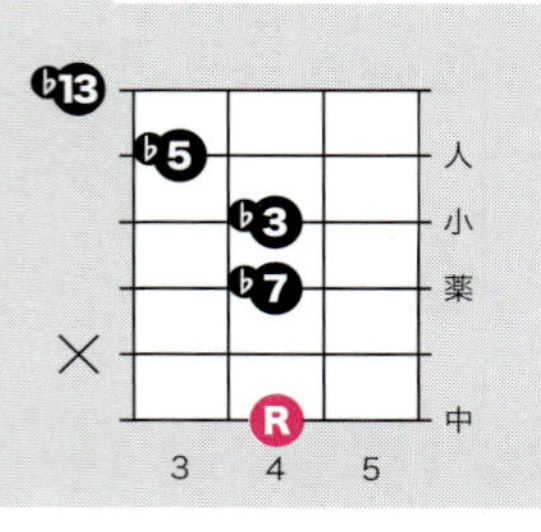

G#m7(♭5、♭13)

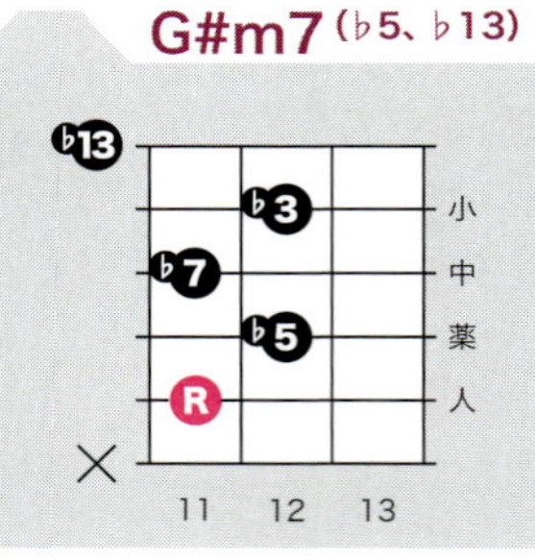

G#m7 (♭5、11、♭13)

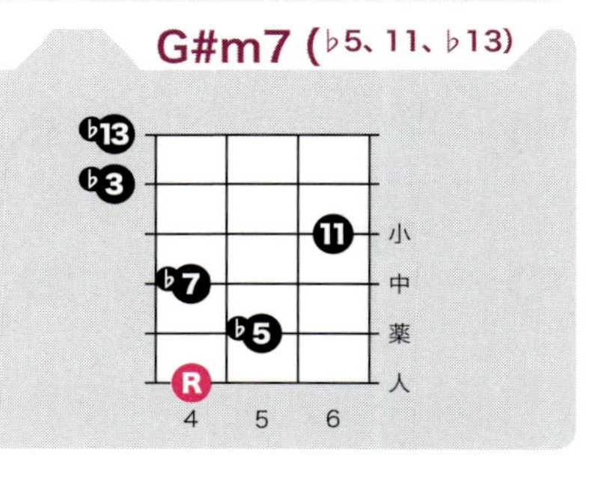

Bm7(♭5) 系（マイナー・コード）

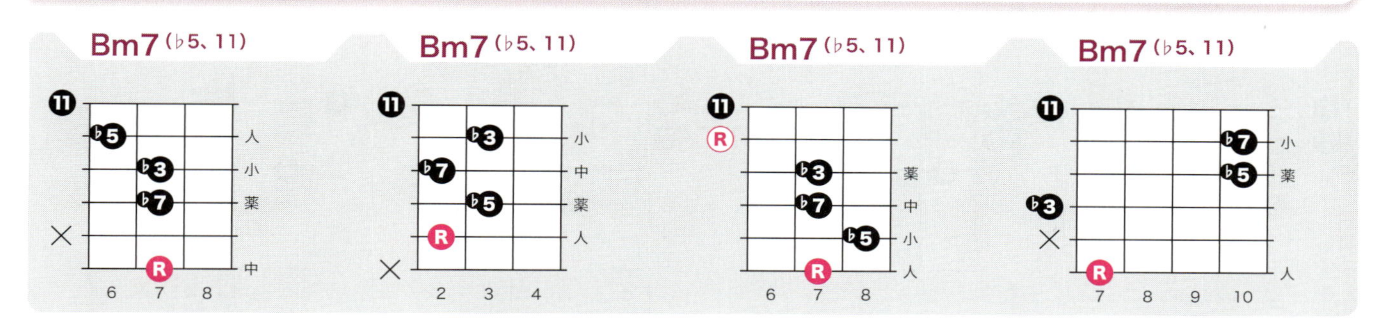

C7 系（ドミナント・コード）

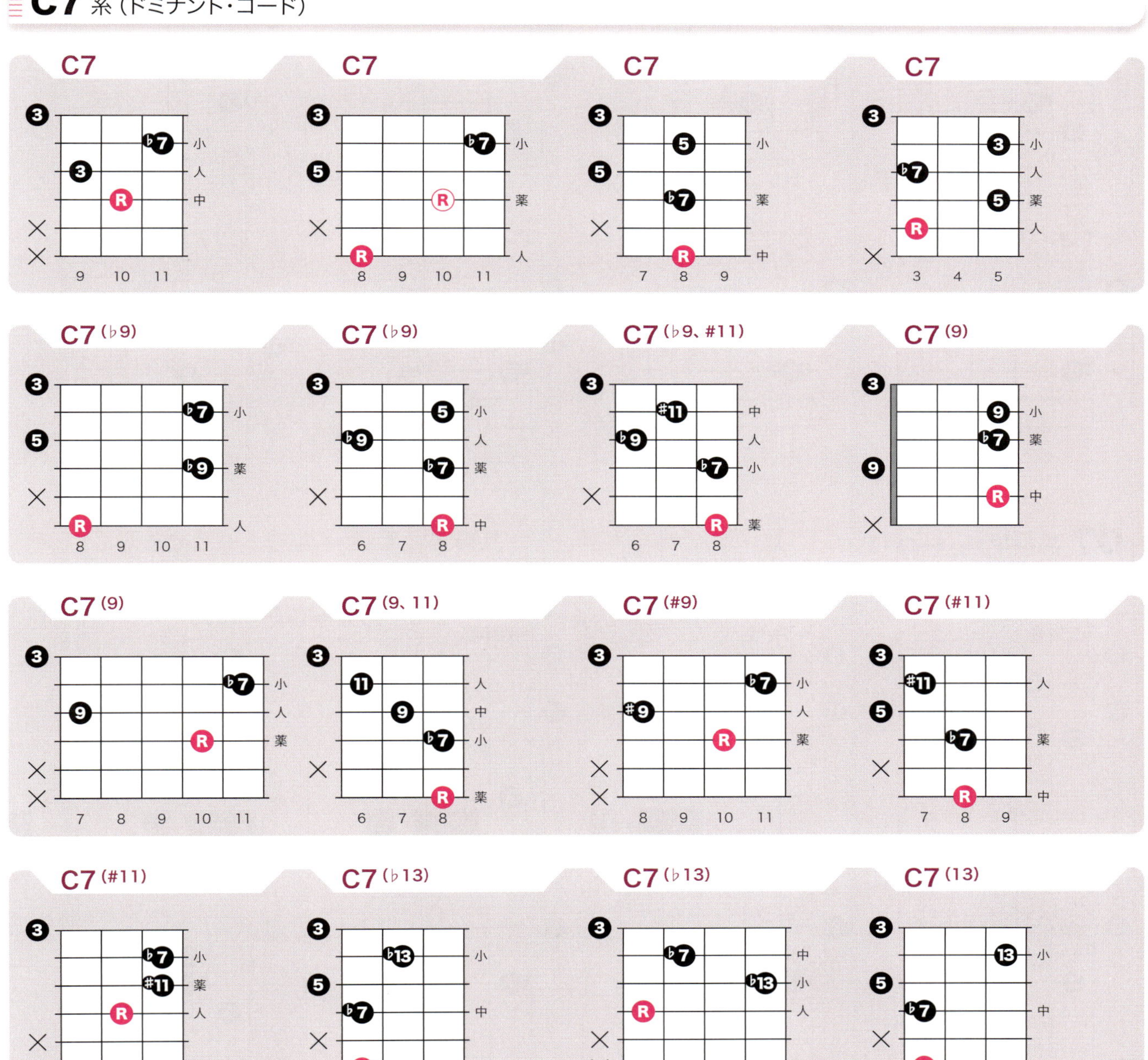

C#7 系（ドミナント・コード）

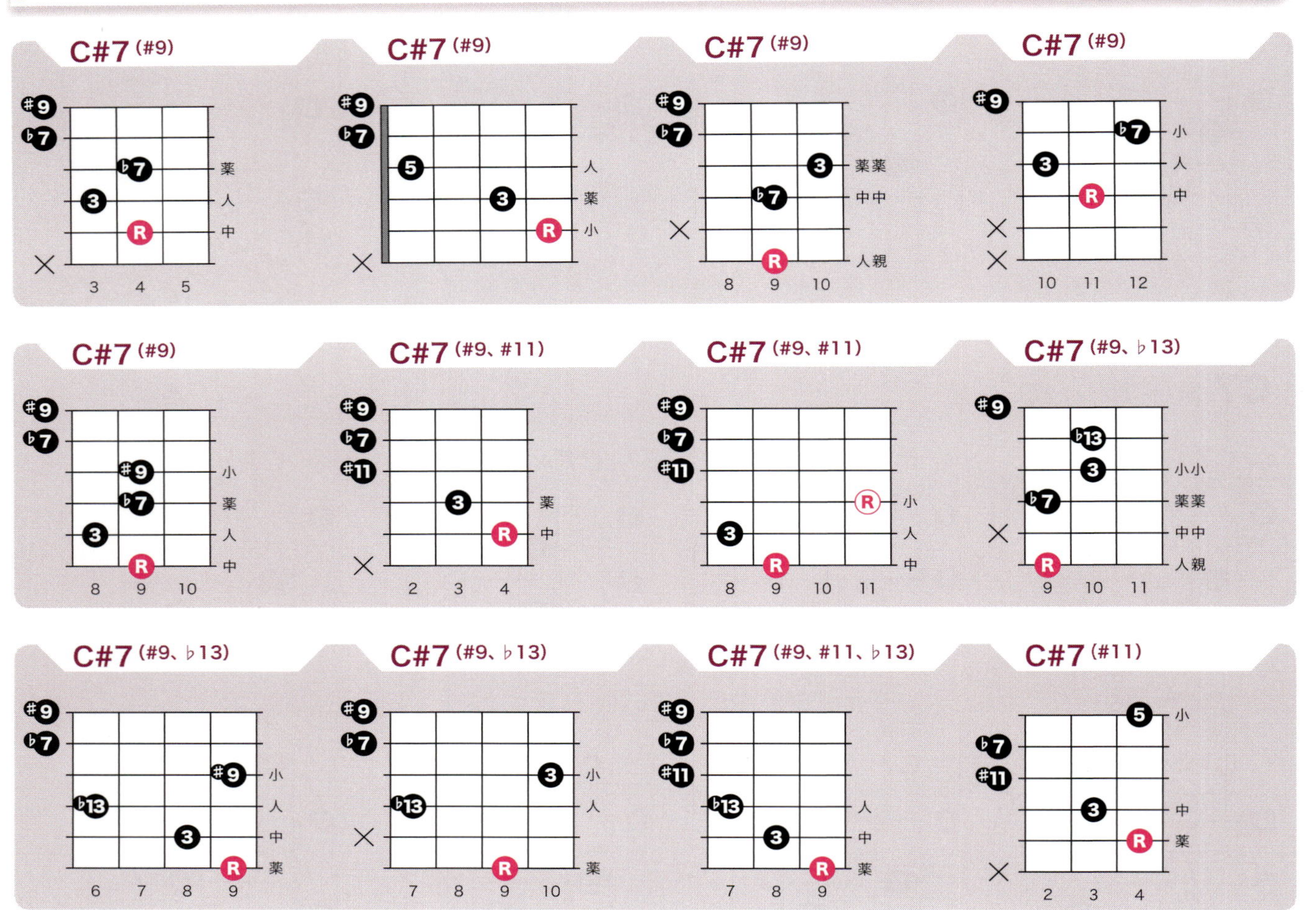

D7 系（ドミナント・コード）

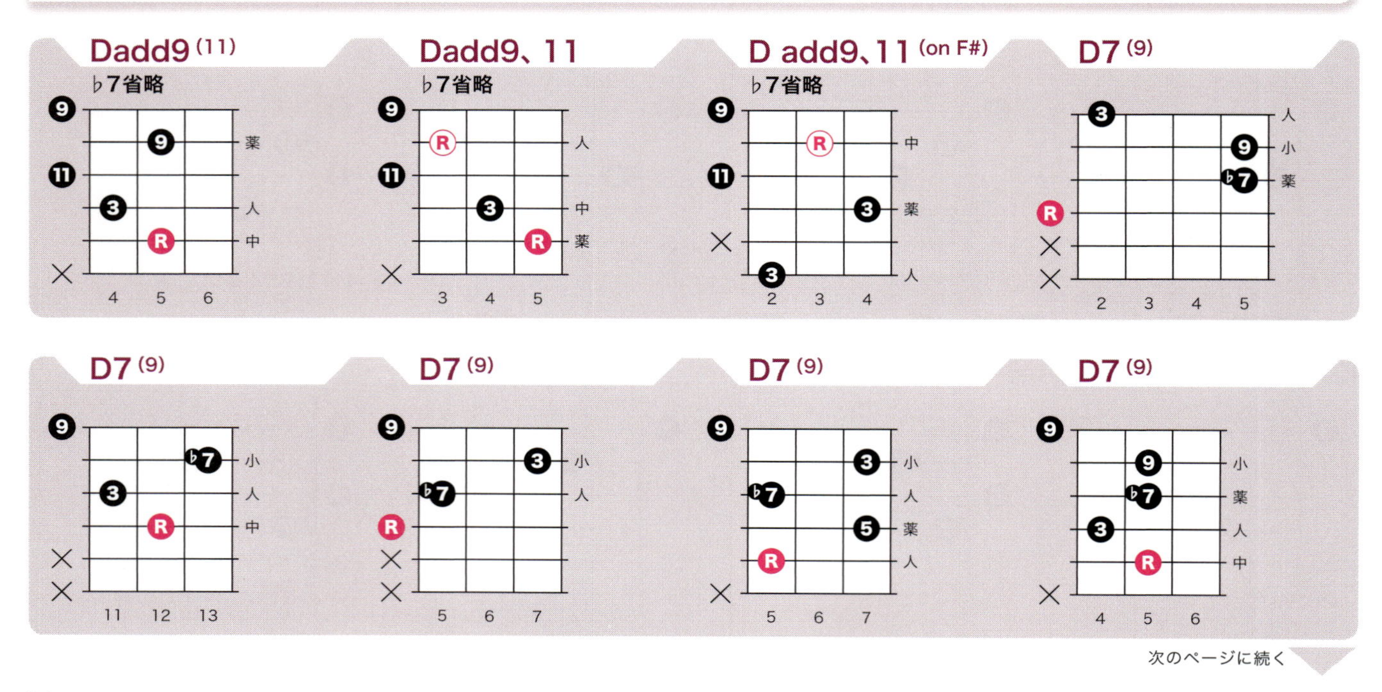

次のページに続く

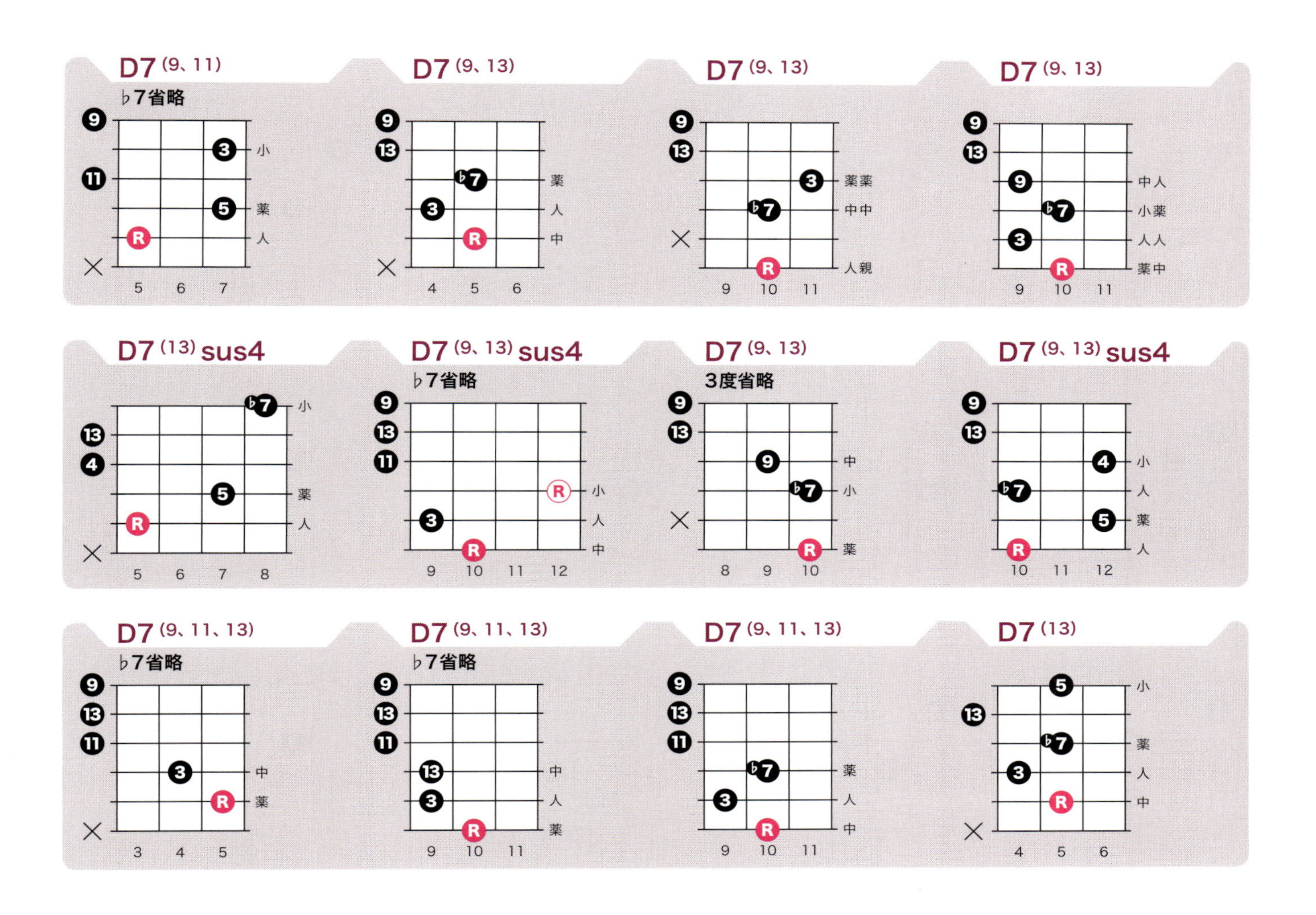

E7系（ドミナント・コード）

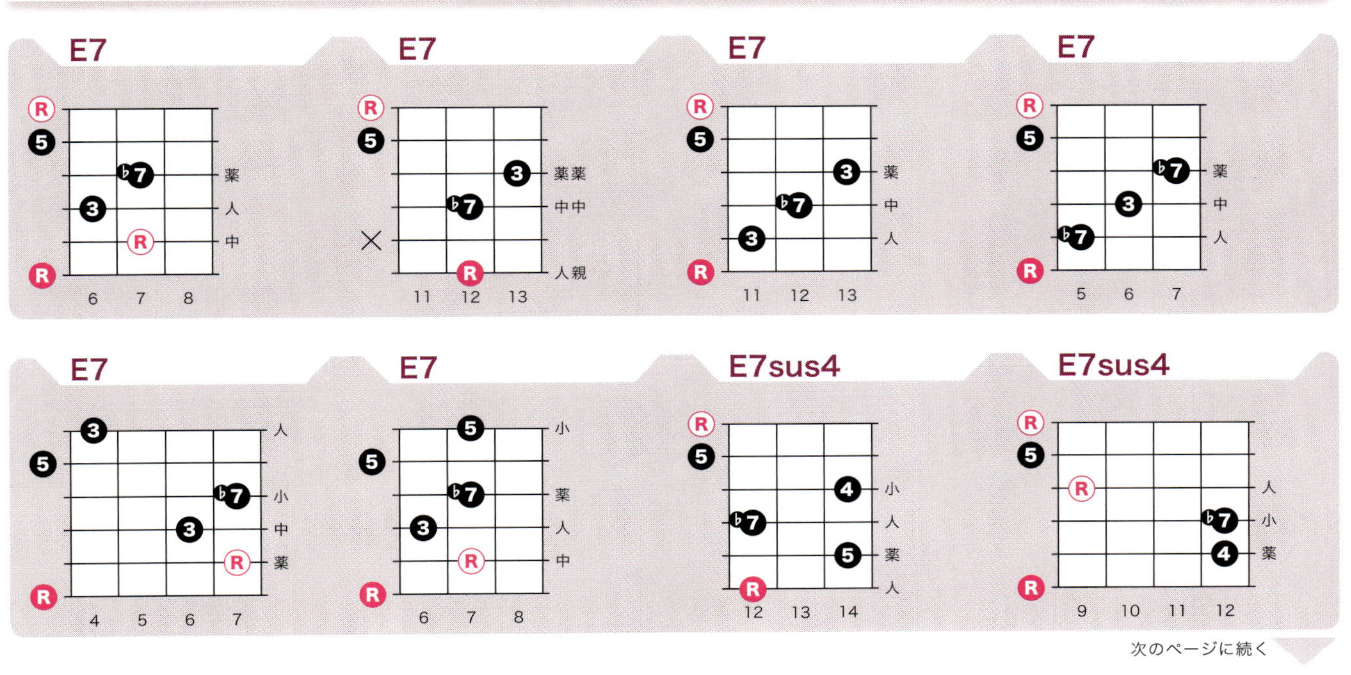

次のページに続く

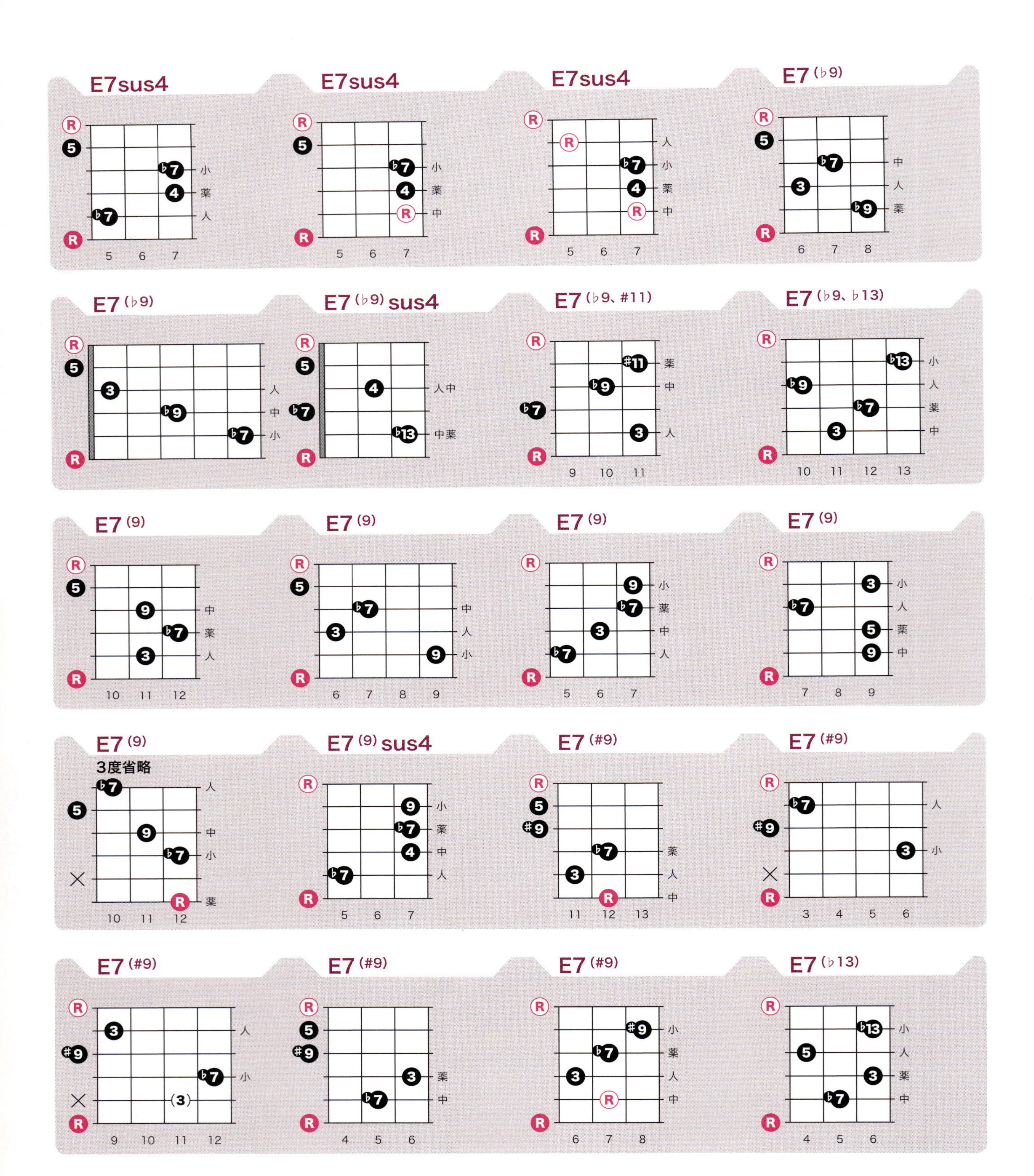
E7sus4
E7sus4
E7sus4
E7(♭9)
E7(♭9)
E7(♭9) sus4
E7(♭9、#11)
E7(♭9、♭13)
E7(9)
E7(9)
E7(9)
E7(9)
E7(9)
3度省略
E7(9) sus4
E7(#9)
E7(#9)
E7(#9)
E7(#9)
E7(#9)
E7(♭13)

F7 系（ドミナント・コード）

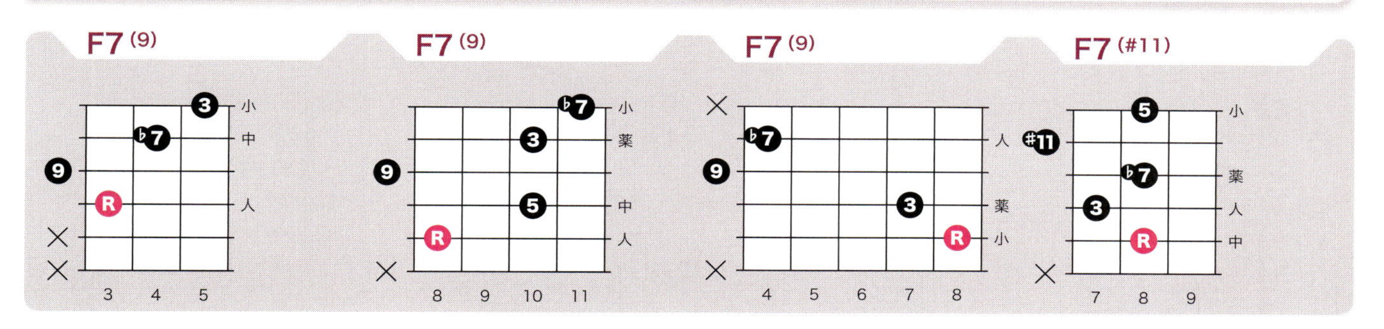

F#7 系（ドミナント・コード）

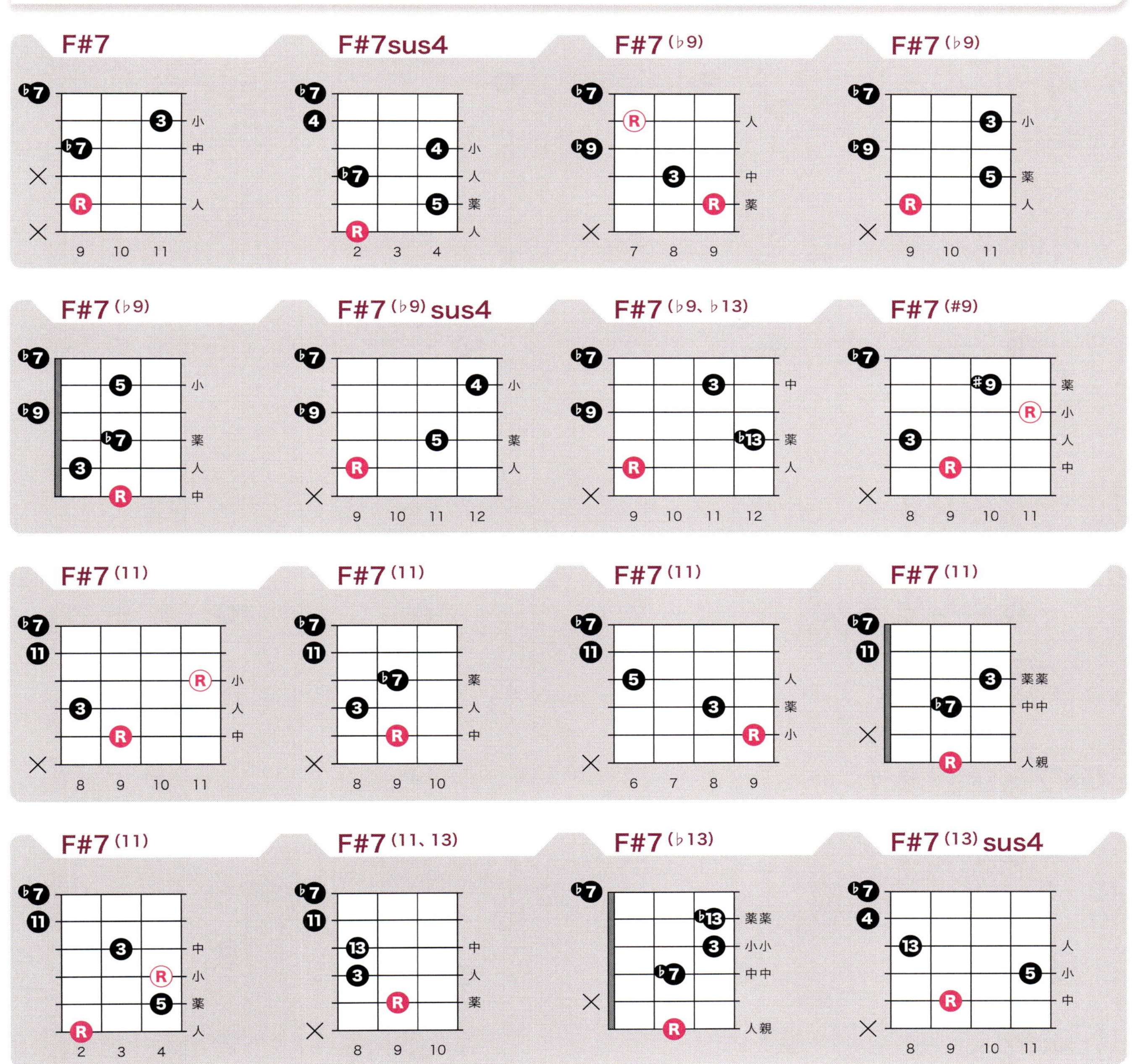

G7 系（ドミナント・コード）

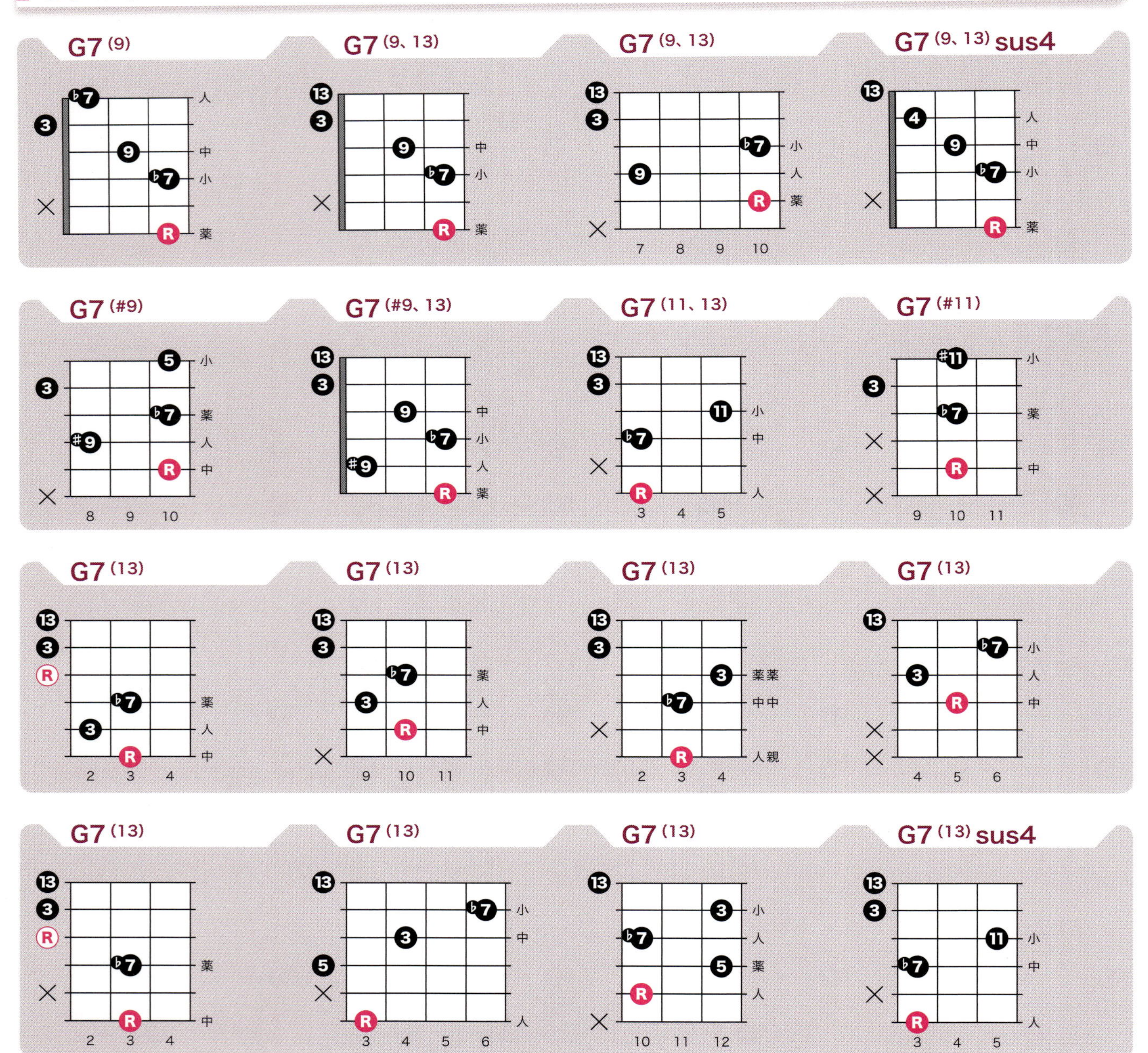

G#7 系（ドミナント・コード）

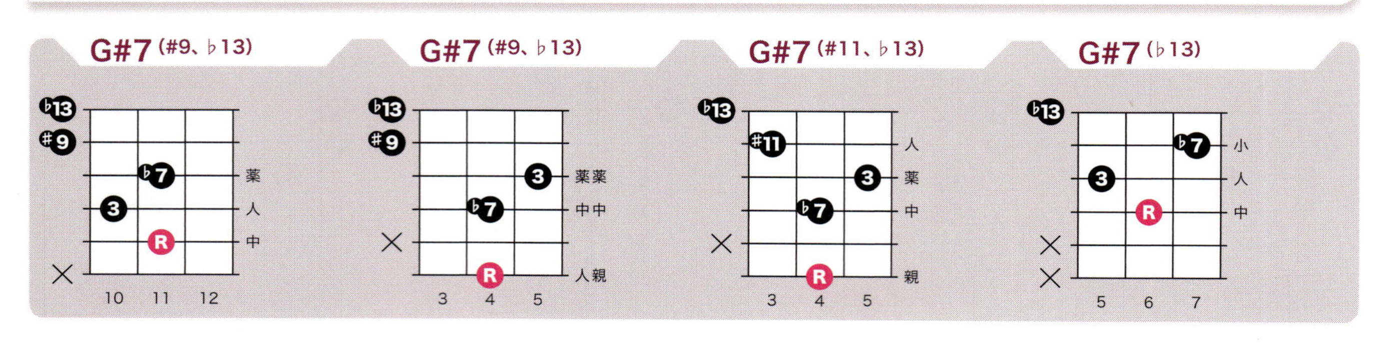

A7系（ドミナント・コード）

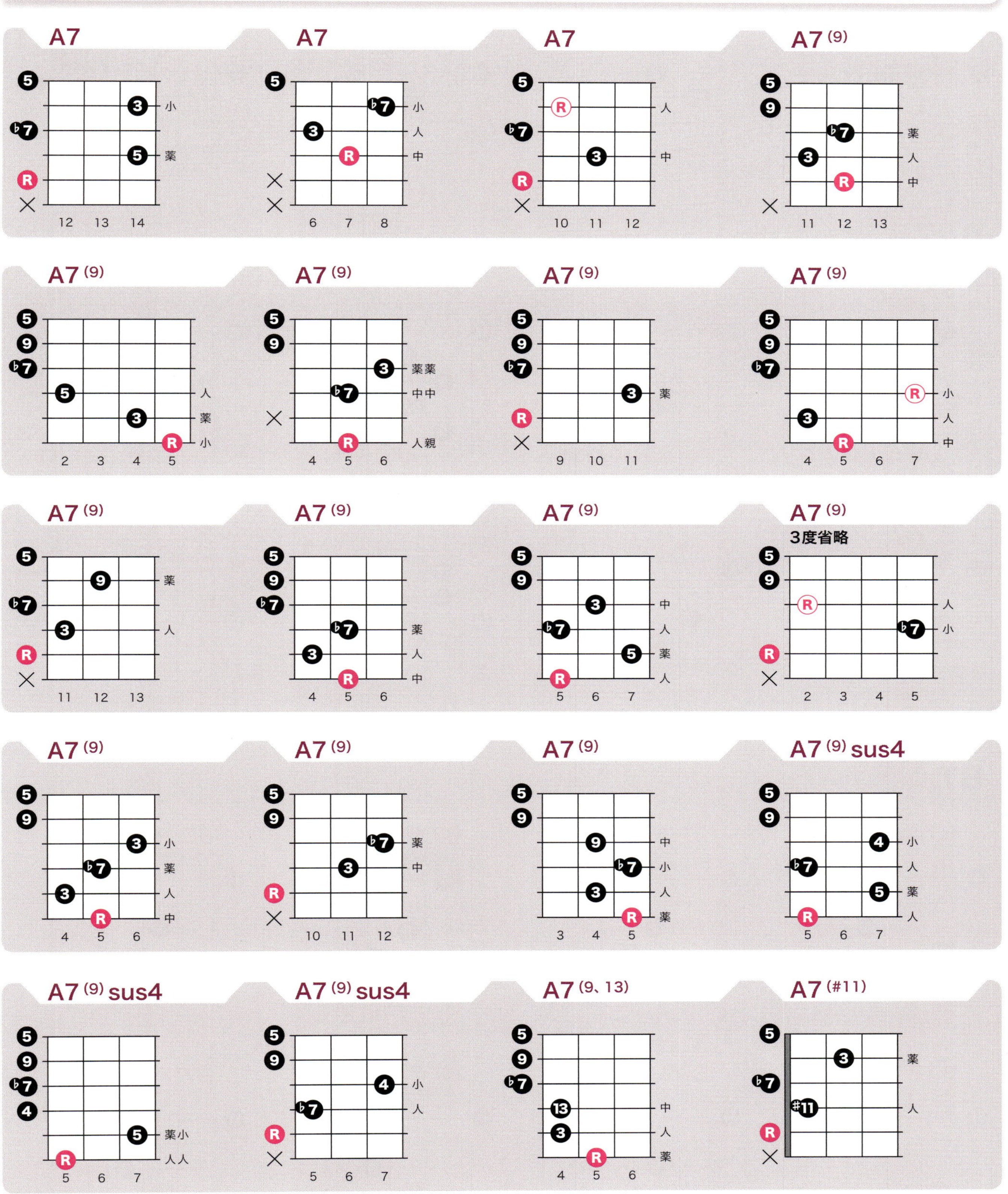

次のページに続く

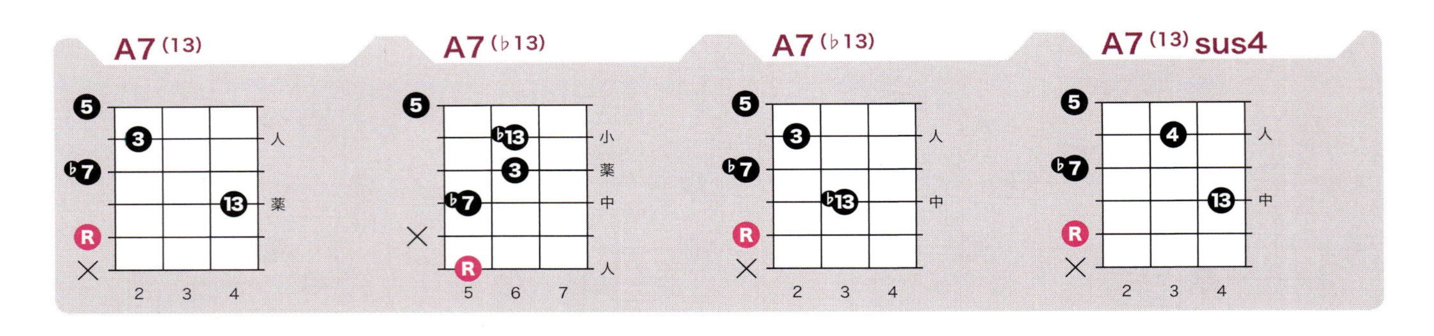

B♭7 系（ドミナント・コード）

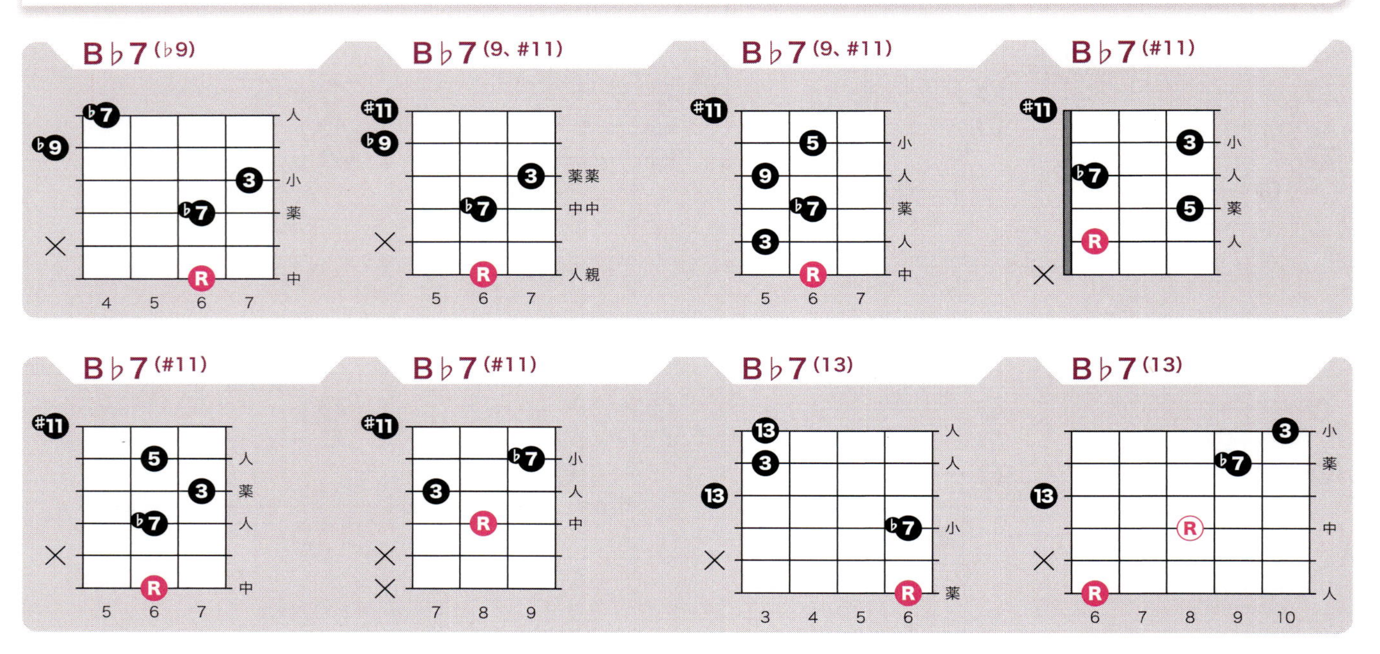

B7 系（ドミナント・コード）

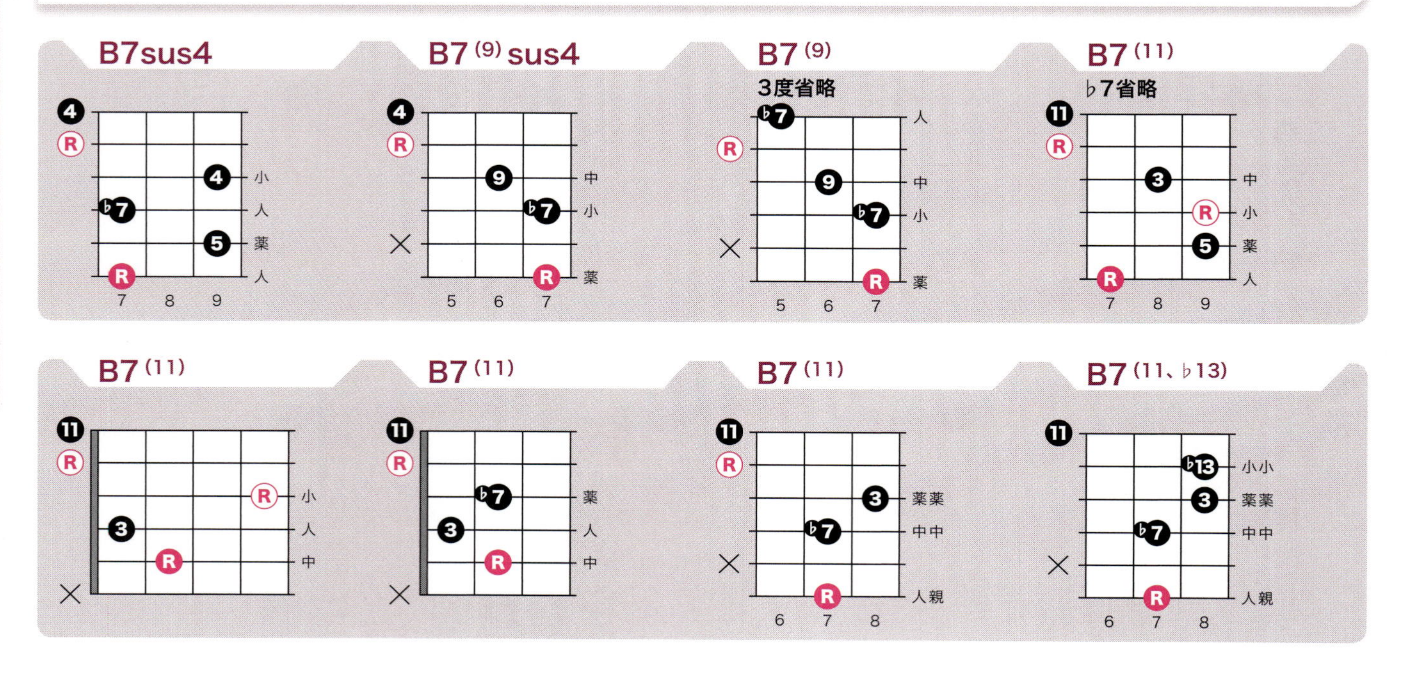

B♭7 B7

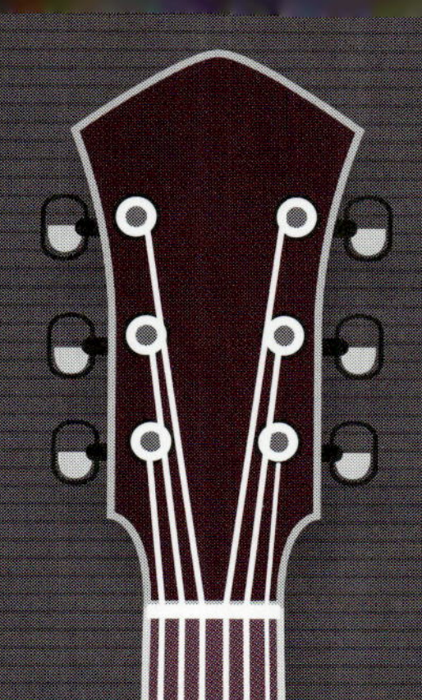

Chapter 4

即使えるコード進行をプロ御用達のヴォイシングで奏でよう

1 メジャー・キー 1

Aメロ：○　Bメロ：△　サビ：◎

Key=C

基本形

2弦を常に小指で押弦しながらフォームを平行移動させるようなイメージです。その2弦のメロディ的な動きと、1弦開放や3、4弦開放の固定された音が絡み合うことでギターが美しく響きます。

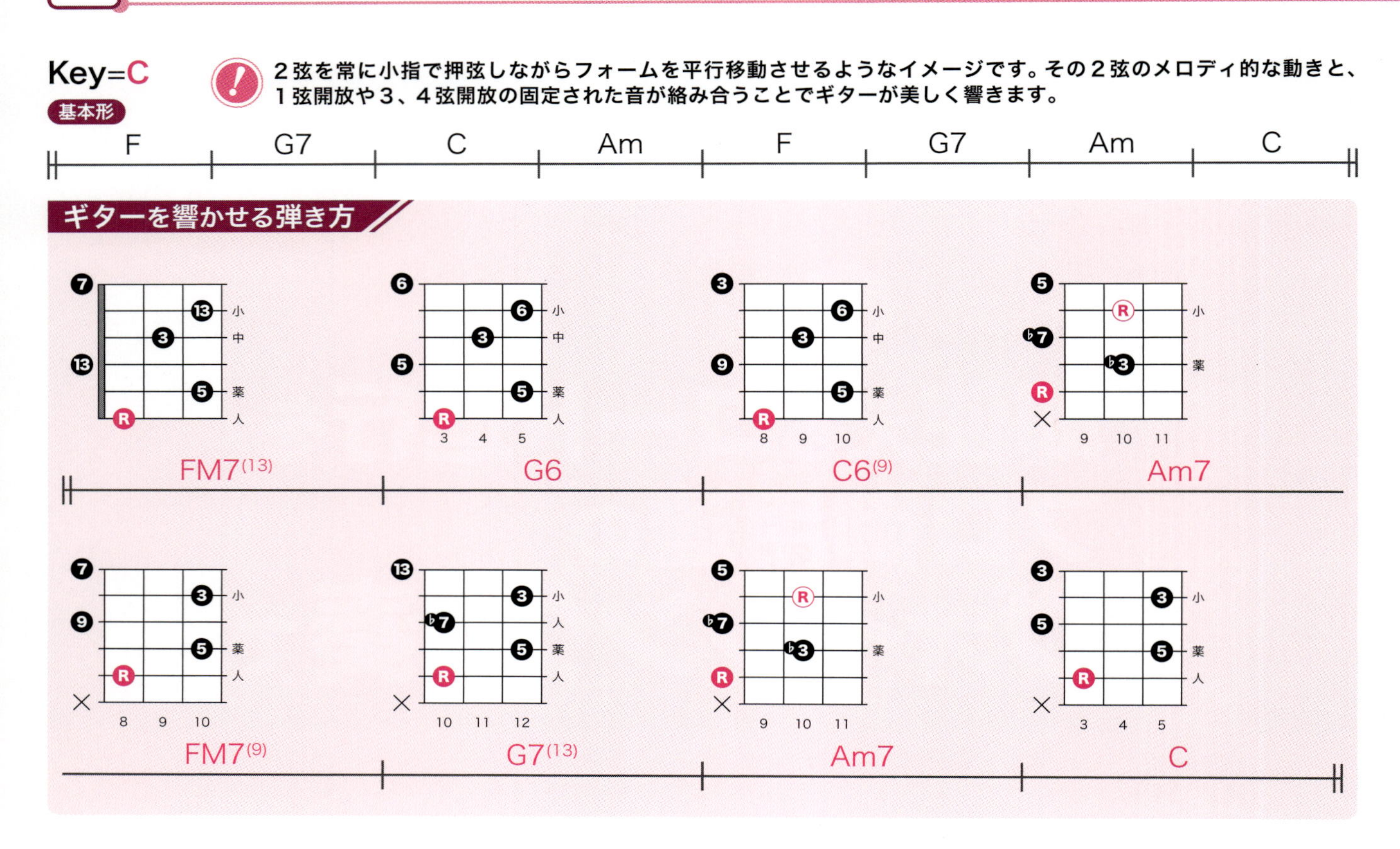

Key=G

基本形

1、2弦の開放を多用してギターを響かせています。3、4小節目は5弦2Fの人差指を固定、5～7小節目は4弦上で人差指をすべらせるようにすると、滑らかなコード・チェンジが可能になります。

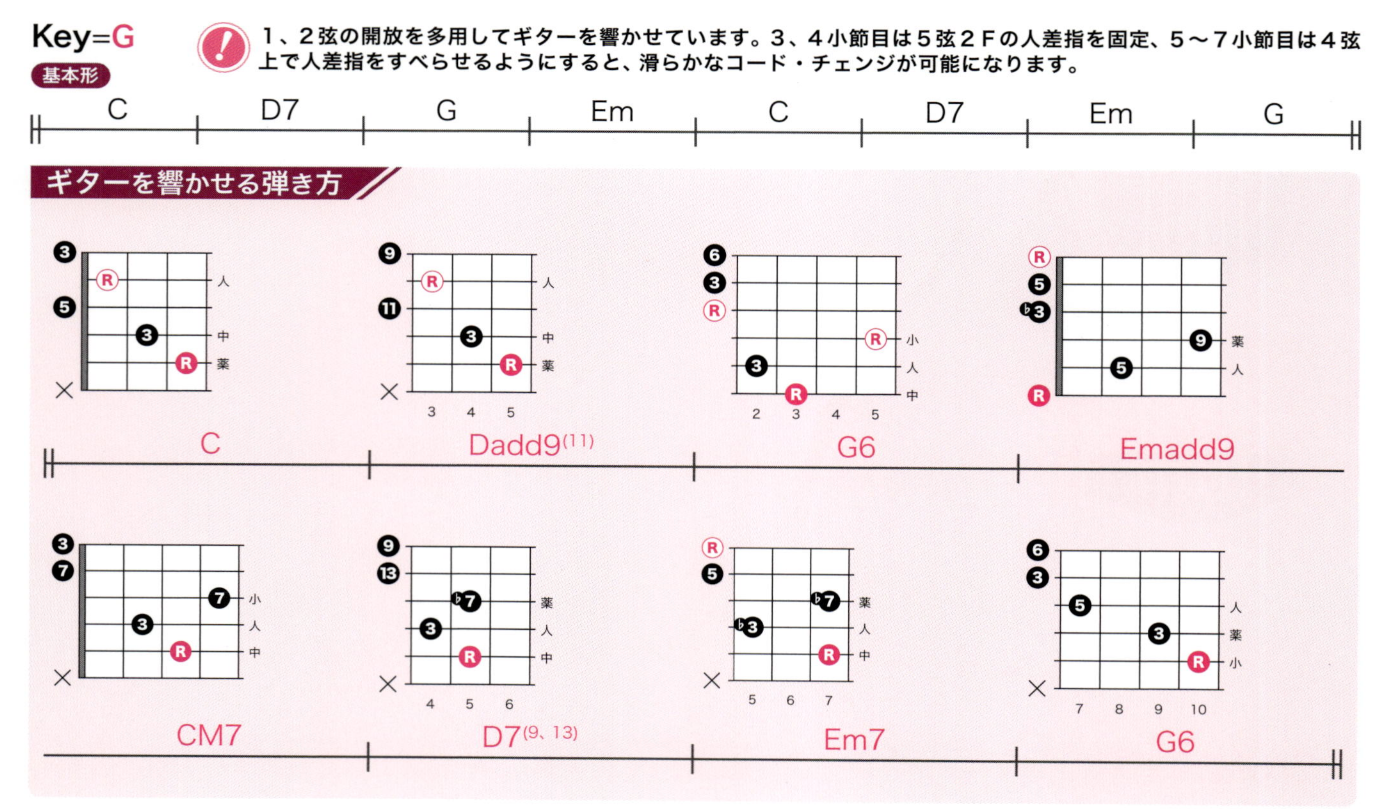

メジャー・キーのIV-V7から始まるコード進行はサビの定番コードです。前半4小節だけを繰り返すと最高に盛り上がるサビ向きコード進行になります。トニックで落ち着かせたいならこの8小節パターンを使用しましょう。

Key=D

基本形

1小節目と5小節目はリディアンのGなのでテンション・ノートに#11thが使えます。1～3小節目は3弦6Fに小指を固定したままコード・チェンジしましょう。

G	A7	D	Bm	G	A7	Bm	D

ギターを響かせる弾き方

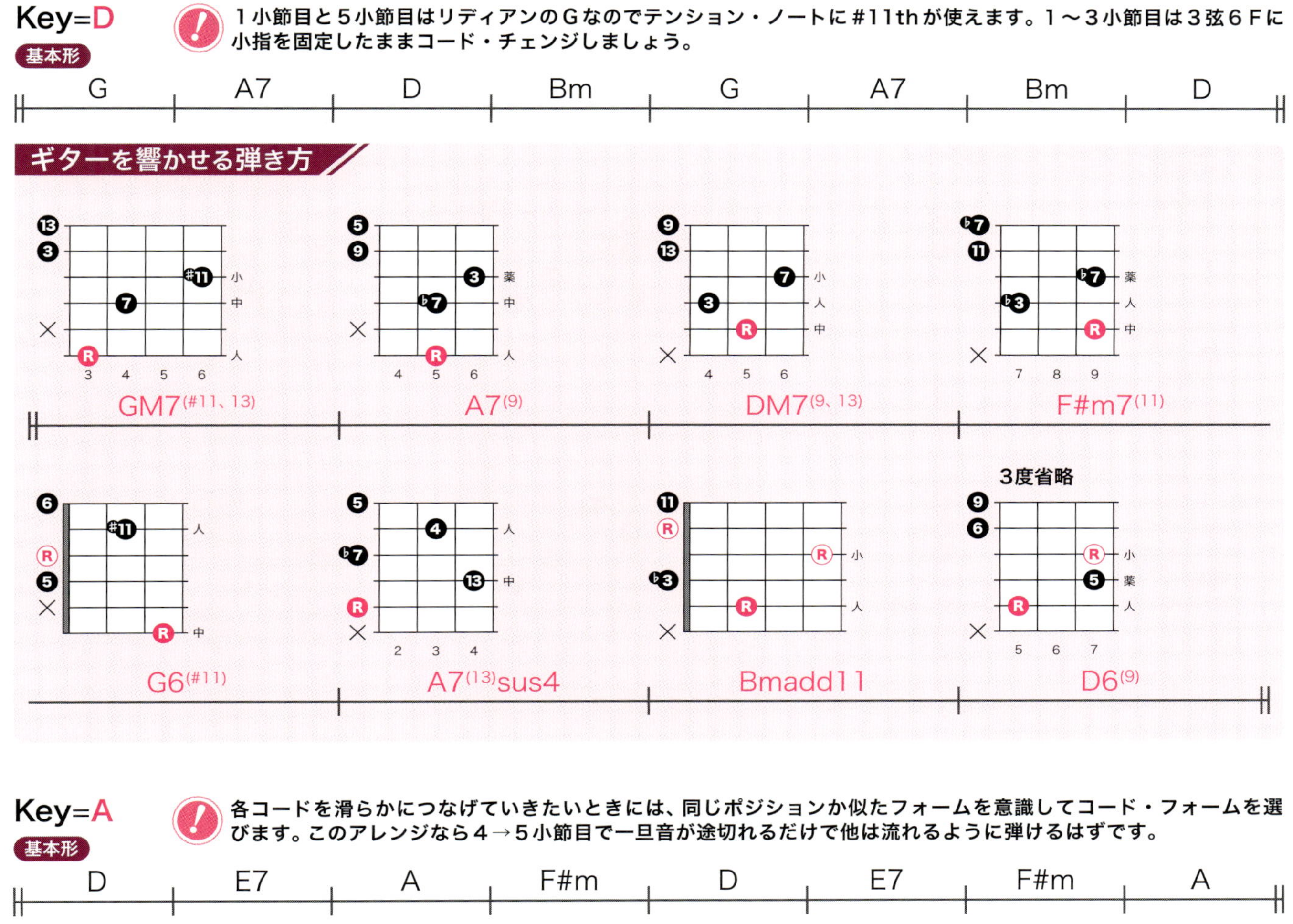

Key=A

基本形

各コードを滑らかにつなげていきたいときには、同じポジションか似たフォームを意識してコード・フォームを選びます。このアレンジなら4→5小節目で一旦音が途切れるだけで他は流れるように弾けるはずです。

D	E7	A	F#m	D	E7	F#m	A

ギターを響かせる弾き方

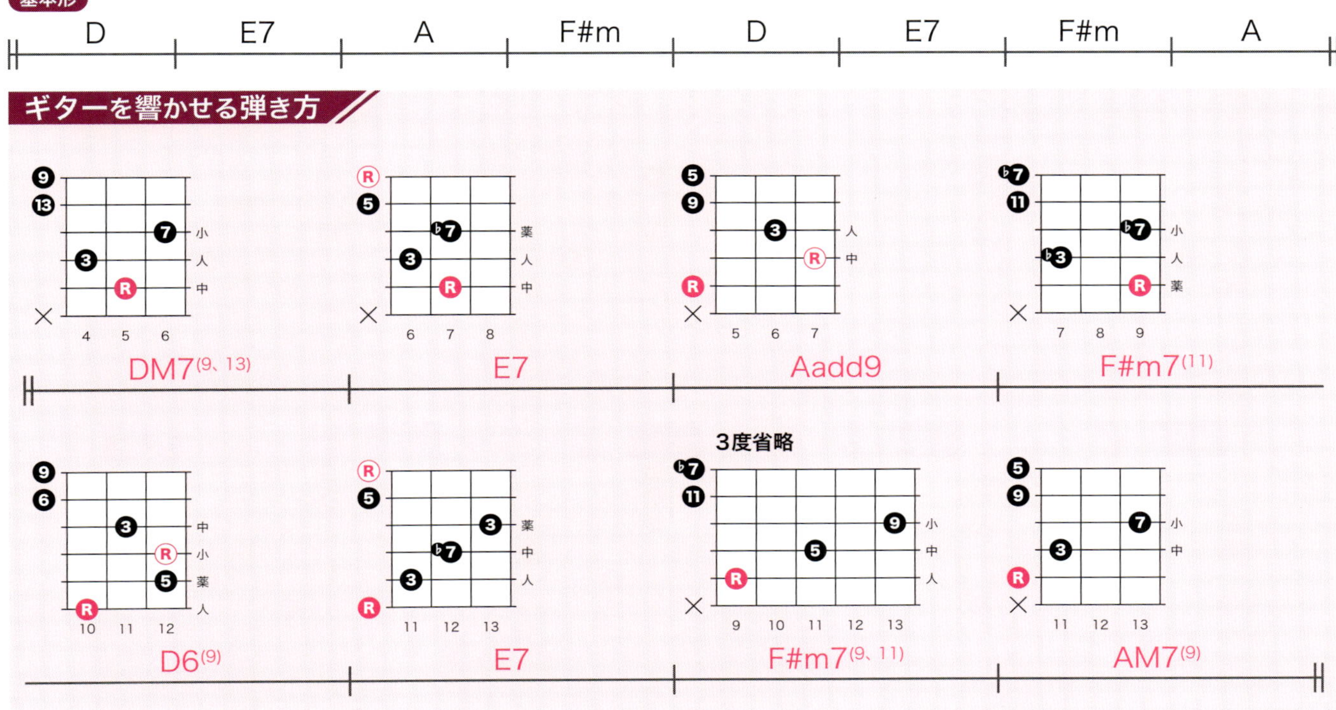

2 メジャー・キー 2

Aメロ：◎　Bメロ：△　サビ：◎

Key=C

基本形

1〜2小節目や3〜4小節目のように、同じフォームを大きく平行移動するアプローチは結果として左手の負担を軽くし、滑らかな響きが表現できる方法です。ギターを美しく響かせるポイントでもあります。

F	C	G7	Am	Dm	Am	G7	C

ギターを響かせる弾き方

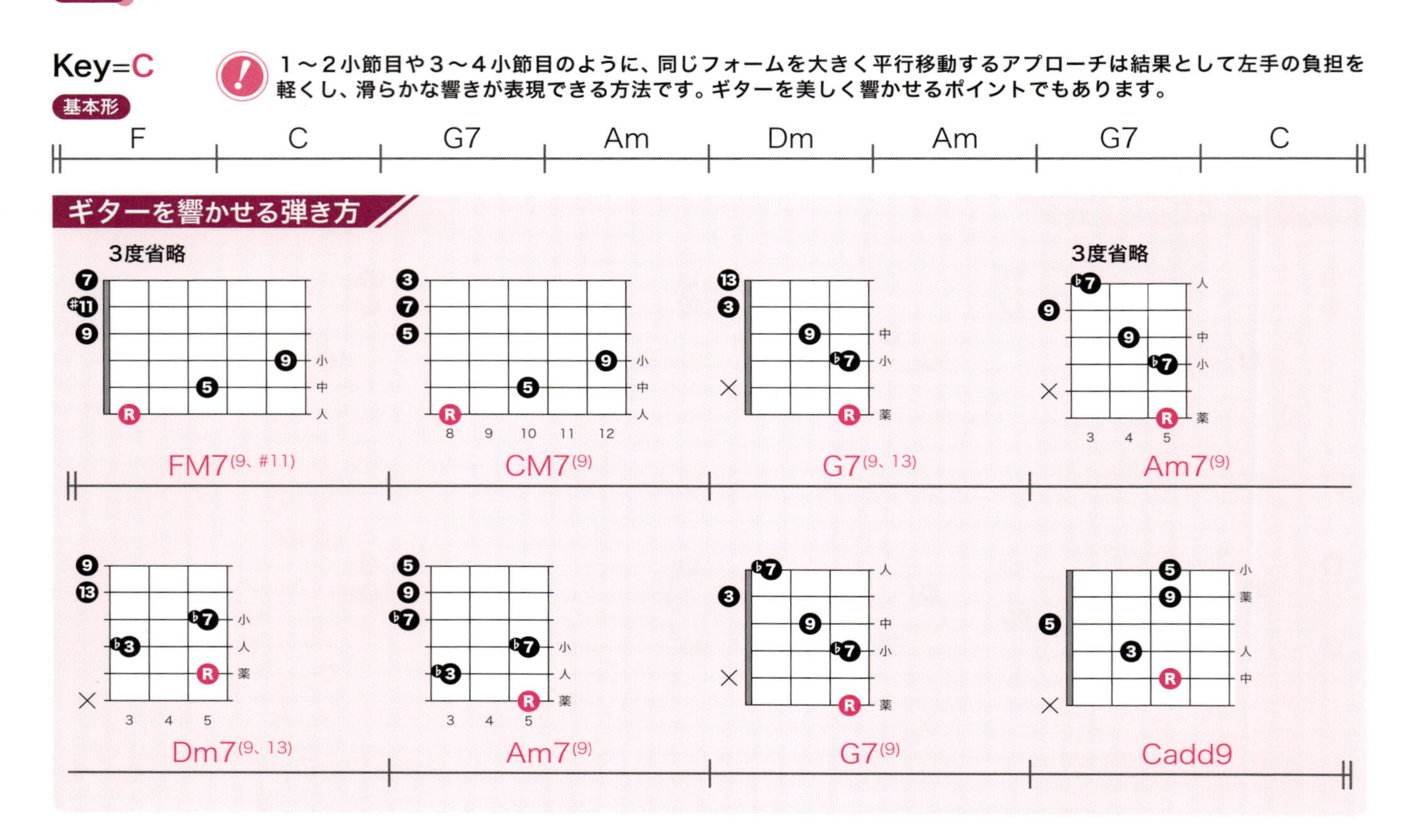

Key=G

基本形

1〜4小節目は2、3弦を固定して弾きます。上部の響きを固定させてルートだけを動かすようなパターンですね。この1〜4弦のフォームは、もっともギターが美しく響くヴォイシングだと思っています。

C	G	D7	Em	Am	Em	D7	G

ギターを響かせる弾き方

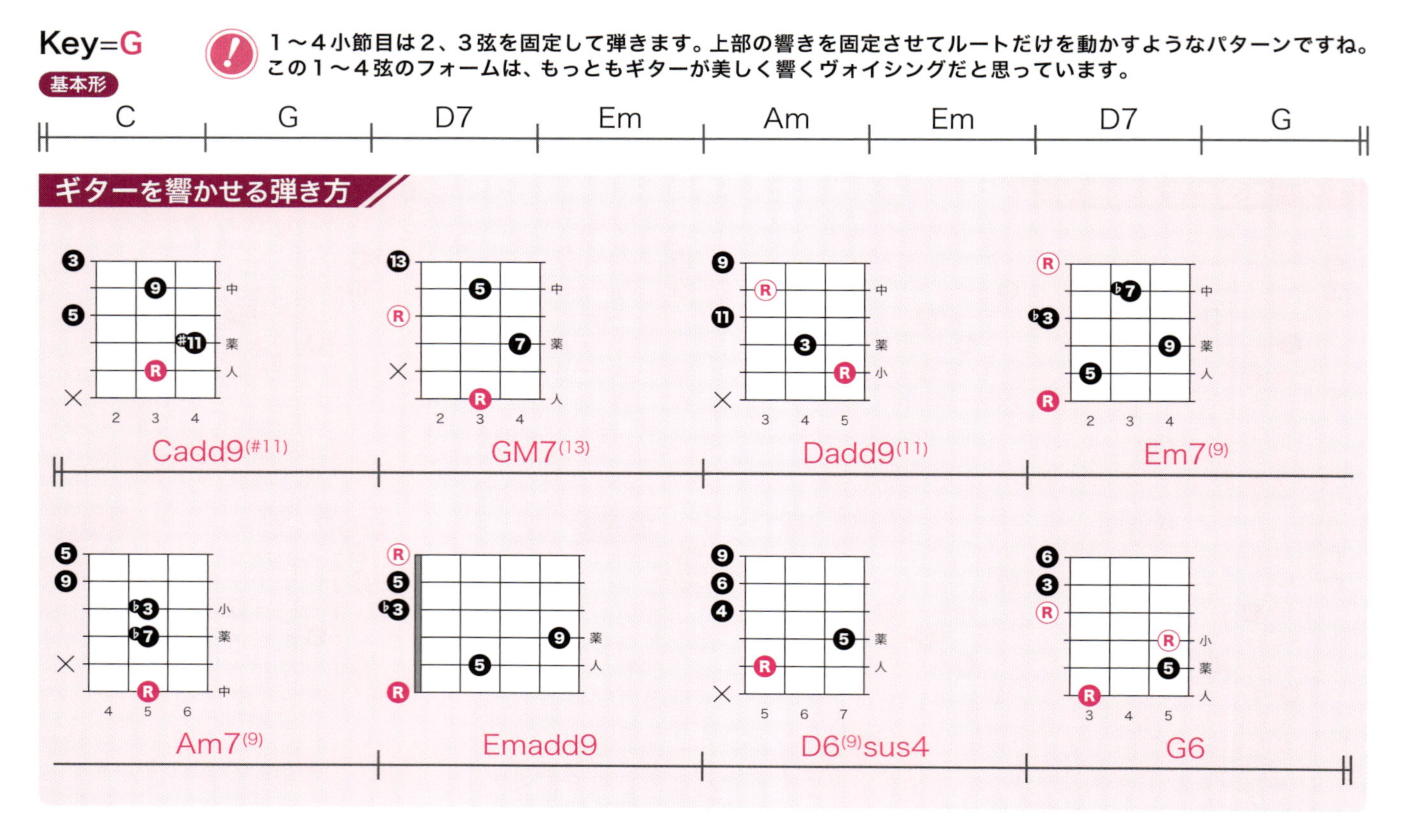

落ち着いたAメロにしたくないときには、IVから始まるコード進行が適度な意外性と柔らかな雰囲気を醸してくれます。ダイアトニック・コードの内の5個を使っているので、動きが多いAメロやサビに使いたいコード進行です。

Key=D

基本形

大きなポジション移動を伴うこのアレンジは、ローポジションだけで弾くコードとは明らかに違うメロディアスな流れを持っています。7小節目のA7をsus4化することで現代的な響きになっていることもポイントです。

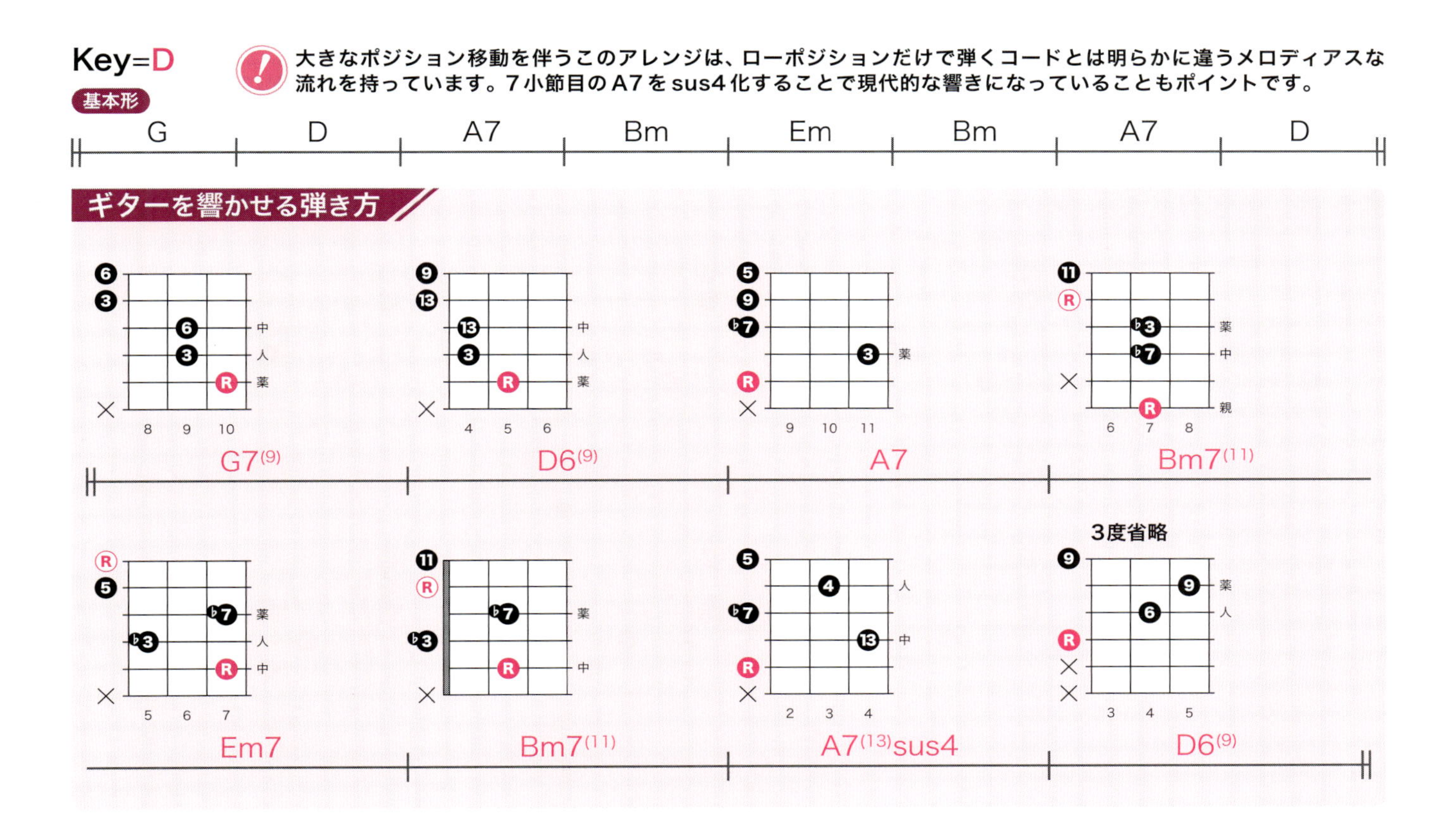

Key=A

基本形

1〜2小節目と3〜4小節目は1、2弦をペダル・ポイントにすることで滑らかなコード・チェンジを狙ったものです。このように、固定させる音と動く音を共存させると"いい感じ"の響きになることが多いのです。

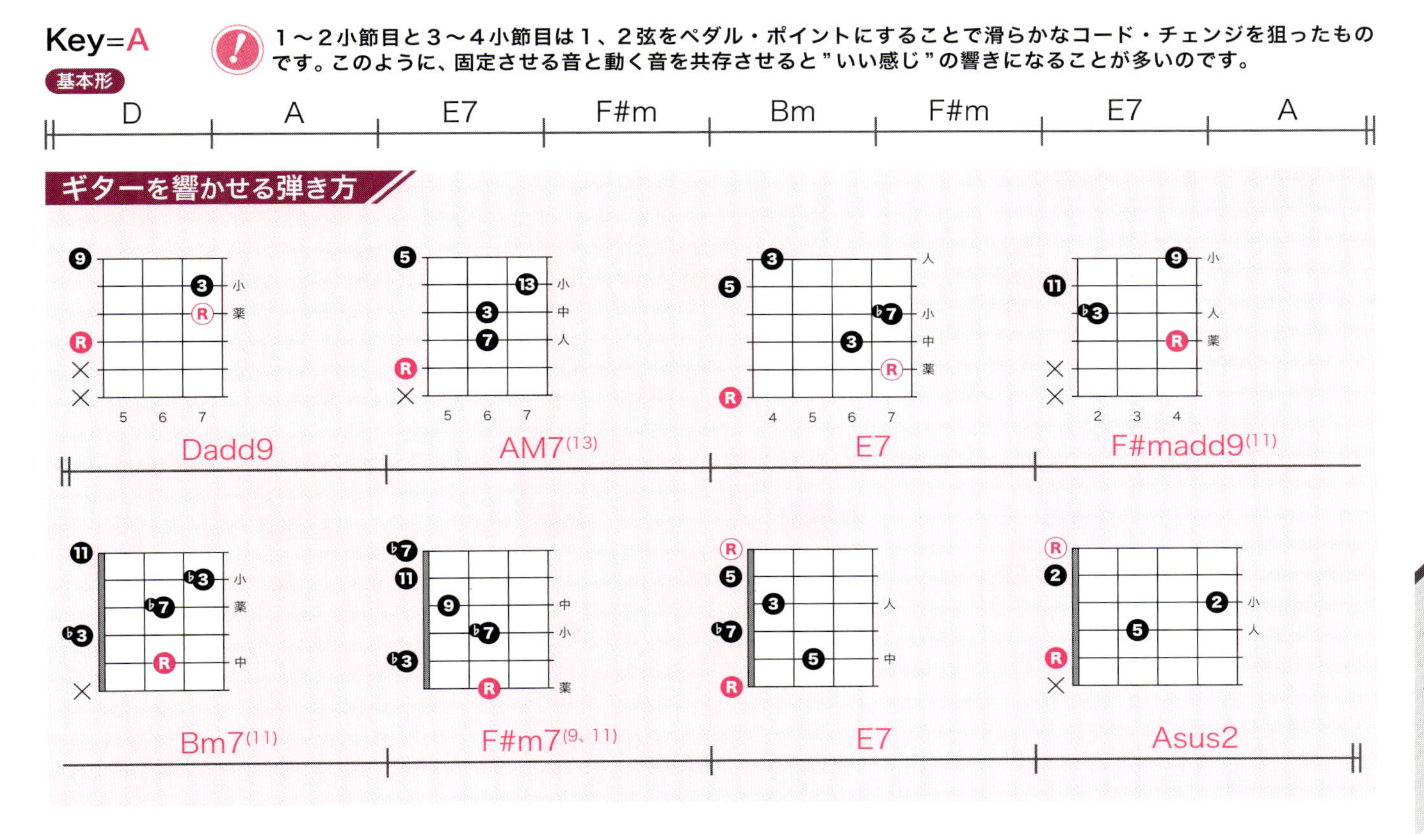

メジャー・キー2

3 メジャー・キー３

Aメロ：◎　Bメロ：△　サビ：○

Key=C

基本形

フォームの平行移動を意識しつつ、同じコードが連続する場面ではクリシェ的に内声を動かしてメロディアスなラインをコードの中に忍ばせるアプローチです。５小節目はオン・コードを使って単調さを回避しています。

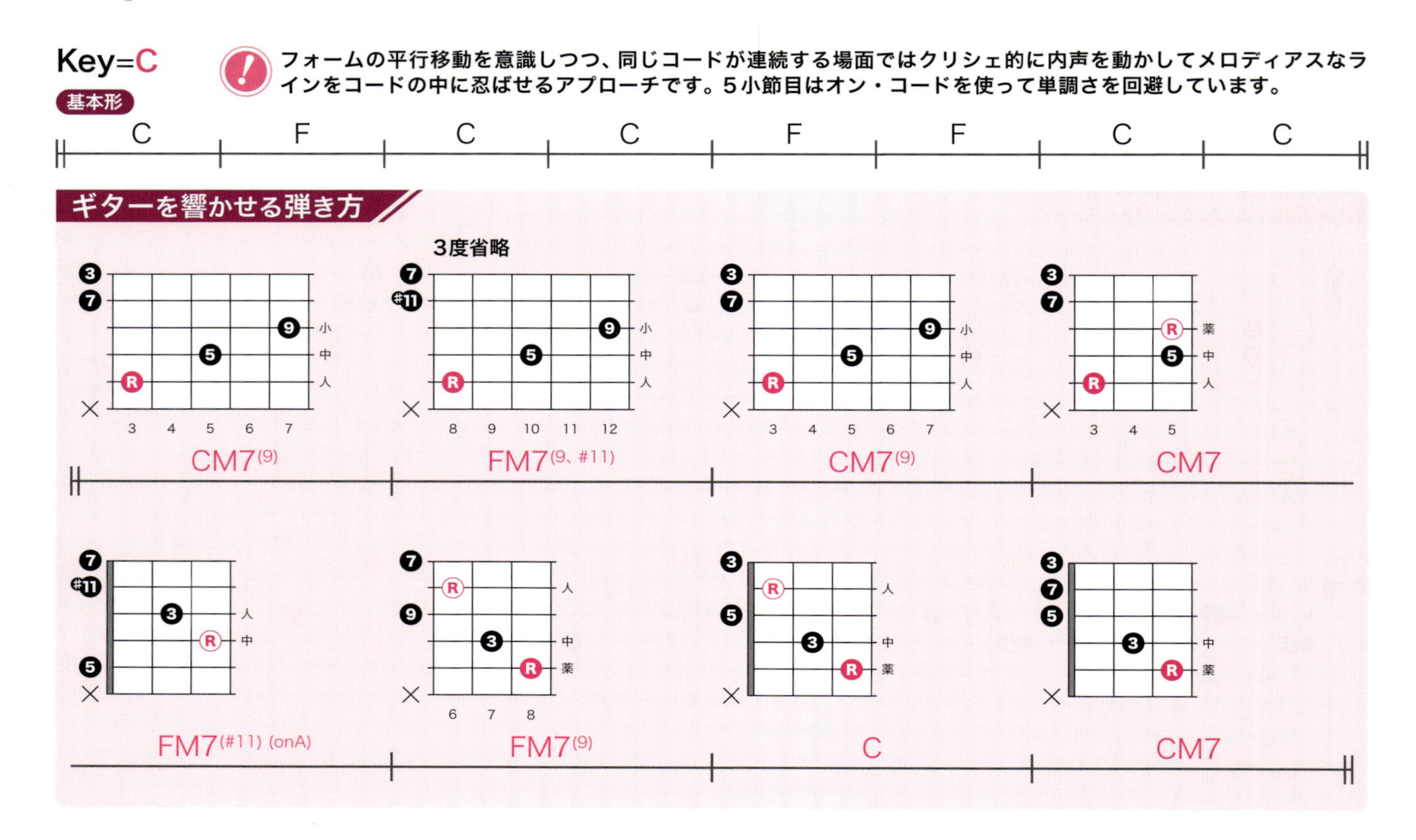

Key=G

基本形

メジャー・キーのⅣでは常に#11thを意識しましょう。#11thは個性的な響きを持つテンション・ノートなので多用は避けたいのですが、フワッとした柔らかな響きをどこかに潜ませることでコード進行がカラフルになります。

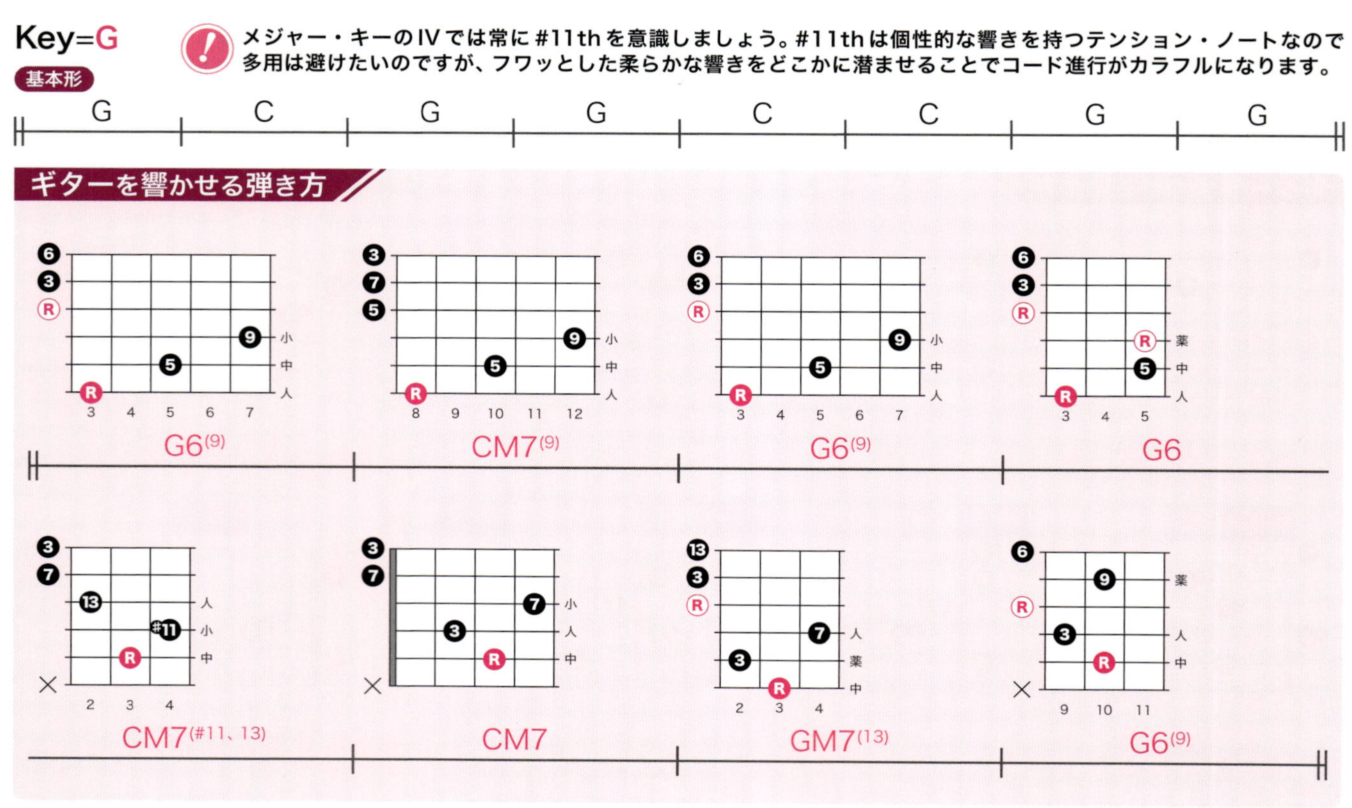

ジャンルによりますが、1曲の中で目まぐるしくコード・チェンジするスタイルは古臭いイメージになってしまうことがあります。こんな場合はシンプルなコード進行をギターで美しく響かせることがとても重要です。

Key=D

基本形

前半は同じフォームでルートを移動させるアプローチです。安定した響きを持つヴォイシングなのでこれだけでも成立しますし、後半のように響きを変化させてアルペジオを弾くと変化に富んだバッキングにもなります。

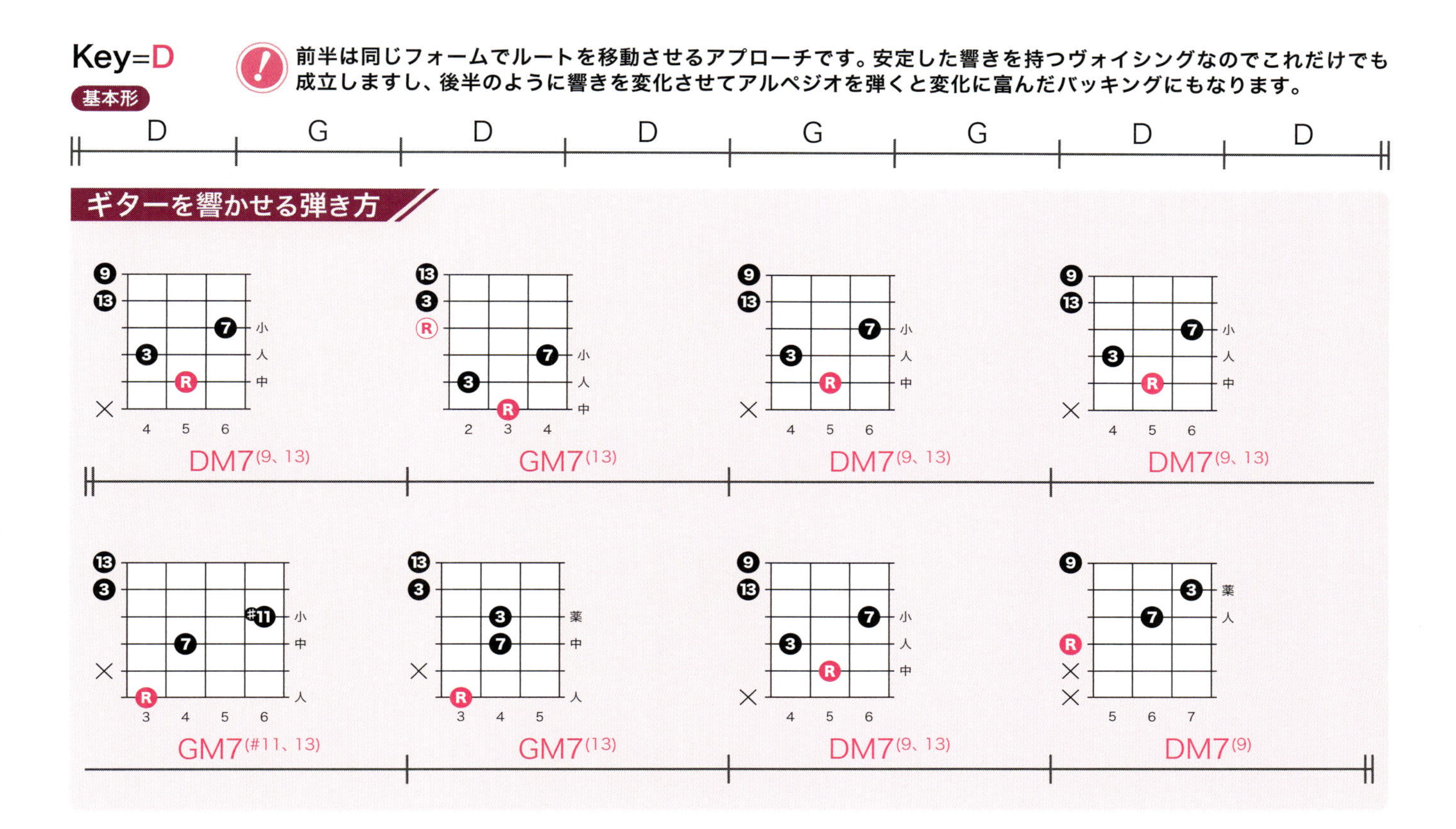

Key=A

基本形

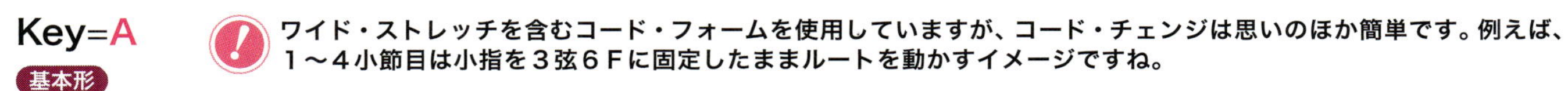

ワイド・ストレッチを含むコード・フォームを使用していますが、コード・チェンジは思いのほか簡単です。例えば、1～4小節目は小指を3弦6Fに固定したままルートを動かすイメージですね。

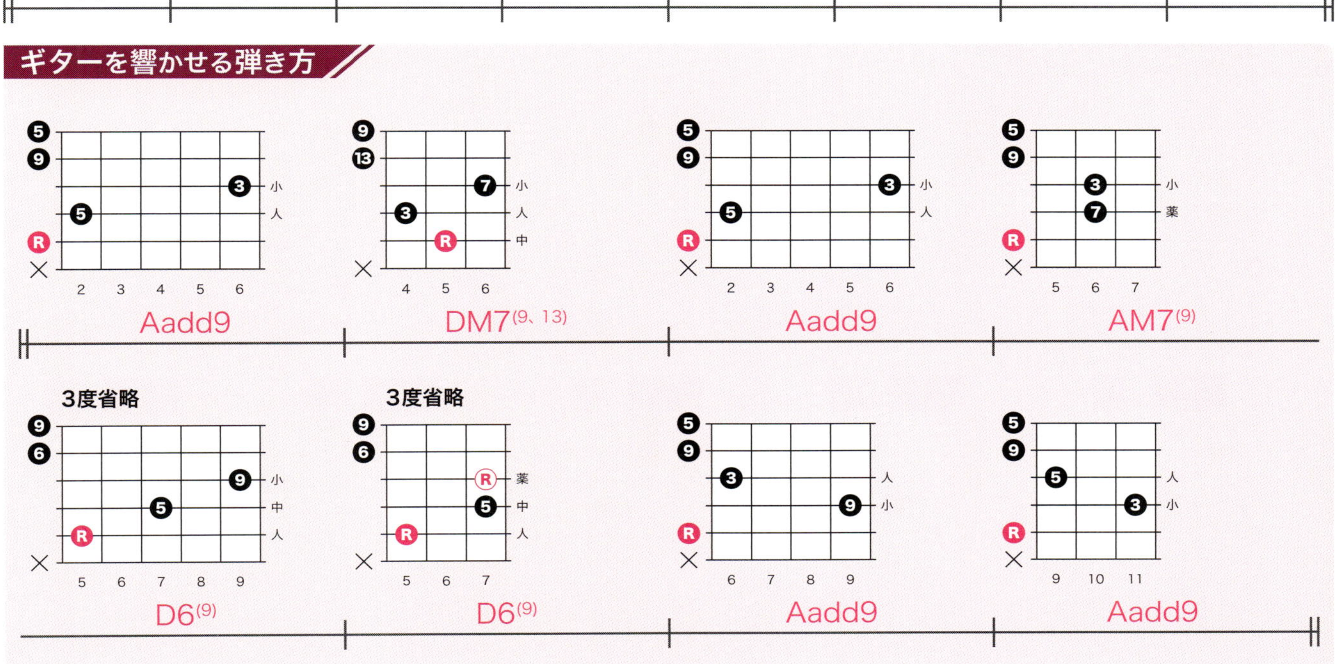

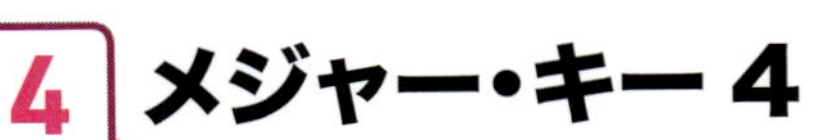

4 メジャー・キー 4

Aメロ：○　Bメロ：△　サビ：◎

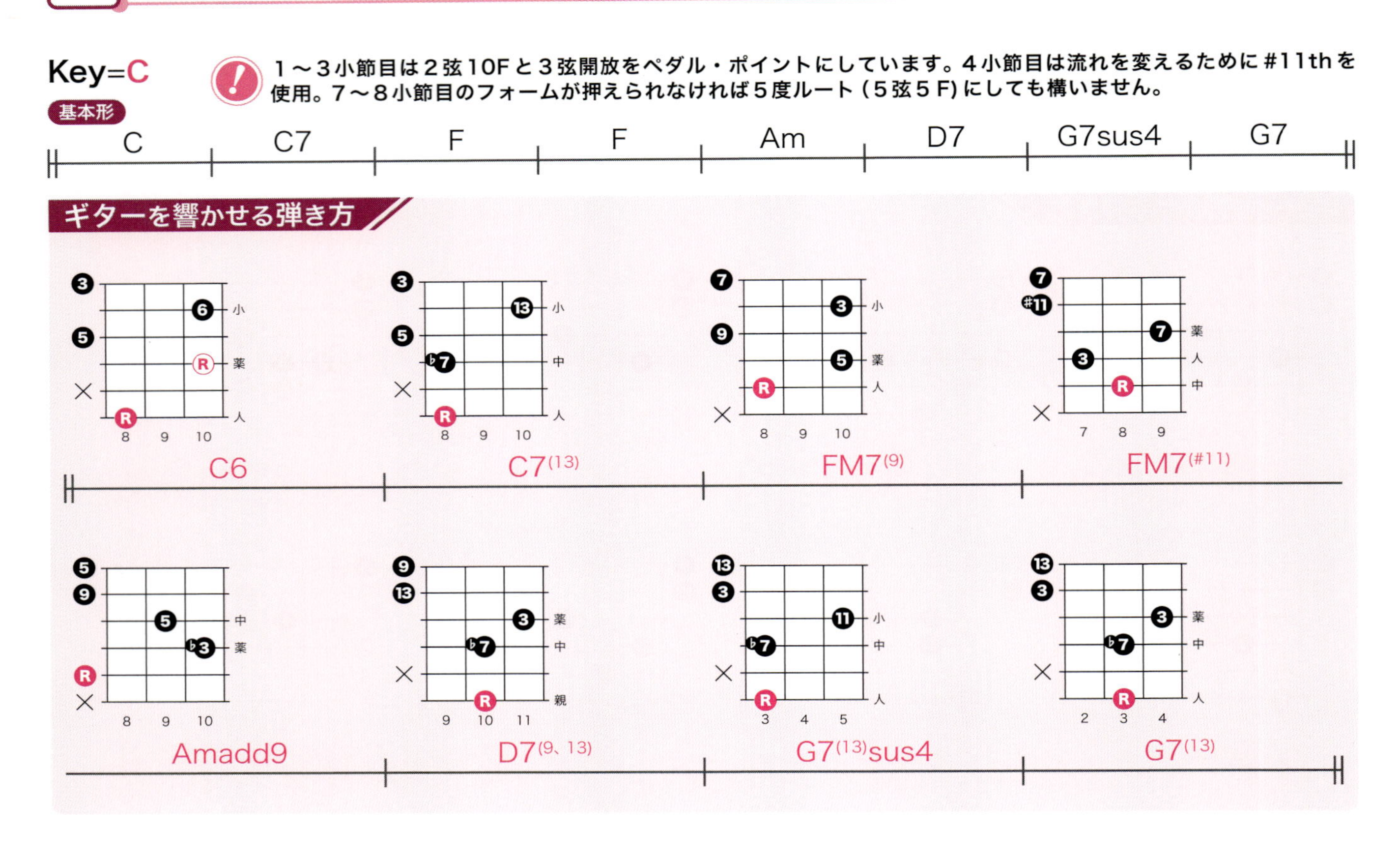

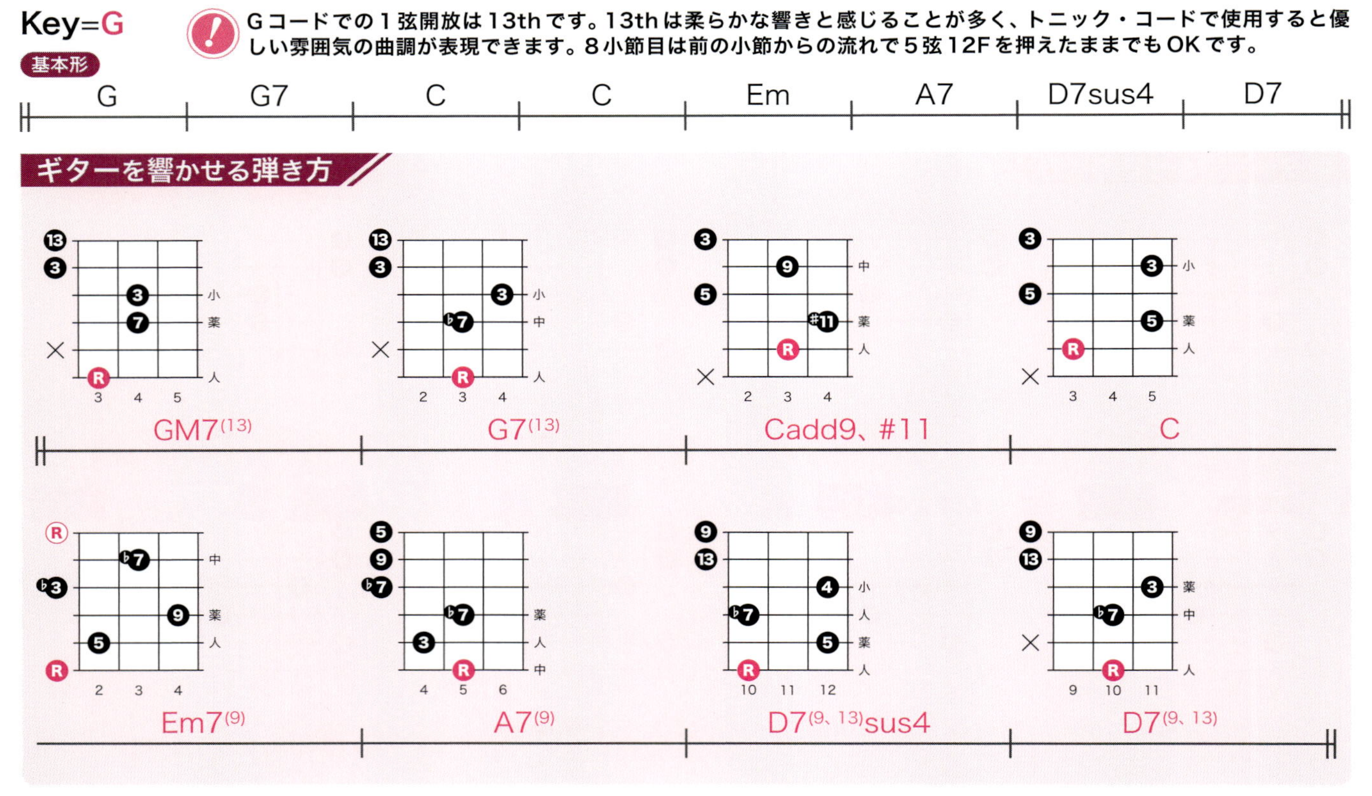

8小節の中にセカンダリー・ドミナントが2つ入っているコード進行です。古き良きアメリカン・ポップスのような雰囲気で、コード進行を弾いているだけでメロディが湧き上がってくるような美しい流れです。

Key=D

基本形

1〜3小節目は4弦でルートを鳴らして軽い響きを狙い、5小節目からは6本の弦を鳴らす重厚な響きのコードへ切り替えています。8小節目のA7(9)は、5弦7Fを追加しても構いません。

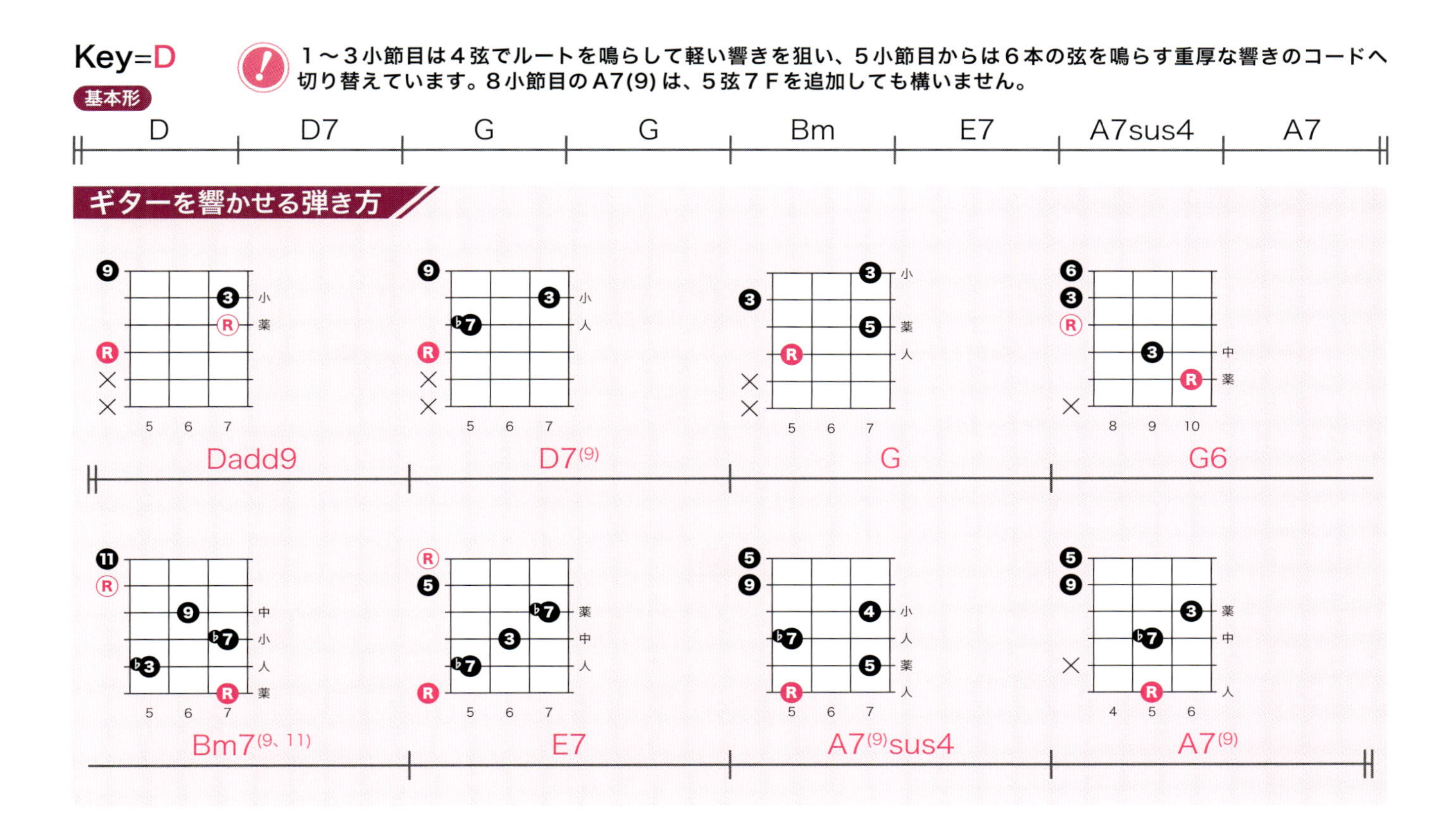

Key=A

基本形

1〜2小節は同じフォームの平行移動です。このように左手の負担を軽くするという視点でコード・フォームを選ぶことも大切です。6小節目はB7をsus4にすることで露骨なセカンダリー・ドミナントの流れを和らげています。

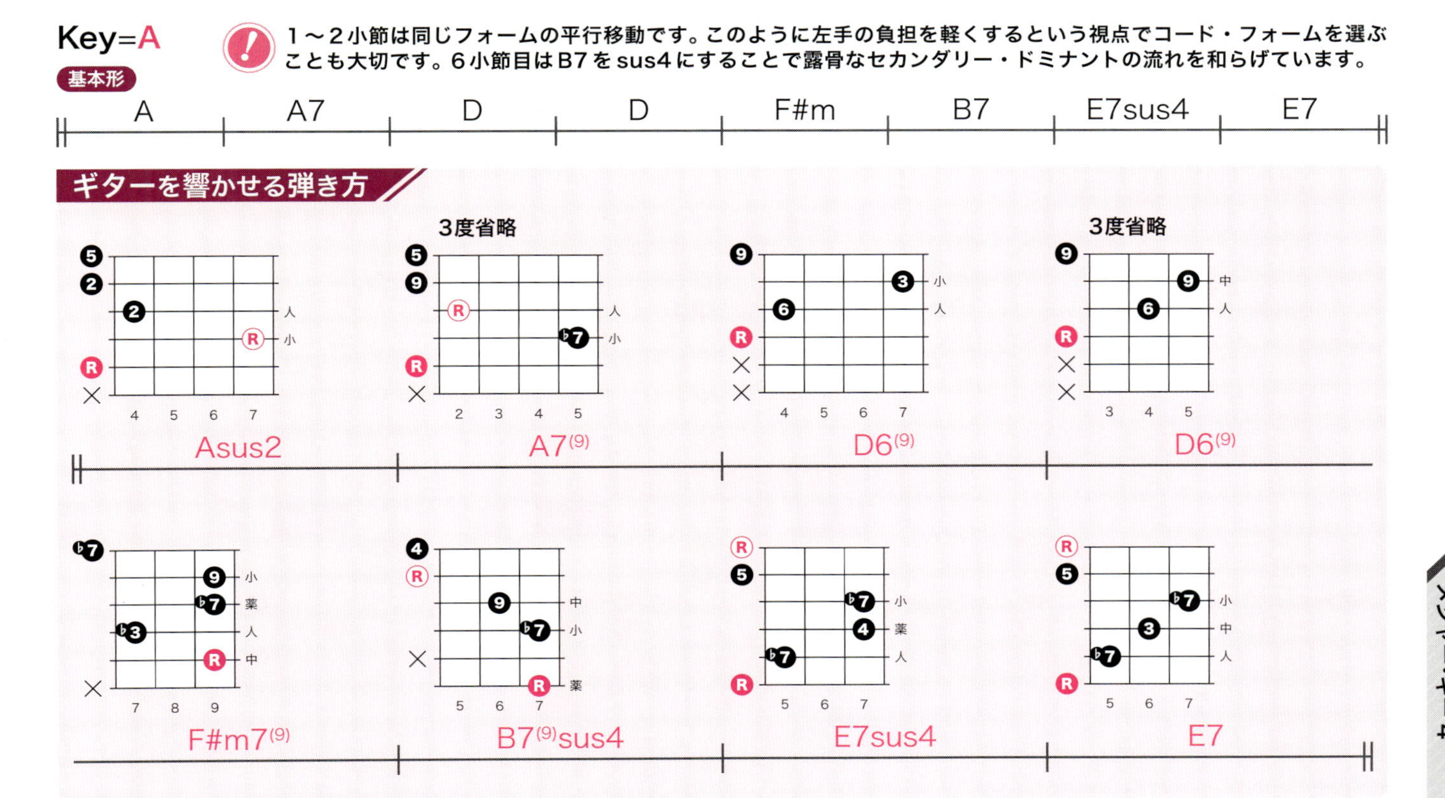

5 メジャー・キー 5

Aメロ：◎　Bメロ：△　サビ：△

Key=C
基本形

多くの部分を平行移動で弾けるようにアレンジしたものです。3〜5小節目のようなワイド・ストレッチは手が小さい人には押えにくいかもしれませんが、そんなときは親指の位置と手首の角度を調整してください。

C	Em	Am	G	F	C(onE)	Dm	G7sus4

ギターを響かせる弾き方

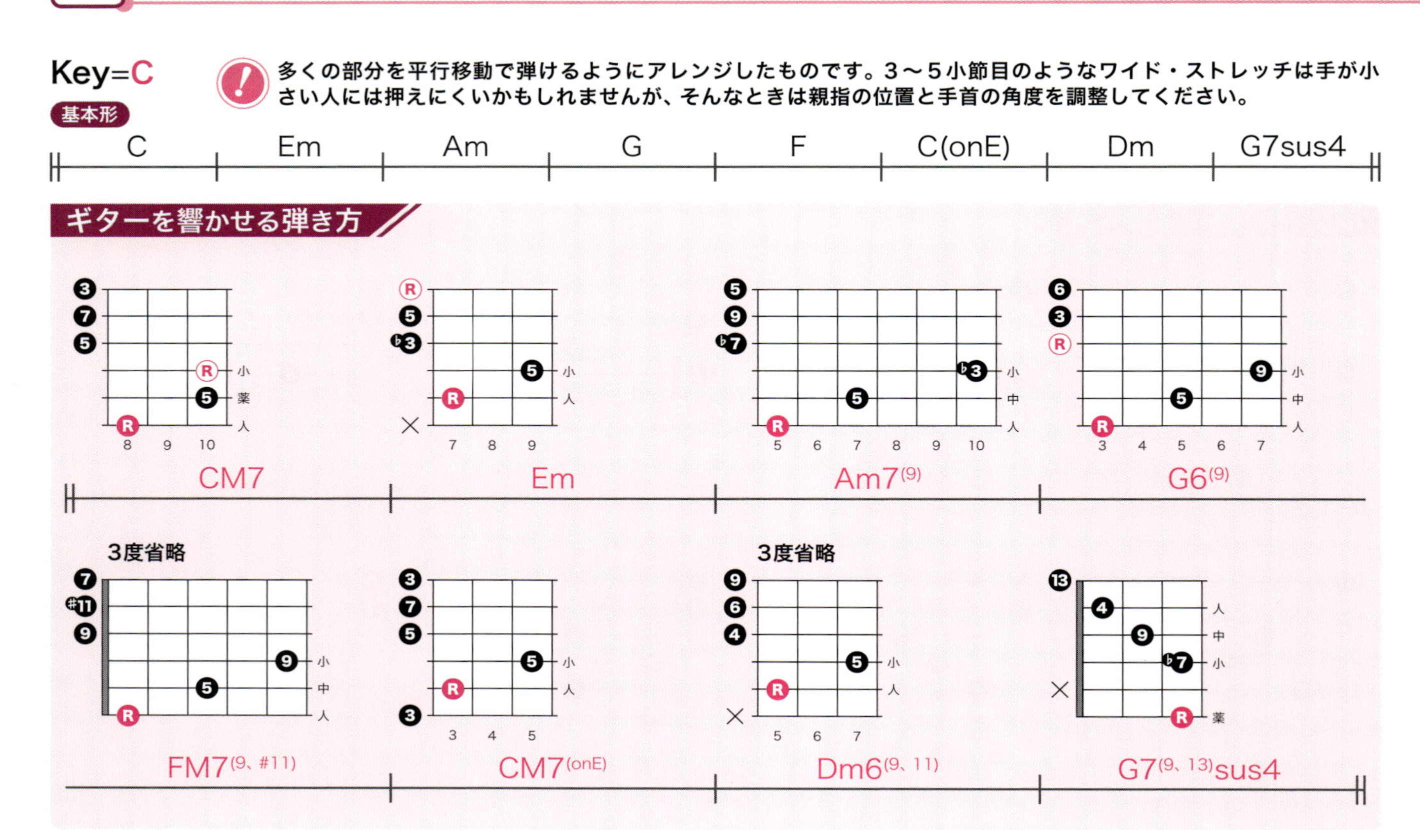

Key=G
基本形

あえてコードごとにポジションを変え、変化に富んだ響きを狙ったアレンジになっています。その分、左手が忙しくなりますが、コード・チェンジの直前で1〜3弦の開放を鳴らすと滑らかに弾けるでしょう。

G	Bm	Em	D	C	G(onB)	Am	D7sus4

ギターを響かせる弾き方

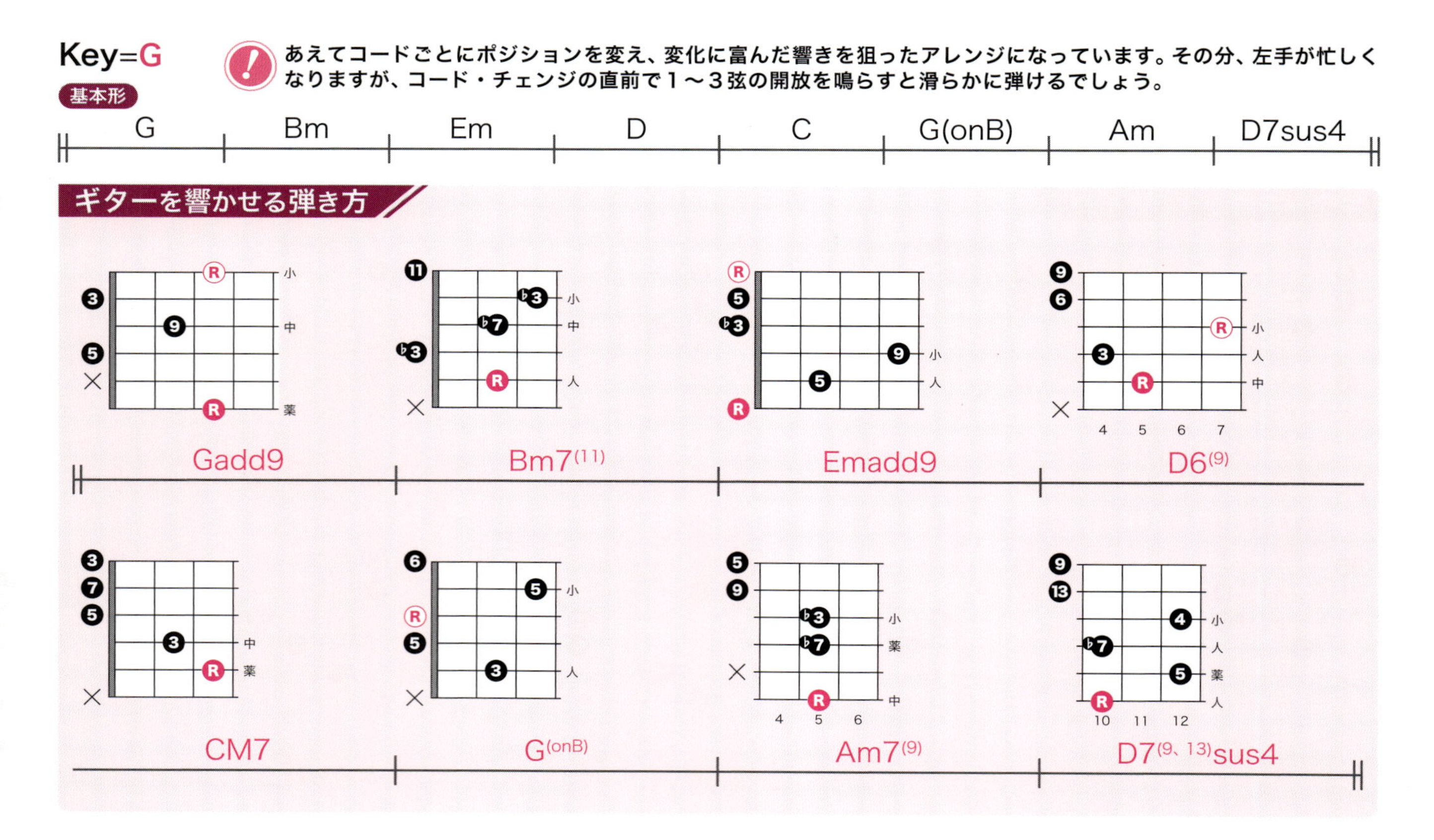

パッヘルベル・カノンに似たコード進行です。ダイアトニック・コードのみなので平和な感じのAメロに最適でしょう。2小節目を5度ルートのマイナー・コードにすれば、ベース・ラインを音階的に下行させることができます。

Key=D

基本形

ロー・ポジションを中心としたアレンジですが、テンション・ノートや1、2弦開放を使って単調な響きを回避しています。Em（Key=DのIIm）では6thが使えるので、積極的に活用してください。

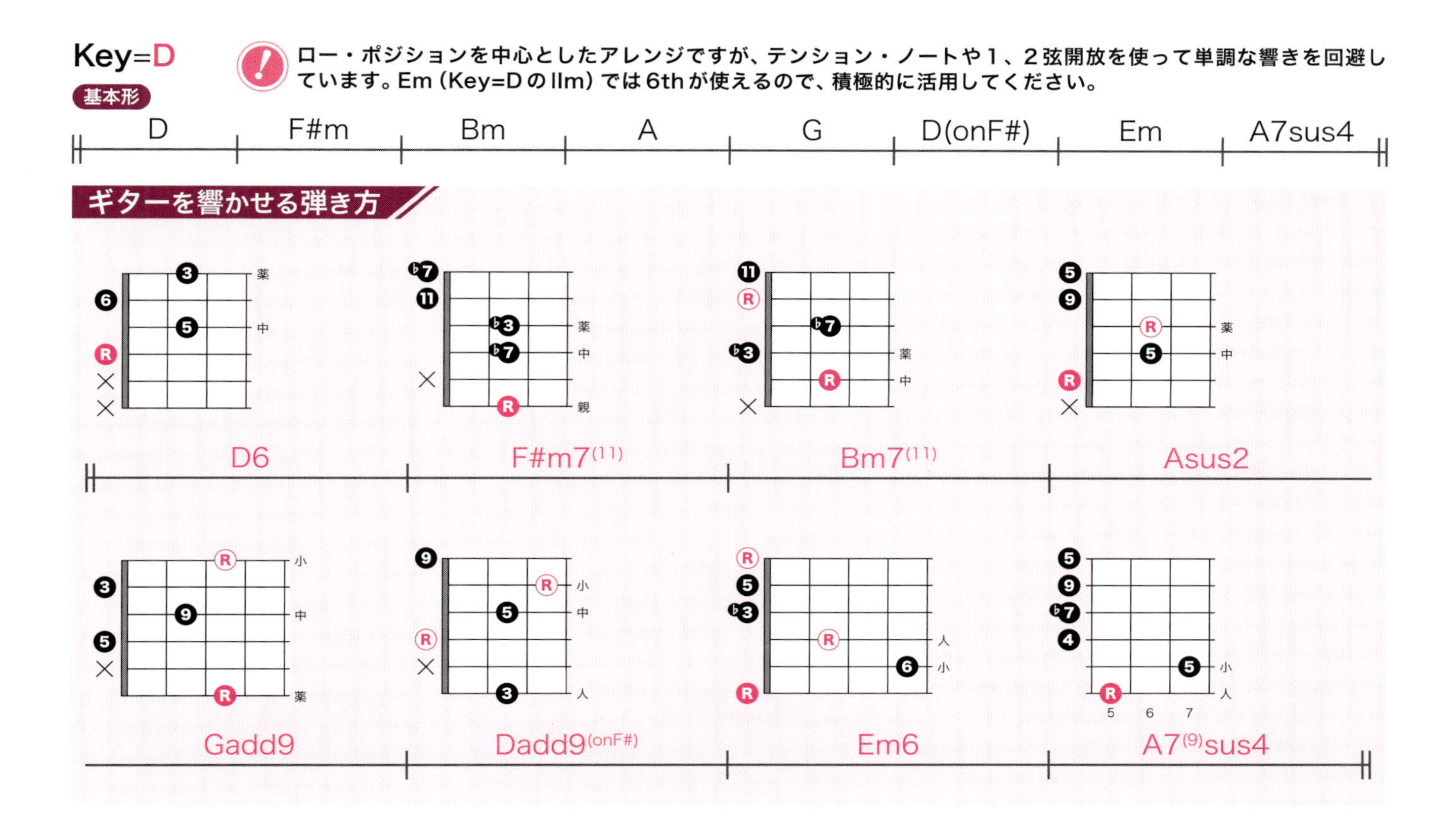

Key=A

基本形

AM7(9)とC#m7、DM7(9,13)とAadd9(onC#)はルートを動かすだけでこのように押えることが可能です。3度省略コードを2つ使っていますが、響きに物足りなさを感じないのなら、曲としては特に問題ありません。

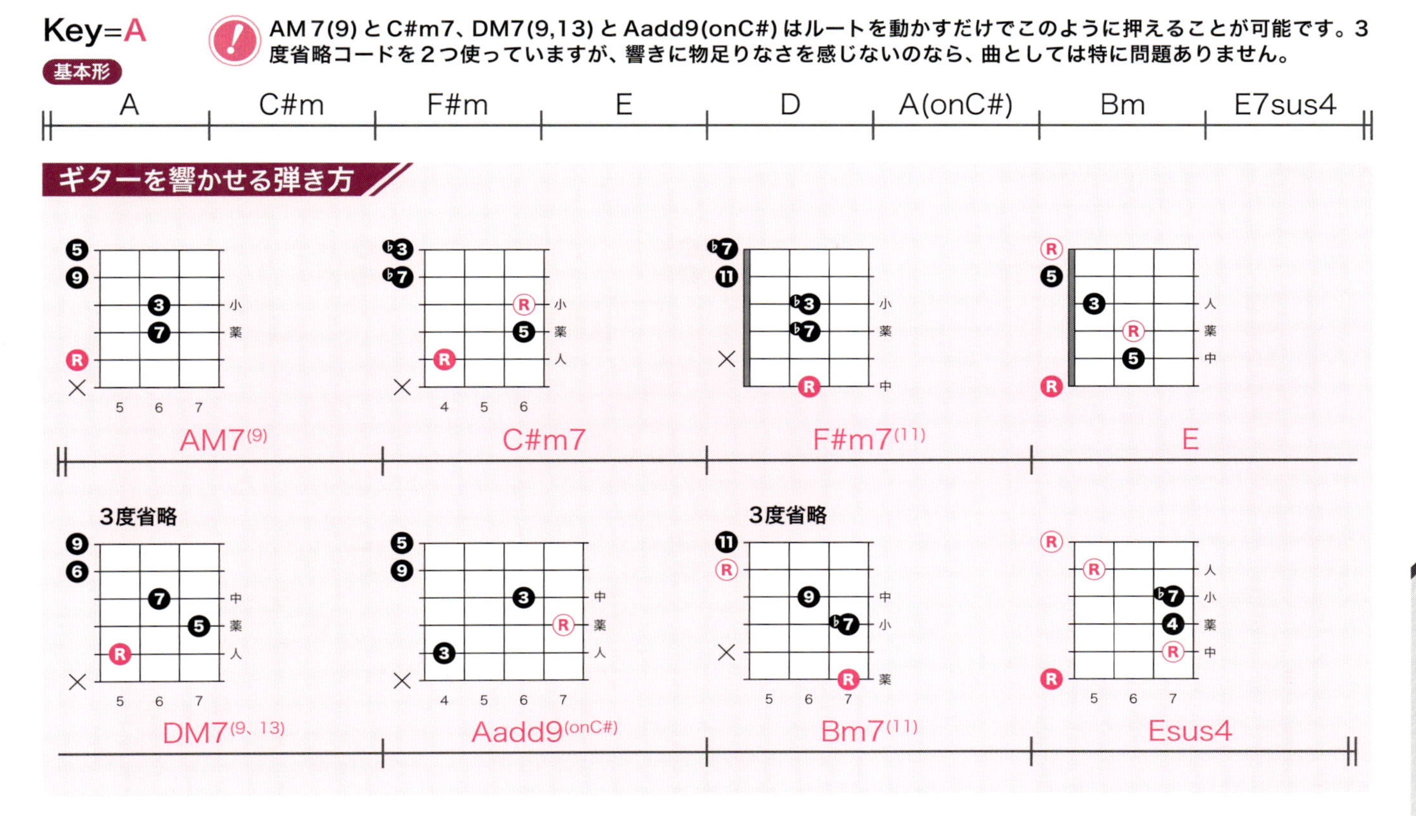

メジャー・キー 5

6 メジャー・キー 6

Aメロ：△　Bメロ：◎　サビ：○

Key=C

基本形

すべてのコードを1、2弦の開放弦とルート＋3、4弦のフォームで統一しています。このようなアプローチはポジション移動が大きくなるデメリットがありますが、慣れれば素早くコード・チェンジができるようになります。

Dm	C	F	G7	F	C	Dm	G7

ギターを響かせる弾き方

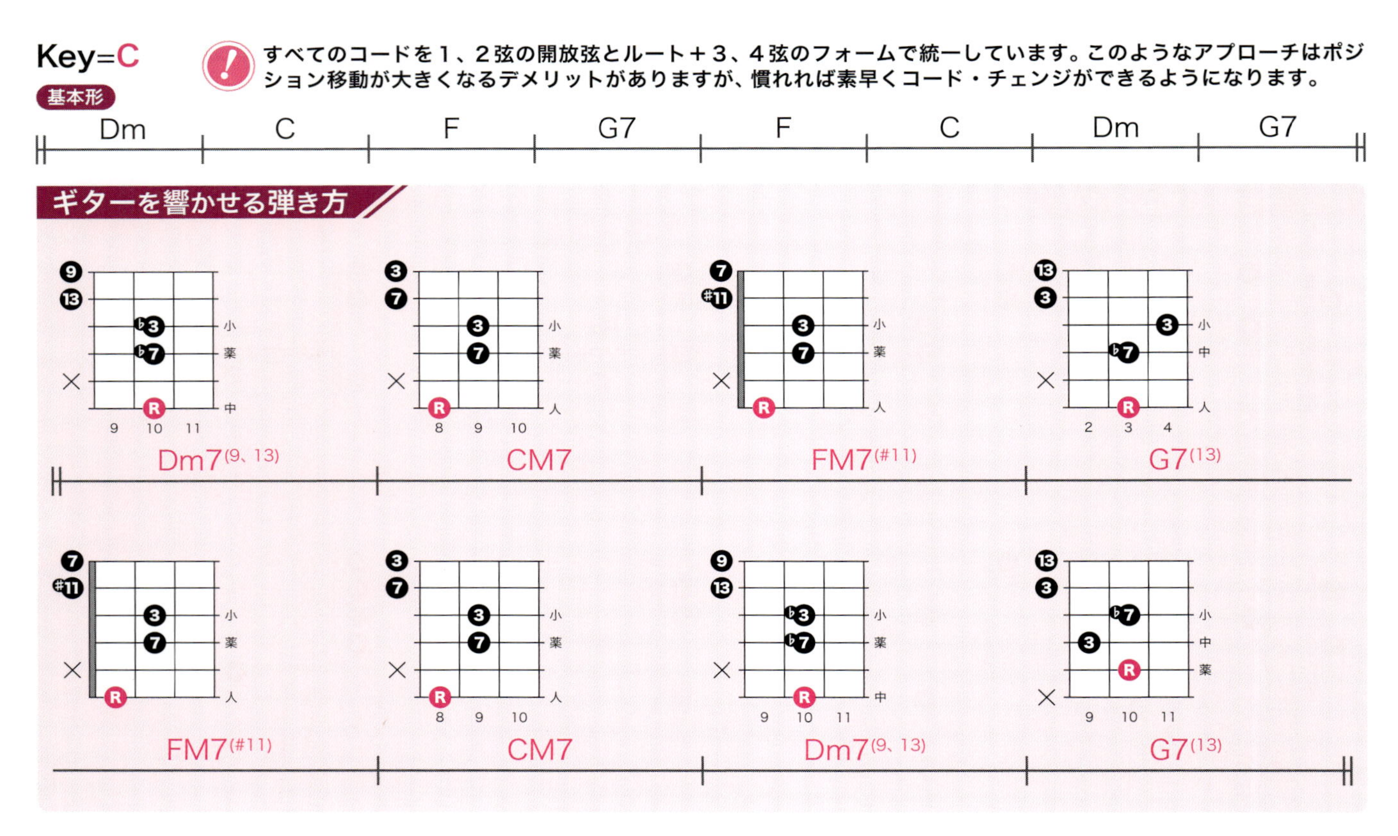

Key=G

基本形

こちらもKey=Cと同じコンセプトのアレンジです。プロ・ギタリストの多くは、このような平行移動を中心としたコード・ワークを使用することが多く、この手の響きは多くの曲で聴くことができる定番手法です。

Am	G	C	D7	C	G	Am	D7

ギターを響かせる弾き方

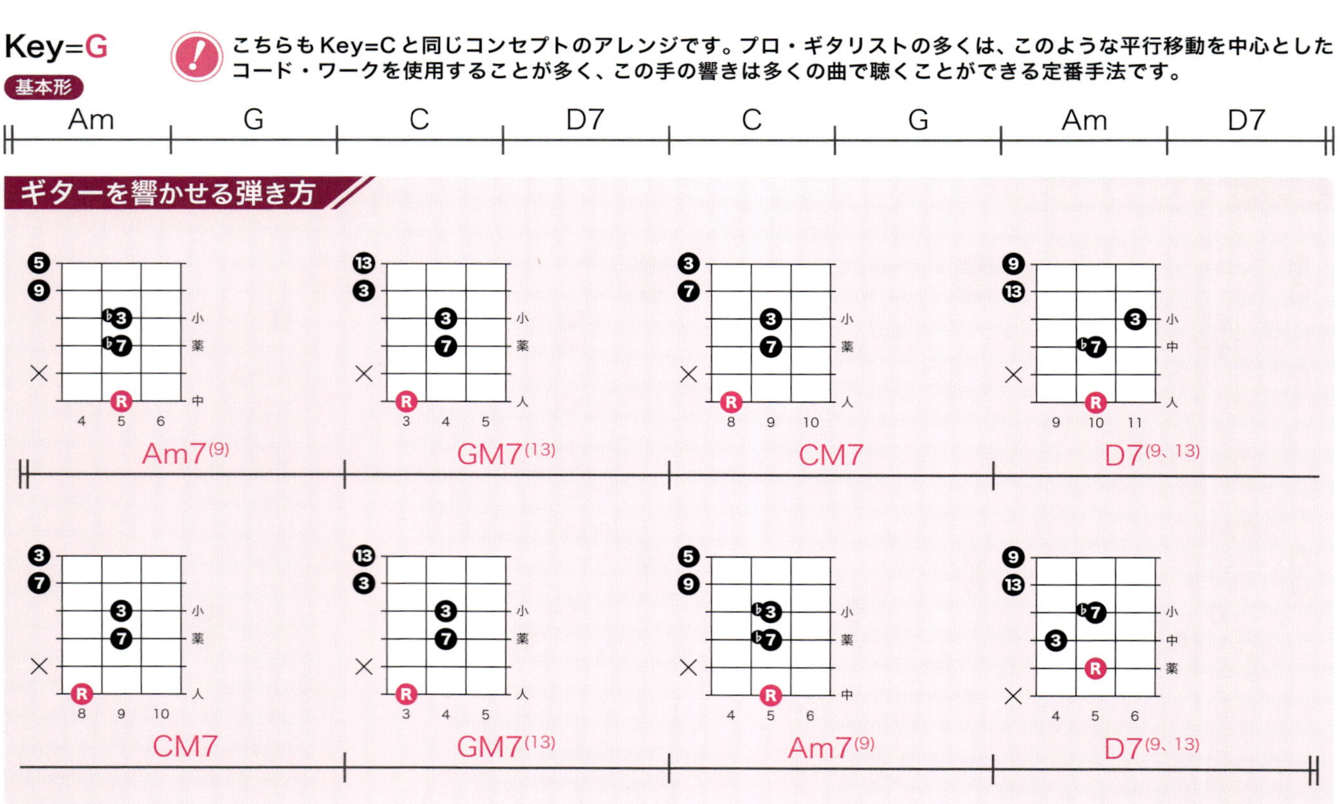

Bメロは、このコード進行のようにサブドミナント・コード、またはドミナント・コードを頭に配置することが多いです。4小節目のG7の次にトニックではなくF（サブドミナント）へ進むあたりは意外性を感じるコード進行でしょう。

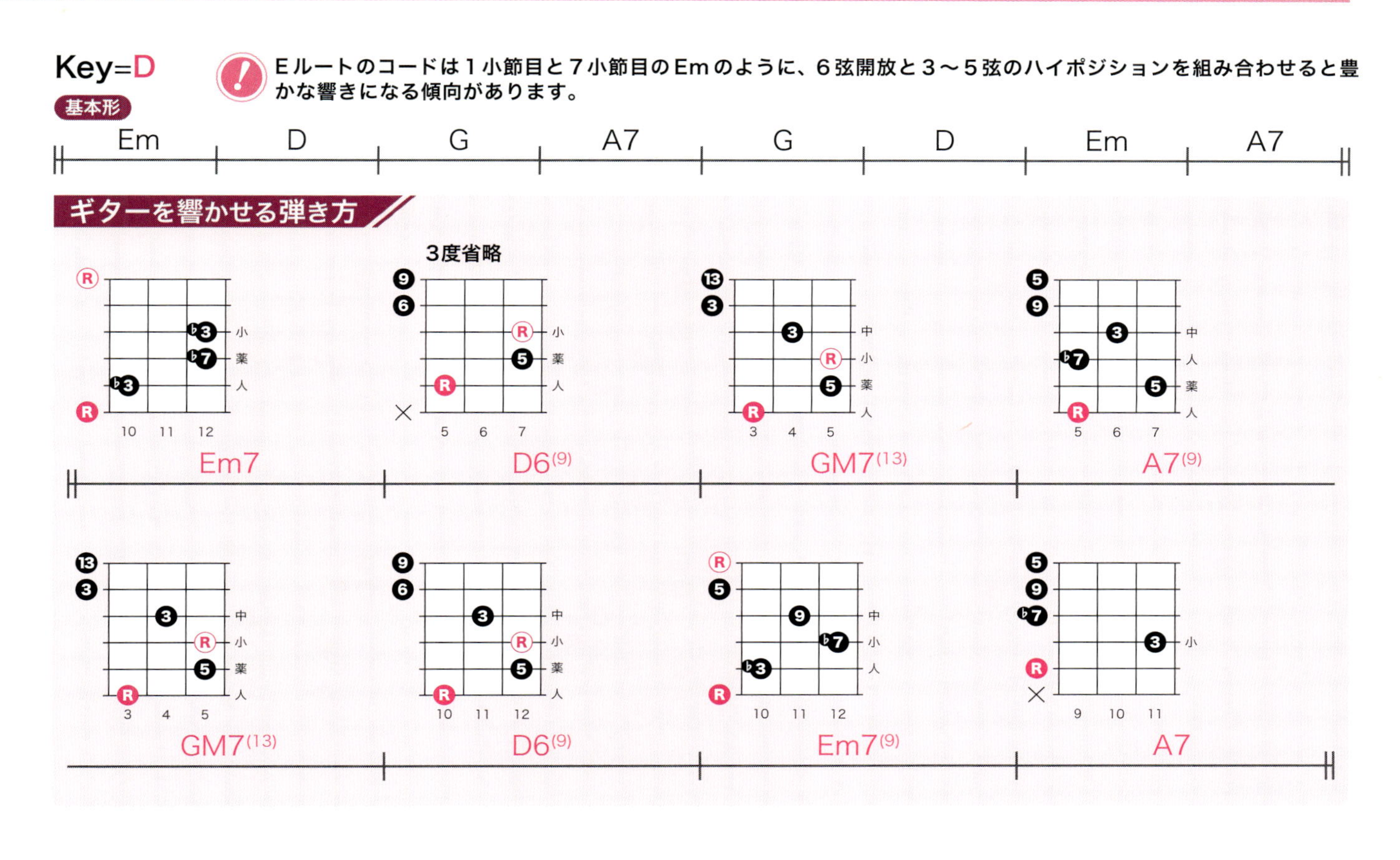

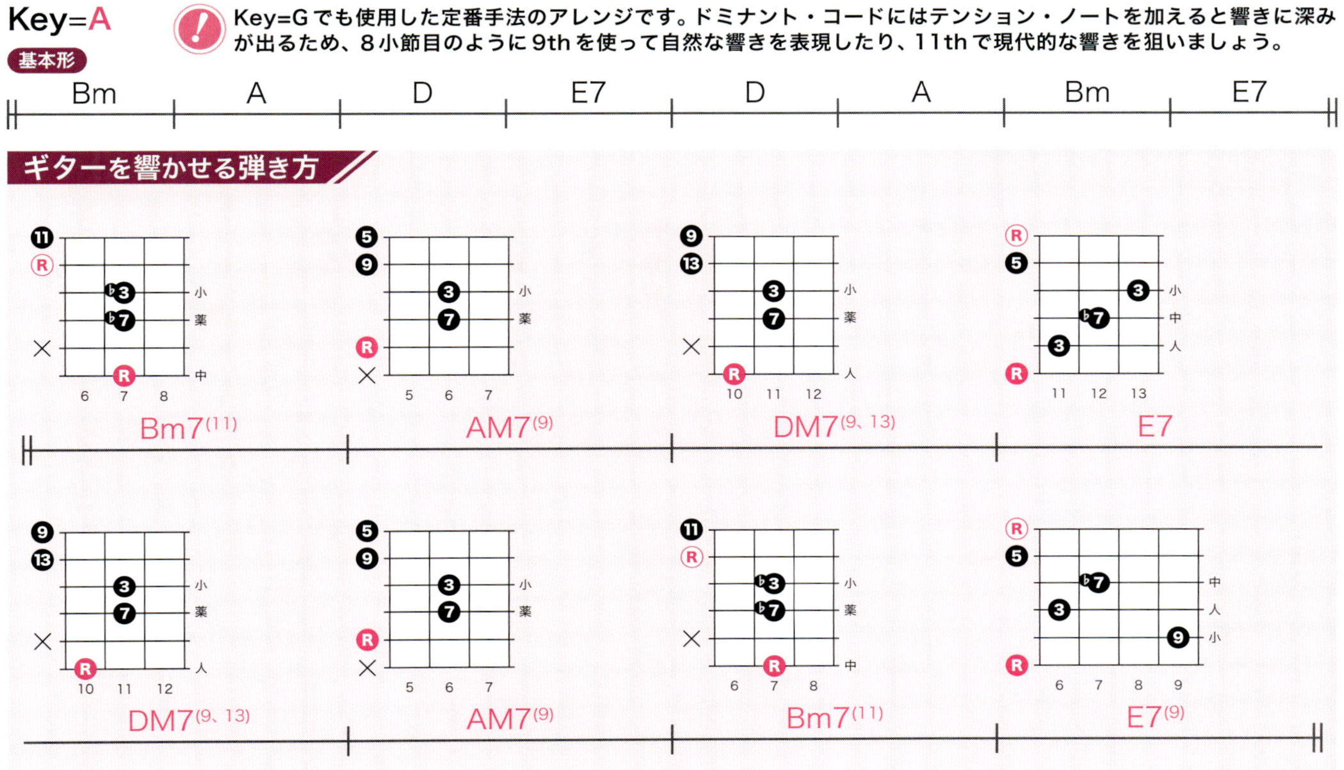

7 メジャー・キー 7

Aメロ：◎　Bメロ：◎　サビ：△

Key=C
基本形

各コードに対し１つのフォームを割り当てたシンプルなアレンジです。他のフォームでも同様のアレンジが可能なので試してみましょう。８小節目のG7は11thを加えて現代風に味付けをしていることがポイントです。

F	G	F	G	Am	C	Am	G7

ギターを響かせる弾き方

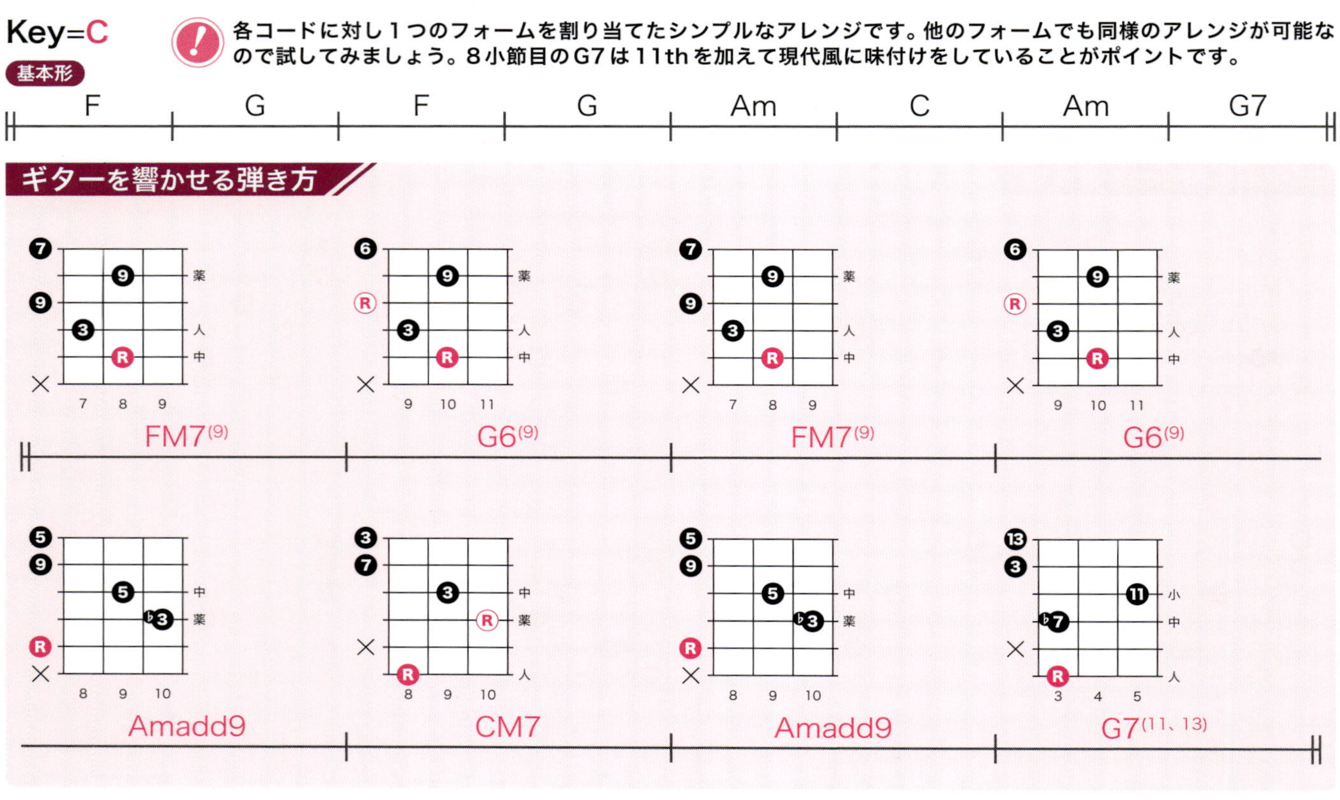

Key=G
基本形

同じフォームの平行移動を多用した弾きやすいアレンジ方法の一例です。2、4小節目のDはD7のことなのでsus4化することも可能です。このコード進行は８小節目のD7が現れるまではKey=Emに聴こえるという面白さもあります。

C	D	C	D	Em	G	Em	D7

ギターを響かせる弾き方

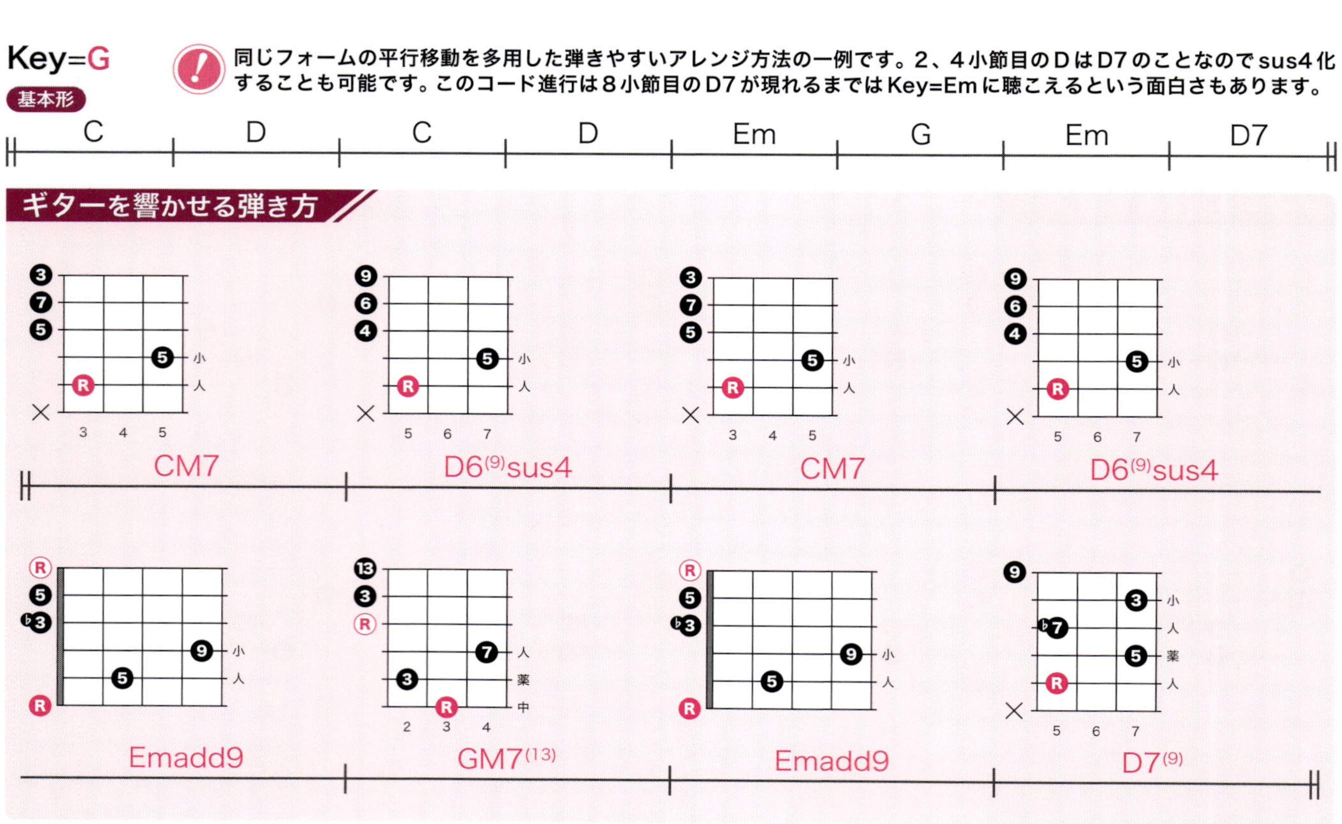

一見ドラマティックな展開が感じられないコード進行ですが、Aメロ、Bメロにはハマるでしょう。8小節目がV7なので次へ展開したくなるでしょうが、Imに変えればこのコード進行を繰り返し演奏できるようになります。

Key=D

基本形

前半はハイポジションでの平行移動を使って個性的な動きを狙ったものです。後半は3弦7Fを固定させながら3種類のコードを弾くというアイデアで出来ています。

G	A7	G	A7	Bm	D	Bm	A7

ギターを響かせる弾き方

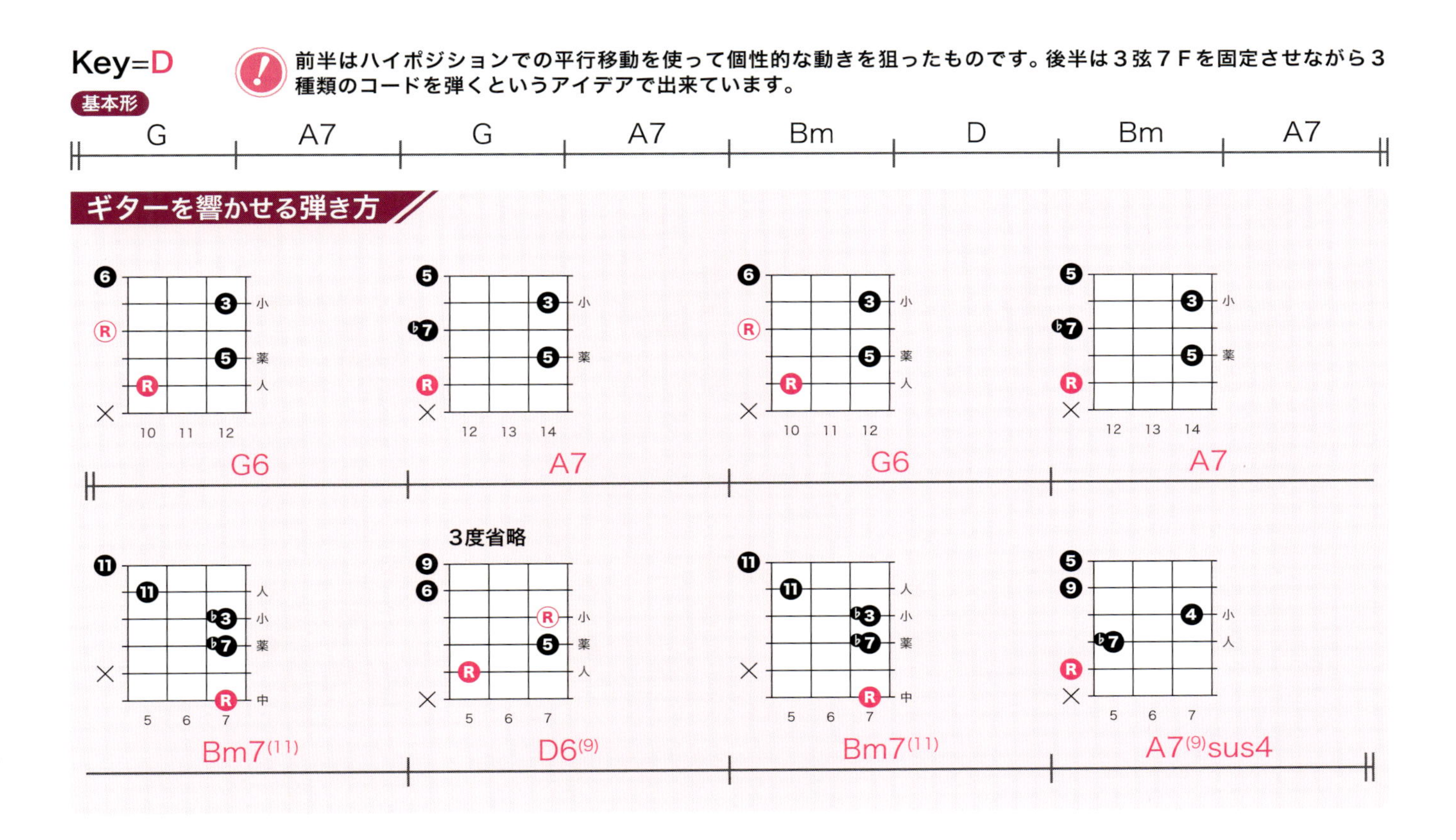

Key=A

基本形

こちらも平行移動とコード・チェンジのしやすさを意識してコード・フォームを選んでいます。ドミナント・コードに♭9thを使うと、いきなりジャズっぽくなります（8小節）。♭13thもよく使われます。

D	E	D	E	F#m	A	F#m	E7

ギターを響かせる弾き方

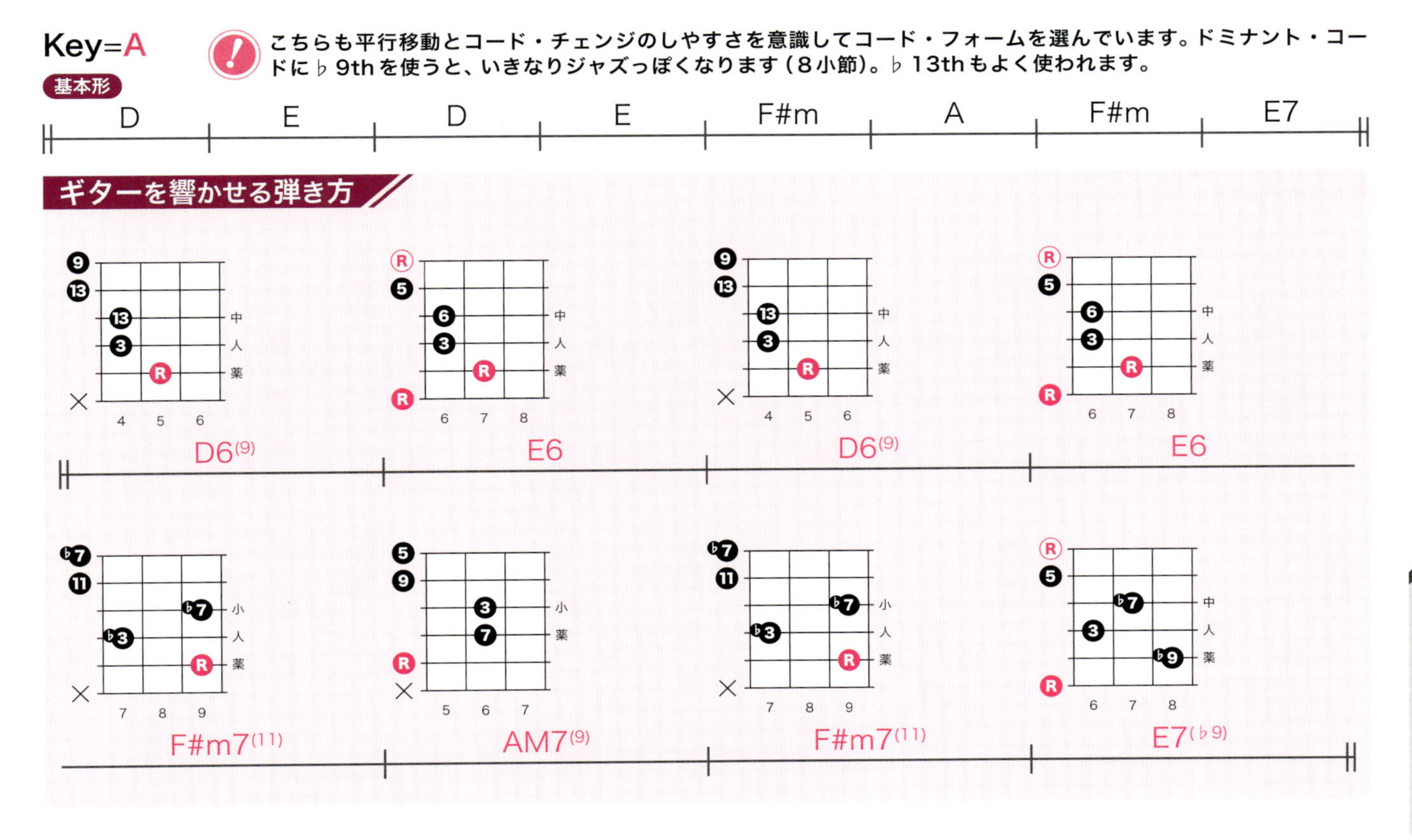

8 メジャー・キー 8

Aメロ：△　Bメロ：◎　サビ：◎

Key=C
基本形

ロー・ポジション〜ミドル・ポジション〜ハイ・ポジションと移動するようにコード・フォームを選んだものです。後半は同一フォームの平行移動を軸として、3弦を押弦することでドミナント・コードを作っています。

G	E7	Am	D7	F	G7	C	C7

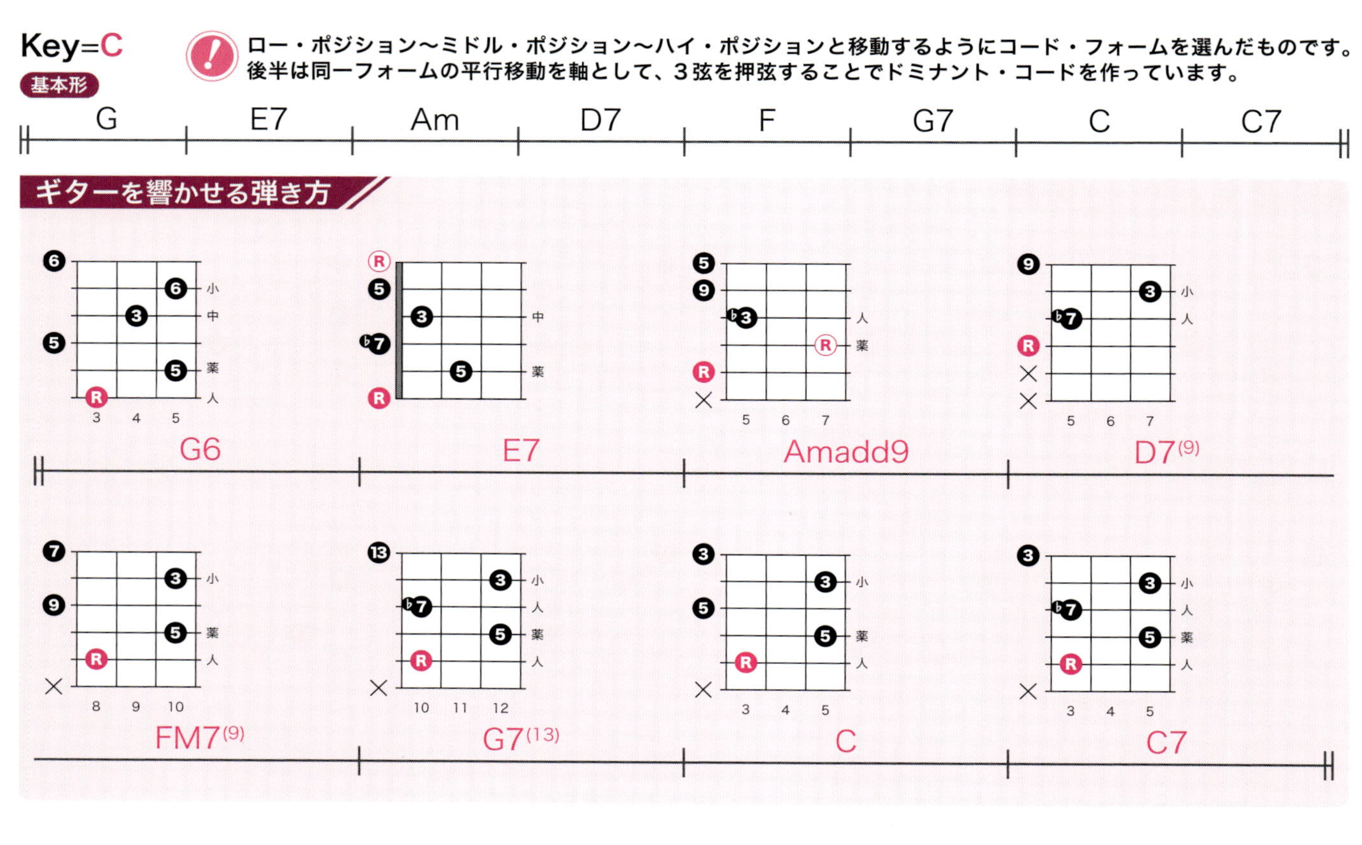

Key=G
基本形

2小節目と6小節目はドミナント・コードに11thを加えることで、ドミナント・モーションの露骨な動きを和らげる狙いがあります。4小節目のA7(9)はセカンダリー・ドミナントではありませんが、sus4化してもOKです。

D	B7	Em	A7	C	D7	G	G7

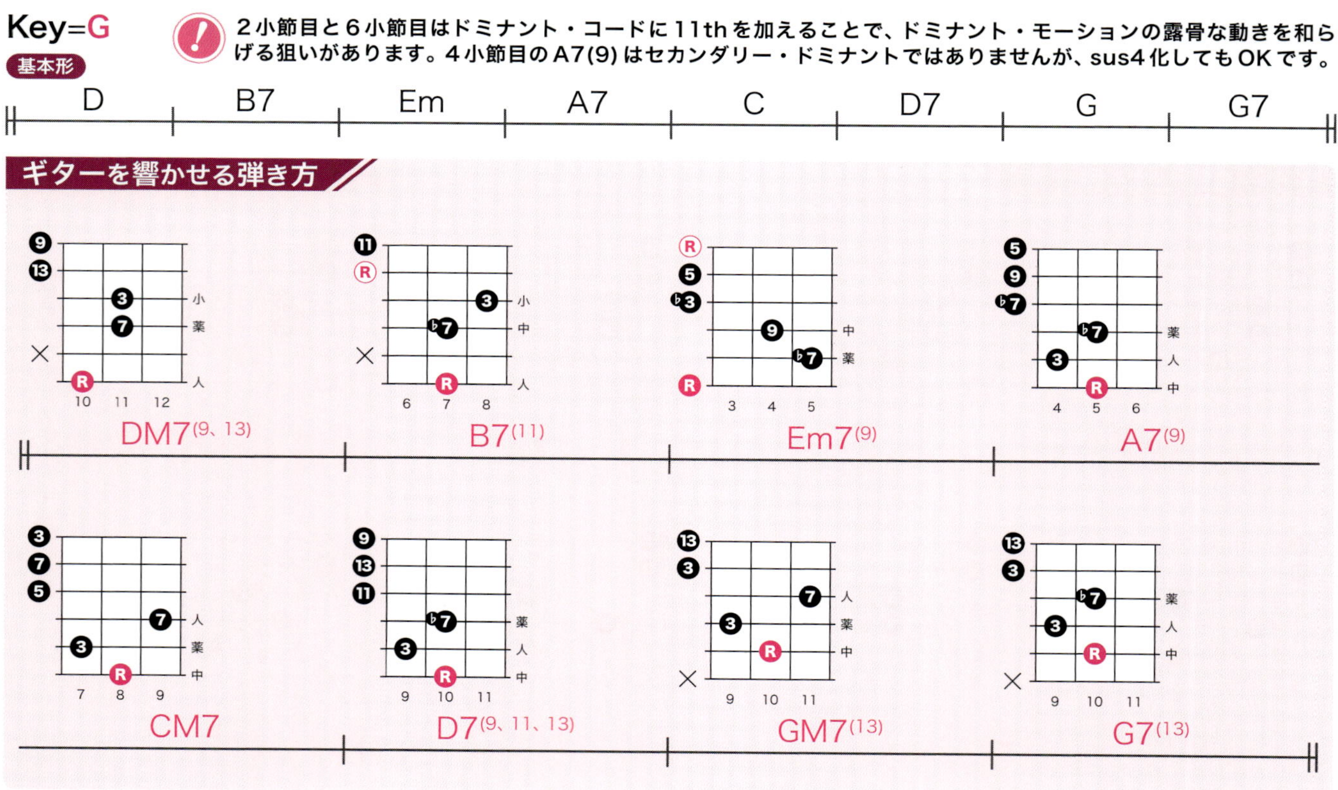

ドミナント・コードから始まるという点ではBメロに適していますが、III7とI7という2つのセカンダリー・ドミナントを含むドラマティックな動きから、サビにも最適です。いわゆる"泣ける"コード進行の代表でしょう。

Key=D

基本形

6小節目のA7(#11)がなかなかきわどい響きに感じますが、G6の6thであるE音からDM7(9,13)のルートであるD音までを半音下行させる目的でA7に#11th(D#音)を使っています。これでミ→レ#→レという半音ラインの完成です。

A	F#7	Bm	E7	G	A7	D	D7

ギターを響かせる弾き方

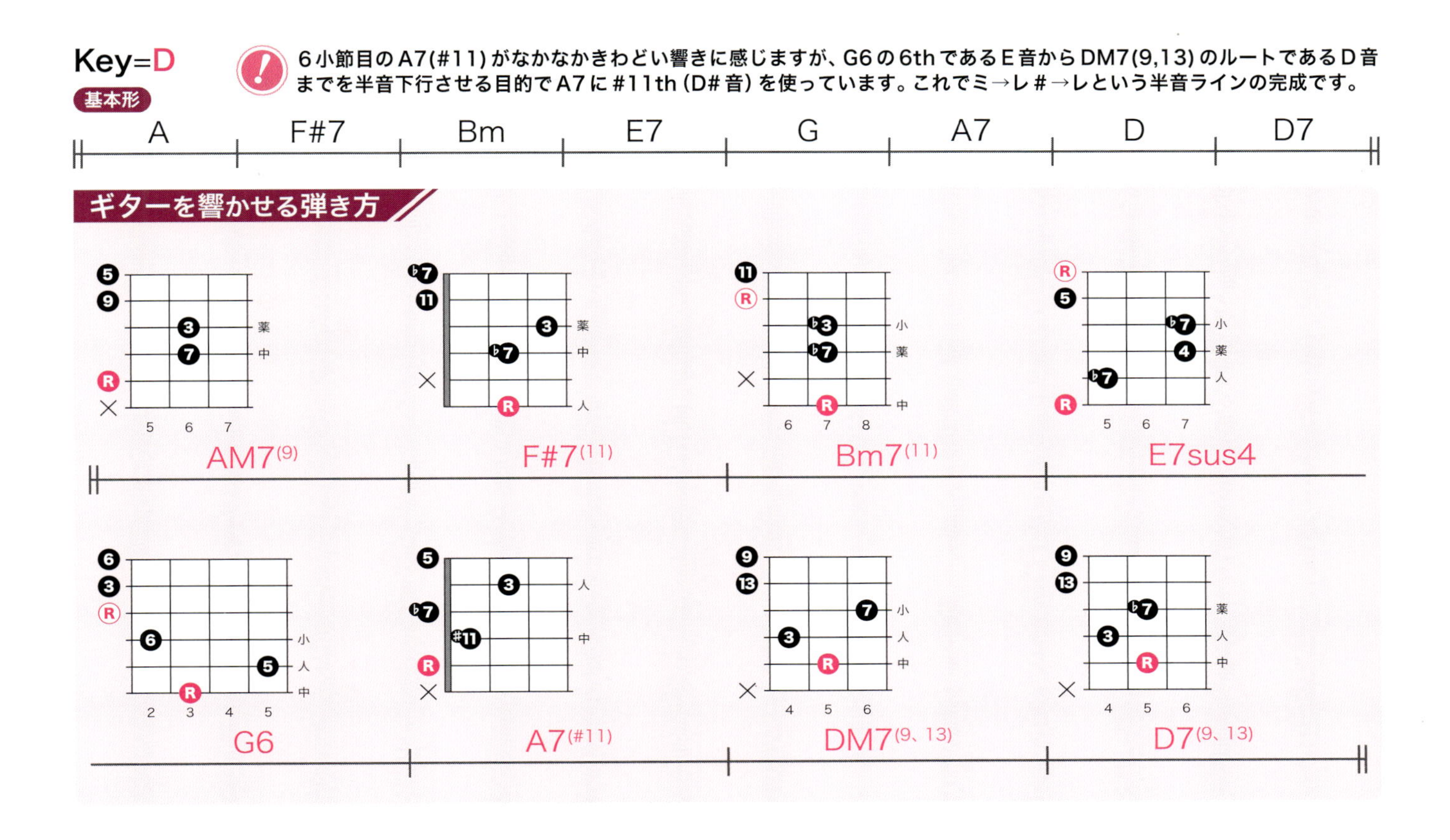

Key=A

基本形

まず4つあるドミナント・コードの内の3つ(2、4、6小節目)に同じフォームを使うという発想があり、その前後にコード・チェンジしやすいフォームを選んだものです。

E	C#7	F#m	B7	D	E7	A	A7

ギターを響かせる弾き方

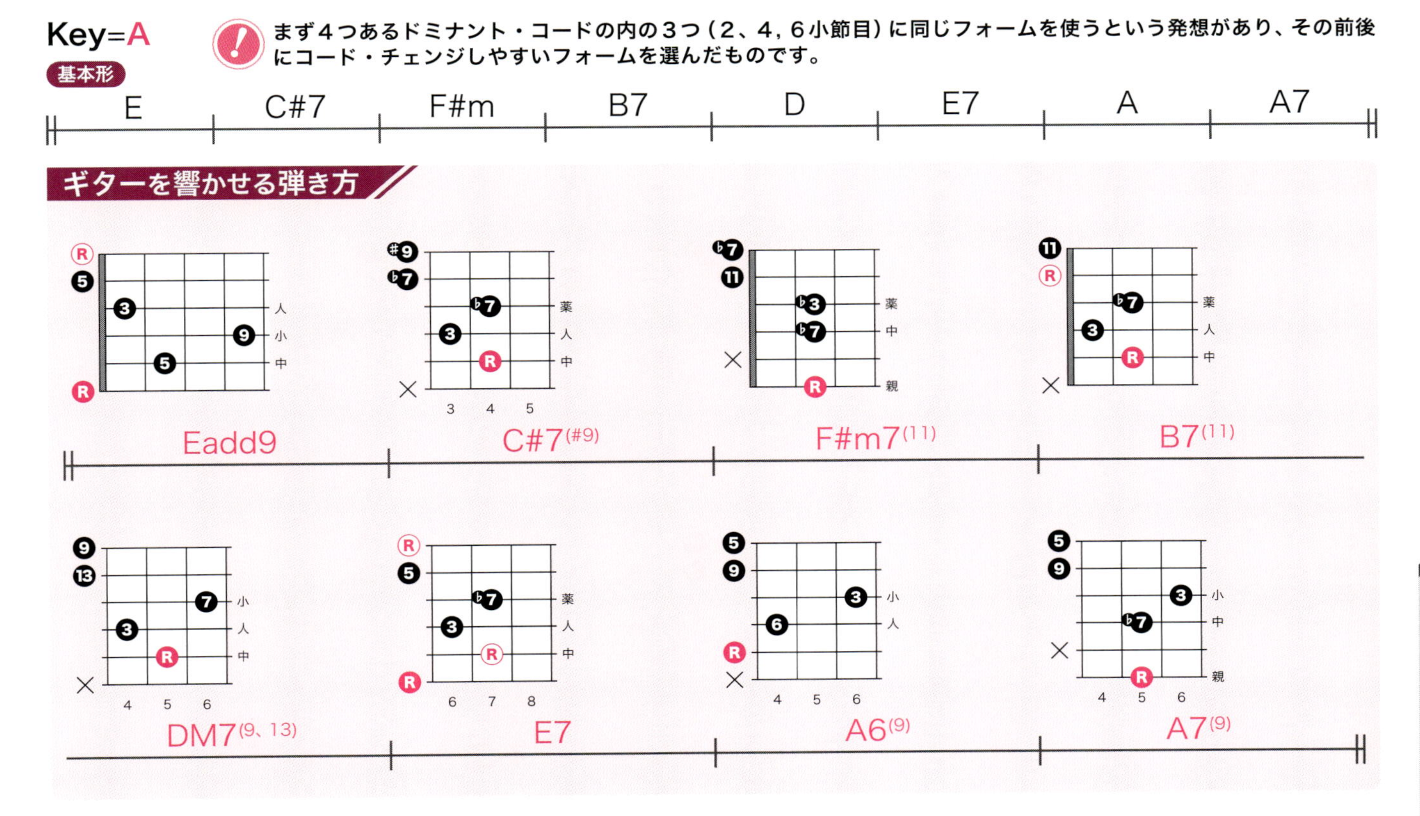

9 メジャー・キー 9

Aメロ：△　Bメロ：△　サビ：◎

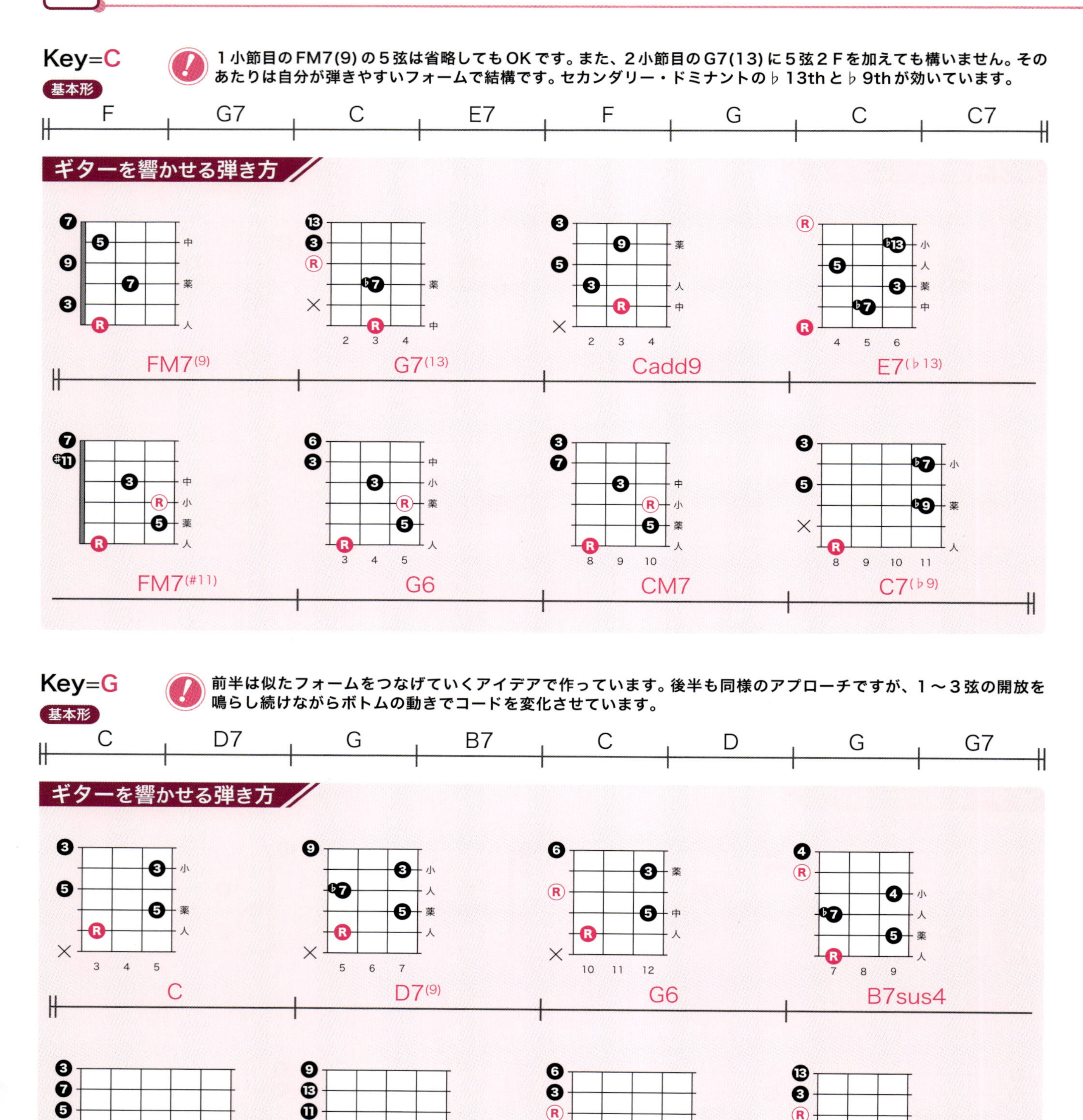

Key=C

基本形

1小節目のFM7(9)の5弦は省略してもOKです。また、2小節目のG7(13)に5弦2Fを加えても構いません。そのあたりは自分が弾きやすいフォームで結構です。セカンダリー・ドミナントの♭13thと♭9thが効いています。

| F | G7 | C | E7 | F | G | C | C7 |

ギターを響かせる弾き方

FM7(9)　G7(13)　Cadd9　E7(♭13)

FM7(#11)　G6　CM7　C7(♭9)

Key=G

基本形

前半は似たフォームをつなげていくアイデアで作っています。後半も同様のアプローチですが、1～3弦の開放を鳴らし続けながらボトムの動きでコードを変化させています。

| C | D7 | G | B7 | C | D | G | G7 |

ギターを響かせる弾き方

C　D7(9)　G6　B7sus4

CM7(13)　D7(9、13)sus4　G6　G7(13)

スリー・コード（I/IV/V7）と2つのセカンダリー・ドミナントを使用した最強クラスのサビ向きコード進行です。特にIII7は”泣きのコード”の横綱で、この一瞬のマイナー感がリスナーの心を掴んで離しません。

Key=D

基本形

前半は徐々にポジション・アップしながらボトムの音域を上げています。7〜8小節目はハイ・ポジションでメロディアスな流れを表現。通常のコード・フォームでは表現しにくい鍵盤的なアプローチです。

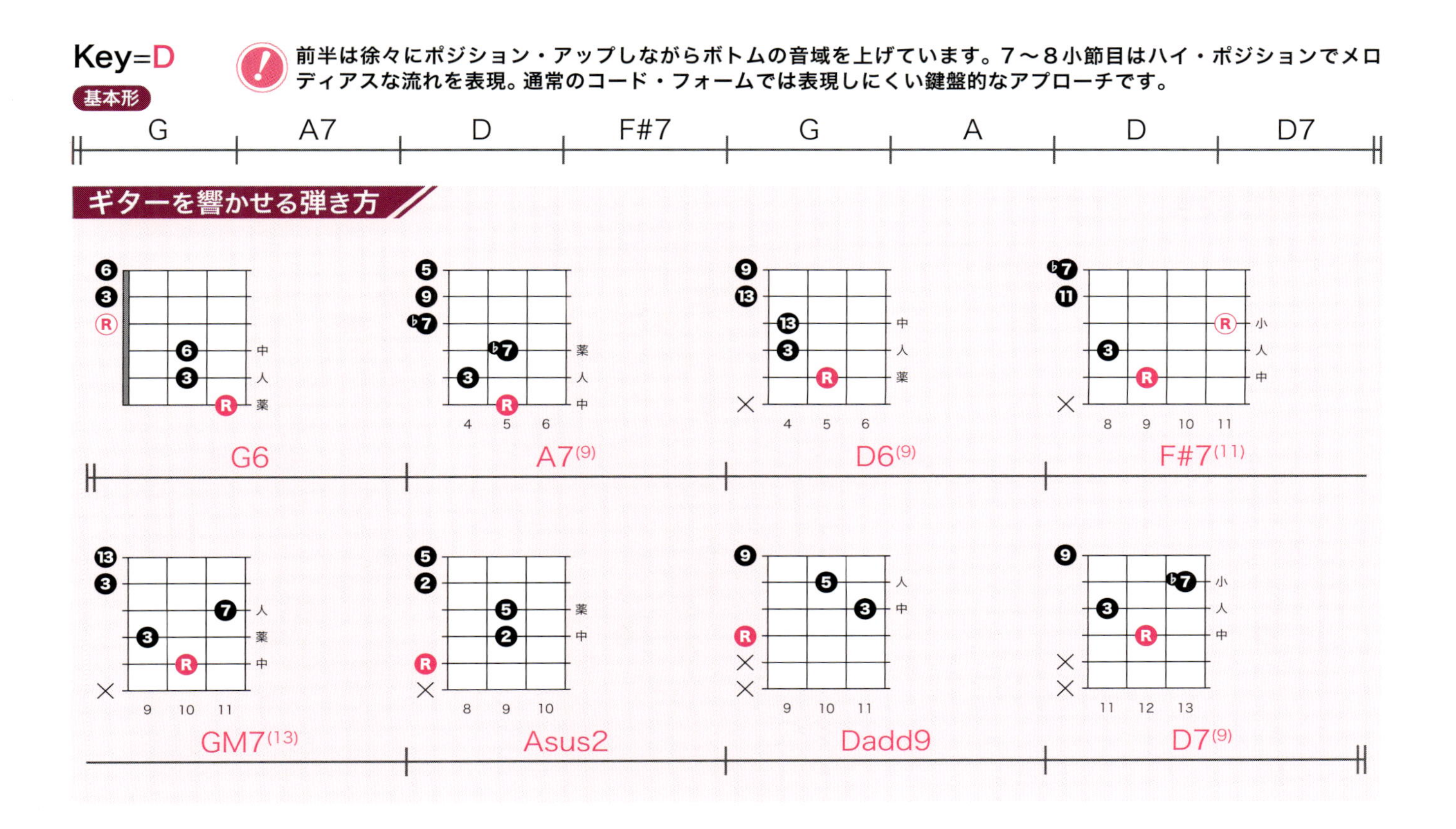

Key=A

基本形

1〜3小節目はsus4化でコード進行の印象そのものを変えてしまう大胆なアレンジです。基本的には、ルートの動きとメジャ/マイナー・コードを見失わなければ、コードはどのように料理しても成立するという例です。

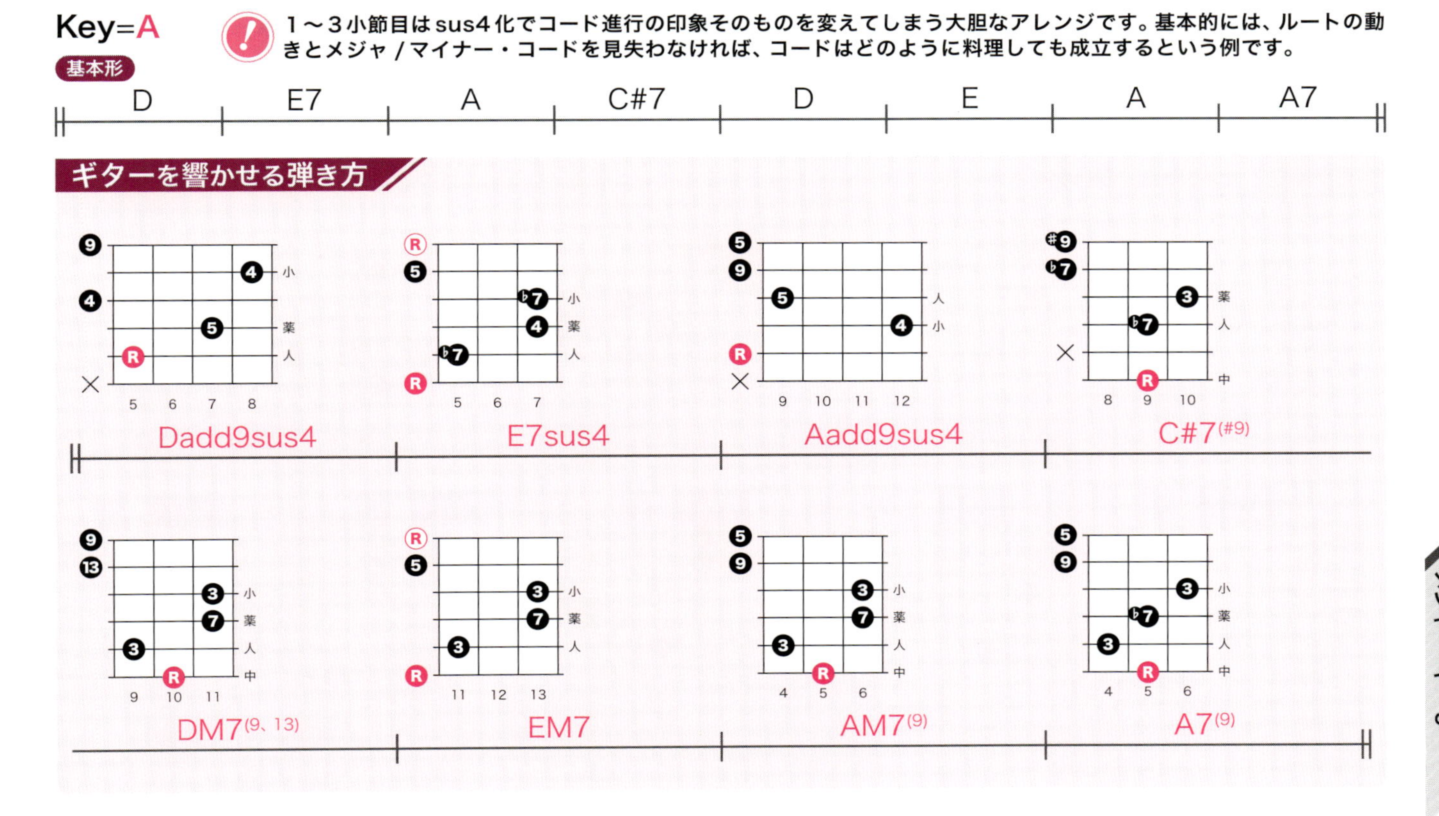

10 メジャー・キー 10

Aメロ：◎　Bメロ：△　サビ：◎

Key=C

基本形

3小節目のE7にテンション・ノートを加えるとき、Key=Cに含まれる音を使います。つまり、9th（F#音）ではなく、♭9th（F音）、#9th（G音）、♭13th（C音）から選ぶことで自然な響きになります。

C	Em	E7	Am	F	Fm	C	G

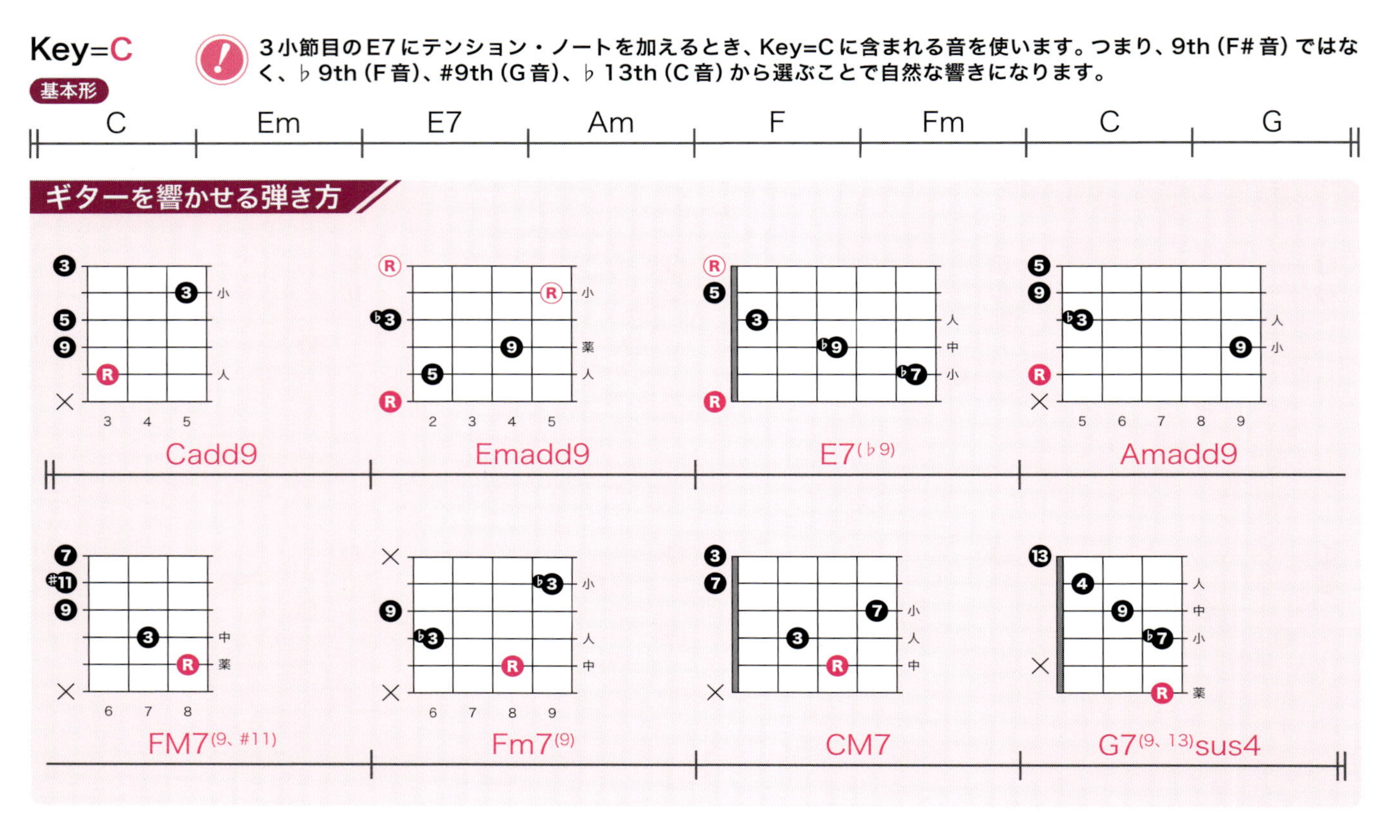

Key=G

基本形

ロー・ポジションでの豊かな響きを狙いつつ、開放弦を使ってギターを綺麗に響かせることを目的としたアレンジです。こうすれば、一般的なコード・フォームよりはるかに魅力がある響きになるでしょう。

G	Bm	B7	Em	C	Cm	G	D

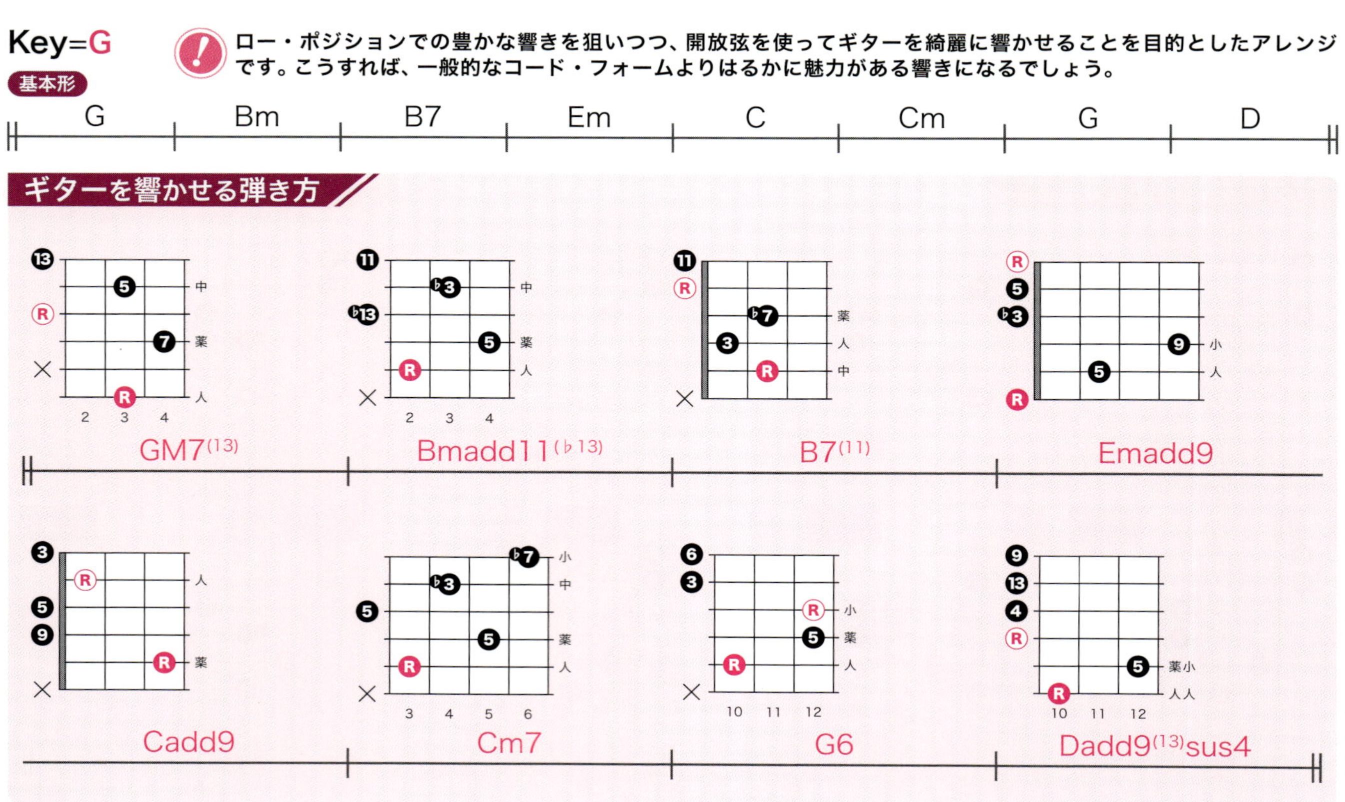

トニックから始まる落ち着いた雰囲気を持ちつつも、3小節目のセカンダリー・ドミナントで”泣き”を表現し、6小節目のサブドミナント・マイナーで沈み込むようなマイナー感を醸す、変化に富んだコード進行です。

Key=D

基本形

このように比較的高い音域を使ってコードを響かせるアプローチは弾き語りには不向きですが、ベースが入るアレンジならとても魅力的なギターの響きになるはずです。

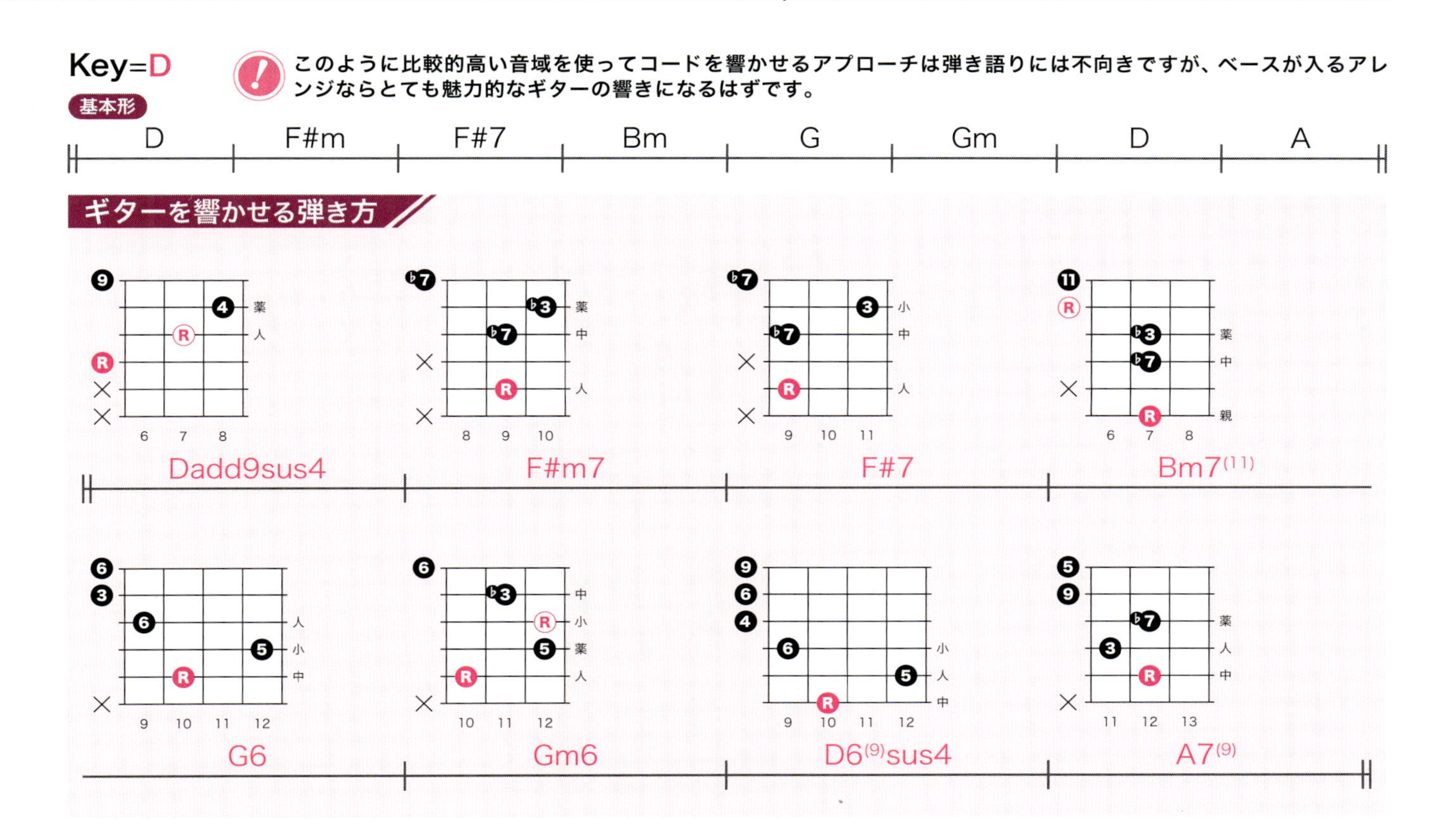

Key=A

基本形

2弦を押弦するフォームと2弦開放を使うフォームを共存させせると、コードの動きによって2弦がメロディを奏でる状態になります。これもフォーム選びの大切なポイントです。

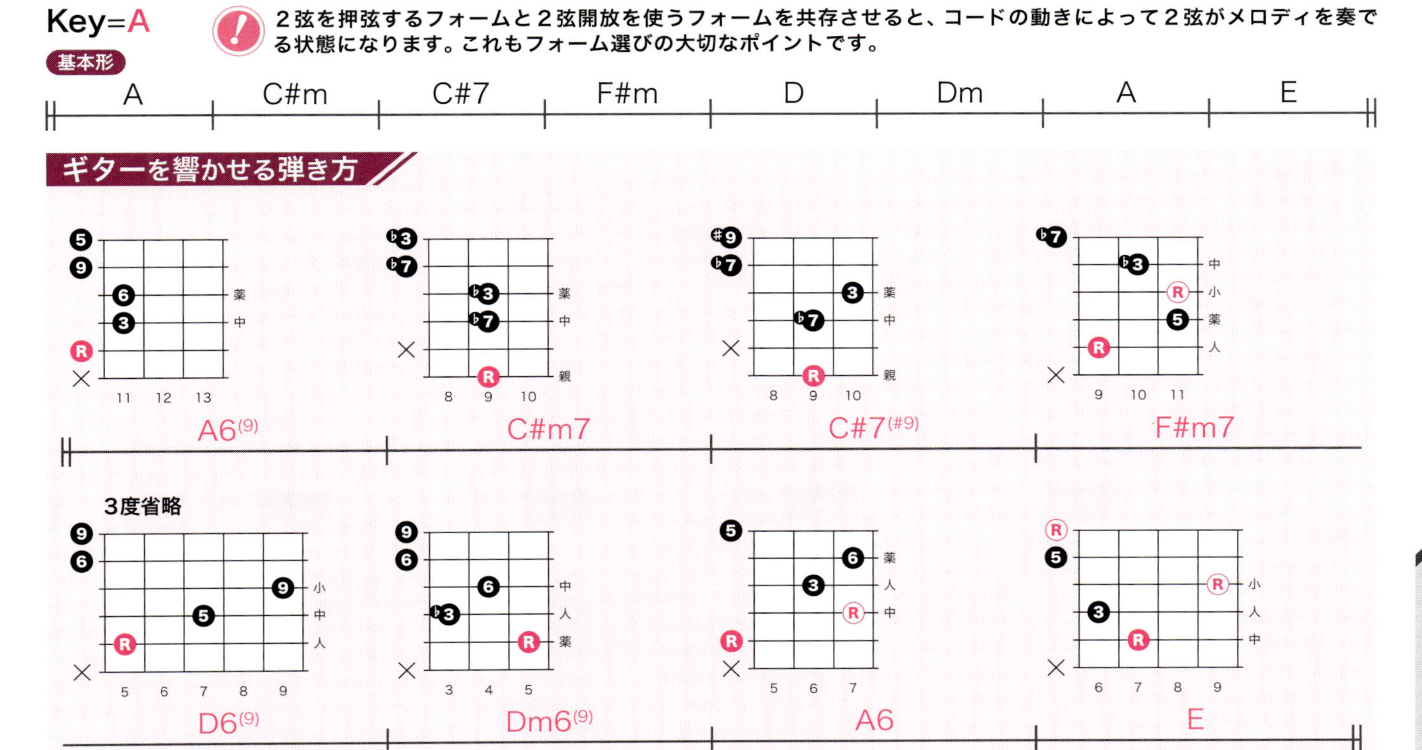

11 メジャー・キー 11

Aメロ：△　Bメロ：◎　サビ：○

Key=C

基本形

Gmでは２弦開放が使えないため（M3rd）フォームの種類が限定されます。そんなときはまずGmのフォームを決めてから、前後のコードのフォームを選ぶと弾きやすいパターンを作ることができるでしょう。

C	Em	Gm	A7	F	G7	F	G7

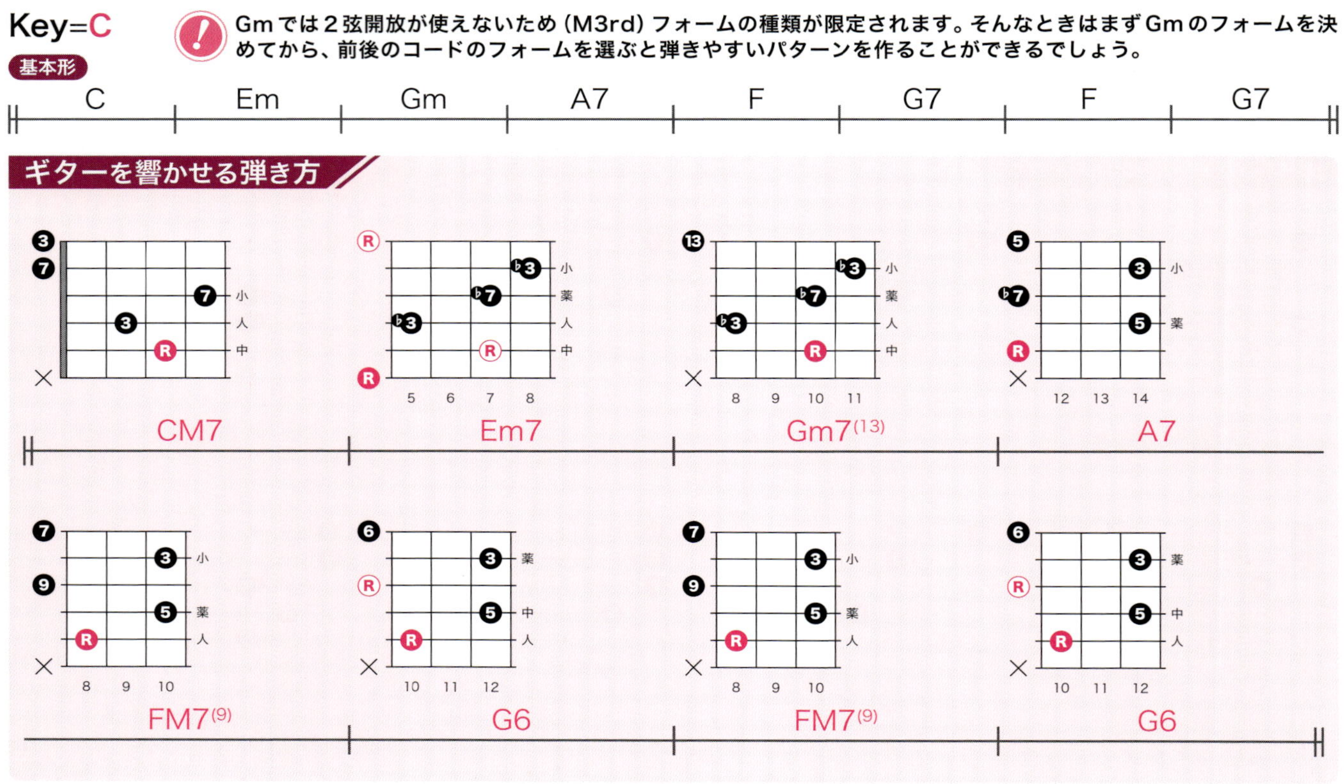

Key=G

基本形

４小節目でこんな不思議な響きのコードを使えば、コード進行の印象も変わってきますね。Key=GでのCコードはリディアンのCなので、#11thをテンション・ノートとして使用できます。

G	Bm	Dm	E7	C	D7	C	D7

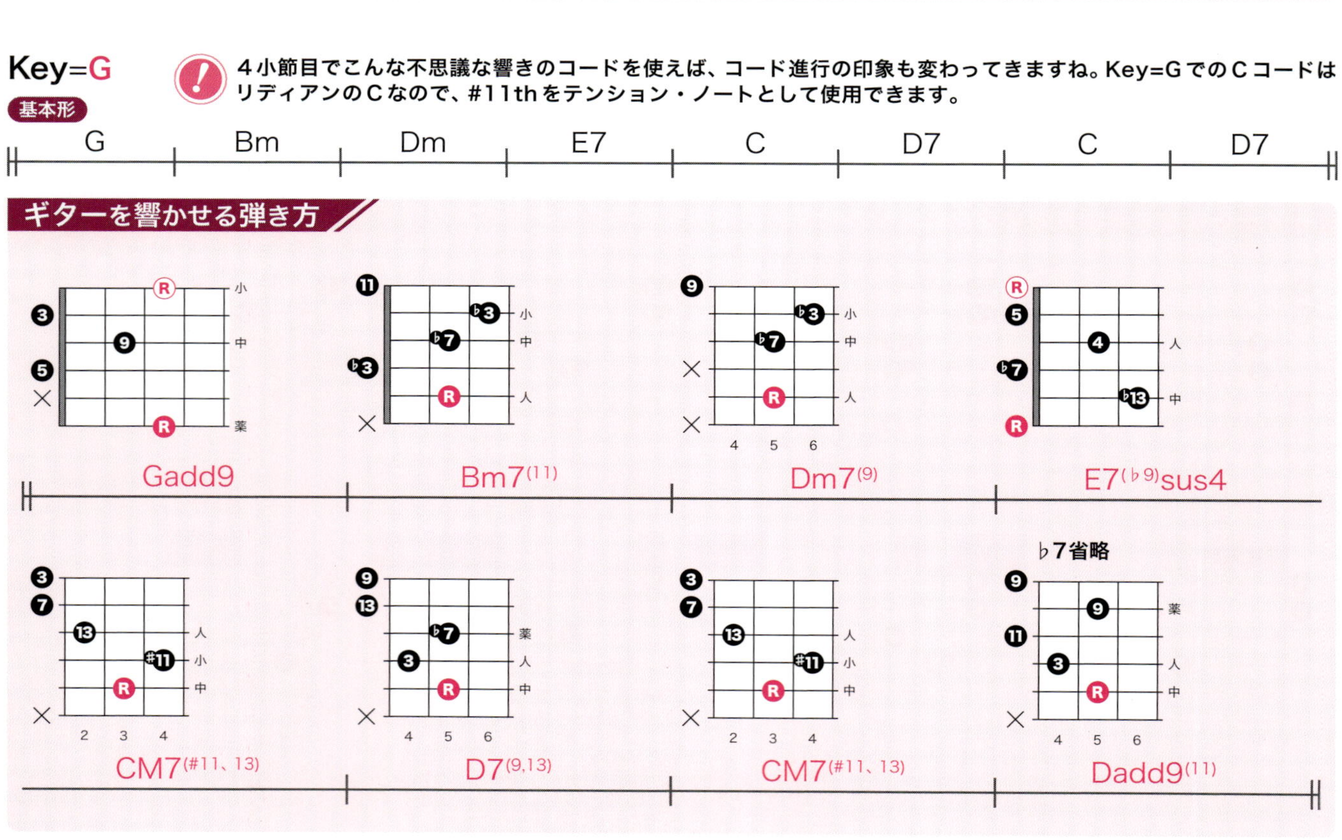

3、4小節目で唐突に現れるマイナー・コードとドミナント・コードによる一時転調によって個性的な流れが感じられるコード進行です。7〜8小節目をトニック・コードにしてもOK。

Key=D

基本形

1、2小節目のように、あえて3度抜きのフォームを選択する方法も音楽表現としてはアリです。明確なマイナー感を出さないことが曲の面白さにつながる可能性があります。

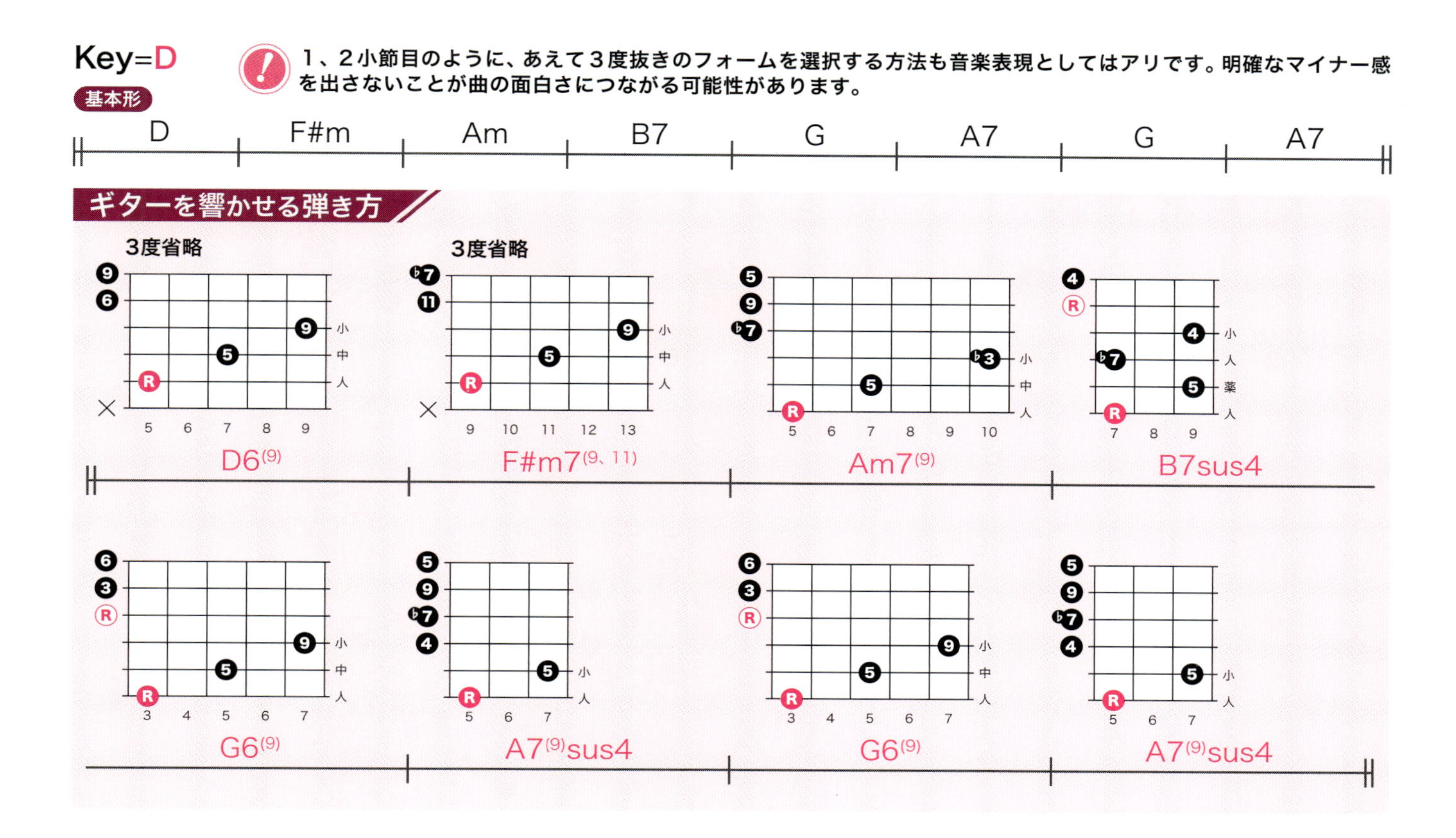

Key=A

基本形

パワーコードを含むコードは低音がクリアに響くという特徴があります。7〜8小節のように、ルートを変えるだけでDコードとE7が弾けることに気づけばしめたもの。

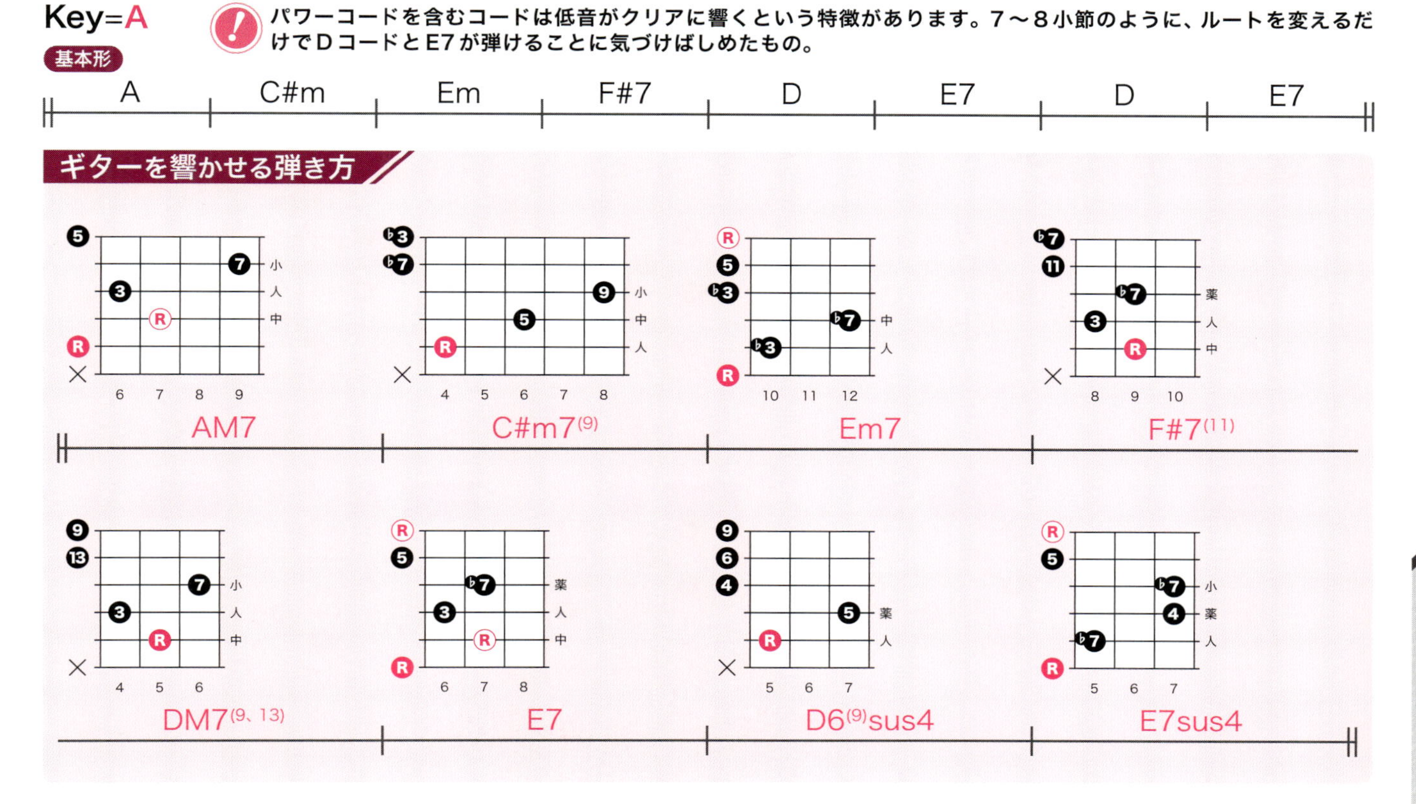

12 メジャー・キー 12

Aメロ：◎　Bメロ：○　サビ：○

Key=C
基本形

Fmで使えるのは3弦開放だけなのでコード・フォームのバリエーションが少なく、ちょっと苦労しますね。ここではFm7(9)の1弦10Fが唐突な音の跳躍にならないように先にFM7で1弦を鳴らしています。

C	D7	Dm	G7	C	D7	F	Fm

ギターを響かせる弾き方

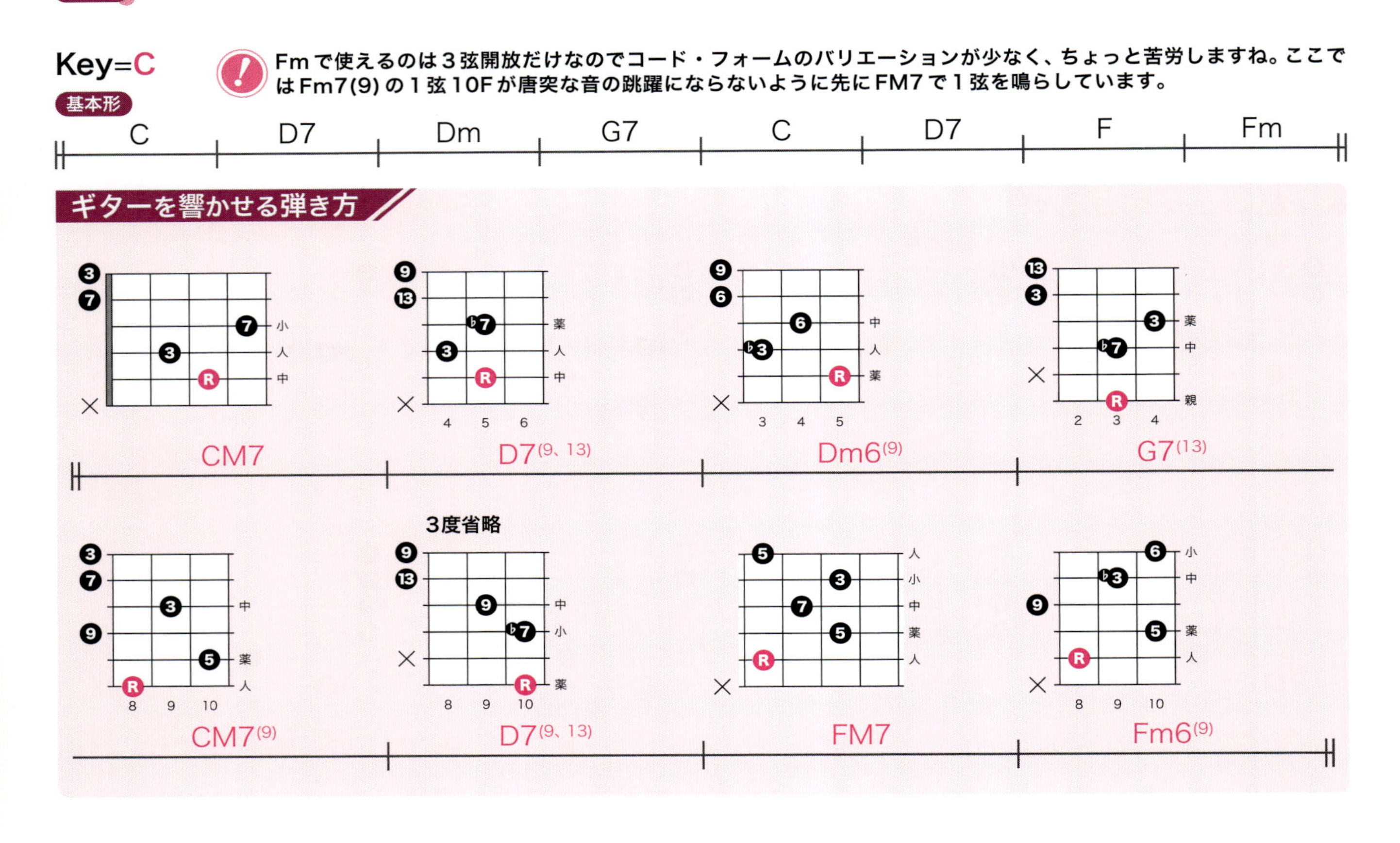

Key=G
基本形

2弦開放をできるだけ使わずにフォームを選ぶとこのような感じになります。1弦開放よりで高い音域で2弦を鳴らすため、豊かな高音域の響きを狙うときに使える手法です。

G	A7	Am	D7	G	A7	C	Cm

ギターを響かせる弾き方

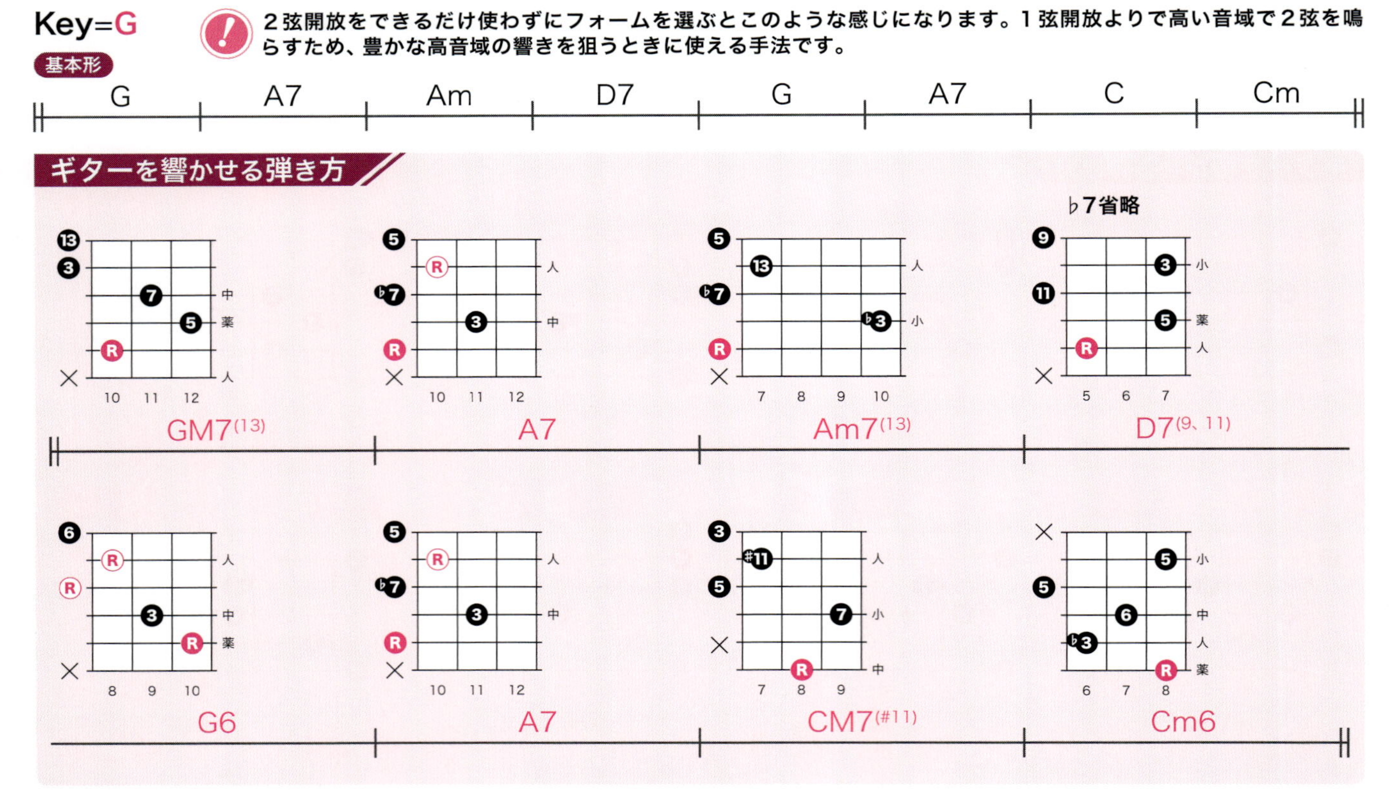

2小節目は4小節目へのセカンダリー・ドミナントで、このII7をダブル・ドミナントと呼びます。後半にもII7があり、更に8小節目はサブドミナント・マイナーですから陰りのあるメジャー感といった趣です。

Key=D

基本形

2弦のハイポジションを使いつつ、同型フォームのルート変更や平行移動を使ったパターンです。例えば、6小節目のE7(9)sus4で6弦開放を使わず5弦7Fをルートにするといった工夫も必要でしょう。

D	E7	Em	A7	D	E7	G	Gm

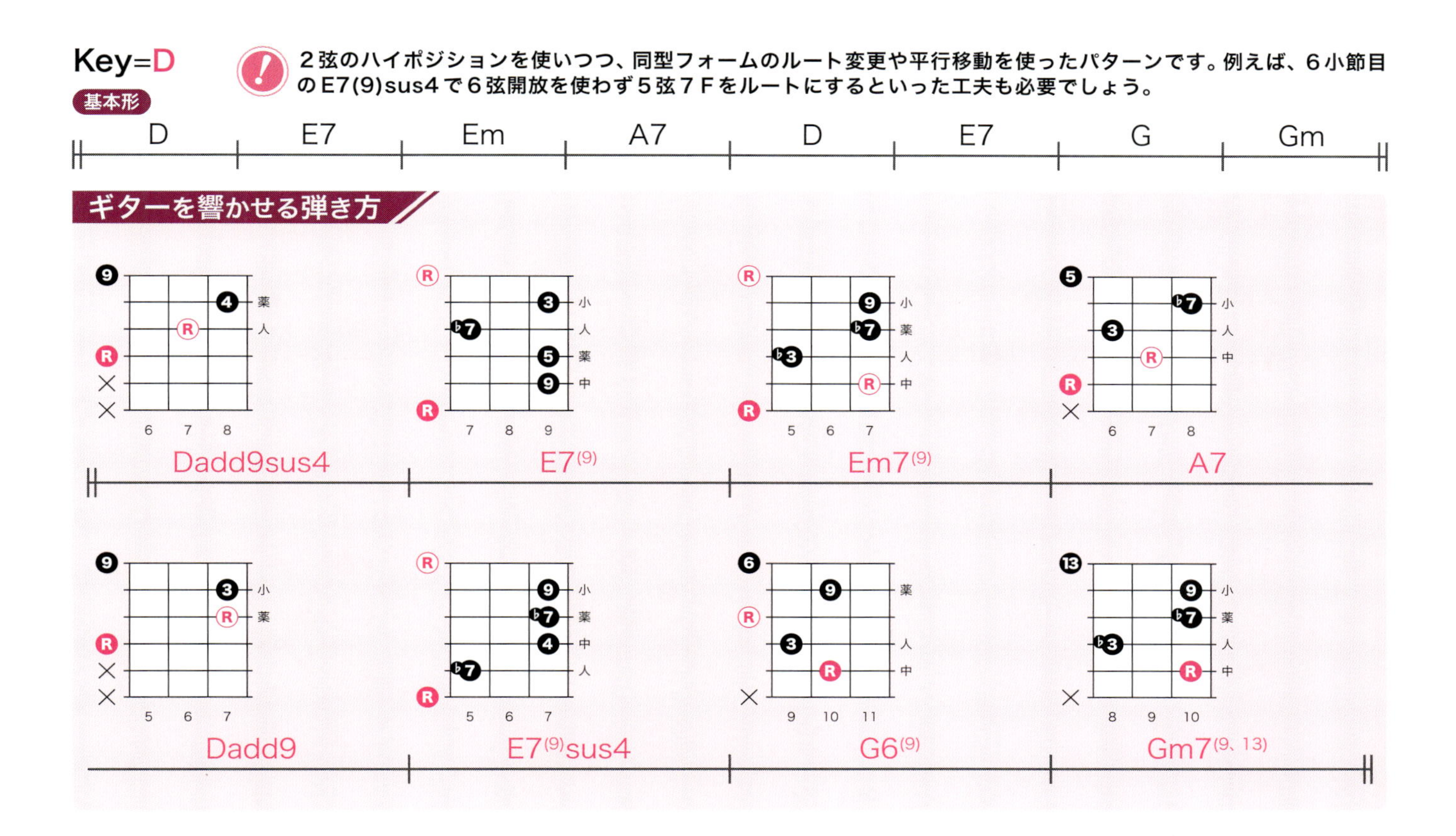

Key=A

基本形

前半4小節は、開放弦を含むコードとしては定番の動きです。慣れてくると真っ先にこんなパターンが思い浮かぶようになります。

A	B7	Bm	E7	A	B7	D	Dm

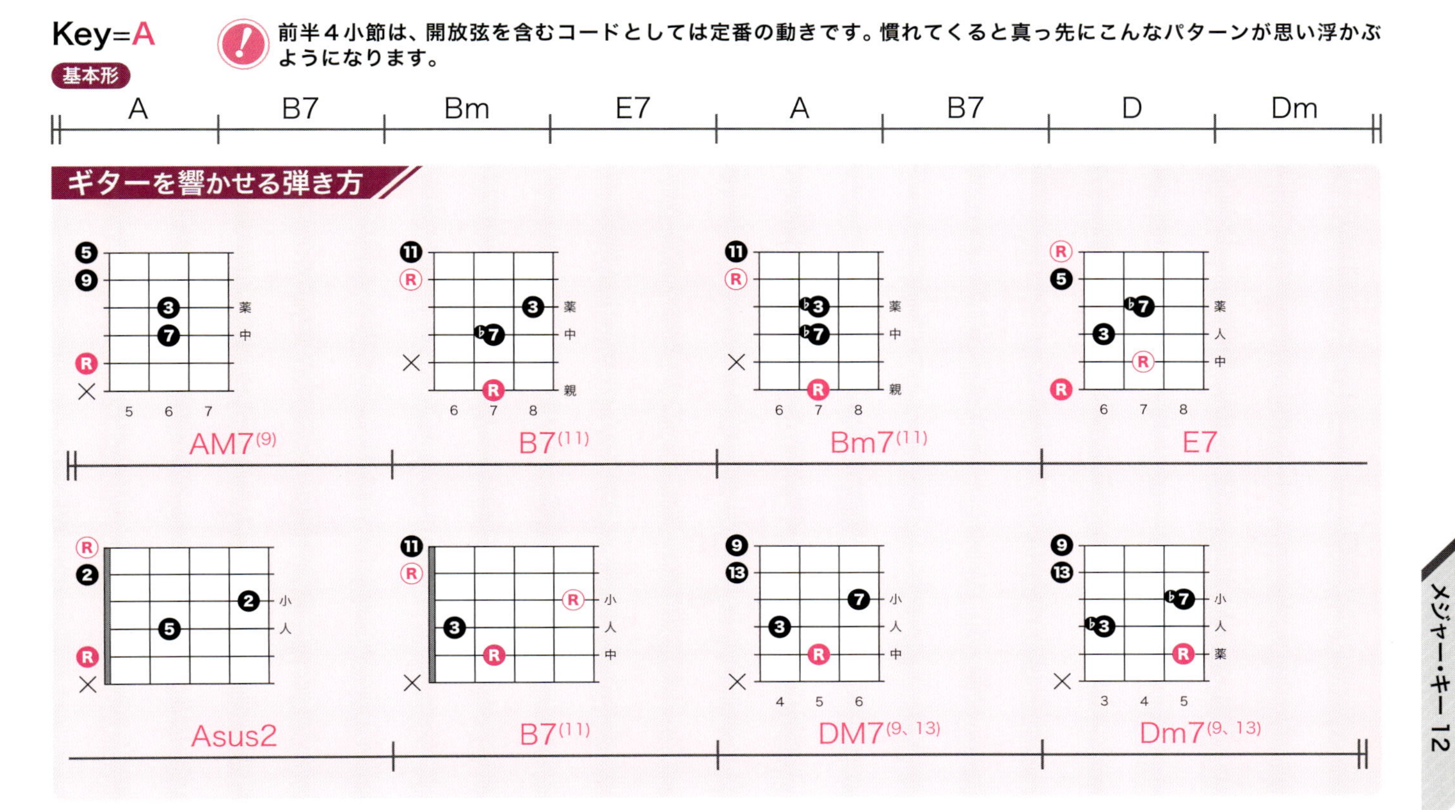

13 メジャー・キー 13

Aメロ：○　Bメロ：△　サビ：◎

Key=C

基本形

前半はパワフルに鳴るコード・フォームを選んでいます。6小節目からはトップ・ノート（1弦）が半音下降する流れを狙ったものです。

| C | E7 | Am | C7 | F | C | E♭dim7 | G7 |

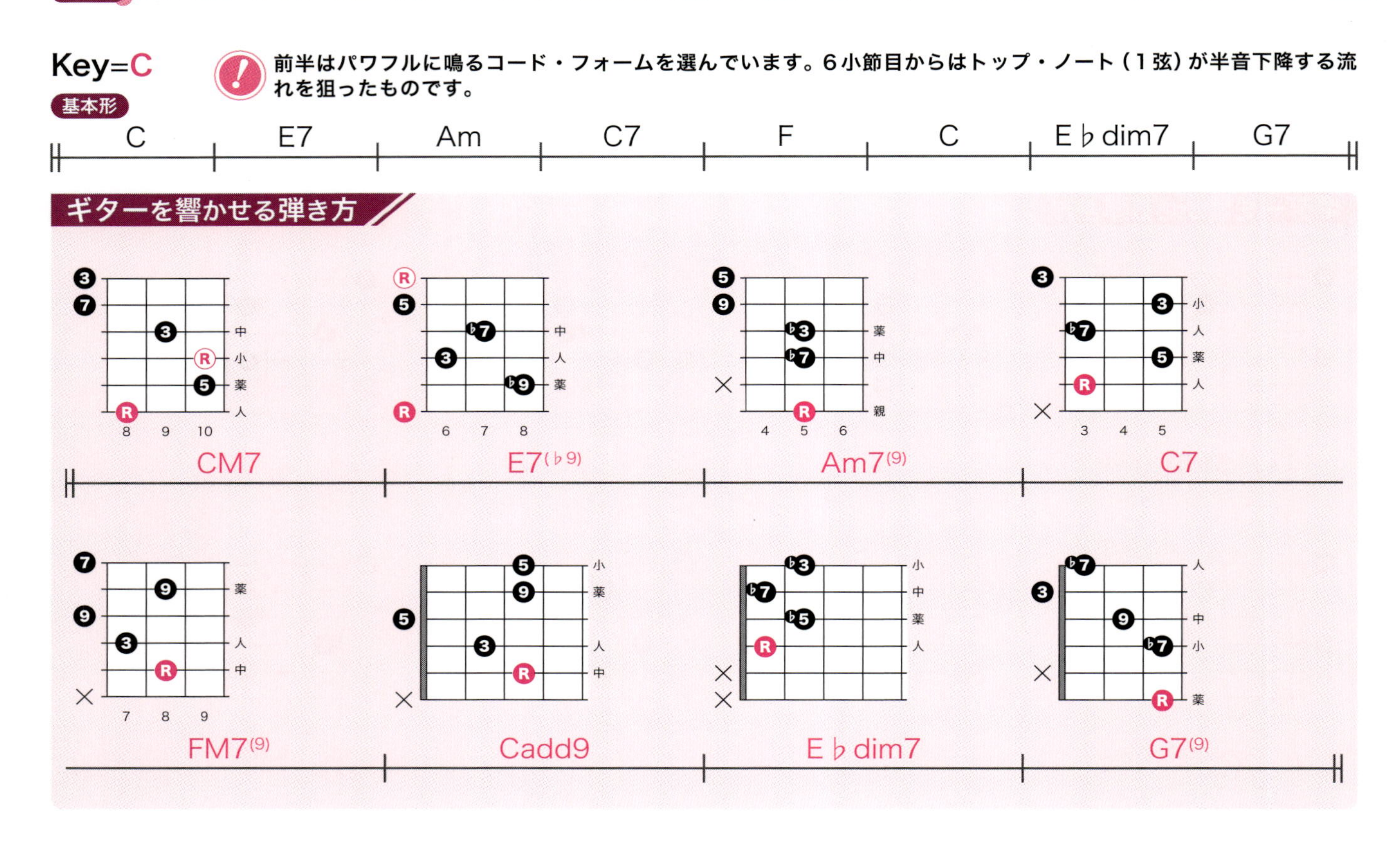

Key=G

基本形

ローポジションで弾くとやはりギターは良く響いてくれます。ディミニッシュ・コードはルートによっては開放弦が使えないこともありますが、B♭dim7は1、3弦開放が使えるのでローポジションで綺麗に響かせたいですね。

| G | B7 | Em | G7 | C | G | B♭dim7 | D7 |

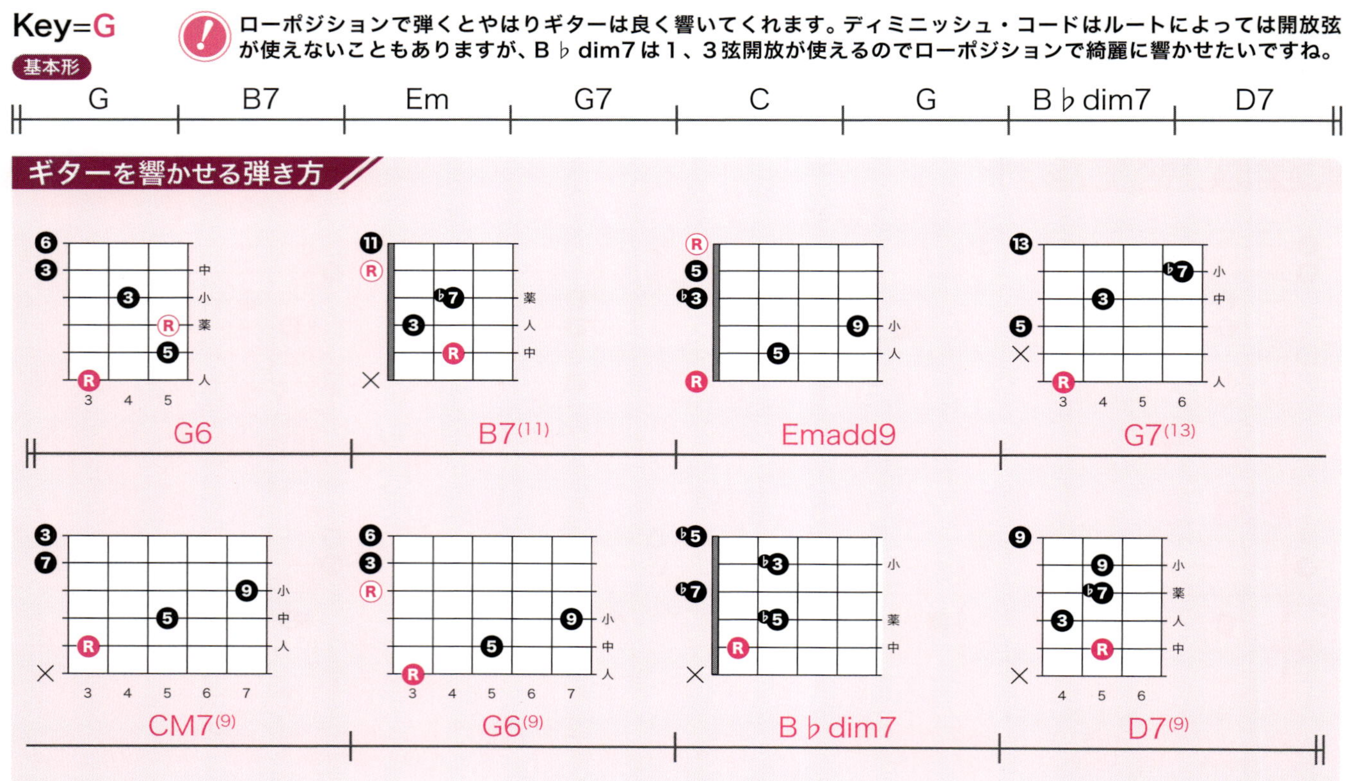

2〜3小節目にマイナー・キーのドミナント・モーションがあるため、メジャー・キーとマイナー・キーが共存しているようなコード進行です。ドラマティックなサビやバラードのAメロに最適でしょう。

Key=D

基本形

大きくポジション移動させて動きを出すようなアレンジです。1小節目DM7(9)のルートは5弦5Fにしても OK。そのあたりは適宜自分が弾きやすいように変更を加えましょう。

D	F#7	Bm	D7	G	D	Fdim7	A7

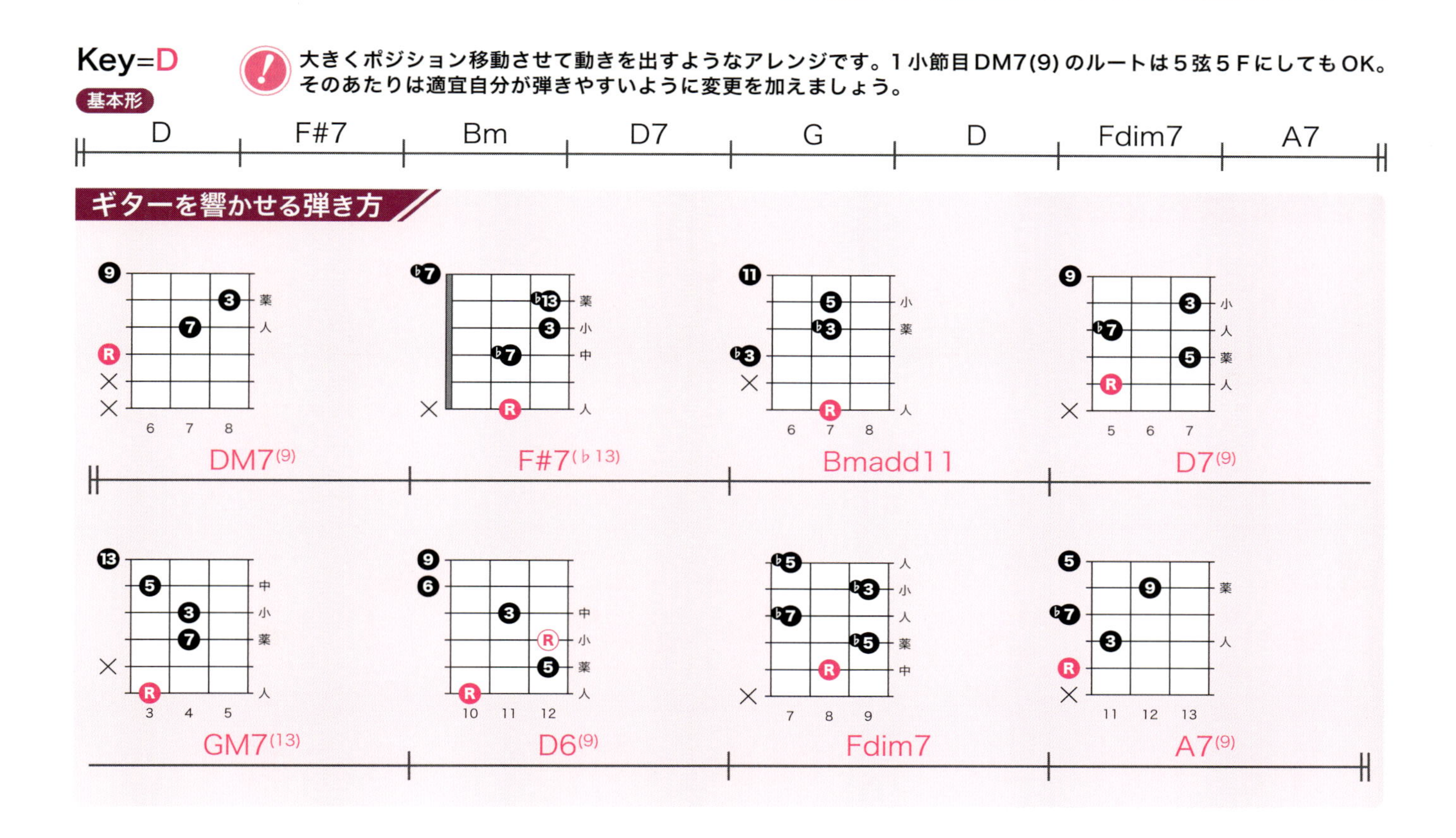

Key=A

基本形

左手を弦から離すことなく、スライドさせながらコード・チェンジができるように工夫したものです。実用的&実践的な弾き方といえるでしょう。

A	C#7	F#m	A7	D	A	Cdim7	E7

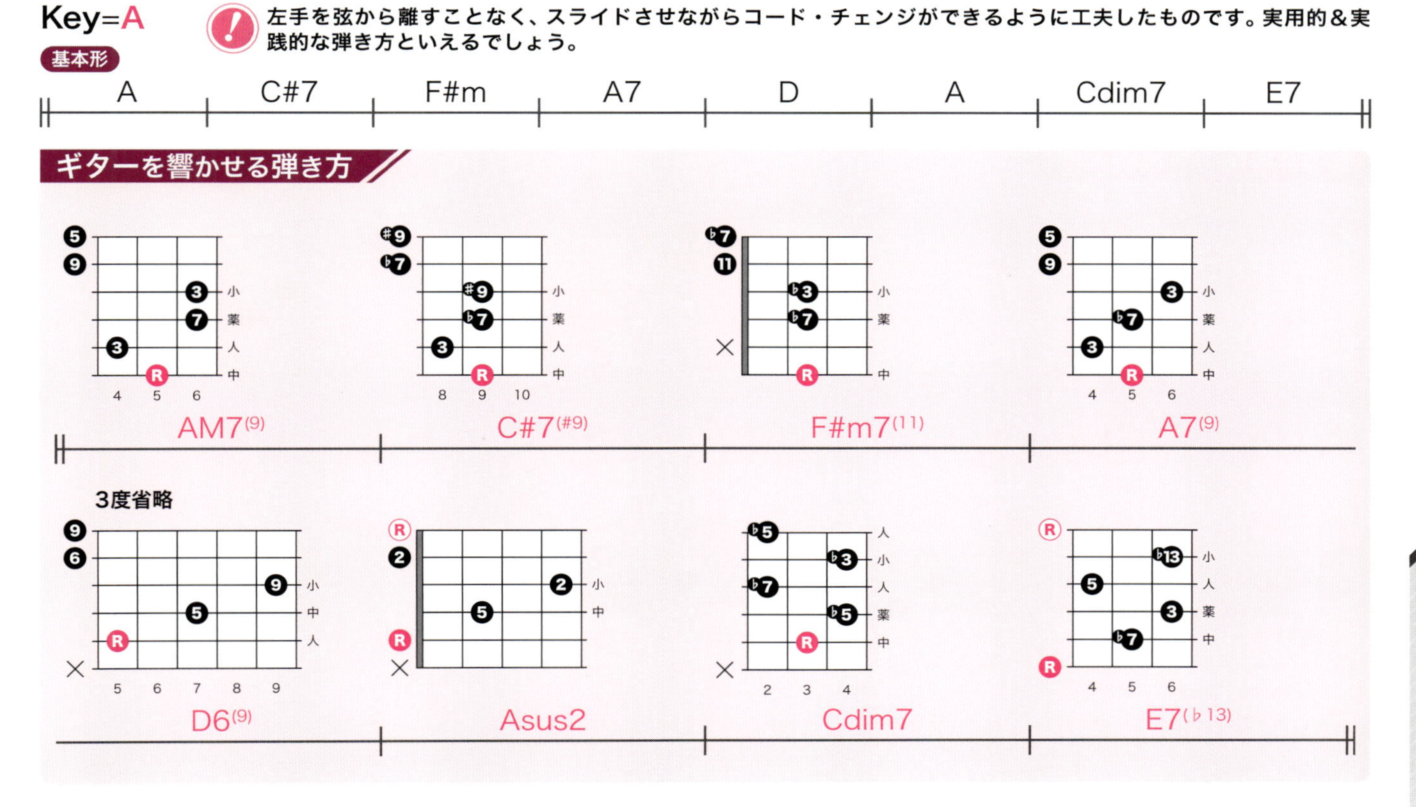

14 マイナー・キー 1

Aメロ:○　Bメロ:△　サビ:◎

Key=Am

基本形

通常のコード・フォームは各音が3度や5度間隔で並ぶことが多いのですが、ワイド・ストレッチ・フォームは音が密集する2度音程を含んだり、逆に開放感がある6度音程を含むなど、個性的な響きが表現できます。

Am	C7	F	E7	Am	C7	F	E7

ギターを響かせる弾き方

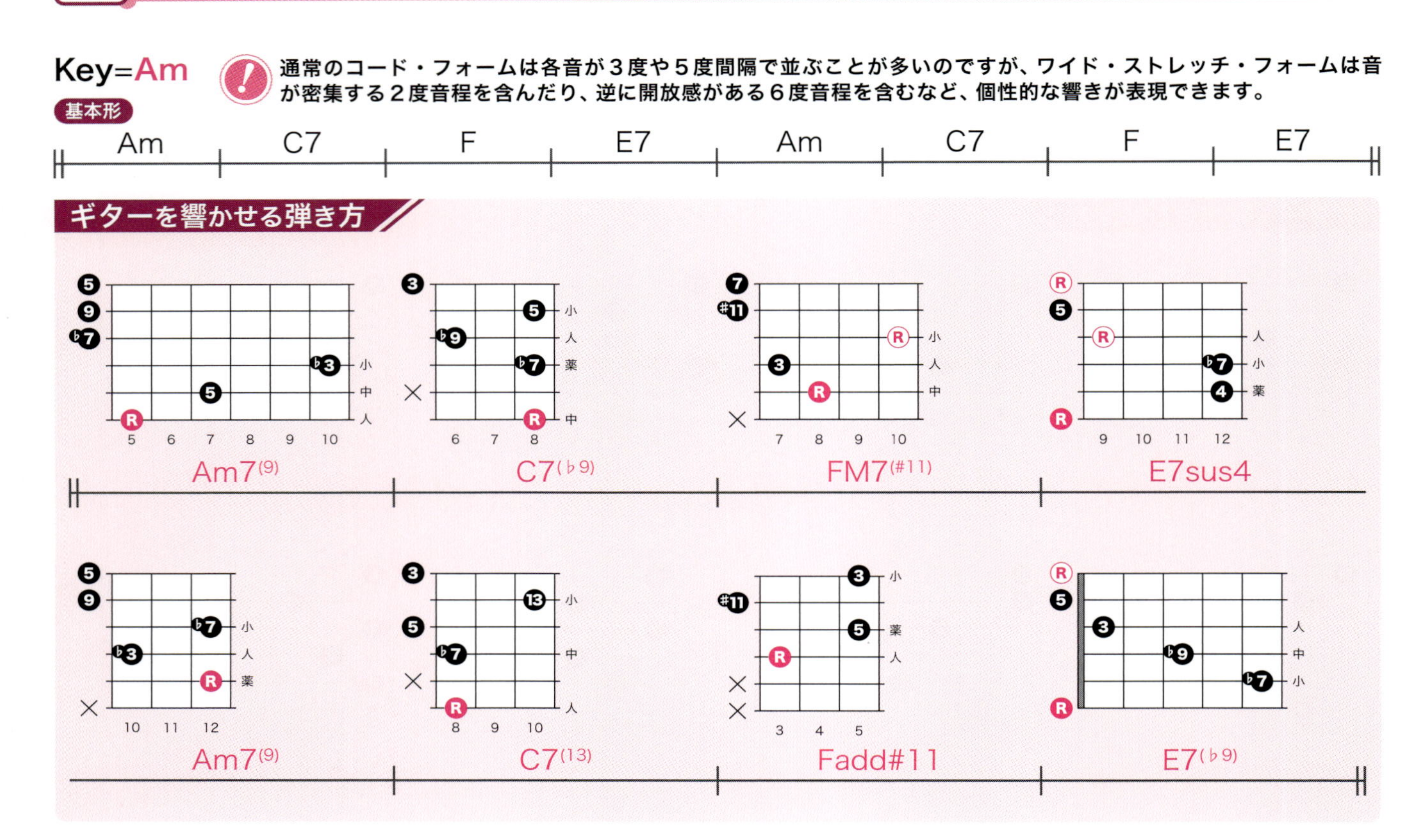

Key=Em

基本形

テンション・ノートを多用してジャジーな響きを表現しています。4小節目はドミナント・コードの定番であるsus4系に、8小節目は現代風味の11th系を使用。マイナー・キーにはこのような響きが似合います。

Em	G7	C	B7	Em	G7	C	B7

ギターを響かせる弾き方

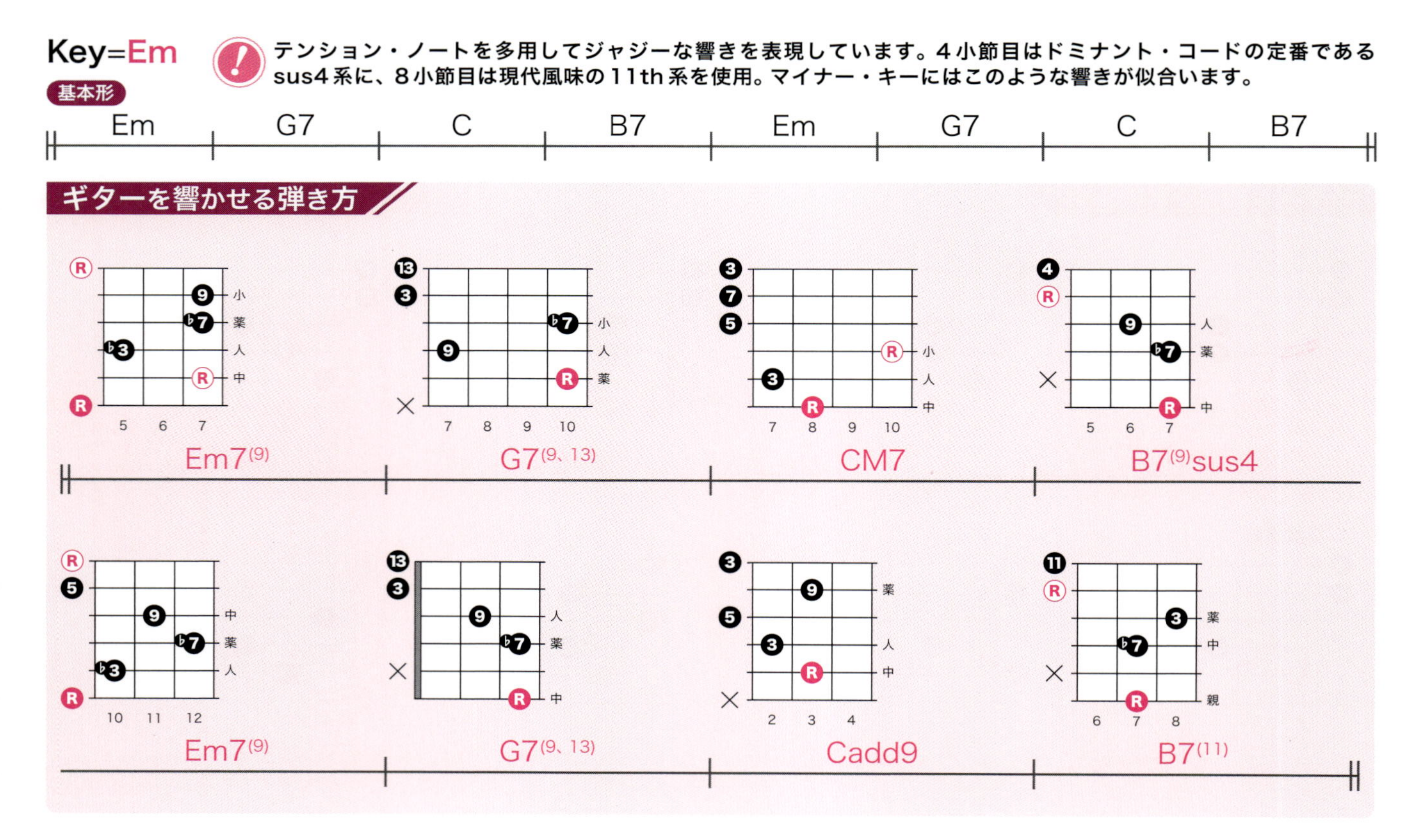

奇数小節にあるダイアトニック・コードに対して、常にセカンダリー・ドミナントでアプローチするカラフルなサビ向きのコード進行です。トニックから始まるのでAメロに使ってもハマるはずです。

Key=Bm

基本形

11thを多用した都会的な響きが魅力のアレンジです。AOR系やネオ・シティ・ポップではこんな響きを積極的に活用してください。F#7には♭9th、11th、♭13thを使用します。

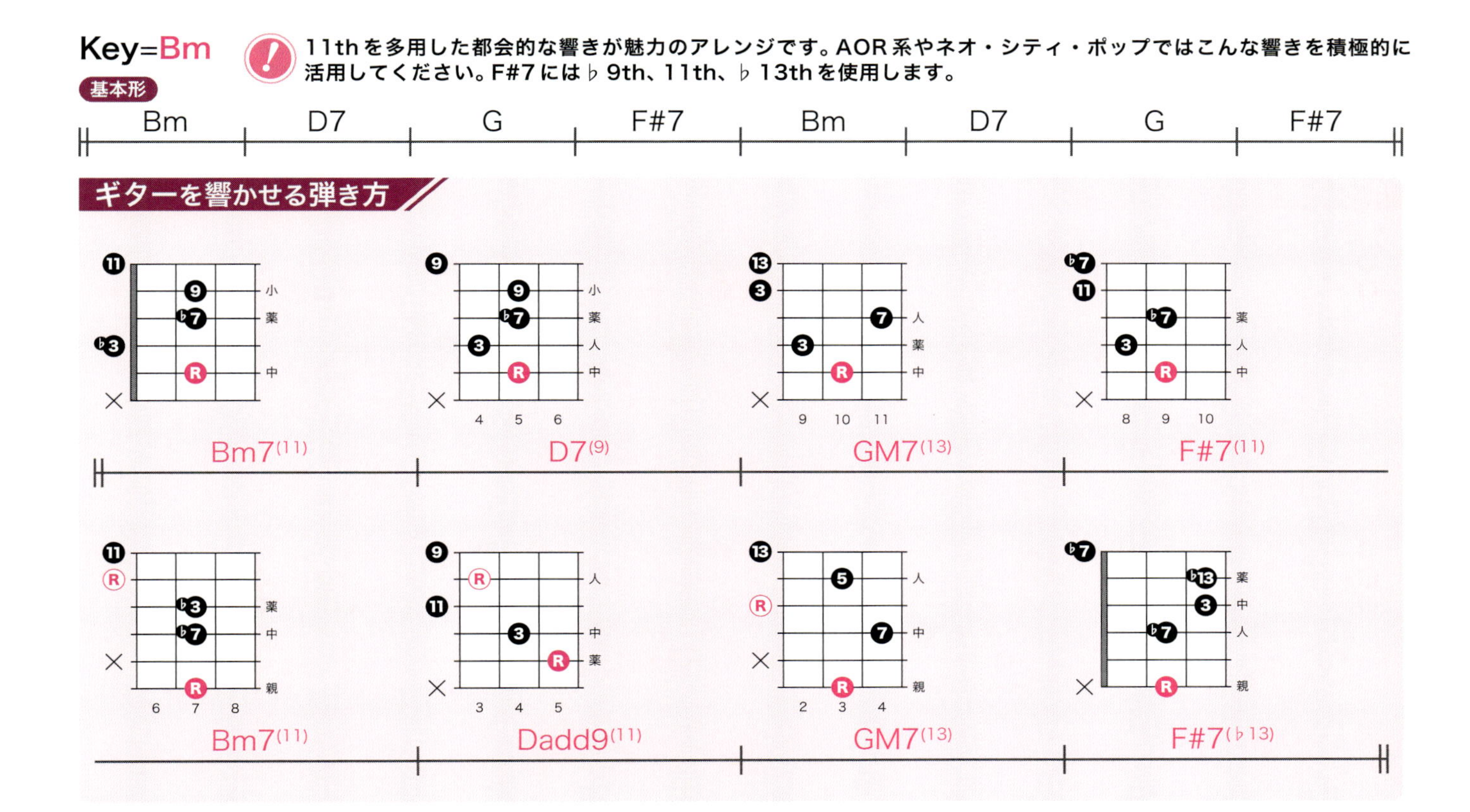

Key=F#m

基本形

ハイ・ポジションで奏でるオシャレ系バッキングといった趣です。響きが軽くなりすぎないように、ルートは可能な限り5、6弦で鳴らすようにしています。

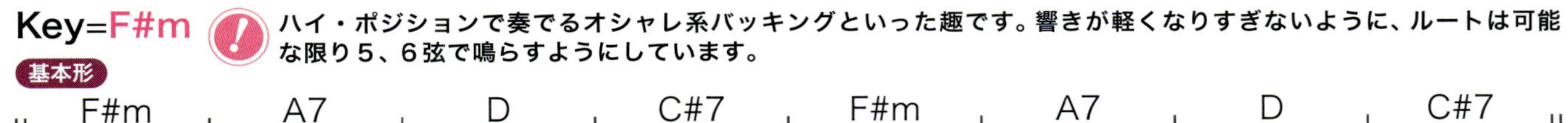

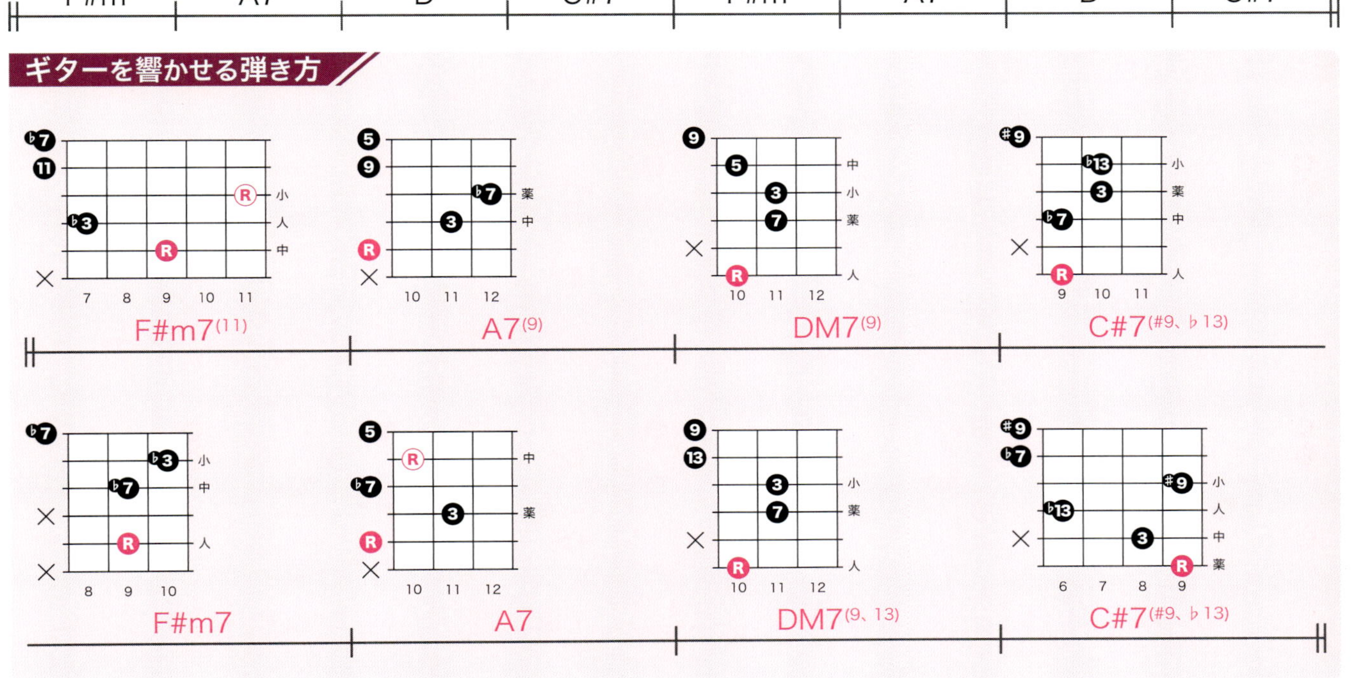

15 マイナー・キー 2

Aメロ：△　Bメロ：◎　サビ：△

Key=Am

基本形

Key=AmでのDmはドリアンのDmなので、積極的に6th（13th）を使ってお洒落な響きを表現しましょう。４小節目のA7(♭13)のルートは５弦開放でもOK。８小節目のE7(#9)も６弦開放をルートにすれば厚みがある響きになります。

Dm	G	Dm	G/A7	Dm	G	F	Bm7(♭5)/E7

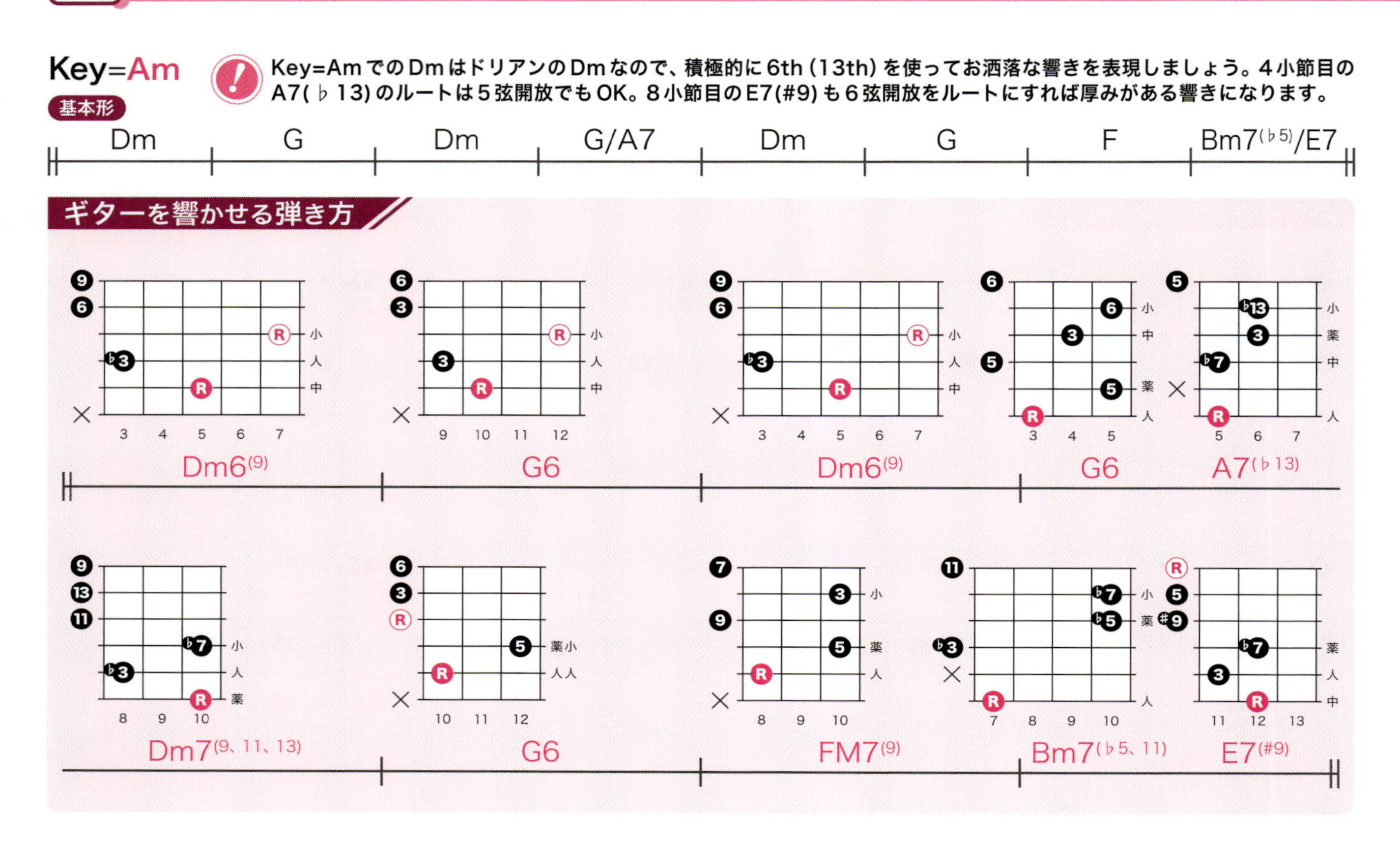

Key=Em

基本形

２小節目のように、ドミナント・コードだからといって絶対に♭7thを弾かなければならないという決まりはありません。そのあたりは耳で判断すればOK。５小節目はドリアンのAm、ぐっと沈み込む6(9)の響きがたまりません。

Am	D	Am	D/E7	Am	D	C	F#m7(♭5)/B7

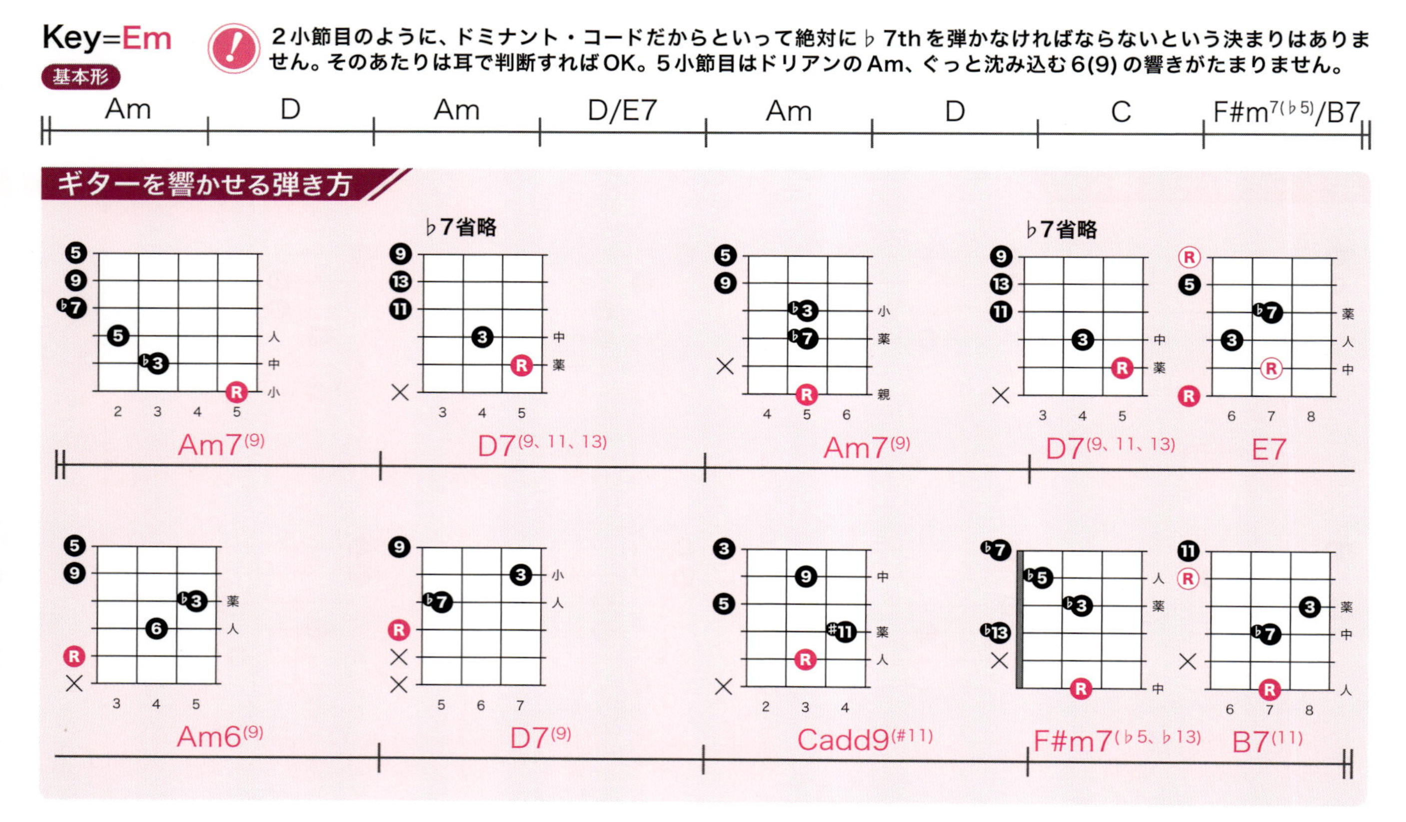

IVmから始まるトニックを含まないコード進行です。トニックに落ち着く感じがないため、流すような雰囲気のBメロに最適です。8小節目はマイナー・キーのII-Vなので、この後にトニック・マイナーへ進みます。

Key=Bm

基本形

マイナー・キーのV7には♭系のテンション・ノートを使います。F#7はギターで弾きにくいコードと感じるかもしれませんが、3弦開放が♭9thなので、実はギターでジャジーな響きが表現しやすいコードです。

Em	A	Em	A/B7	Em	A	G	C#m7(♭5)/F#7

ギターを響かせる弾き方

Em6	A7(9)sus4	Em6	Aadd9 / B7(11)
Em7	Aadd9	G6	C#m7(♭5) / F#7(♭9)

Key=F#m

基本形

2弦(小指)、3弦(薬指)で同フレットを押える状態をできるだけ維持しながらフォームを選ぶとこうなります。プロ・ギタリストはこのようなパターン化されたフォームが連続する弾き方を好んで使っています。

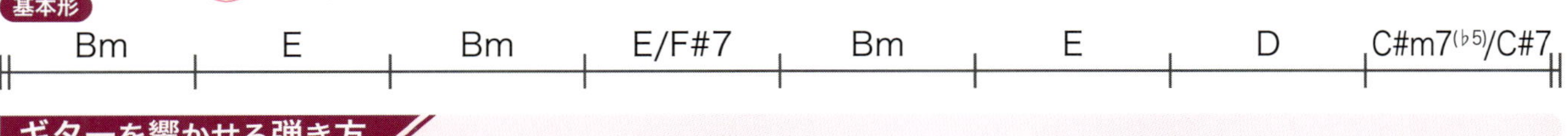

ギターを響かせる弾き方

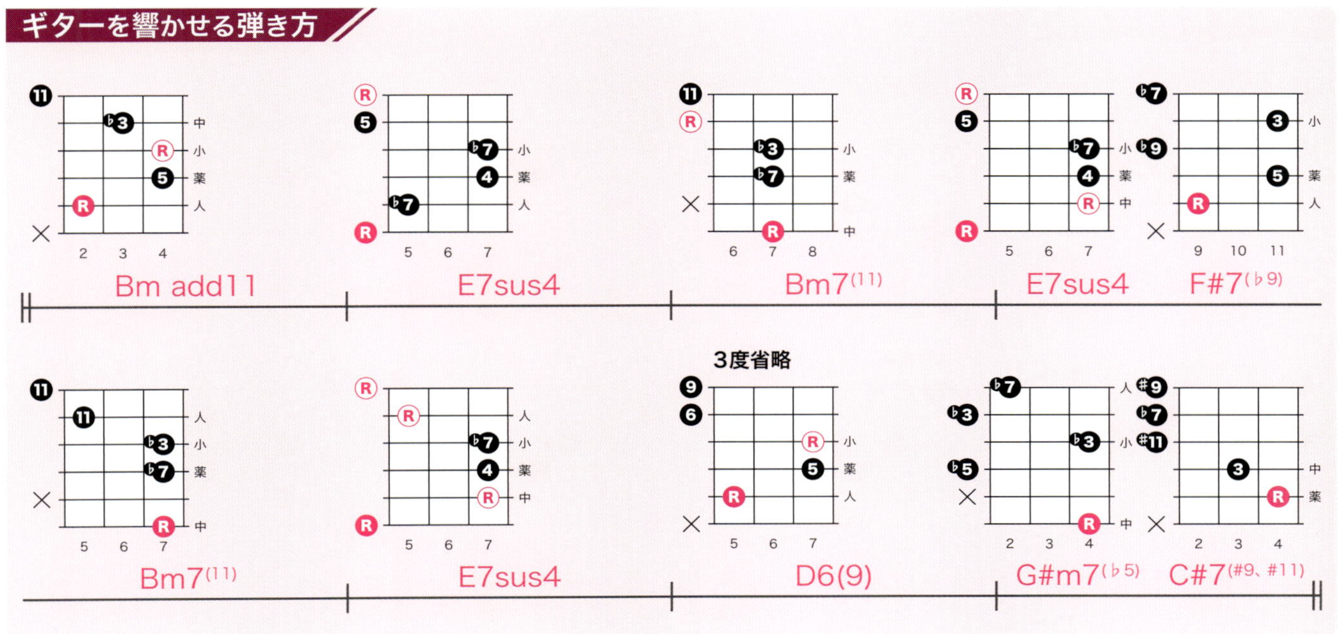

16 マイナー・キー 3

Aメロ:○　Bメロ:△　サビ:◎

Key=Am

基本形

ロー・ポジションから徐々にポジション・アップさせていくアレンジです。1小節目の重厚な響きから始まり、7～8小節目のハイ・ポジションでのメロディアスなコード・ワークへとつながっていきます。

F	E7	Am	D7	Dm	Em	Am	C7

ギターを響かせる弾き方

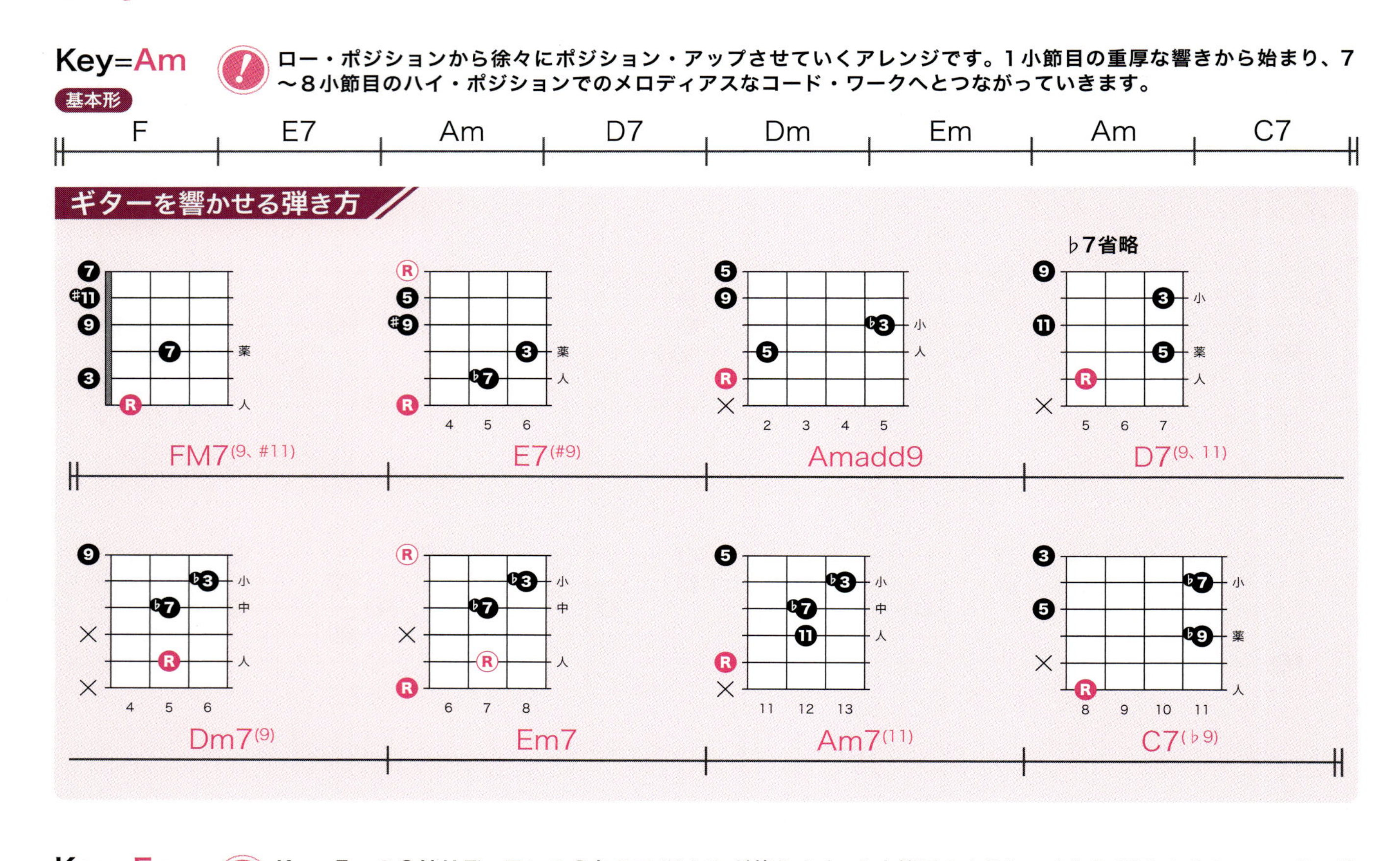

Key=Em

基本形

Key=EmのCはリディアンのCなので#11thが使えます。1小節目のようにいきなり#11th含みのコードで始めることで、通常のCM7とは明らかに違う雰囲気が表現できるようになります。

C	B7	Em	A7	Am	Bm	Em	G7

ギターを響かせる弾き方

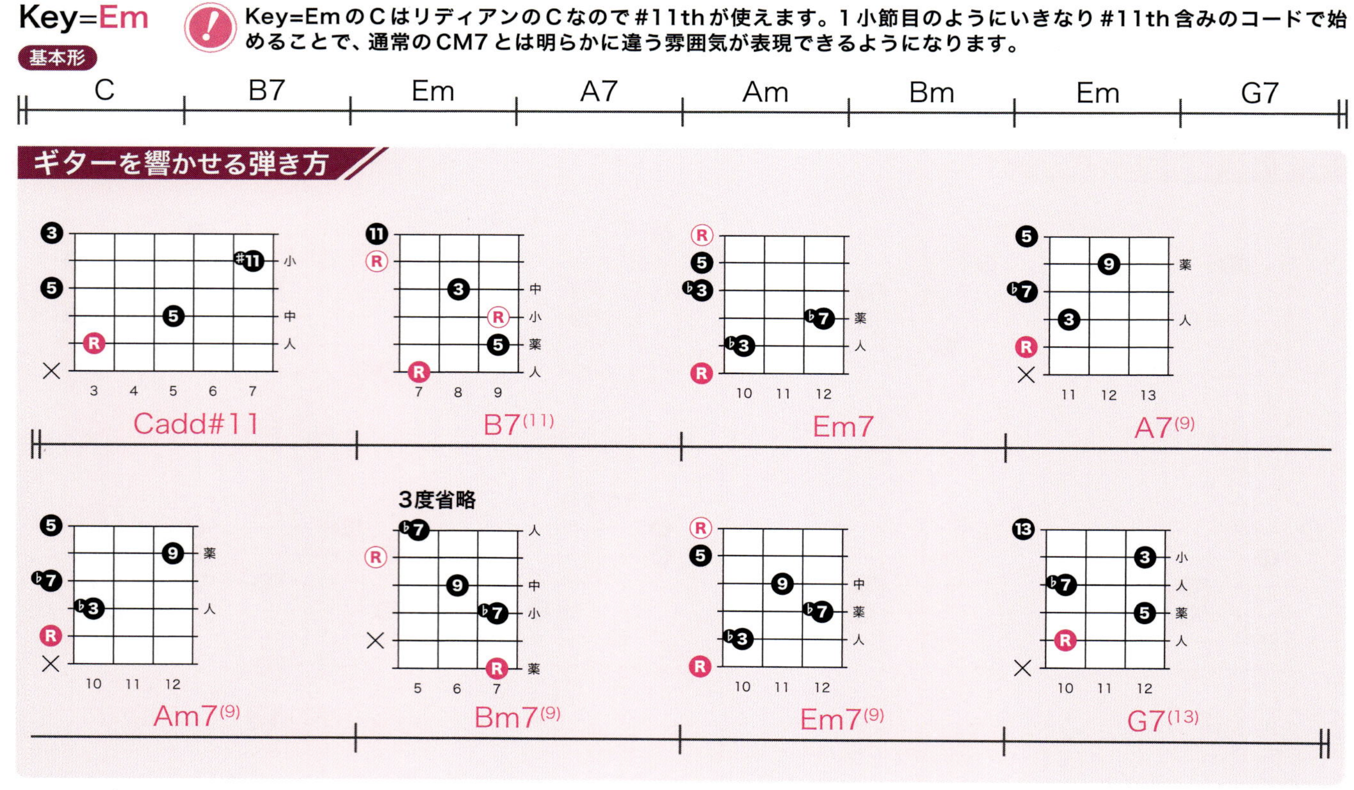

2小節目でドミナント・コードが登場することで、その後のドラマティックな展開を予感させるコード進行です。その後には2つのセカンダリー・ドミナントが待ち構えています。8小節目をトニックにすれば曲が終了です。

Key=Bm

基本形

3〜4小節目のように、ロー・ポジションから一気にハイ・ポジションへ飛ぶことでダイナミックなコード・ワークが可能になります。この場合、左手はほぼそのままの形で移動できるフォームを選びましょう。

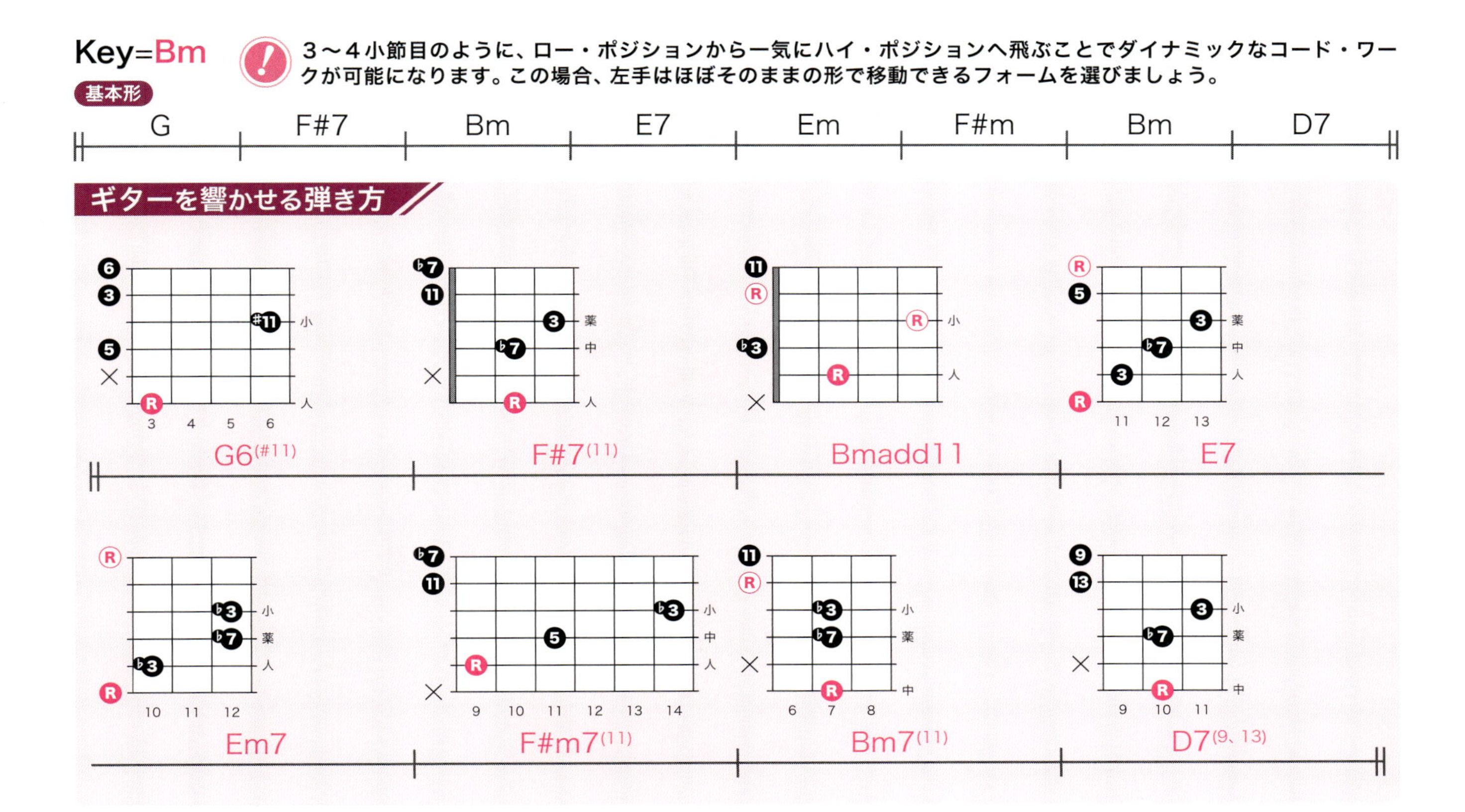

Key=F#m

基本形

左手の負担を軽くする目的で同タイプのフォームを移動させながらコードを追いかけていくパターンです。音域が大きく飛ぶことになりますが、持続音である1〜2弦の開放が滑らかさを維持してくれます。

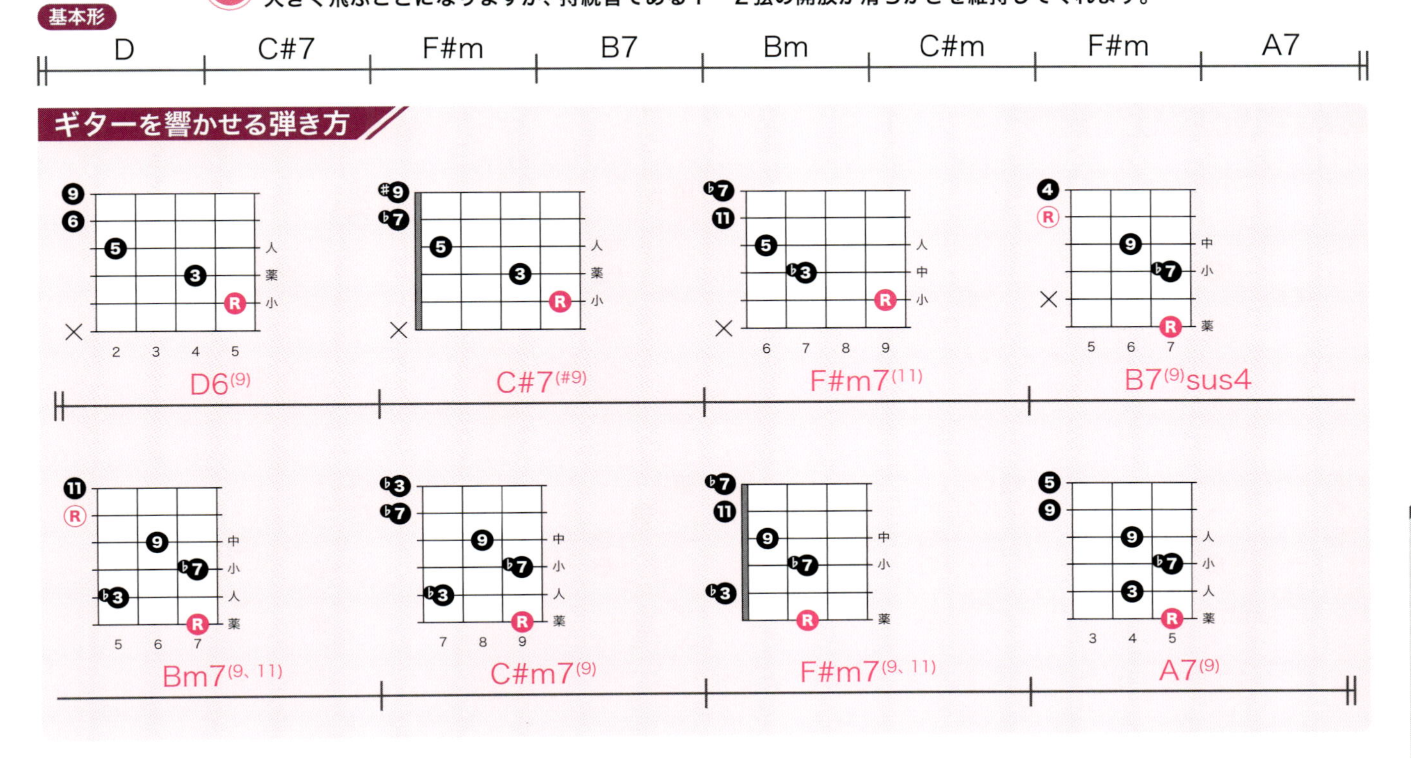

17 マイナー・キー４

Aメロ：△　Bメロ：△　サビ：◎

Key=Am

基本形

このようにVmであるEmに9thを使うとKey=Gとして聴こえます。つまり、例えば１～２小節目をKey=Am、３～４小節目をKey=Gとして作曲することも、すべてをKey=Gとして作曲することもできます。

| Am | C | Em | D7 | F | Em | E♭M7 | D7 |

ギターを響かせる弾き方

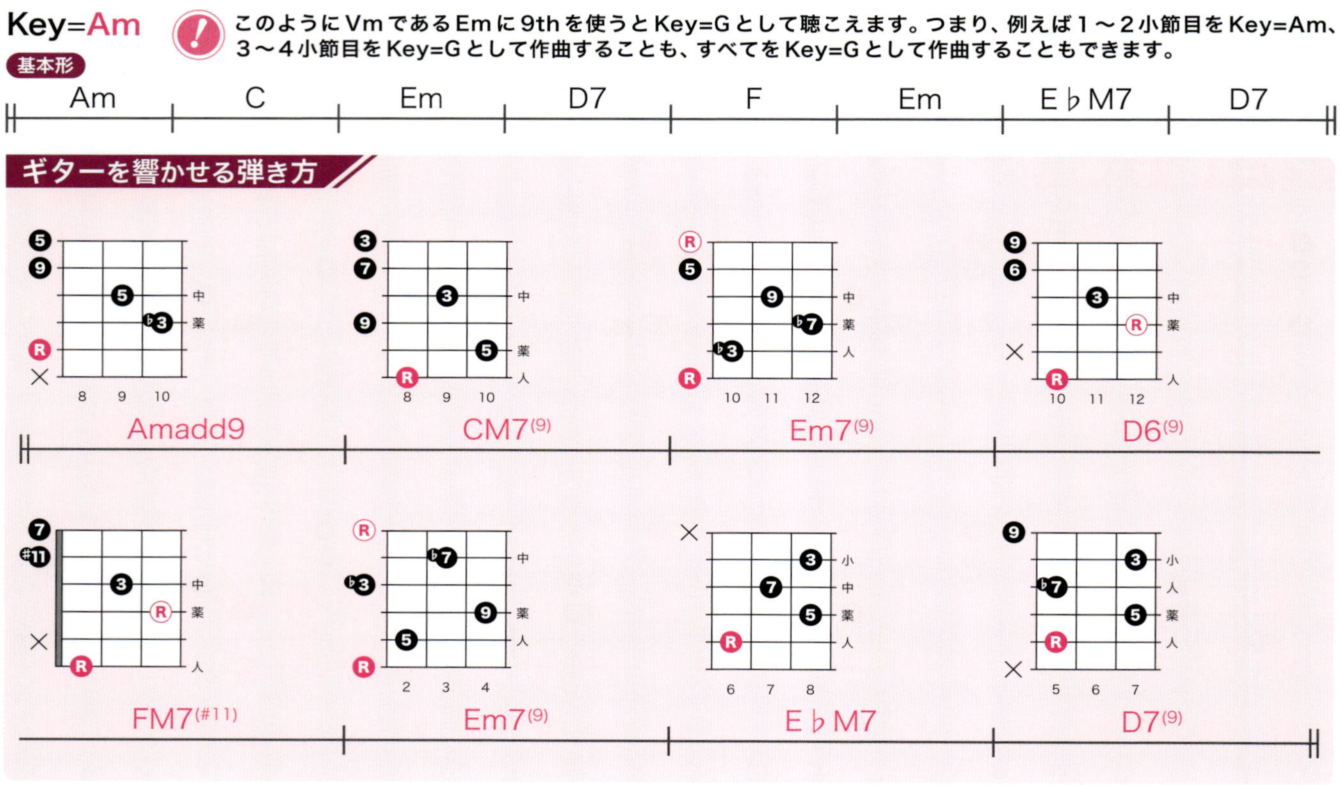

Key=Em

基本形

こちらはVmに9thを使っていないためKey=Emに聴こえますが、４、８小節目のA7部分で一時転調している状態になります。要は、メロディとテンション・ノートにC#音があるかないかで全体の雰囲気が変わるわけです。

| Em | G | Bm | A7 | C | Bm | B♭M7 | A7 |

ギターを響かせる弾き方

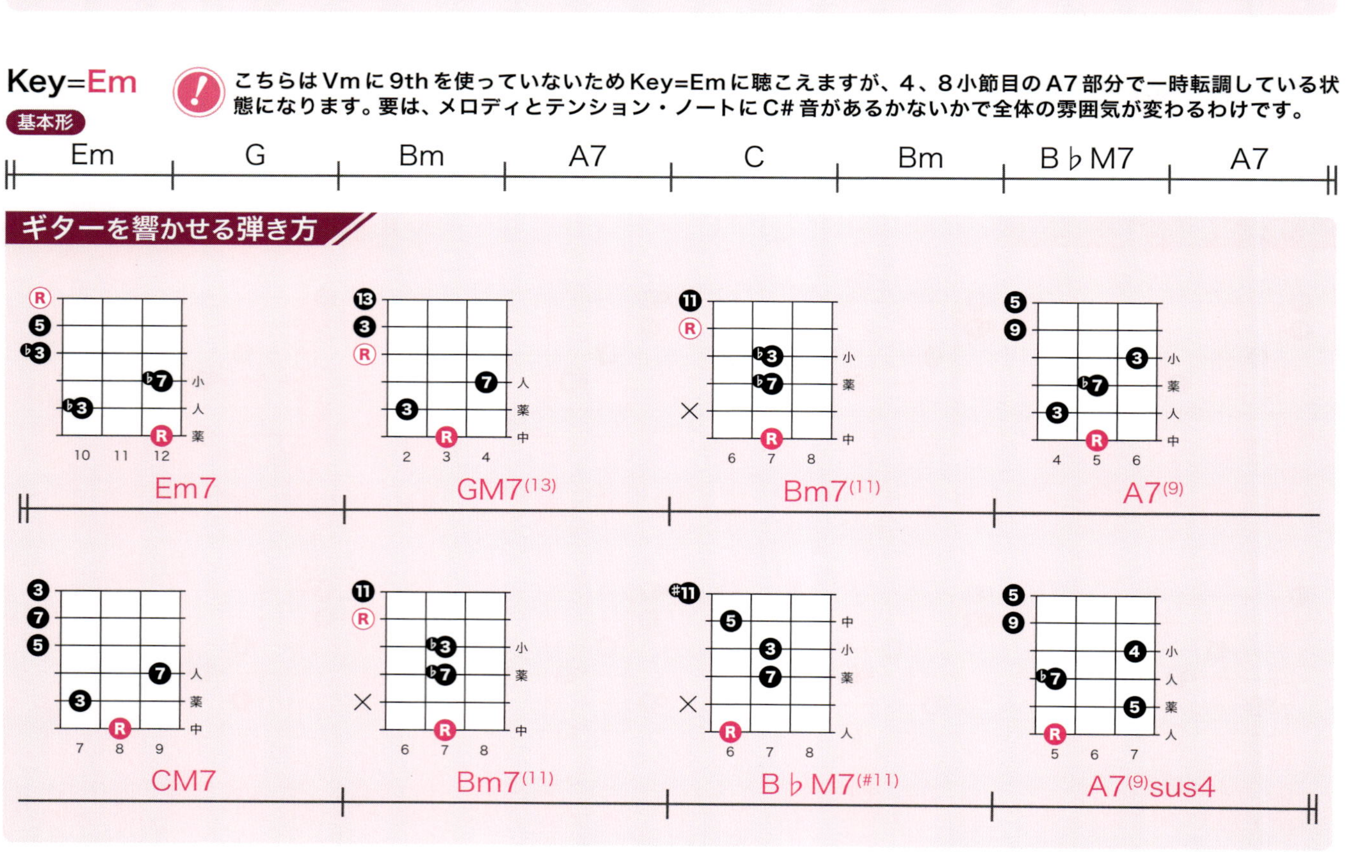

マイナー・キーのV7がないため、Key=AmまたはKey=Gのどちらにも聴こえるのですが、実は、メロディとテンション・ノートの使い方次第でどちらのキーとしても作曲ができるという、ちょっと変わったコード進行です。

Key=Bm

基本形

運指を守って弾いてみましょう。ポジション移動が激しいものの、左手の形をほとんど変えることなくコード・チェンジができるようになっています。

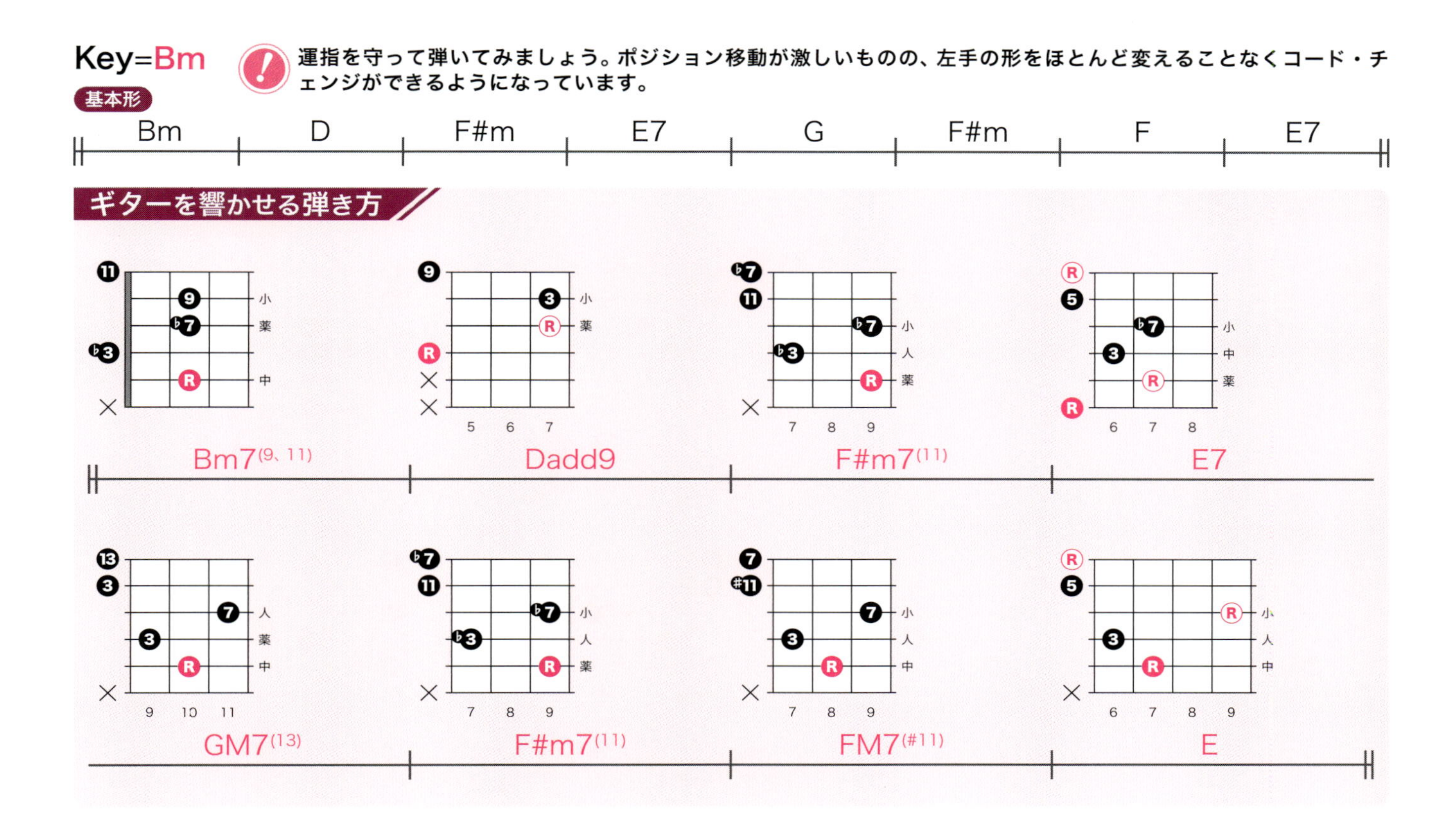

Key=F#m

基本形

このコード進行は、5小節目以降でルートが半音下行しています。その流れを綺麗に出すためにも、下記のようにパターン化したフォームを連続させる手法を覚えておきましょう。

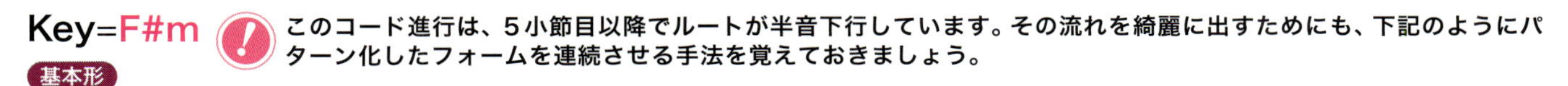

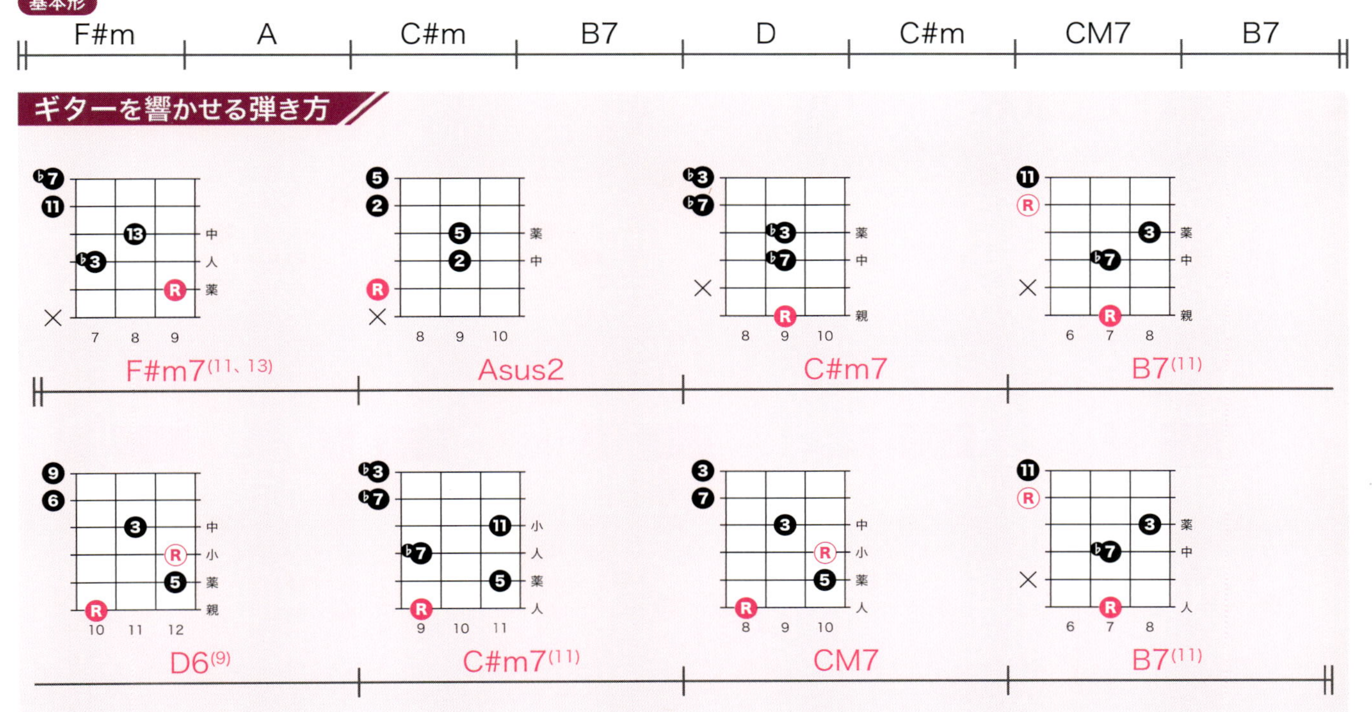

18 マイナー・キー 5

Aメロ：△　Bメロ：△　サビ：◎

Key=Am

基本形

Fコードで使われている#11thがコード進行のポップさを和らげるような効果を出しています。ポップスやEDMなら素直にFコードとして鳴らした方が良いですし、#11thを使えば大人っぽい雰囲気にもなります。

| F | G | E7 | Am | F | G | Am | A7 |

ギターを響かせる弾き方

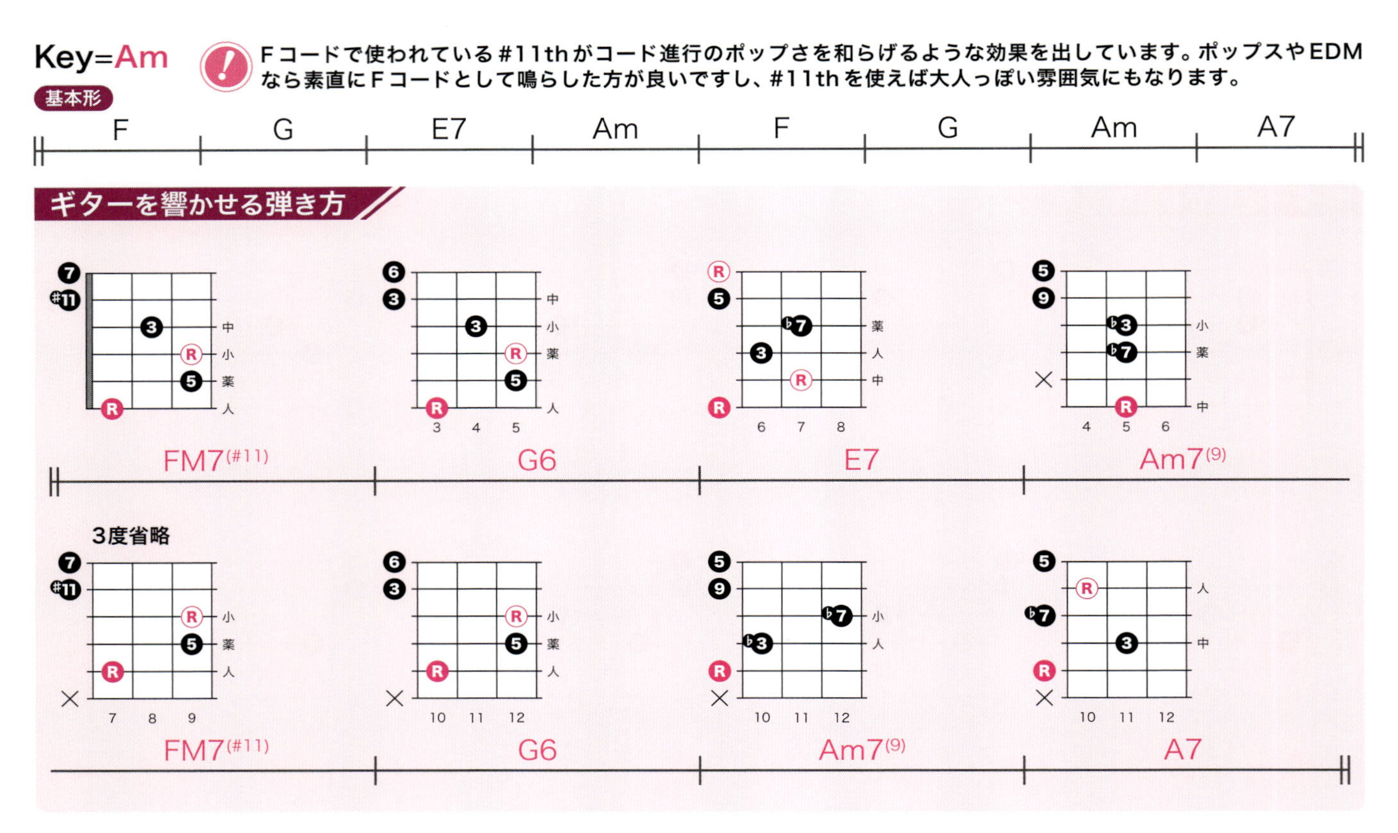

Key=Em

基本形

元のコード進行のイメージはそのままに、ギターらしい響きで奏でるシンプルなパターンです。先のKey=Amとは随分雰囲気が違います。ギターの性質上、キーによって響き方が異なるというひとつの例です。

| C | D | B7 | Em | C | D | Em | E7 |

ギターを響かせる弾き方

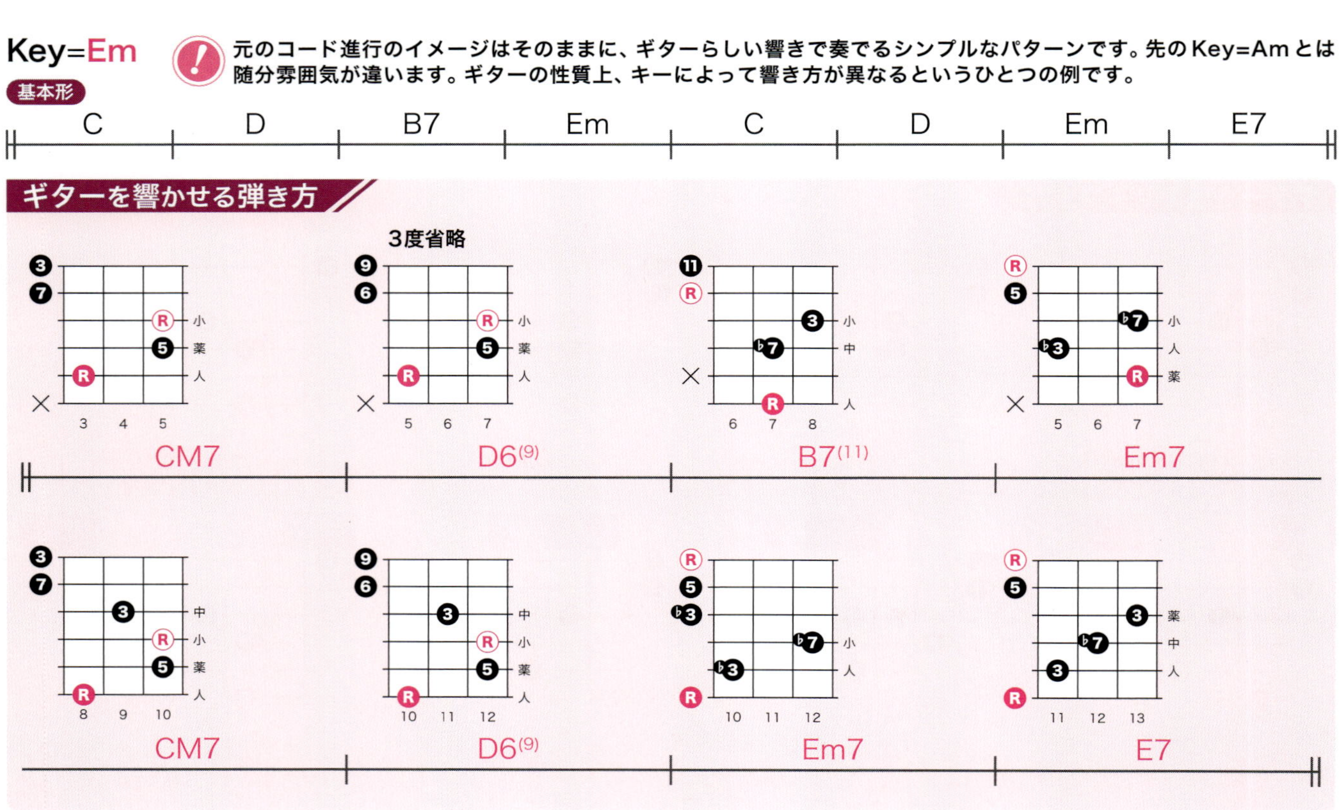

バラードからアップテンポの曲まで、どんな曲調にもハマるマイナー・キーでの最強クラスのサビのコード進行です。少し変化が欲しいなら、5小節目をⅣm（Key=AmならDm）に変えてもOKです。

Key=Bm

基本形

定番＆もっとも簡単なギターを響かせるコード・フォームの選び方です。メジャー・コードを見たら手癖的に1～3小節目のフォームをまず試してください。

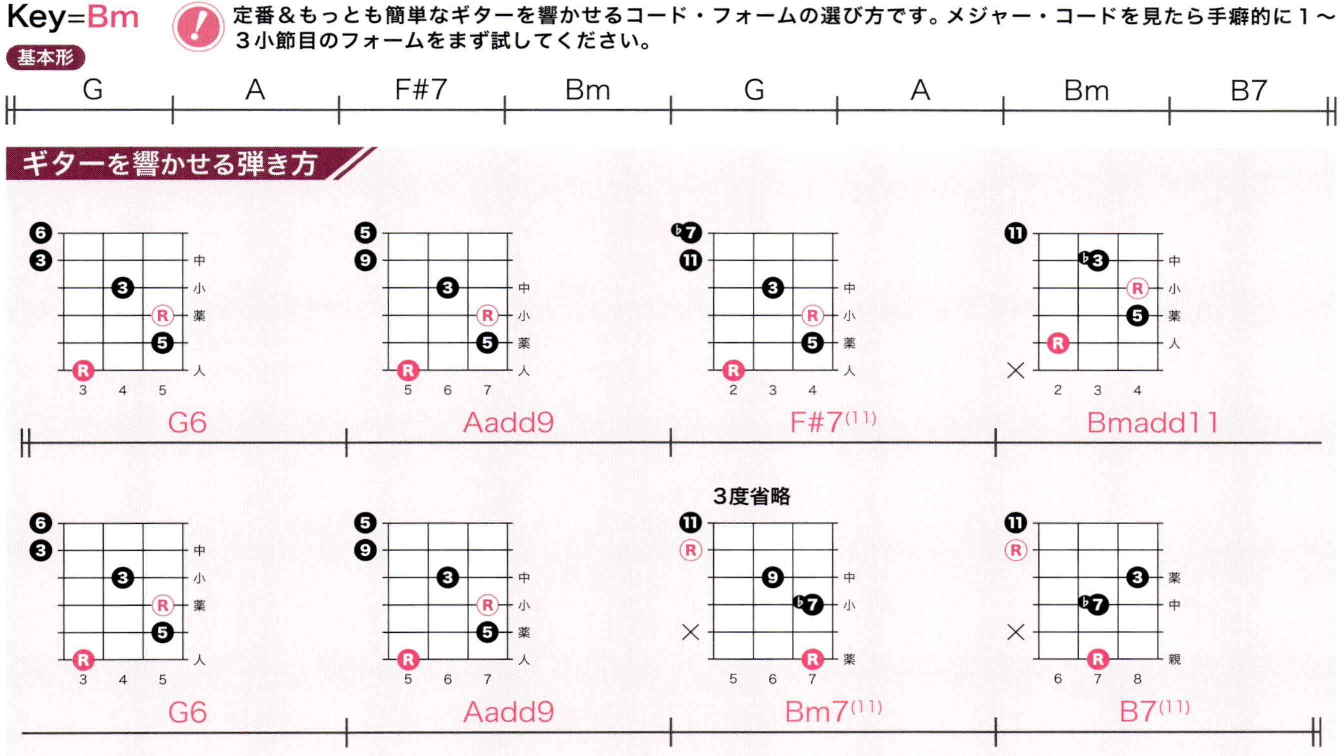

Key=F#m

基本形

ドミナント・コードのテンションに開放弦を使う場合、キーによって使えるテンションが変わってきます。Key=F#mではC#7に#9th、F#7に♭9thが使えるので、少しジャジーなテイストが表現できます。

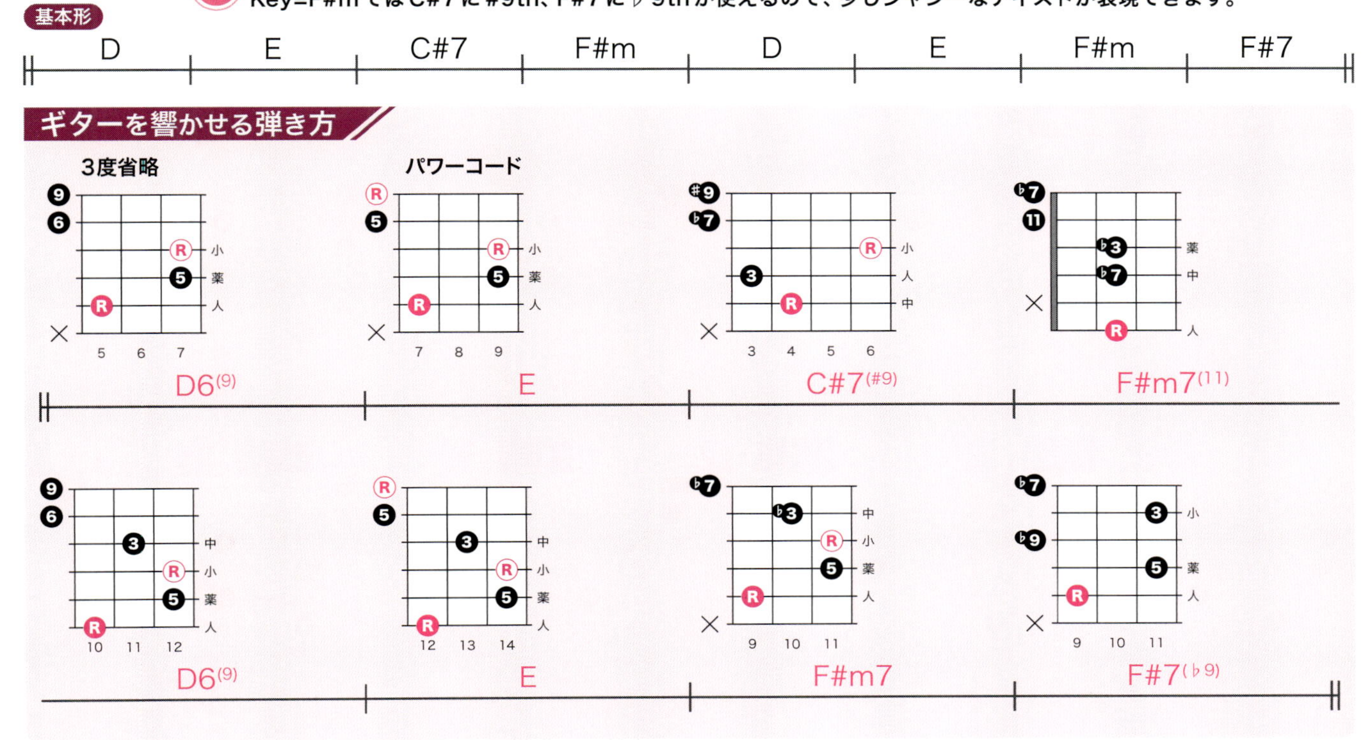

19 マイナー・キー 6

Aメロ：△　Bメロ：◎　サビ：△

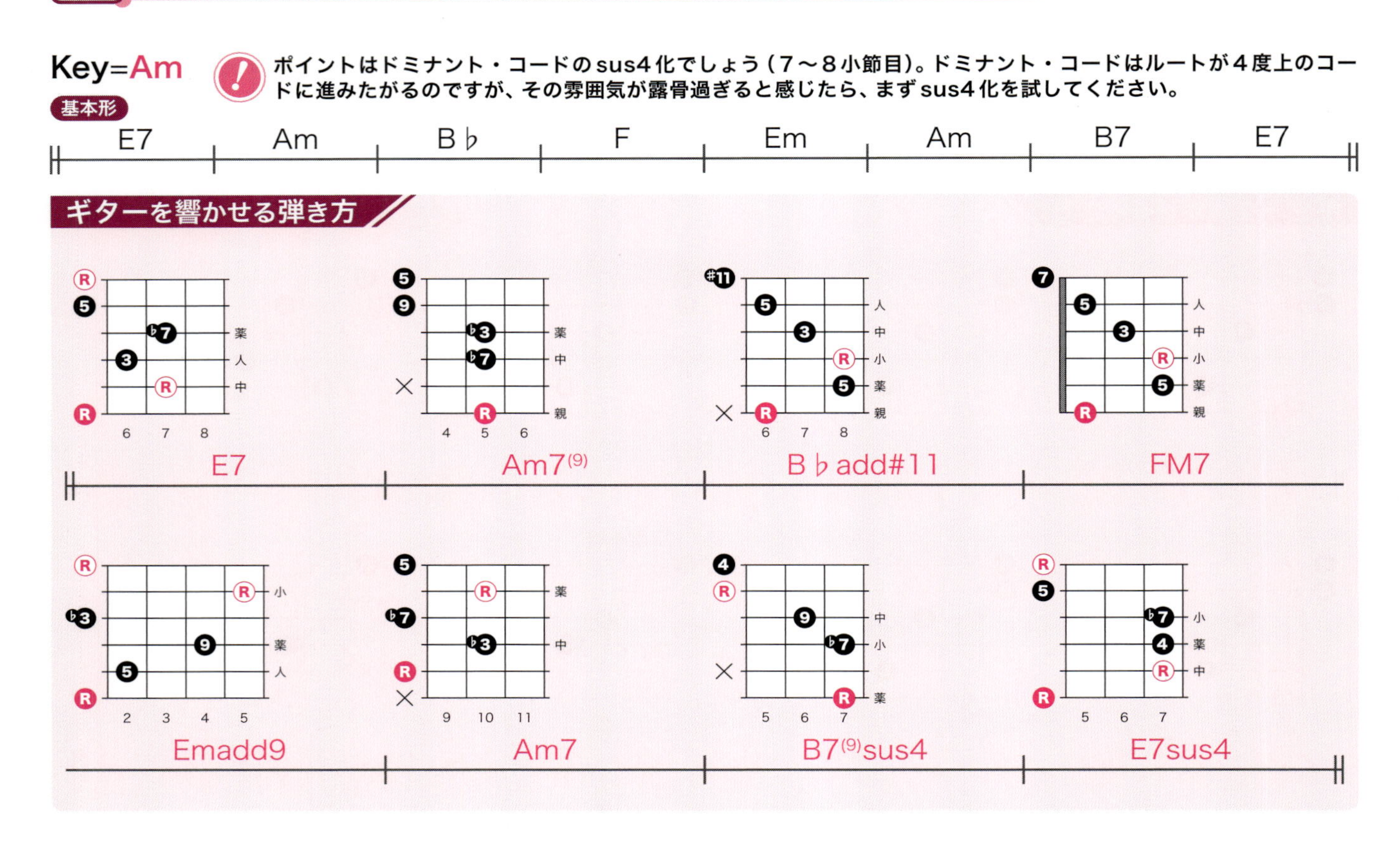

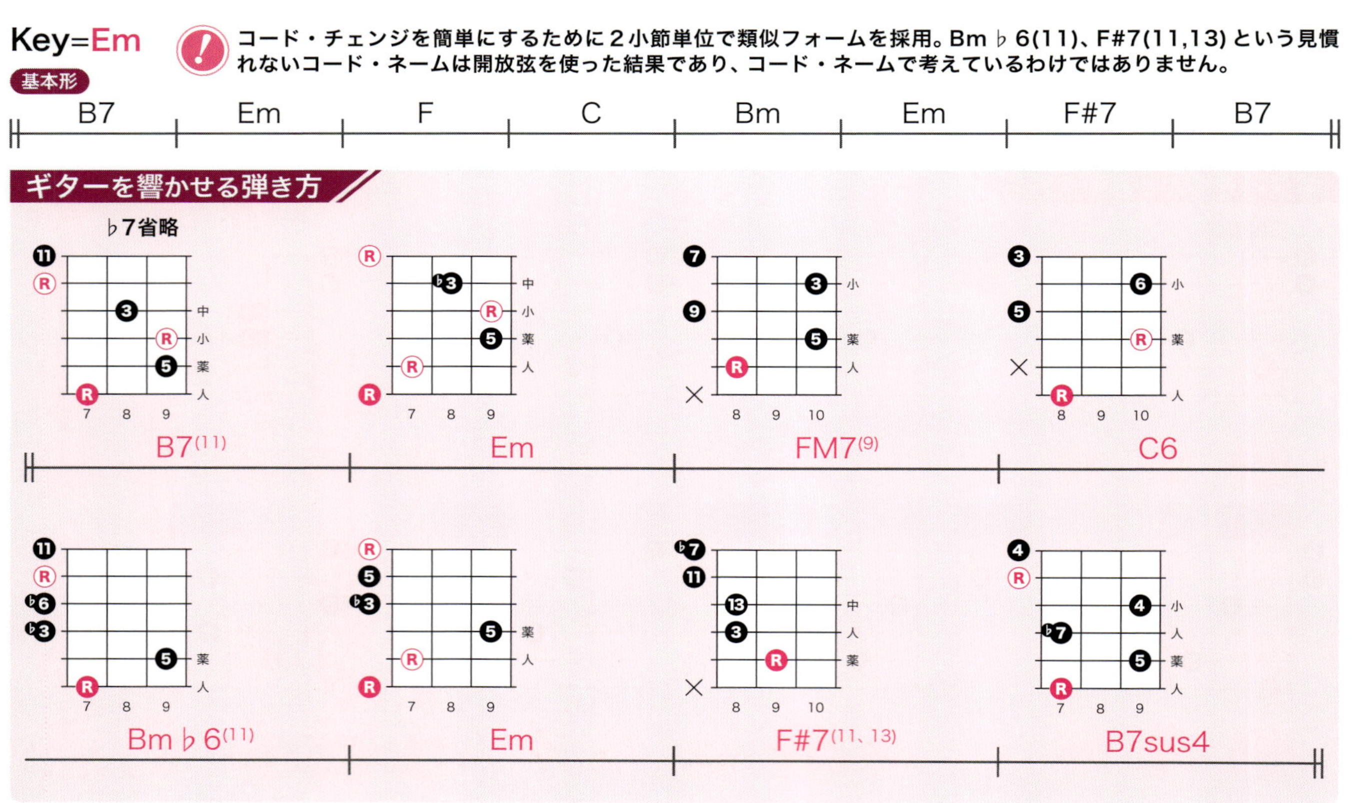

ドミナント・コードから始まるこのコード進行はBメロ向きです。8小節の中に2つのノン・ダイアトニック・コードが使われているため、適度な刺激、クールさがあり、ひとひねりあるコード進行という印象になります。

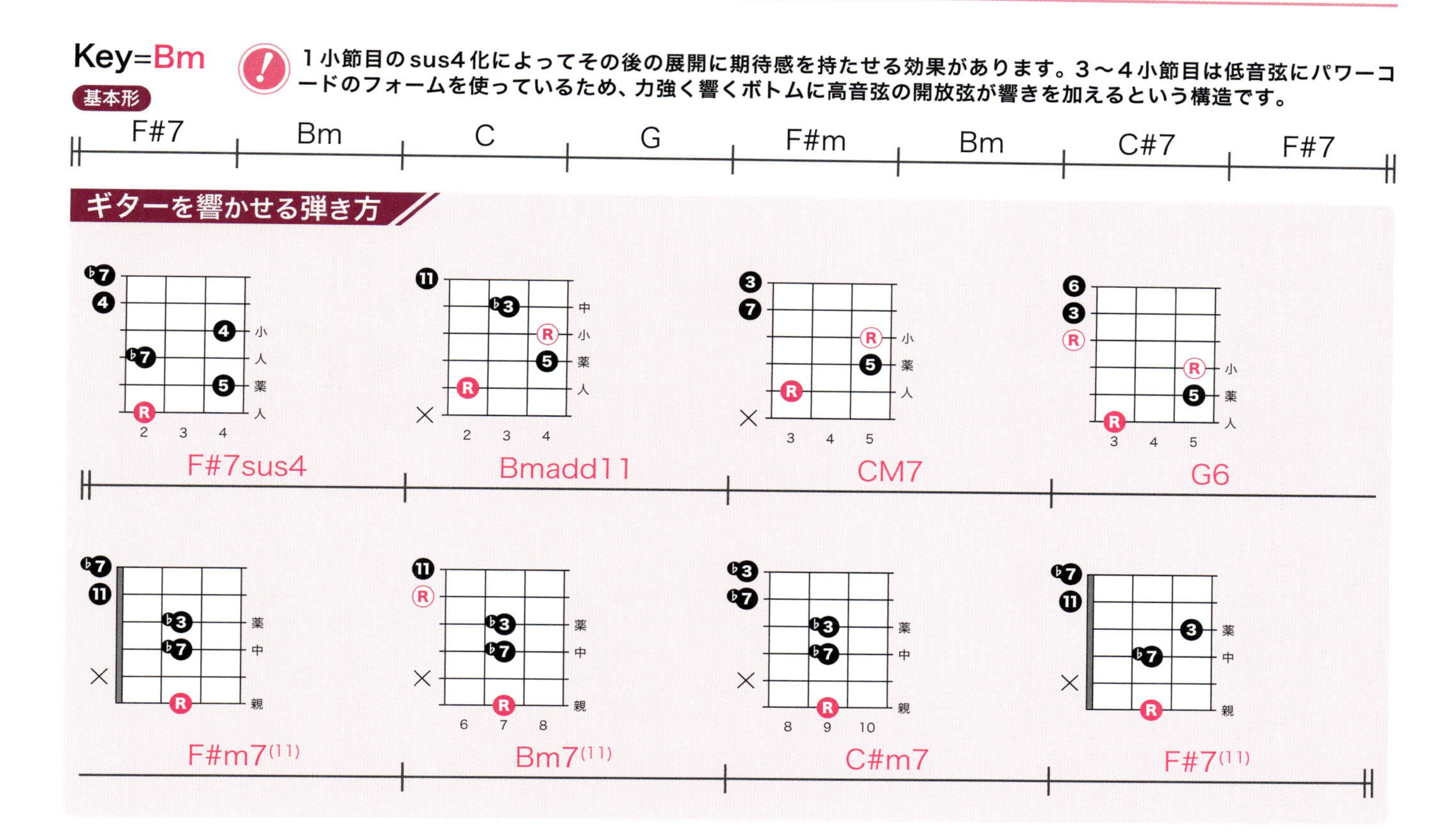

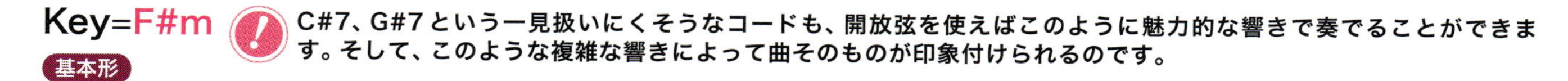

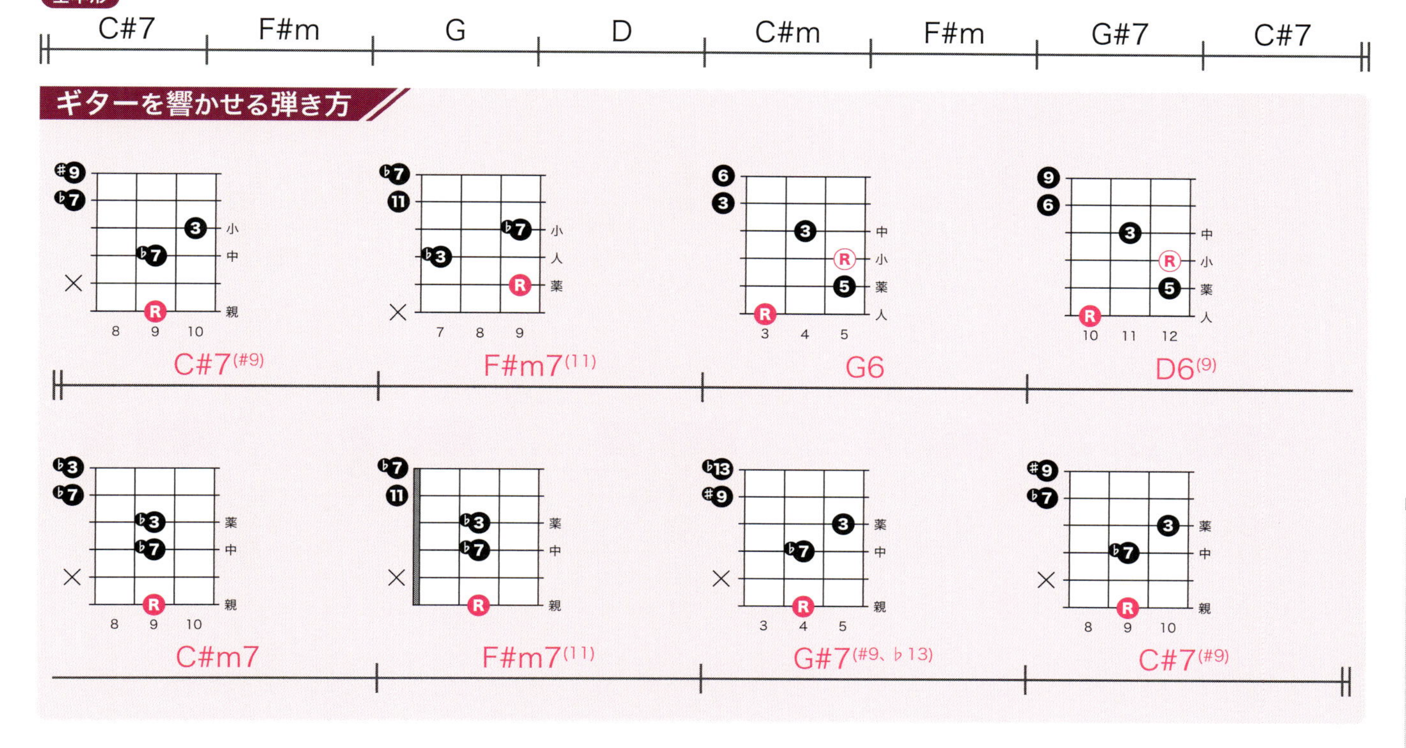

マイナー・キー6

20 マイナー・キー 7

Aメロ:◎　Bメロ:○　サビ:△

Key=Am

基本形

4小節目のE7(♭13)sus4はあまり目にすることがないコード・ネームですが、このように低音弦でテンション・ノートを弾くことで独特の響きが表現できるようになります。

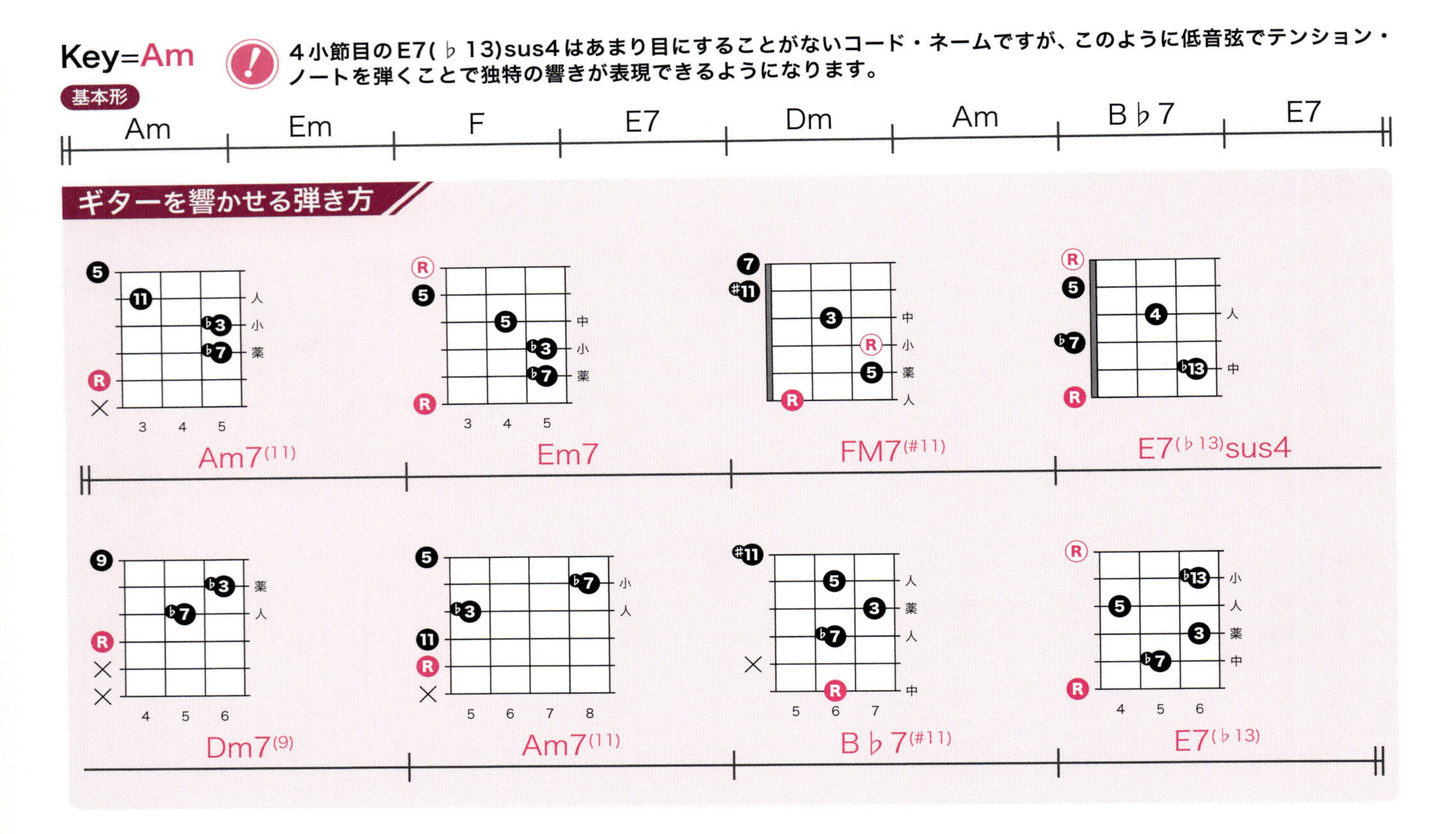

Key=Em

基本形

B7(11、♭13)の2つのテンション・ノートをこのフォームで鳴らすためには開放弦を使うしか方法がなく、これこそが、開放弦を絡めるコードの最大のメリットと言えます。開放弦によってコードの可能性が広がるのです。

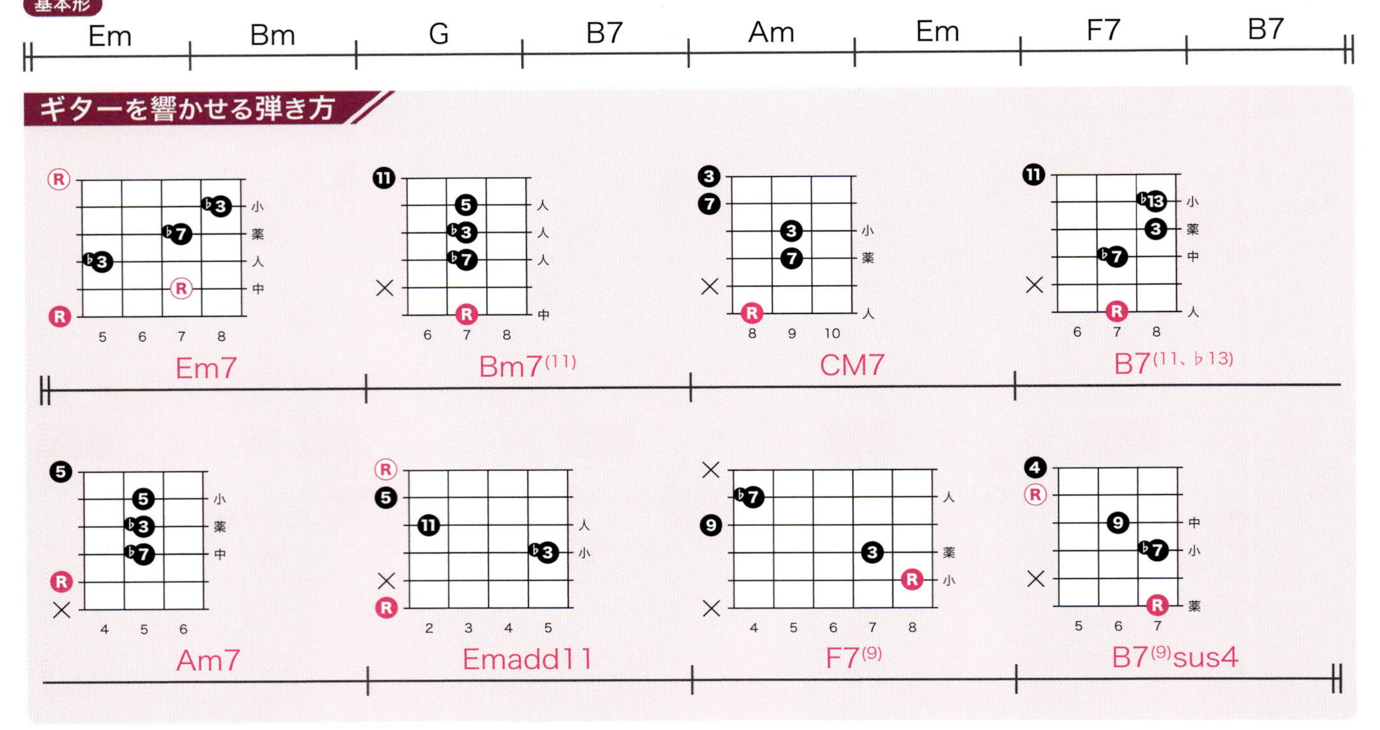

トニックから始まりダイアトニック・コードが続いていくという単調な前半部分ですが、7小節目のB♭7（サブドミナント・マイナー）という1つのコードによってロック・テイストを感じるコード進行へと変化しています。

Key=Bm

基本形

6小節目からの動きに着目してください。Bmadd9(#11)にこのフォームを使うと決めたら、ここからコード・チェンジしやすいC7、F#7を探すという発想でフォームを決めていくことがコツです。

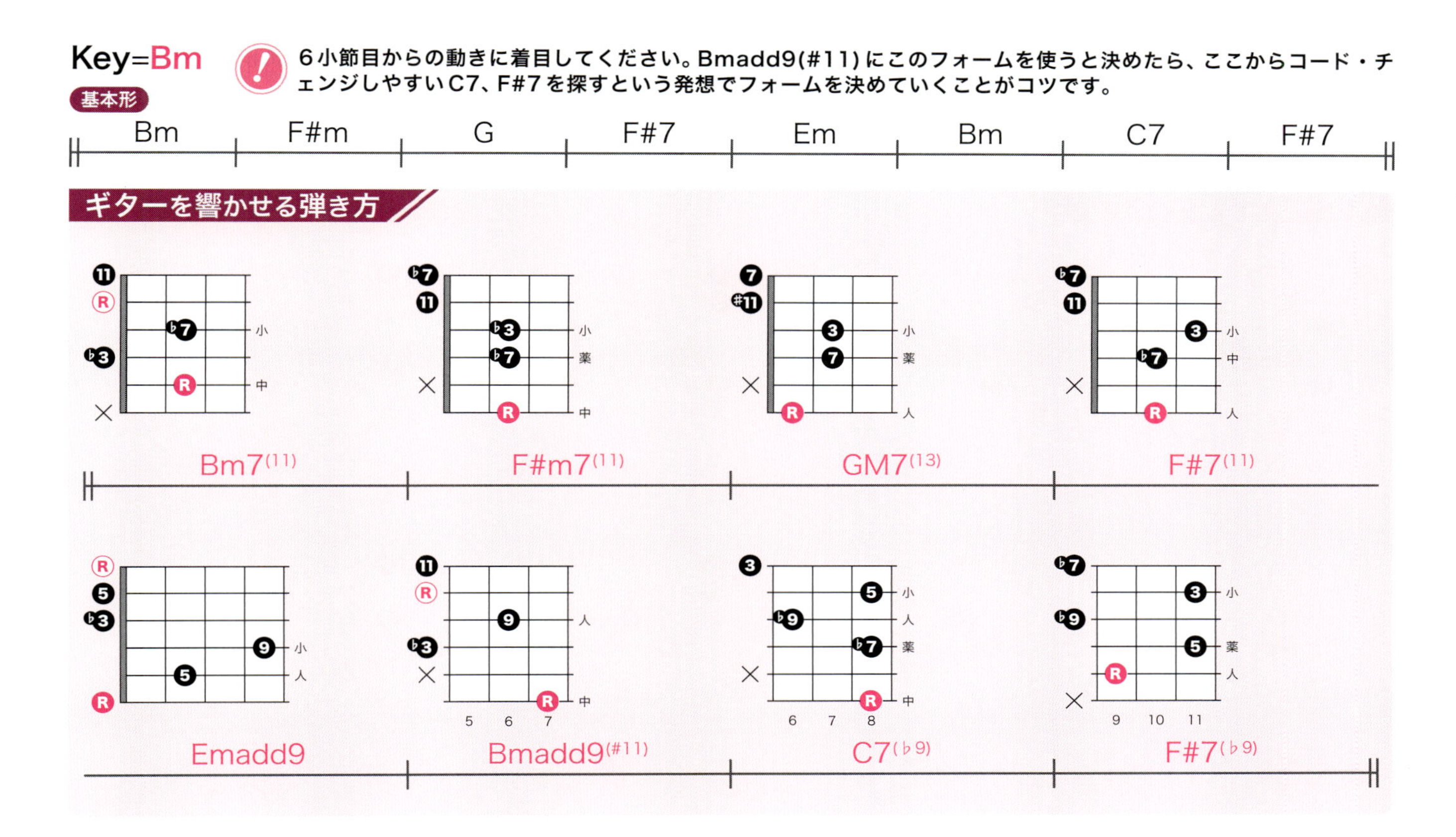

Key=F#m

基本形

左手の動きの負担を極力排除することを目的としてフォームを選ぶとこうなります。コード・ネームの複雑さとは裏腹に、ギターで魅力的な響きをいとも簡単に奏でることができるようになります。

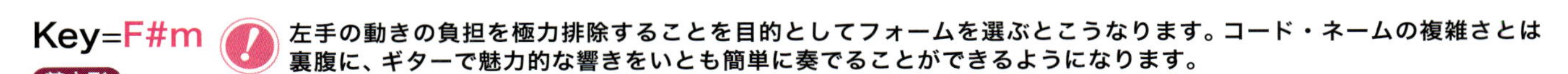

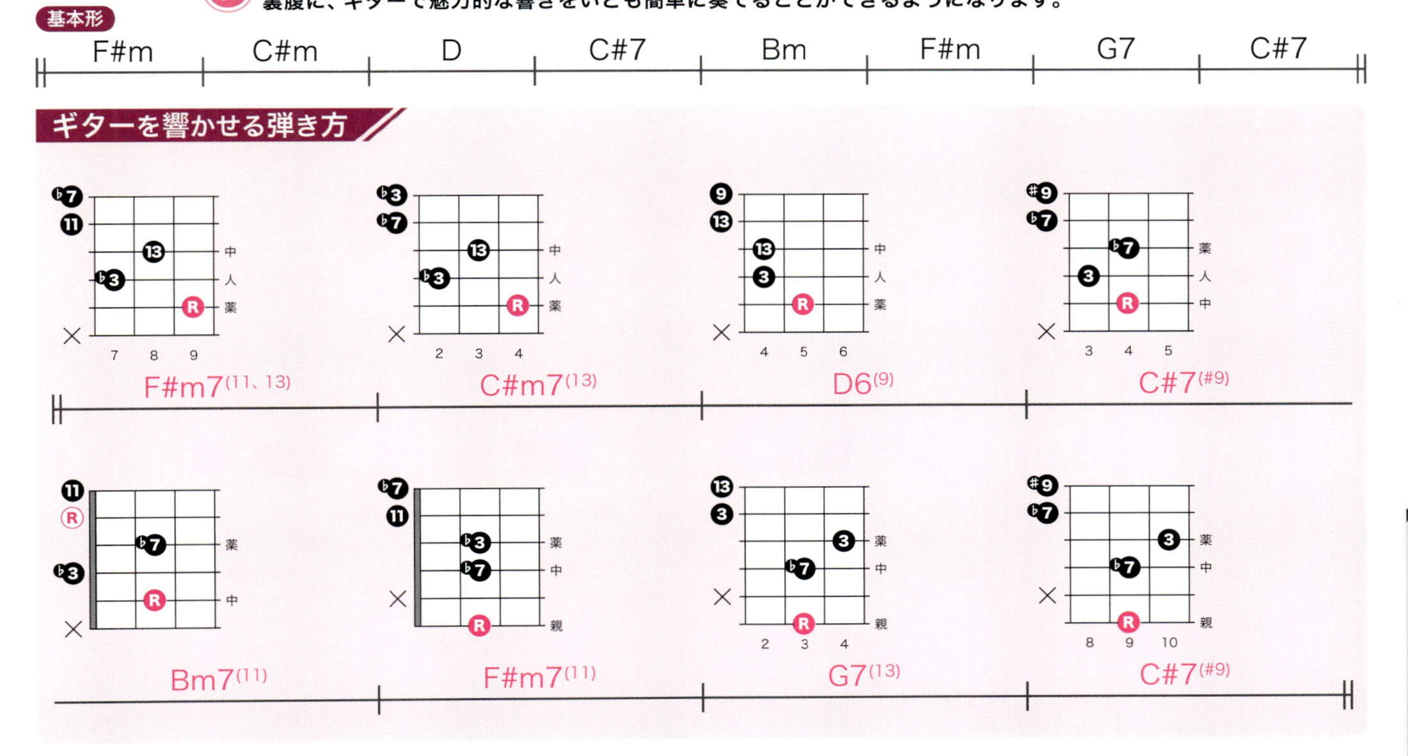

マイナー・キー7

21 マイナー・キー 8

Aメロ:△ Bメロ:◎ サビ:△

Key=Am

7小節目は本来、エオリアンのAmなのでテンション・ノートに6thは使えませんが、意図的にドリアンのAmに変えて転調感を出しています。こんな方法も覚えておきましょう。

基本形

Bm7(♭5)	E7	Am	D7	Bm7(♭5)	E7	Am	F#7

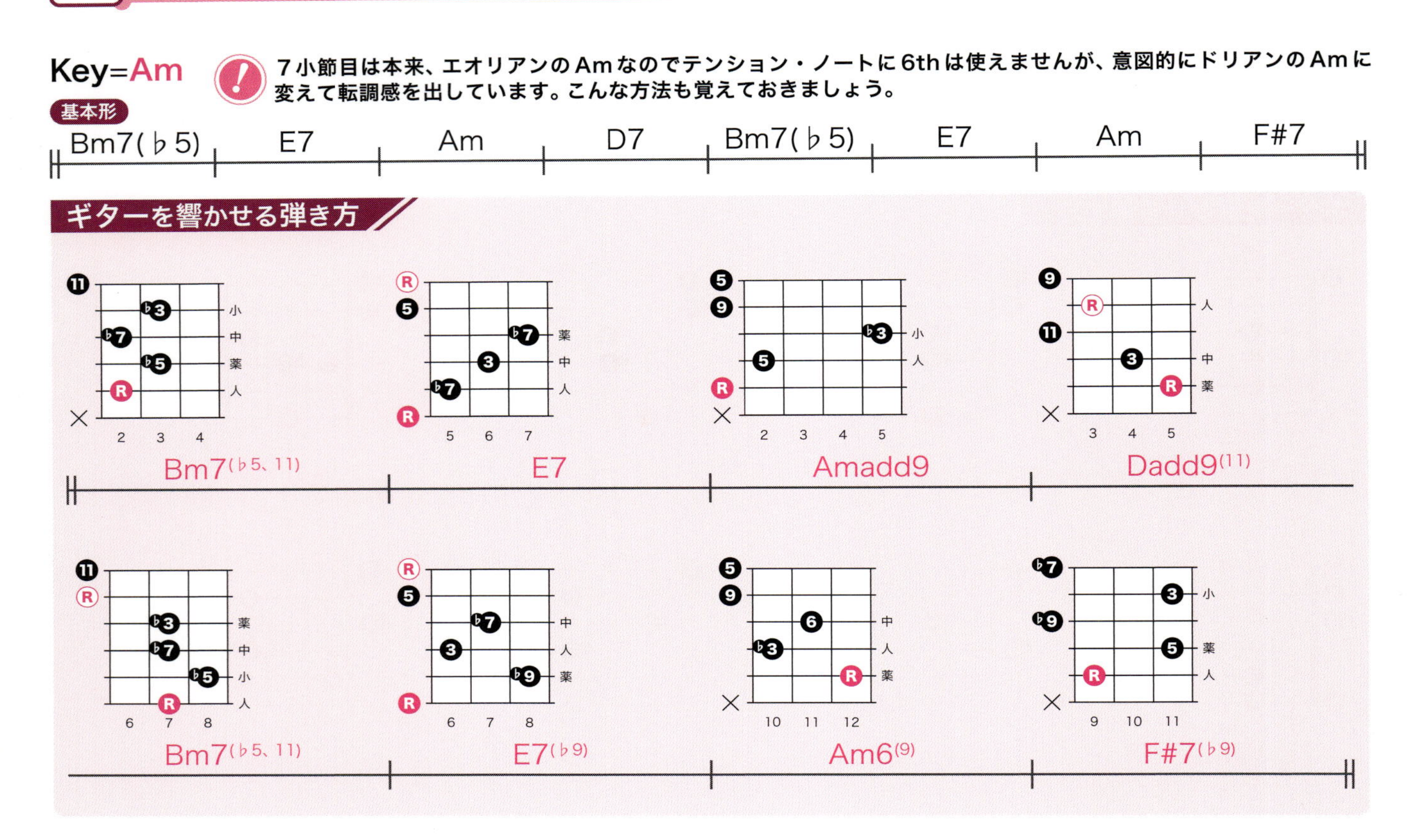

Key=Em

4小節目の陰りのあるA7(9、13)の響きが美しいです。他のコードは一般的なフォームに1弦開放を加えるイメージですね。8小節目のC#7(#9)は珍しいフォームですが、とても深みのある響きを持っています。

基本形

F#m7(♭5)	B7	Em	A7	F#m7(♭5)	B7	Em	C#7

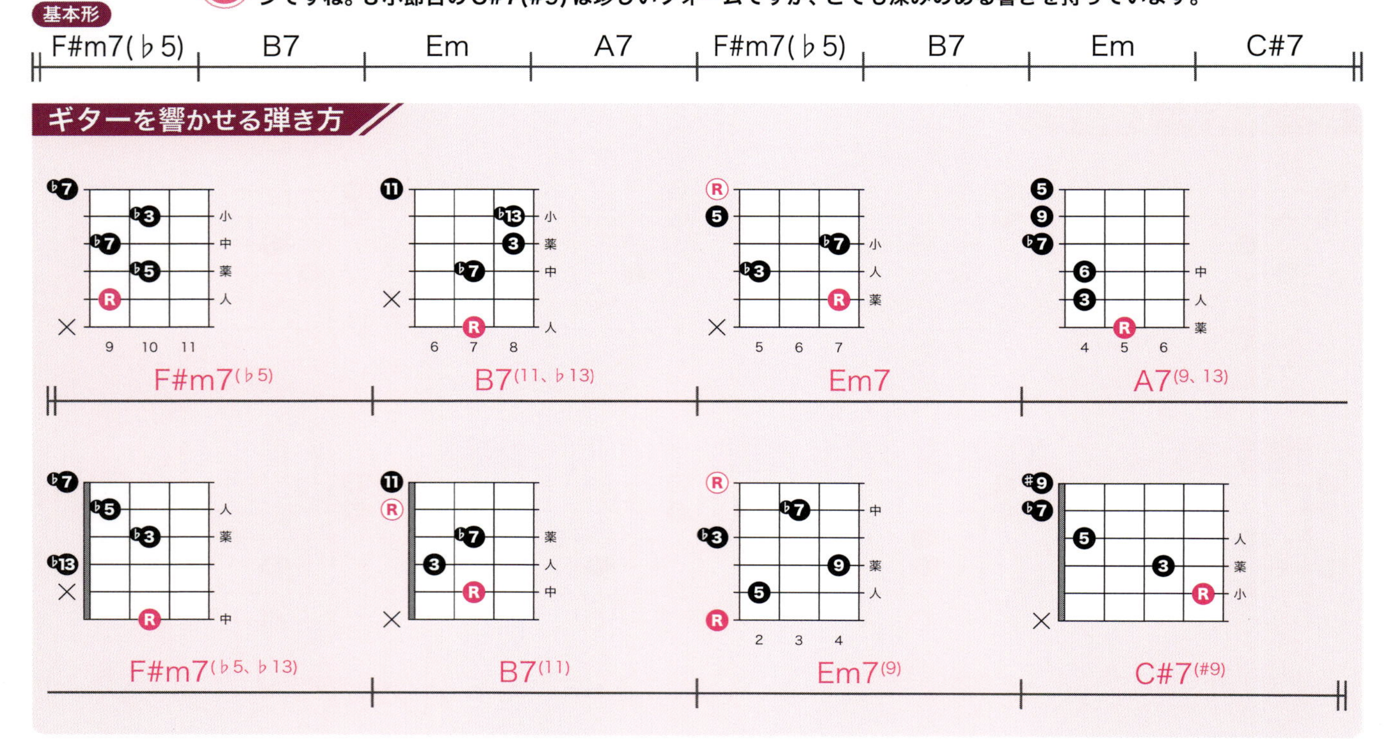

マイナー・キーのII-Vから始まるこのコード進行にはジャジーな雰囲気が漂います。曲を終わらせるときは、8小節目にトニック・マイナー（Key=AmならAm)を配置します。

Key=Bm

基本形

3小節目と7小節目は同じ11th系のBmですが、ヴォイシングの違いによって響きの印象がかなり違います。後者は低音弦にパワーコードがあり、さらに4弦開放が加わって低音域が充実した響きを持っています。

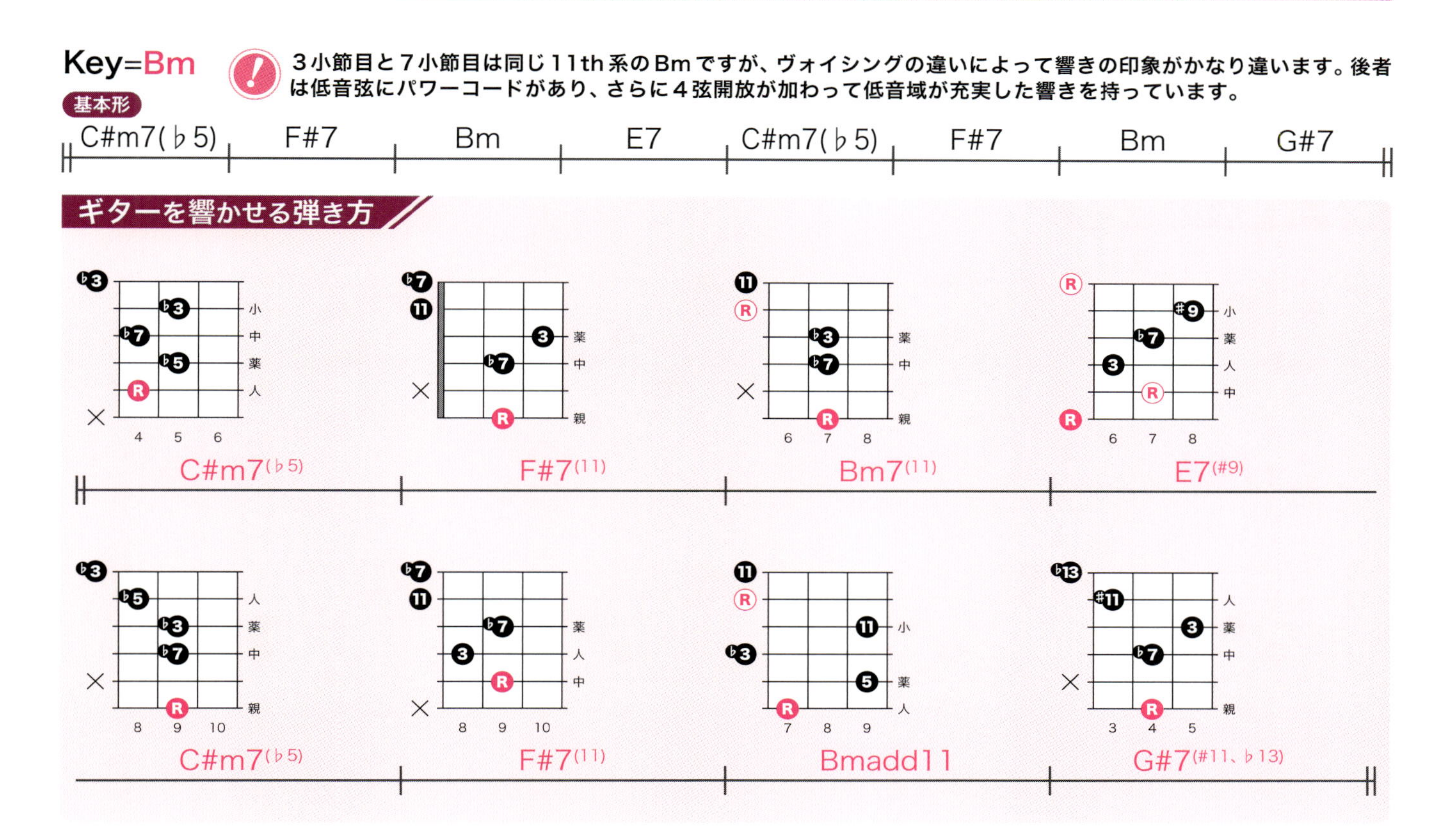

Key=F#m

基本形

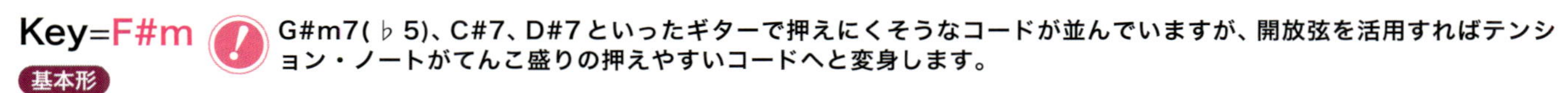

G#m7(♭5)、C#7、D#7といったギターで押えにくそうなコードが並んでいますが、開放弦を活用すればテンション・ノートがてんこ盛りの押えやすいコードへと変身します。

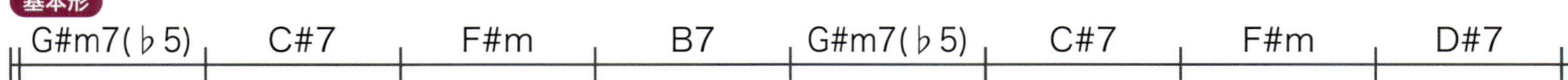

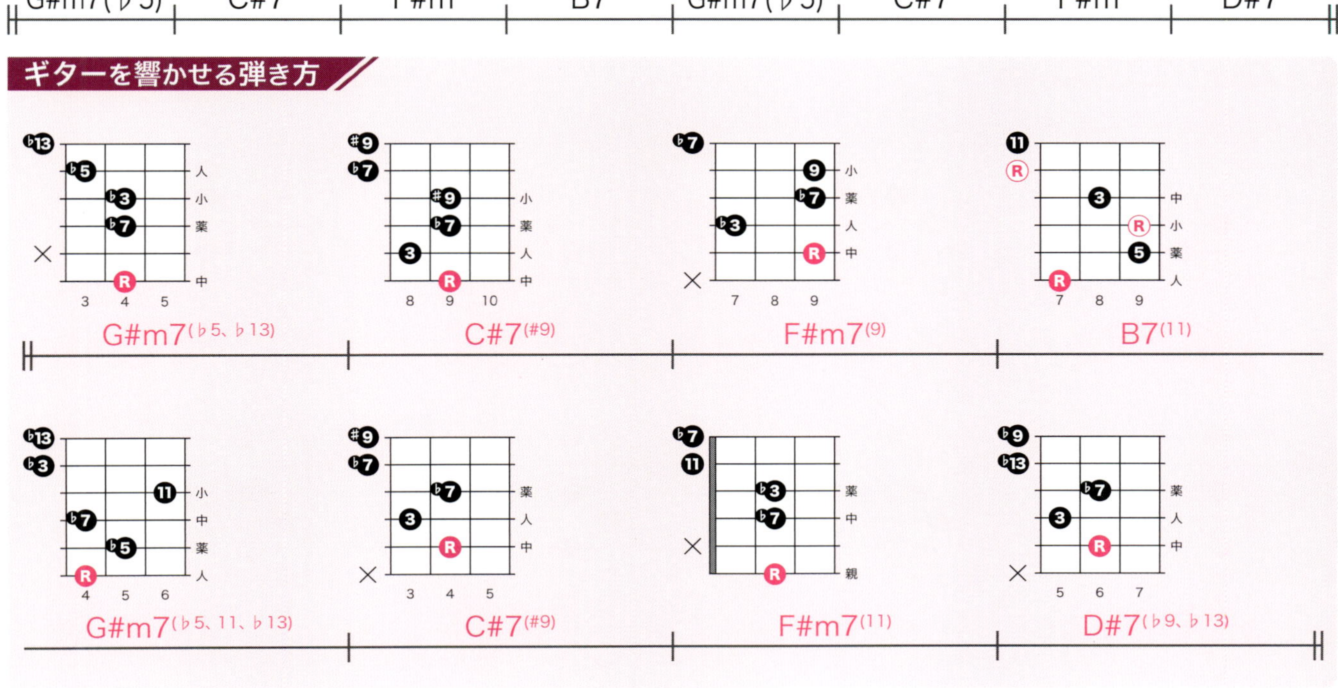

マイナー・キー8

22 マイナー・キー９

Aメロ：○　Bメロ：○　サビ：○

Key=Am
基本形

５小節目からのドミナント・コードの連続は、このように同じフォームの移動を使うと簡単に弾くことができます。F7は１弦開放がM7なので、あまり良いフォームが作れないコードです。

F	E7	Am	F7	B♭7	A7	G7	E7

ギターを響かせる弾き方

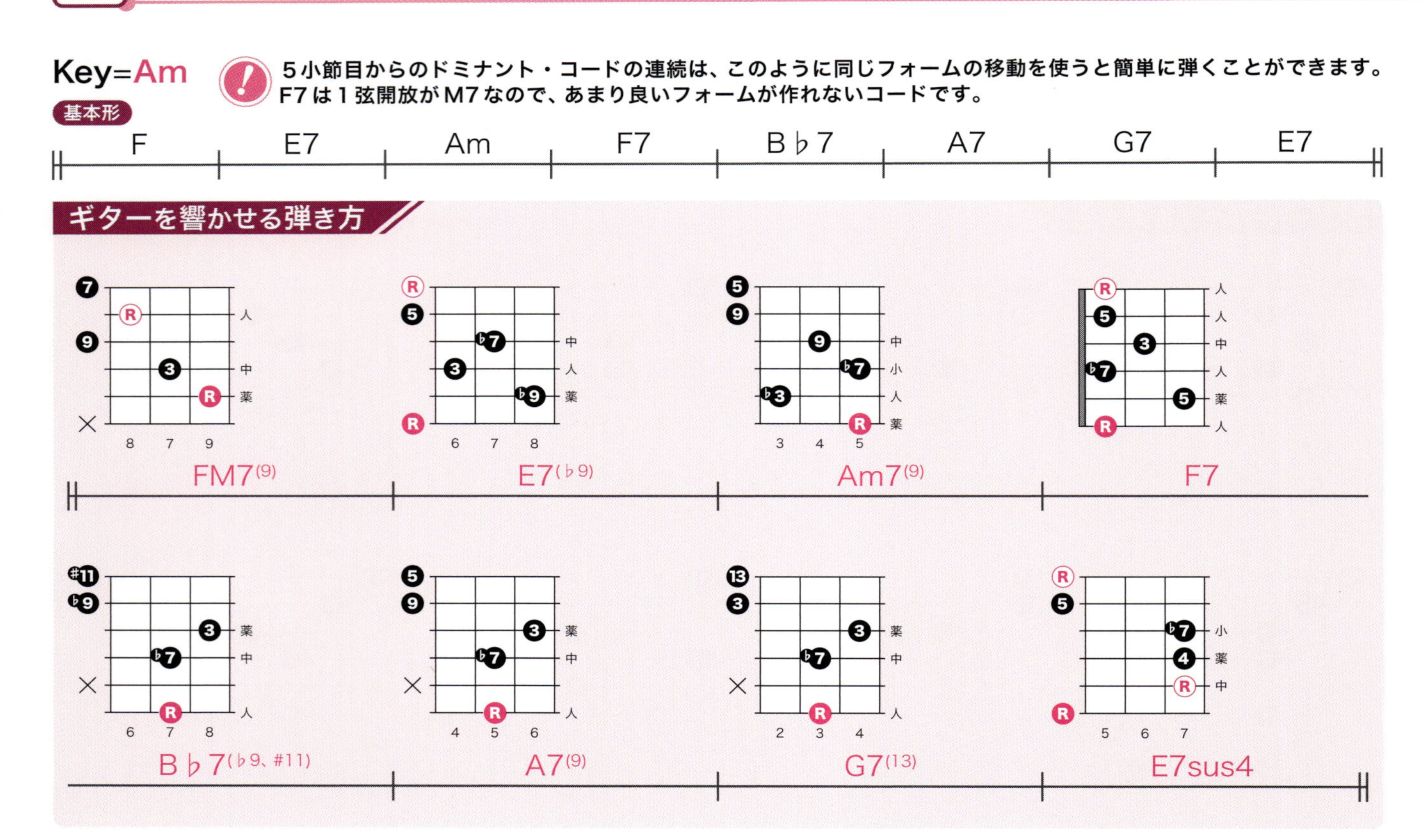

Key=Em
基本形

先にF7は響かせにくいコードと述べましたが、ここでの５小節目からの流れなら後半に響きの統一感を持たせることができます。４小節目のC7(9)は美しい響きですね。このように４弦開放も積極的に活用しましょう。

C	B7	Em	C7	F7	E7	D7	B7

ギターを響かせる弾き方

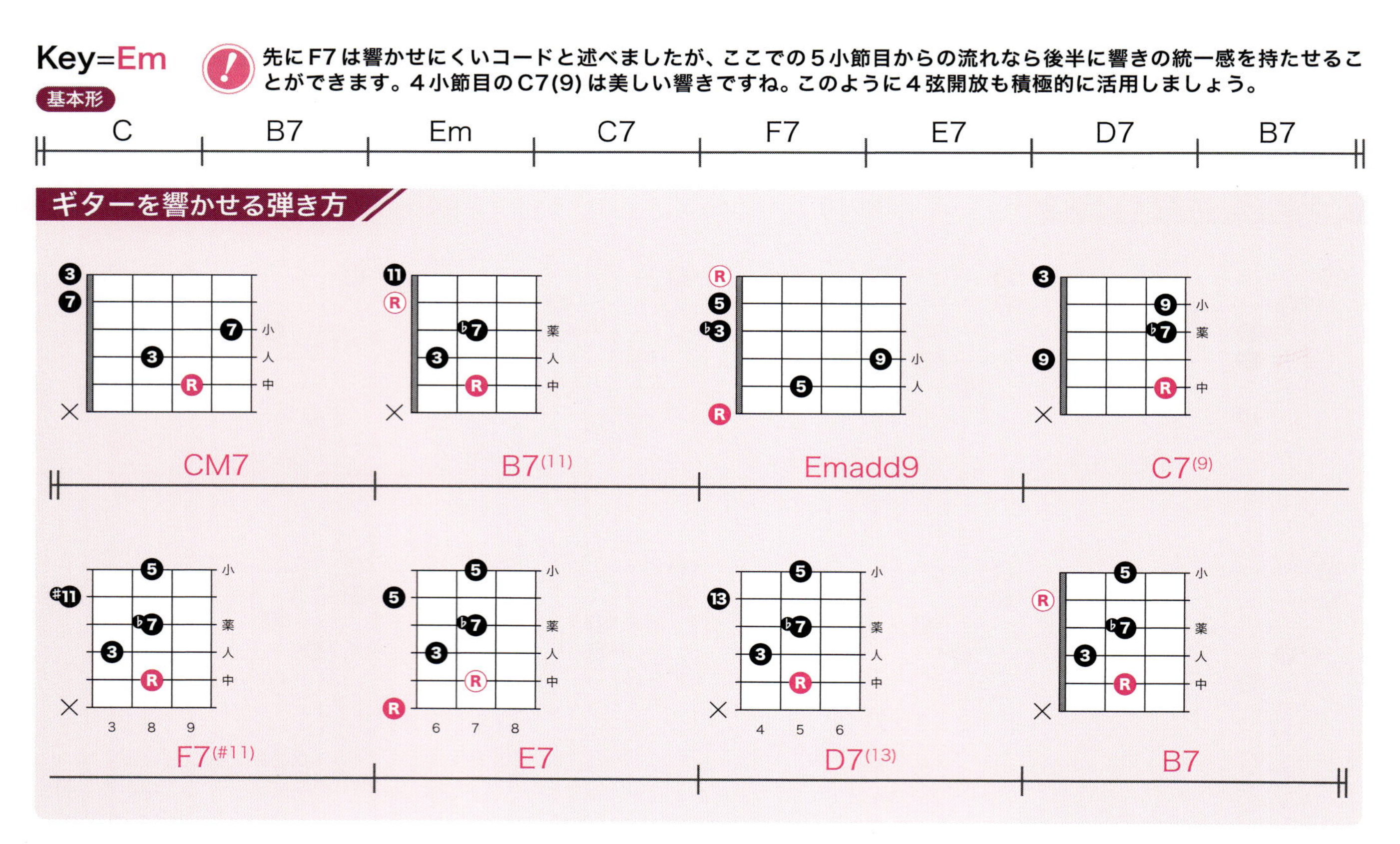

6個ものドミナント・コードがある珍しいコード進行ですが、こういったコードの流れに慣れておくと作曲にも幅が出てきます。ちなみに、音楽理論を駆使してもこういうコード進行はなかなか作ることができません。

Key=Bm

基本形

5小節目のようにドミナント・コードをsus4化、または11th系テンション・コードにすると一気にコンテンポラリー感が増します。ドミナントのいつもの響きに飽きてきたら、まず11thを試しましょう。

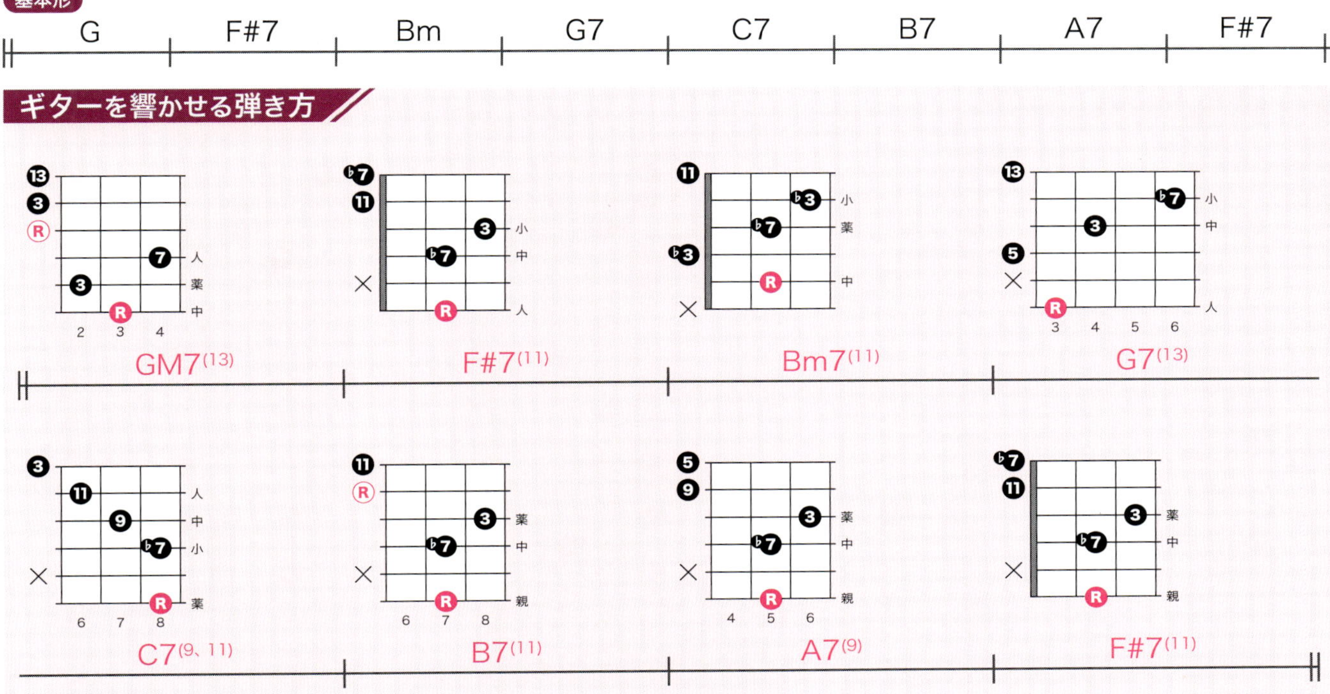

Key=F#m

基本形

同型フォームを連続させれば、複雑なコード進行もこんな風に料理することができます。指をスライドさせればほぼ音が途切れることなく弾けるので、そのあたりにも注意して弾いてみましょう。

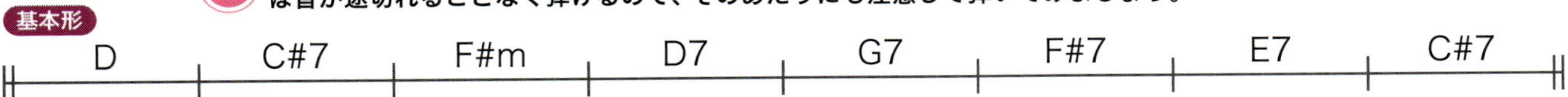

ギターを響かせる弾き方

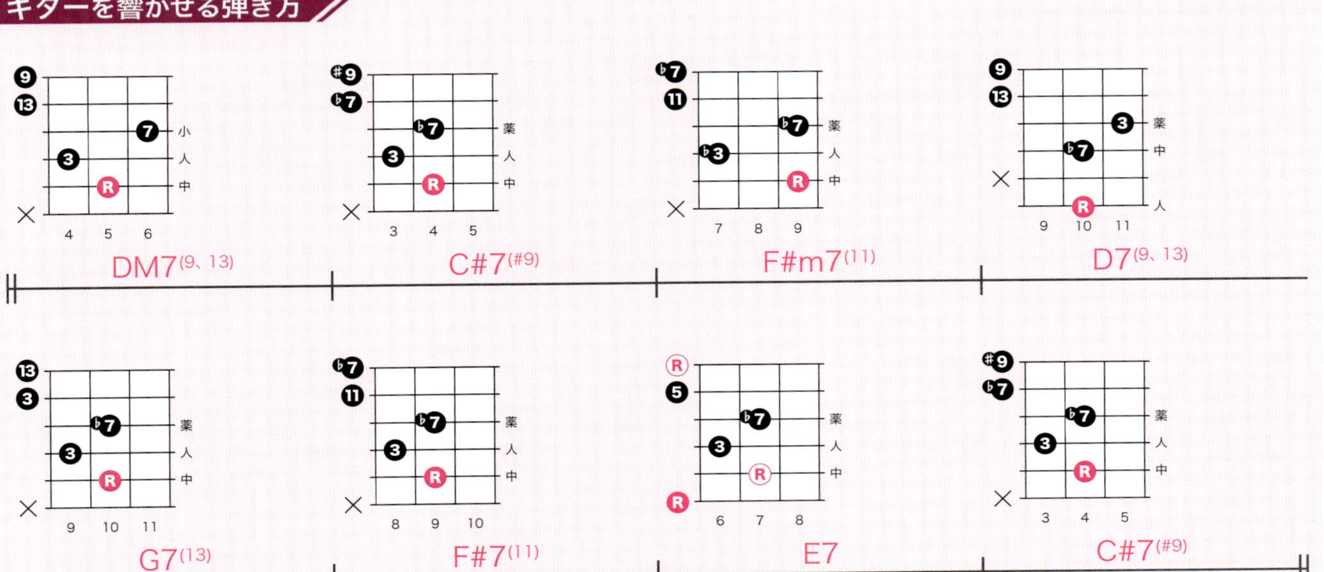

23 マイナー・キー 10

Aメロ：△　Bメロ：△　サビ：◎

Key=Am

基本形

1小節目のフォームを決め、そこからコード・チェンジしやすいフォームへとつなげていきます。ちょっとした転調感や大人びた雰囲気が欲しいときには、最終小節目のC7に♭系テンションを使いましょう。

| FM7 | Em | Am | D7 | FM7 | Em | Am | Gm/C7 |

ギターを響かせる弾き方

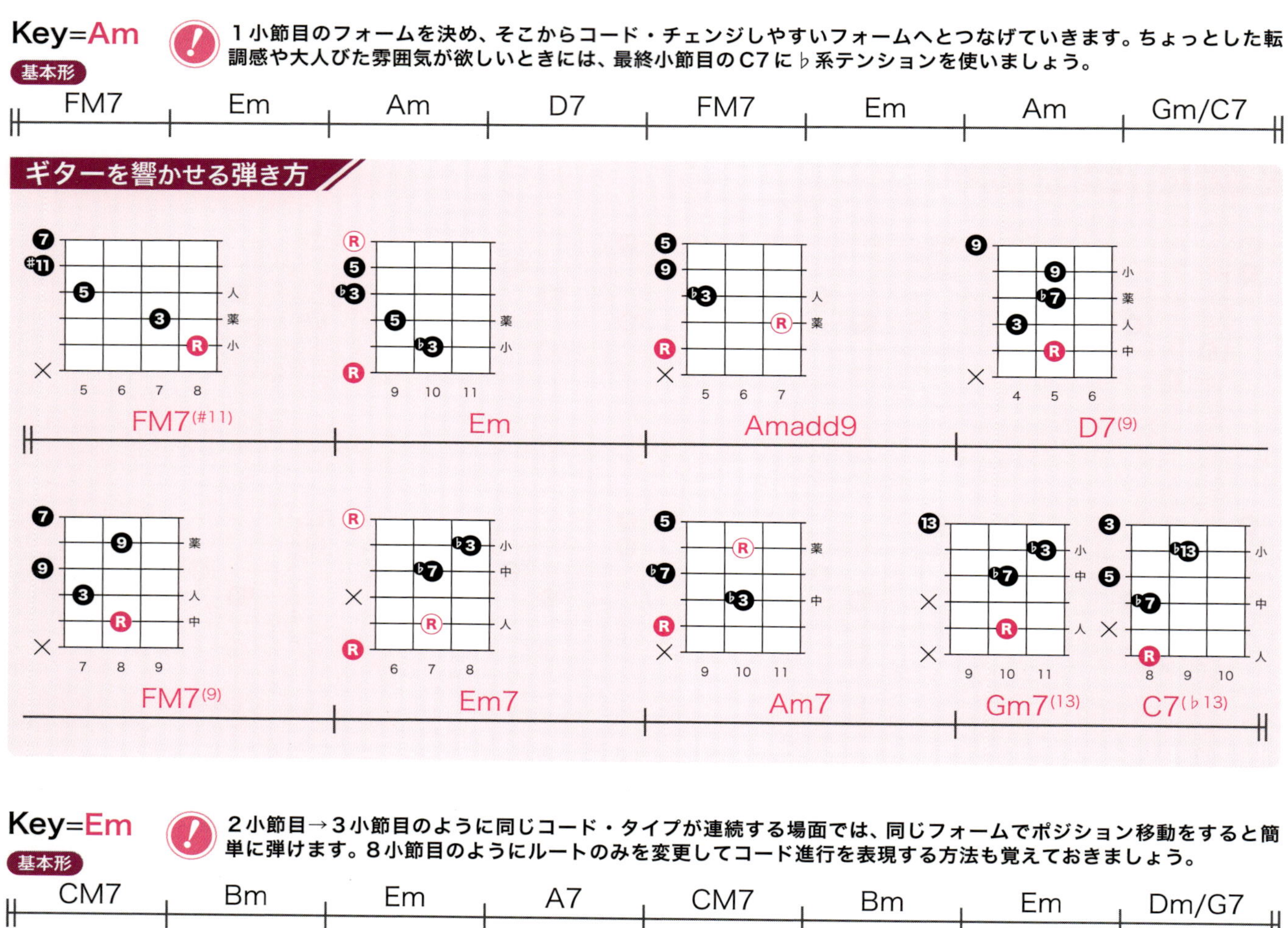

Key=Em

基本形

2小節目→3小節目のように同じコード・タイプが連続する場面では、同じフォームでポジション移動をすると簡単に弾けます。8小節目のようにルートのみを変更してコード進行を表現する方法も覚えておきましょう。

| CM7 | Bm | Em | A7 | CM7 | Bm | Em | Dm/G7 |

ギターを響かせる弾き方

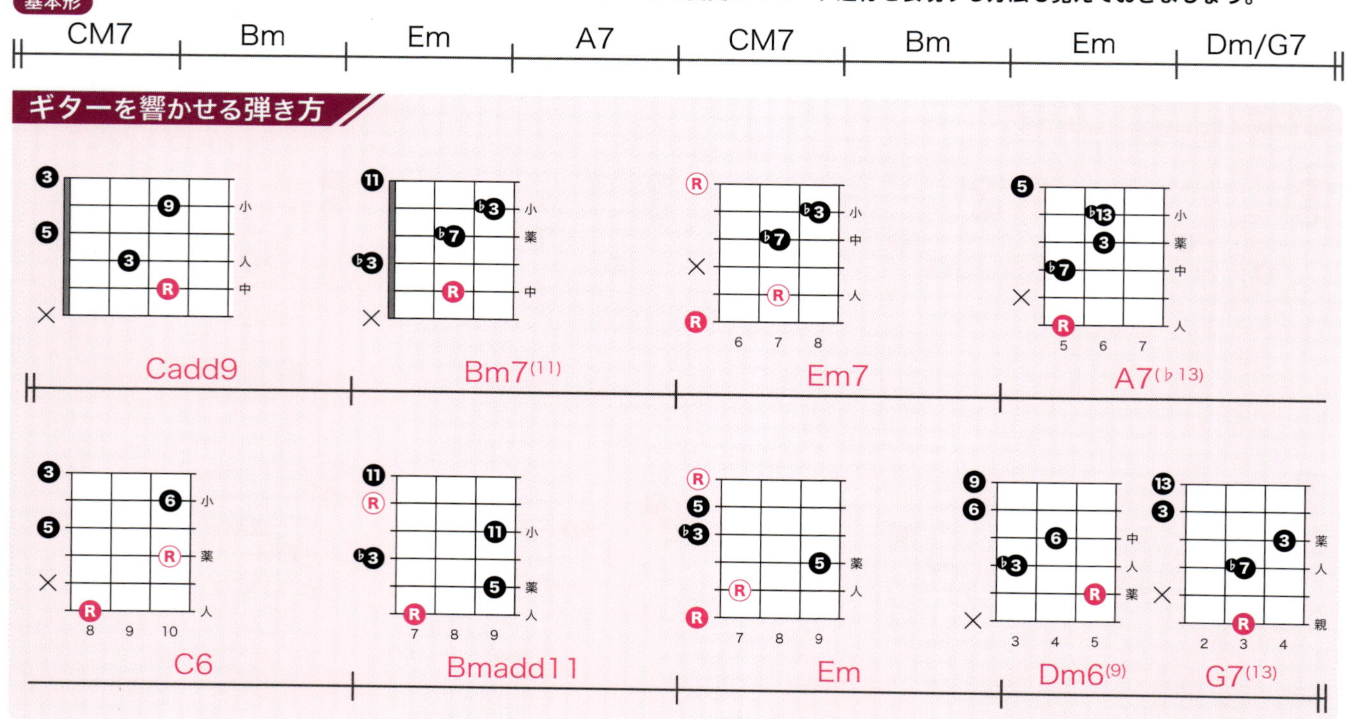

マイナー・キーのドミナント・モーションがないためマイナー感が薄く、8小節目のセカンダリー・ドミナント（II－Vに分割）によってこのまま繰り返すことができる盛り上がり系コード進行です。

Key=Bm

基本形

ペダルポイントをテーマにしてコード・フォームを選んだものです。3→4小節目は2弦7F、5→6小節目は3弦11F、8小節目は2弦5Fをペダルポイントにすることでコードの動きを滑らかにしています。

GM7	F#7	Bm	E7	GM7	F#m	Bm	Am/D7

ギターを響かせる弾き方

GM7(13)	F#m7(11)	Bmadd11	E7(9)
GM7(13)	F#m7(11)	Bm7(11)	Am7　Dadd9(11)（♭7省略）

Key=F#m

基本形

Dコードでは4弦開放をルートにすると薄い響きになるため、パワフルに鳴らしたいなら6弦10Fをルートとするフォームを選びます。1～3小節目は3弦11Fをペダルポイントにしたものです。

ギターを響かせる弾き方

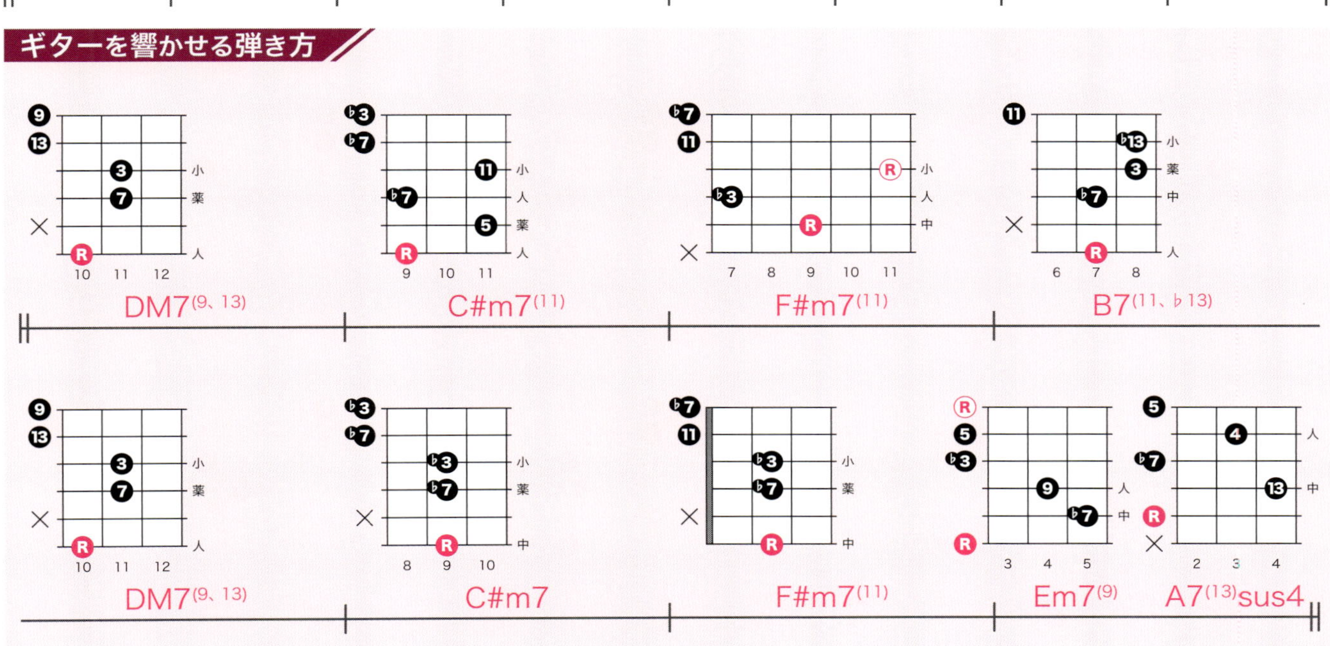

マイナー・キー10

24 マイナー・キー 11

Aメロ:◎　Bメロ:△　サビ:○

Key=Am
基本形

ドミナント・コードでのテンション・ノートの選び方によってコード進行の印象が変わるものです。元のコード進行の雰囲気を残したいなら、このようにキー内の音からテンション・ノートを選びましょう。

Am	E7	G7	D7	FM7	CM7	Dm	E7

ギターを響かせる弾き方

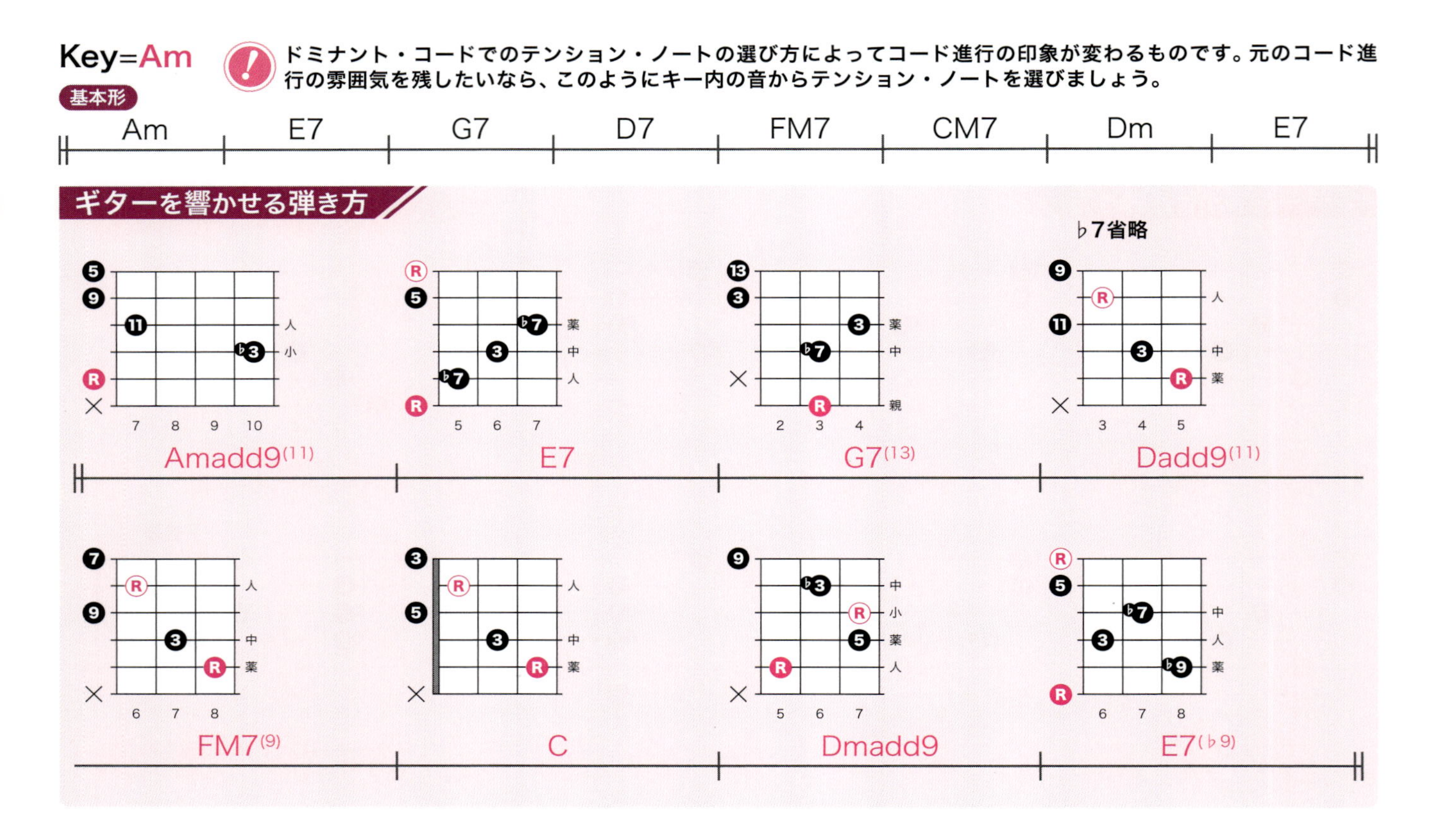

Key=Em
基本形

プロ・ギタリストが好んで使うタイプのフォームを集めたものです。開放弦を使ったコード・ワークの約7割はこのような低音弦3本＋1、2弦の開放というスタイルだと思います。

Em	B7	D7	A7	CM7	GM7	Am	B7

ギターを響かせる弾き方

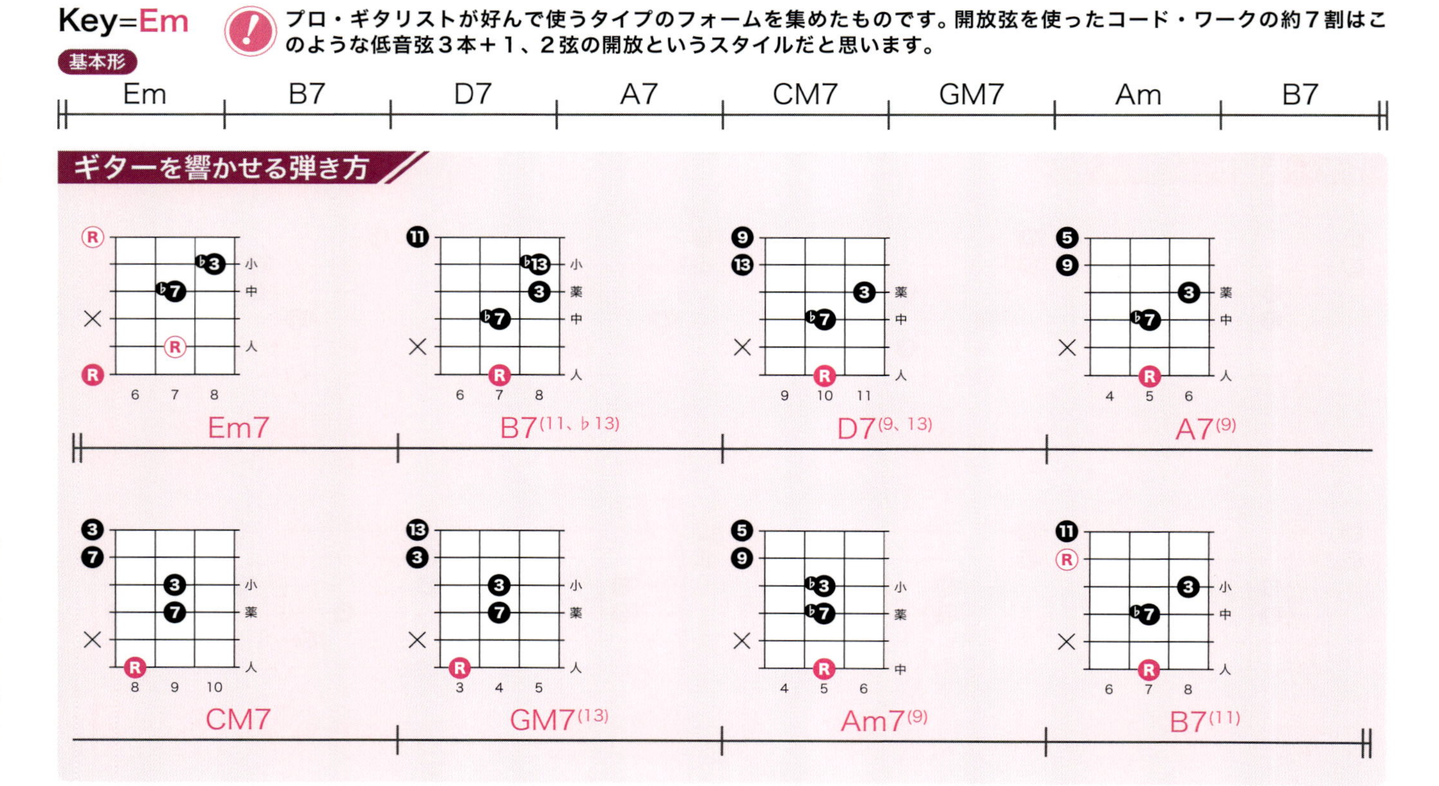

前半でドミナント・コードが3連続する激しさを持ちながら、後半はダイアトニック・コードでの穏やかな流れに変化します。Aメロでいきなりリスナーの心を掴んでしまうようなコード進行でしょう。

Key=Bm

Key=Emのパターンと同じく、1、2弦の開放を使う定番の弾き方です。ストローク、アルペジオともにハマる響きで、クランチ程度の歪みでも割りと綺麗に響いてくれます。

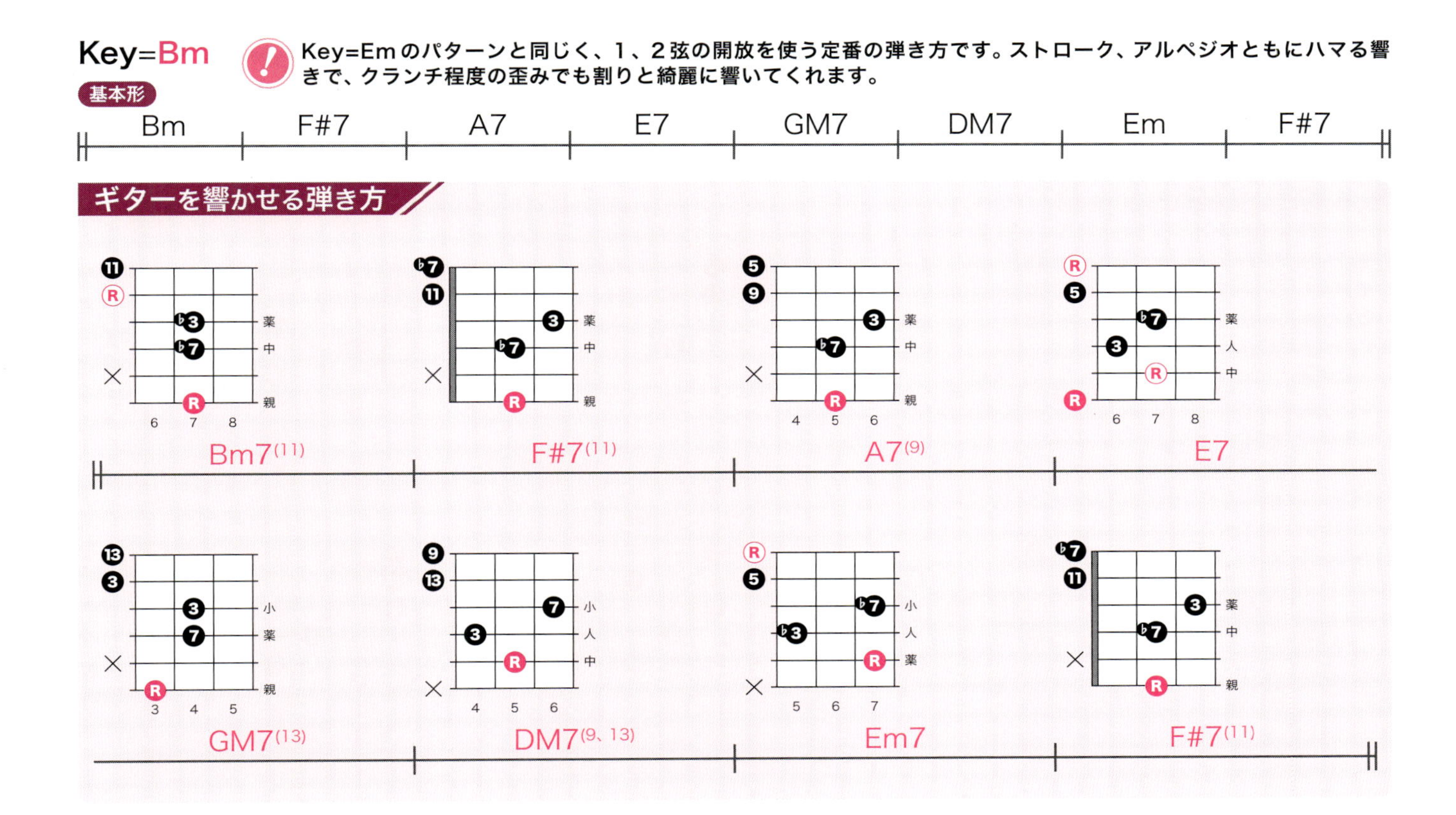

Key=F#m

ここでも定番的な動きでアレンジしていますが、3小節目のE7(♭9)sus4のように、少し変わった響きのテンションを取り入れることで、コード・ワークの可能性が広がっていくでしょう。

基本形

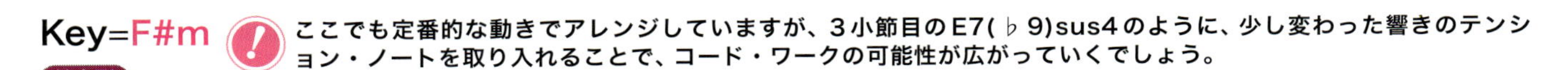

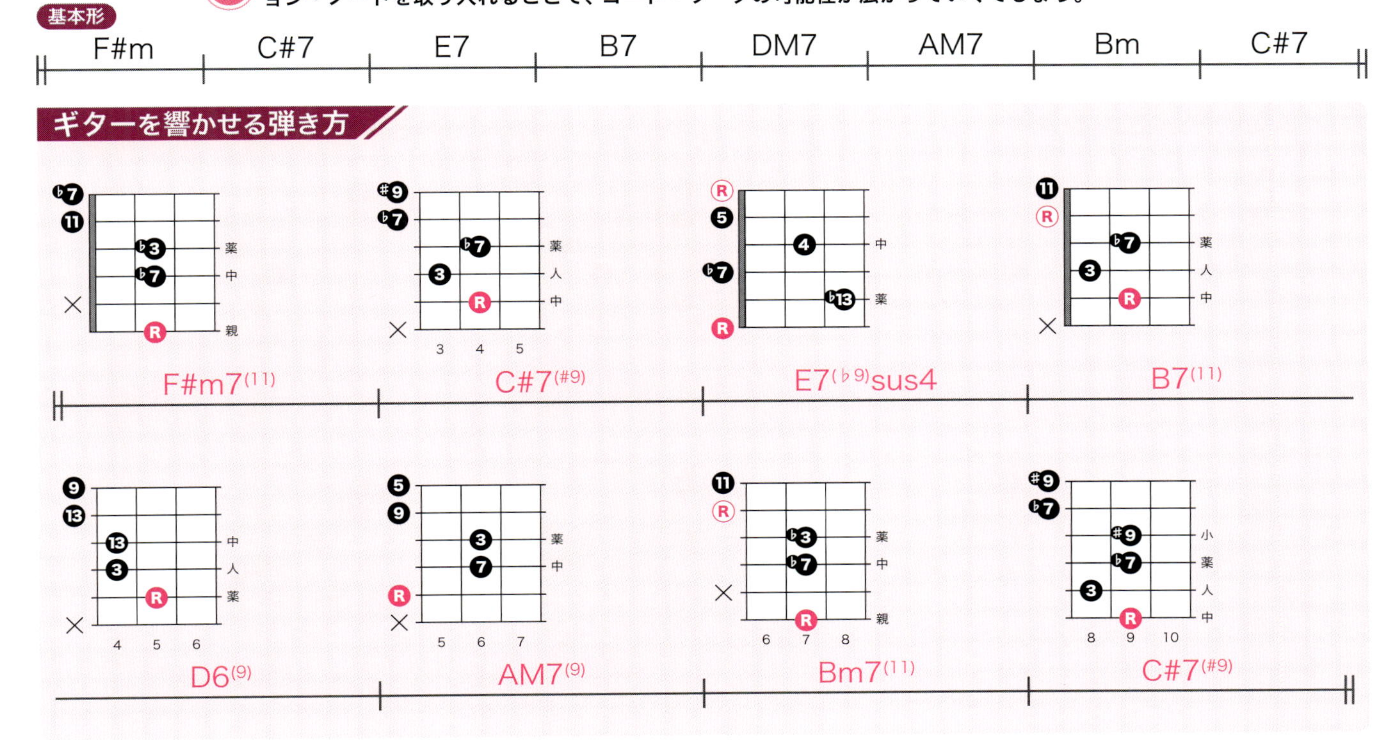

25 マイナー・キー 12

Aメロ:○　Bメロ:△　サビ:◎

Key=Am

基本形

1小節目をAm7(9)にしたたけでグッと大人っぽい雰囲気になります。1個目のコード・フォーム が決まったら、後はコード・チェンジしやすいフォームへとつなげていきます。

Am	C	D7	E7	Am	C	D7	F

ギターを響かせる弾き方

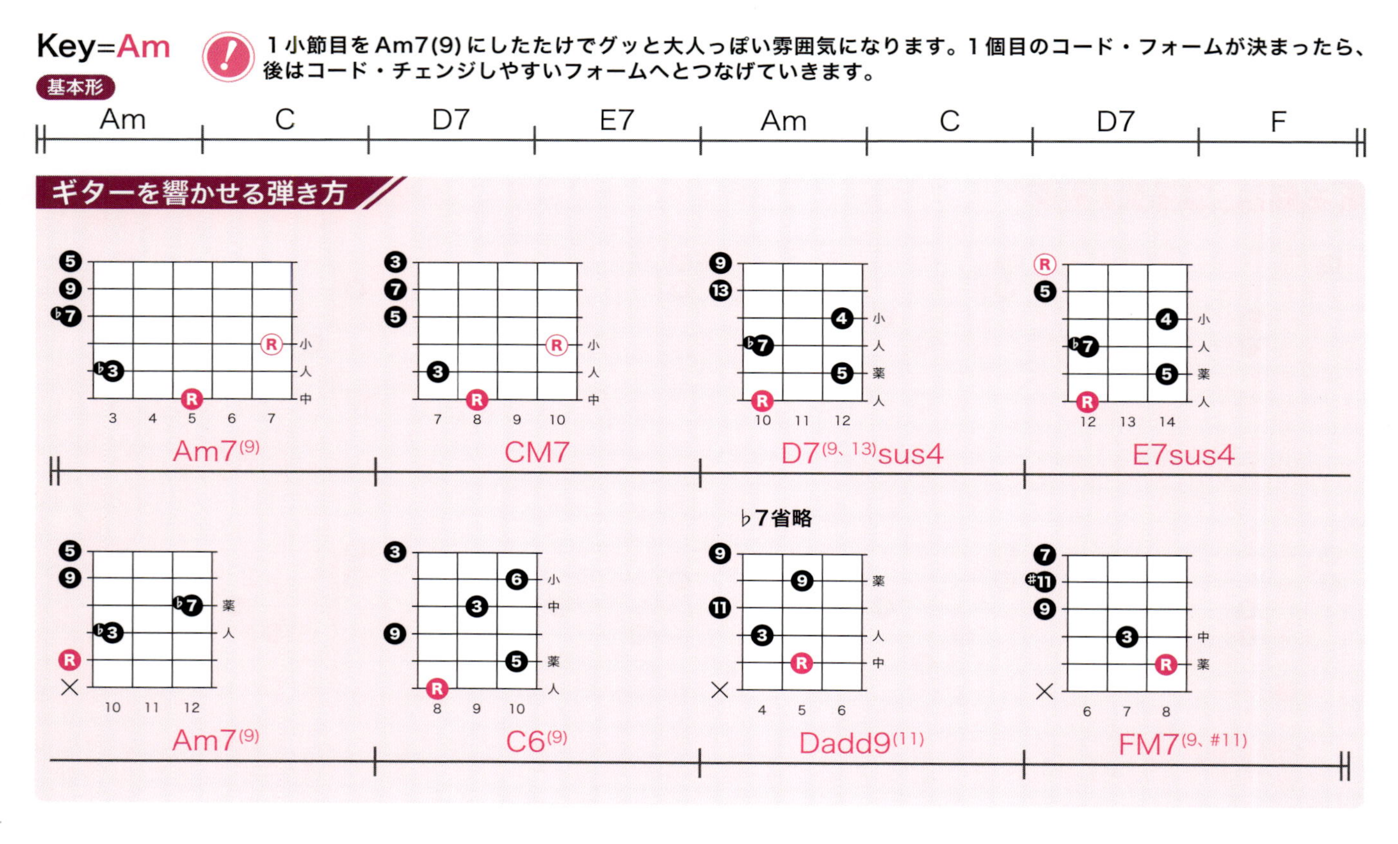

Key=Em

基本形

ペダル・ポイントを意識してフォームを選んだ例です。1～2小節目は1弦D音、3～6小節目はG音が鳴り続けている状態です。

Em	G	A7	B7	Em	G	A7	C

ギターを響かせる弾き方

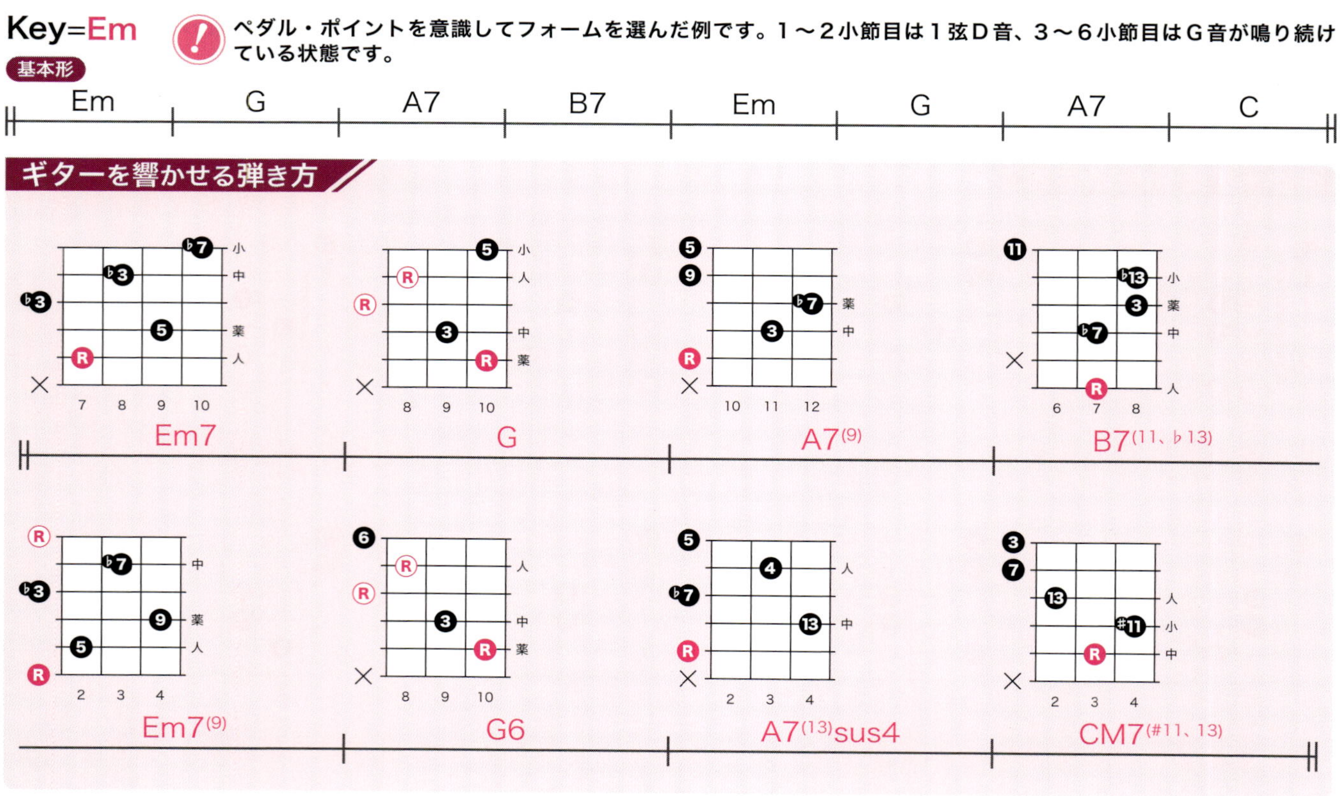

いなたいコード進行とでもいいますか、1970年代風のアメリカン・ポップ・ロックといった趣です。ドミナント・コードのsus4化やトニック・マイナーにテンション・ノートを加えるなどして洗練された雰囲気を作ってみましょう。

Key=Bm

基本形

1小節目のBm7(9,11)はとてもクールな響きだと思います。ドリアンとエオリアンのBmで使えるので、積極的に活用してください。

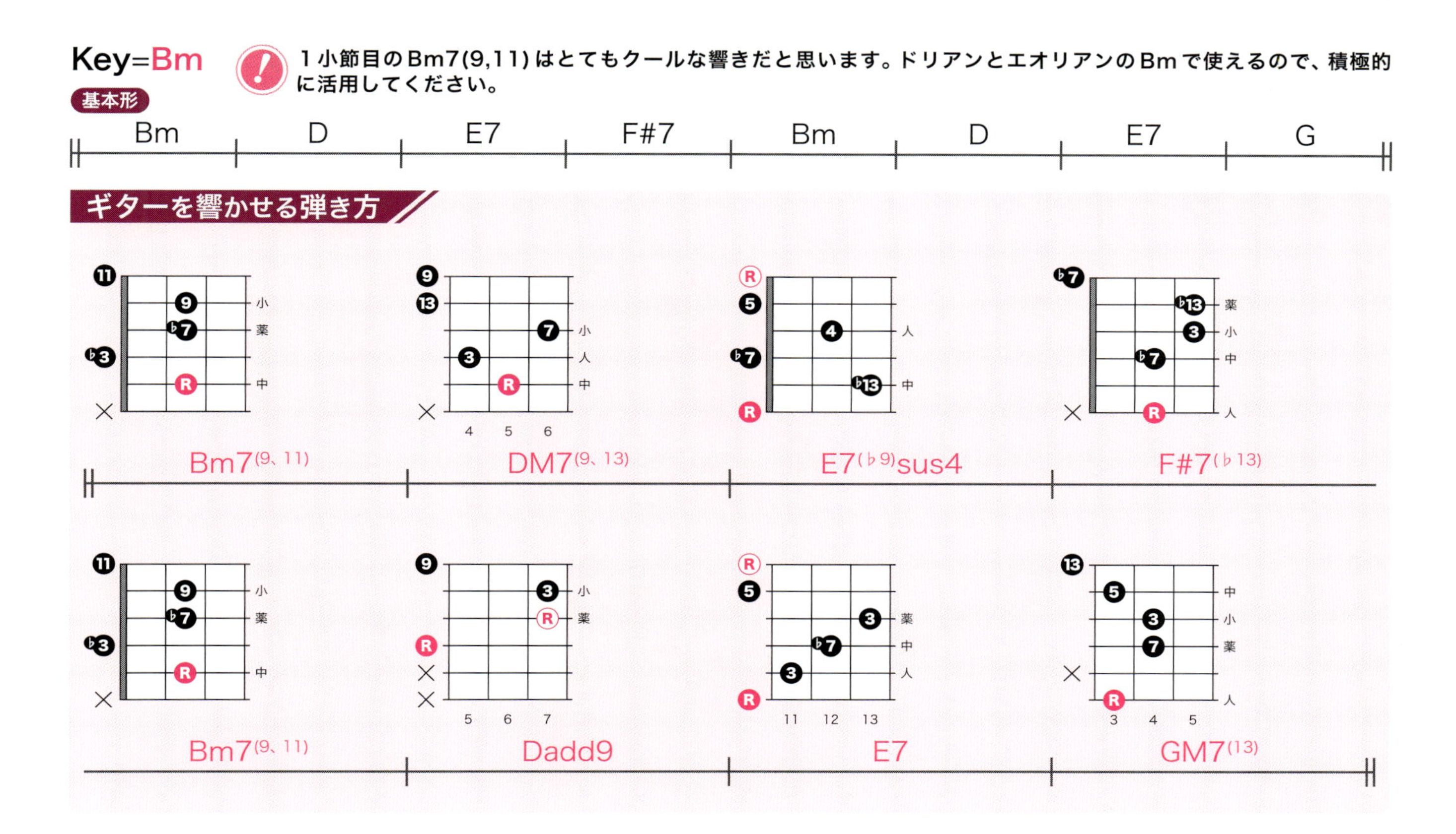

Key=F#m

基本形

Chapter4では可能性を提示する意味で色々なフォームを使っていますが、ここまで忙しく左手を動かさなくても実際のところはなんら問題ありません。あなたならどんなフォームを選びますか？

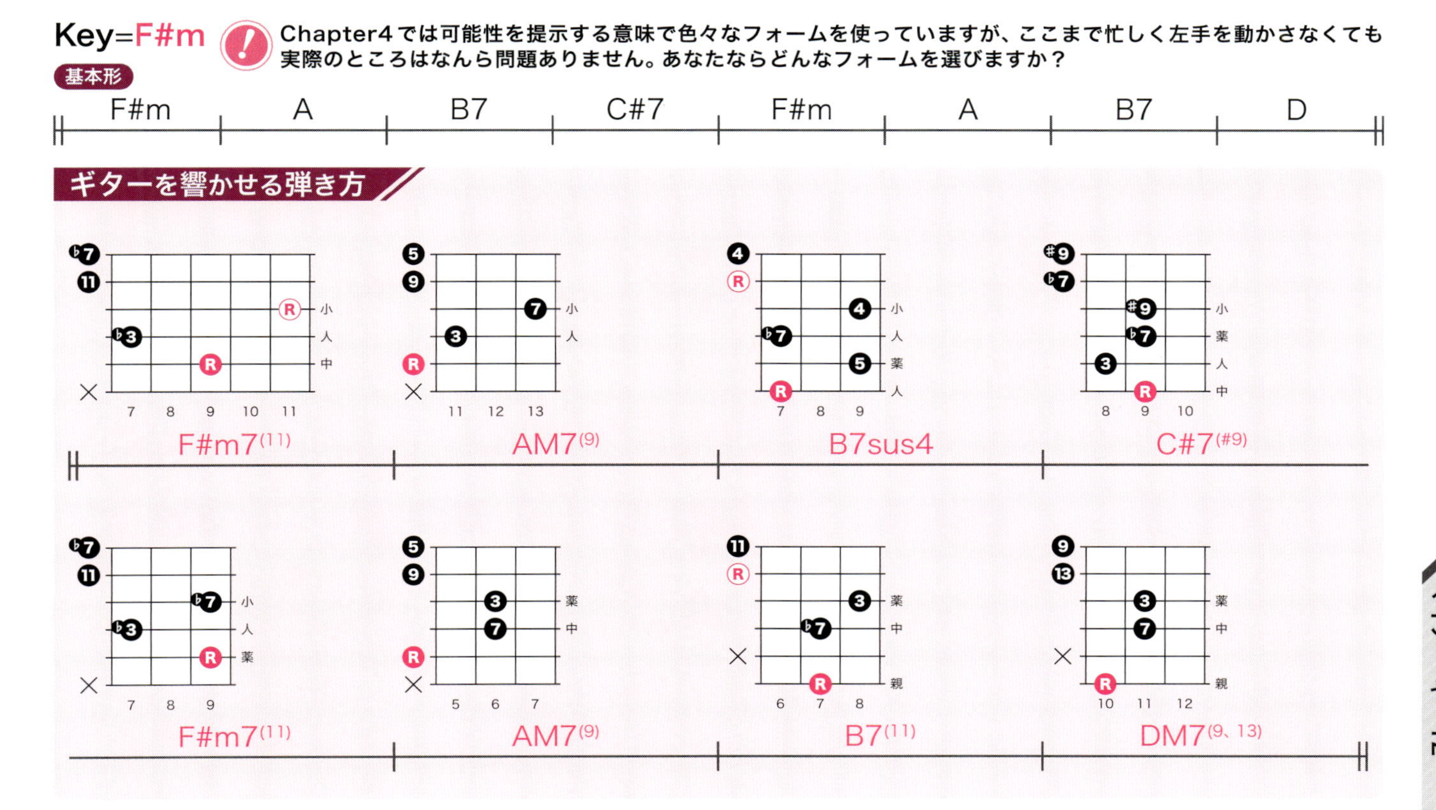

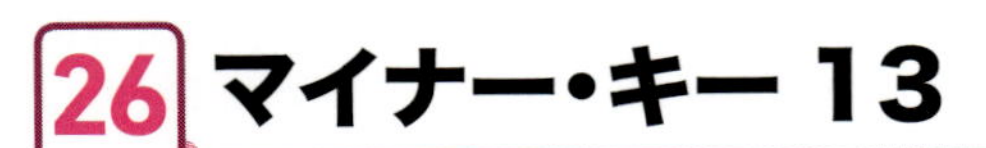

26 マイナー・キー 13

Aメロ:◎　Bメロ:○　サビ:○

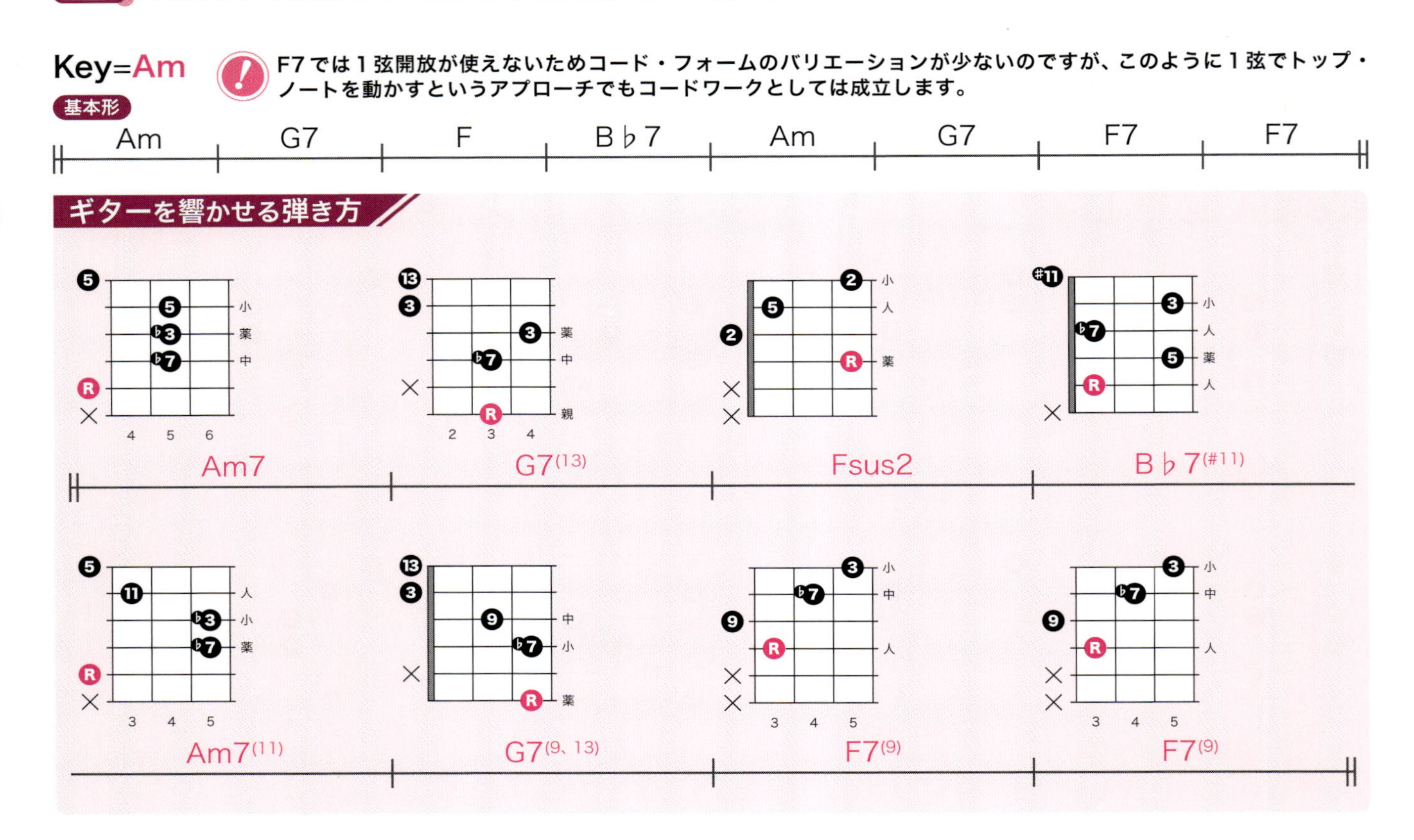

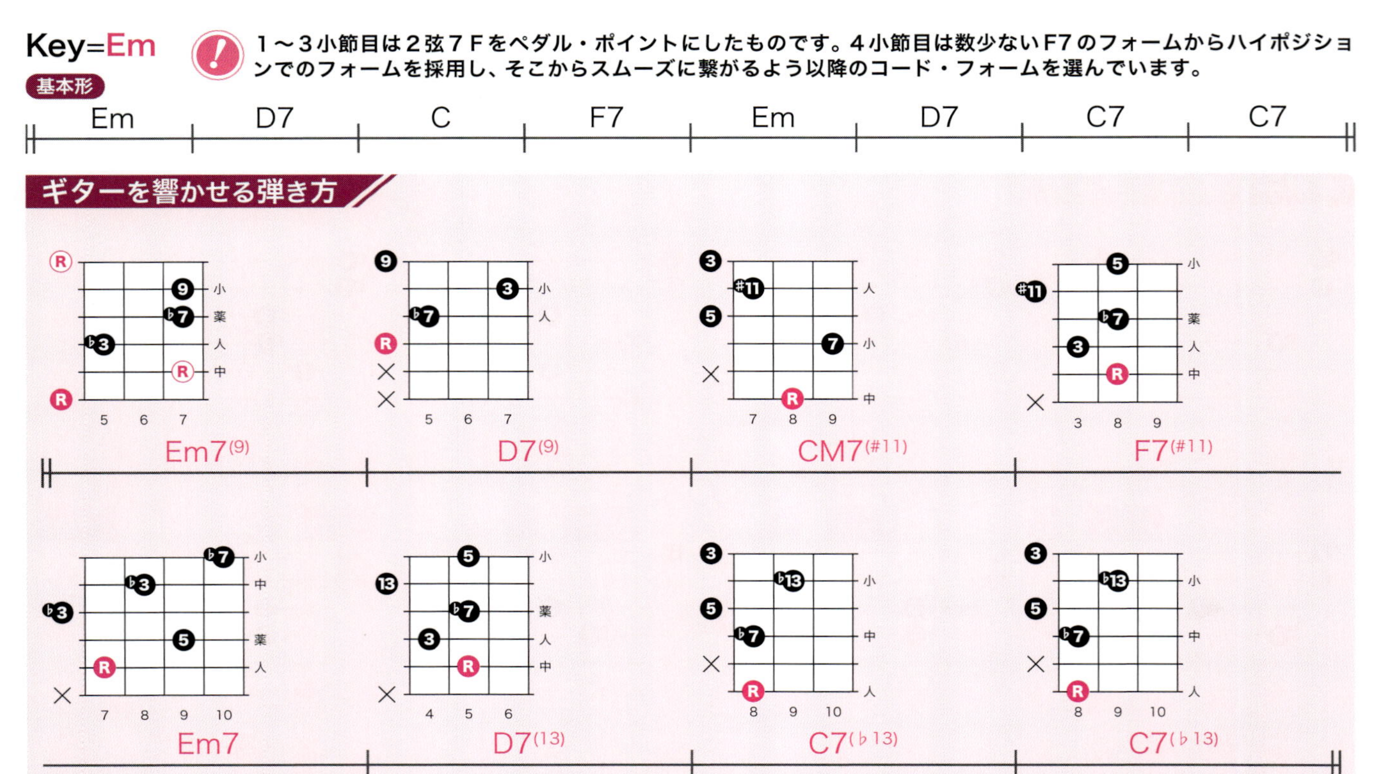

4小節目＝サブドミナント・マイナー（の代理コード）の意外性、そして7、8小節目のブルース感が面白いコード進行です。マイナー・キーのドミナント・モーションがないため洗練された響きになっていることもポイント。

Key=Bm

基本形

1～3小節目は3弦上の音の動きを滑らかにするという狙いでフォームを選んでいます。内声がギュッと詰まった鍵盤的アプローチといえるかもしれません。

Bm	A7	G	C7	Bm	A7	G7	G7

ギターを響かせる弾き方

Bmadd9(11) | A7(9)sus4 | G6 | C7(9)

Bm7(11) | A7(13) | G7(9) | G7(9)

Key=F#m

基本形

前半はナチュラル・テンションを使ってスッキリした響きを狙ったアプローチです。後半はもうお馴染みの同型フォームの平行移動ですね。弾きやすく覚えやすい、実践的なコードワークです。

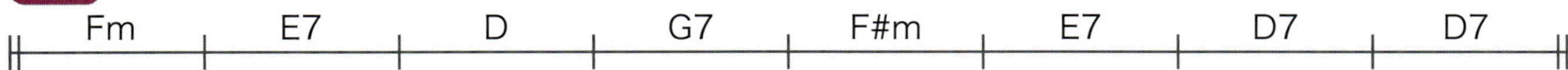

ギターを響かせる弾き方

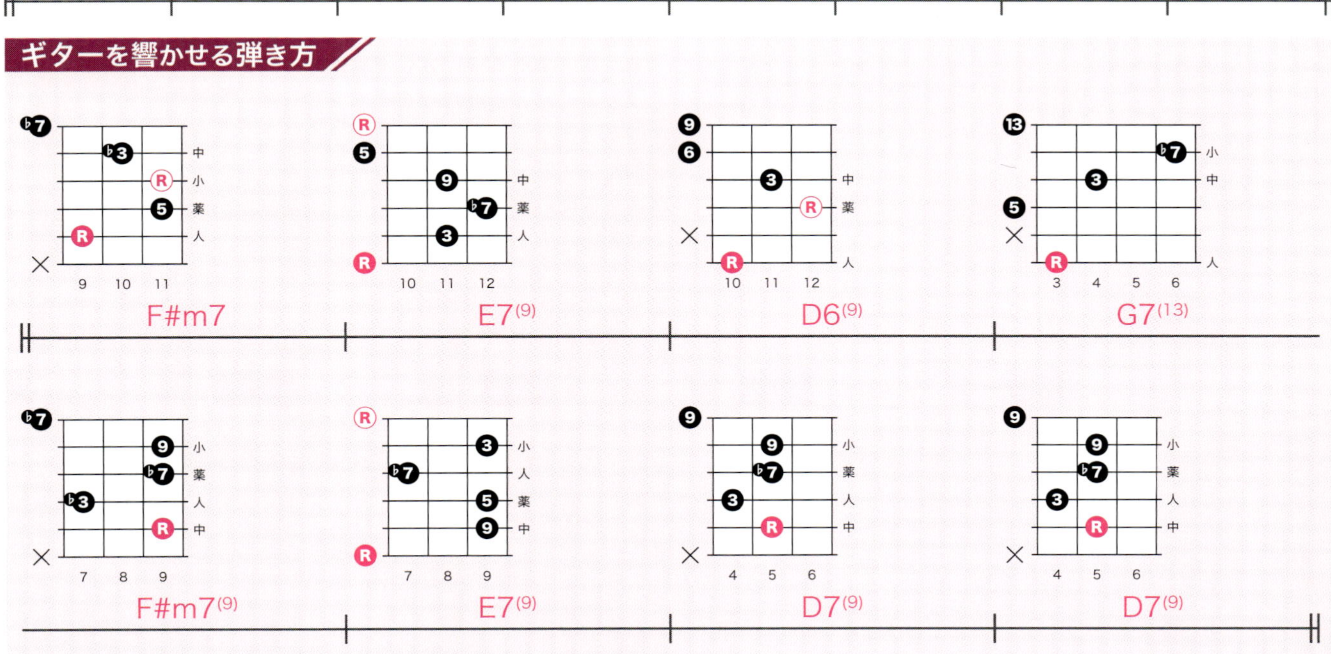

圧倒的に響きが変わる!
ギターを美しく鳴らすためのコードブック

2018年1月18日　初版発行

著者：竹内 一弘

表紙・フォーマットデザイン：老田 寛 [有限会社プロスペリティ]

制作：株式会社ミュージック・マスター

発行所：有限会社サウンド・デザイナー

竹内 一弘（たけうち　がずひろ）

音楽に関わるあらゆることを生業とする音楽家。2010年に自身の音楽レーベル、Whereabouts Recordsを立ち上げ国内外のアーティストを発掘。マスタリング・エンジニアとしてもフル回転中で、メジャー・レーベル〜インディーズ・アーティストから絶大な信頼を得ている。ギターとアナログ機材をこよなく愛するも自身はテクノ・アーティストで、"モードやポリリズム"で理論武装した個性的なエレクトロニック・ミュージック作品をリリースし、アンダーグラウンド・シーンで注目されている。音楽ライターとしては多数の著書を執筆。音楽理論に明るく、中でもモード理論についてはこれまで日本になかった独自の切り口で、誰にでもわかり使える理論書を発表し好評を得ている。